Menschsein – On Being Human

Philosophie und Transkulturalität

Herausgegeben von
Jacques Poulain (Paris),
Hans Jörg Sandkühler (Bremen),
Fathi Triki (Tunis)

Band 12

In Zusammenarbeit mit
den UNESCO-Lehrstühlen in Paris und Tunis

und

der Deutschen Abteilung «Menschenrechte und Kulturen»
des UNESCO-Lehrstuhls für Philosophie (Paris)
an der Universität Bremen

PETER LANG

Frankfurt am Main · Berlin · Bern · Bruxelles · New York · Oxford · Wien

Hong-Bin Lim
Georg Mohr
(Hrsg./eds.)

Menschsein
On Being Human

Deutsche und koreanische Studien
zu Epistemologie, Anthropologie,
Ethik und Politischer Philosophie

German and Korean Studies
in Epistemology, Anthropology,
Ethics and Political Philosophy

PETER LANG
Internationaler Verlag der Wissenschaften

Bibliografische Information der Deutschen Nationalbibliothek
Die Deutsche Nationalbibliothek verzeichnet diese Publikation
in der Deutschen Nationalbibliografie; detaillierte bibliografische
Daten sind im Internet über http://dnb.d-nb.de abrufbar.

Umschlaggestaltung:
Olaf Glöckler, Atelier Platen, Friedberg

Gedruckt auf alterungsbeständigem,
säurefreiem Papier.

ISSN 1618-467X
ISBN 978-3-631-61774-8

© Peter Lang GmbH
Internationaler Verlag der Wissenschaften
Frankfurt am Main 2011
Alle Rechte vorbehalten.

www.peterlang.de

Inhalt

6 *Inhalt*

Vorbemerkung

Die Beiträge zu diesem Buch gehen auf Symposien zu Problemen der Transkulturalität zurück, die zwischen 2004 und 2007 in Seoul und in Bremen stattgefunden haben. Ihre Grundlage ist ein *Agreement for cooperation*, das zwischen der Korea University in Seoul und der Universität Bremen abgeschlossen wurde. Beide Universitäten sind Zielen verpflichtet, die mit dem Thema *Transkulturalität* in enger Verbindung stehen: Wissenschaft und Philosophie zielen – eingebunden in unterschiedliche Voraussetzungssysteme und zugleich transkulturell von einander lernend und sich wechselseitig beeinflussend – in der Perspektive der Demokratie, der Menschenrechte und der sozialen Gerechtigkeit auf konkrete Probleme der Gesellschaft und deren Zukunftssicherung.

Grenzen zwischen zuvor scheinbar stabilen Kulturen lösen sich auf. Grenzen sind nicht länger *gegeben,* weder durch Nation, Ethnie, Religion und Tradition noch durch homogene Subjekt-Identitäten innerhalb von Kulturen. Kulturelle Identitäten entstehen und verändern sich aufgrund der Dynamik von Bedürfnissen und Interessen, Überzeugungen, Werteinstellungen und Normen. Dieser Prozess führt zum Ende der Illusion, regionale Grenzen und kulturelle Identitäten seien identisch. Die Anerkennung der Andersheit des Anderen führt zu einer produktiven Krise des Selbst und der Weltorientierung. Identitätspolitiken und vormoderne Fundamentalismen sind problematische Reaktionen auf diese Entwicklung. Auf der anderen Seite bekommt die Frage nach dem, was Menschen zu Menschen macht und was ihnen über alle Unterschiede hinaus gemein ist, neues Gewicht. Hieraus erklärt sich der Titel dieses Buches: *Menschsein – On Human Being.*

Diese Frage bildet den Kontext, in dem sich koreanische und deutsche Philosophen, Sozialwissenschaftler und Kulturwissenschaftler gemeinsam und in einer Atmosphäre der Offenheit und des Lernens für philosophische Fragen der menschlichen Existenz, der Erkenntnis und des Wissens und für Probleme von Gesellschaft, Recht, Demokratie und Staat interessieren. Nicht ihn Abgrenzung voneinander, sondern transkulturell sind heute Themen zu diskutieren, die Themen der *einen* Welt sind: Universale und lokale Diskurse über Kultur, Transkulturalität und kulturelle Unterschiede im Zeitalter der Globalisierung, die Rolle der Religionen in den Kulturen, die Möglichkeit transkultureller Kommunikation, öffentliche Rationalität, transkulturelle Gerechtigkeit und Universalität von Menschenrechten.

Wir danken der Korea University und der Universität Bremen für die großzügige Förderung dieser fruchtbaren Zusammenarbeit.

Seoul und Bremen, November 2010 Die Herausgeber

Erkenntnis und Wissen

Hong-Bin Lim

Die Zirkelstruktur der menschlichen Selbstbestimmungsversuche

1. Menschsein als ein Geschehenszusammenhang

Die Frage, wie wir Menschen als bewusste Wesen ein fundiertes Selbstverständnis erzielen können, begleitet vermutlich alle Kulturgemeinschaften in der Geschichte. Hier spielt die Philosophie neben Religion, Kunst und Mythos eine bedeutende Rolle. Es scheint mir daher keine Übertreibung zu sein, wenn man sagt, dass der Charakter der Philosophie im Wesentlichen im Verhältnis zu ihren immer explizit thematisierten ‚anthropologischen' Prämissen bestimmt werden kann. Das philosophische, mit einem universellen Anspruch gebundene Interesse an der Wesensbestimmung des Menschen findet sich im höchsten Grade im okzidentalen Kulturraum. In der ostasiatischen Geistesgeschichte zum Beispiel wurden anthropologische Bestimmungen mit kosmologischen Deutungen in einem integrativen Zusammenhang gedacht. Was ich hervorheben möchte, ist der geschichtliche Sachverhalt, dass die metaphysische Grundintention des Abendlandes mit ihrem analytisch-kategorialen System auf die Entwicklung der abendländischen Zivilisation einen dauerhaften Einfluss hatte. Die ontologische Differenz von Unveränderlichem und Veränderlichem ist auch hinsichtlich der Entwicklung der philosophischen Anthropologie von entscheidender Relevanz. Die Tendenz des Rationalismus kulminiert in der Hegelschen Bestimmung des Logischen, die sich um Sein, Wesen und Begriff herum bildet. Interessanterweise ist der höchste Gedanke seiner Wissenschaft der Logik frei von der teleologischen Vorstellung der Vernunftkonzeption. Hegels Bestimmung des Menschen als denkendes Wesen in der *Wissenschaft der Logik*[1] ist nur scheinbar ein Nachspiel der Aristotelischen Wesensbestimmung des Menschen. Was mich interessiert, ist die Ansicht Hegels, dass das Logische des menschlichen Geistes in seiner Totalität als „ein Kreis von Kreisen" aufzufassen sei.[2] Den vielbesprochenen Methodenbegriff kann Hegel nur noch „als ein[en] in sich geschlungene[n] Kreis" begreifen.[3] Wenn Hegel vom Logischen des menschlichen Geistes spricht, geht es im Wesentlichen um einen Kreis von Fortgang und Rückgang als ‚gedoppelter Übergang'.

---

[1] G.W.F. Hegel, *Wissenschaft der Logik I*, Werke 5, Frankfurt/M. 1979, 132f.
[2] G.W.F. Hegel, *Wissenschaft der Logik II*, Werke 6, Frankfurt/M. 1979, 571.
[3] Ebd.

Aber mit der Vormachtstellung der metaphysikkritischen Wissenschaftskultur scheint die rationalistische Deutung des Menschen als denkendes Wesen obsolet geworden zu sein. Es fragt sich allerdings, ob die naturalistische Version des Geistes dem immer noch mysteriösen Faktum des Menschseins gerecht wird. Menschsein ist in der Tat für jedes Individuum eine Gabe des Seins und ein nicht von ihm selbst gewolltes Geschehen. Die wesensmäßigen Bestimmungen des Menschen, die wir in den abendländischen und asiatischen Hochkulturen finden, setzen immerhin den Geschehenszusammenhang des menschlichen Daseins in der Welt voraus. Das Faktum des Menschseins ist auch als ein Unvordenkliches aufzufassen. Man neigt zu der Ansicht, dass dieses Geschehen doch annäherungsweise durch den menschlichen Geist aufgrund seiner symbolischen Aktivität erschließbar sei. Man könnte sogar behaupten, dass die Aussagen über die menschlichen Wesenheiten als nichts anderes als die Manifestationen der menschlichen Natur selbst zu betrachten sind. Dies hängt wieder mit dem Gedanken zusammen, dass das Menschensein als ein unvordenkliches Faktum im Wesentlichen für die Sprachlichkeit des Geistes offen ist.

Was uns zur ‚anthropologischen' Besinnung treibt, ist nicht allein die existenzielle Faktizität des Menschseins. Den mythischen und religiösen Berichten zufolge gibt erst die Urerfahrung der kosmologischen Unsicherheit des Menschen die Gründe für die quälende Selbstbefragung. Die Menschheitsgeschichte ist vor dem Hintergrund des Kampfes gegen die Sinnlosigkeit der Welt zu verstehen. Der ‚Absolutismus der Wirklichkeit', wie er von Hans Blumenberg formuliert worden ist, hat dasselbe Phänomen vor Augen, das wir allgemein auch in der asiatischen Weltdeutung beobachten können. Sind die menschheitsgeschichtlichen Projekte von Wissenschaft, Technik, Staatsgebilde, und Religion, die letztendlich nicht ohne den konstruktiv-architektonischen Geist begreifbar sind, nichts anderes als ein wiederholter Versuch, sich ständig im Spiel des Kosmos zu behaupten?

Das Verhältnis von kosmischem Spiel und menschlicher Suche nach Sinn wird von Nietzsche anschaulich dargestellt:

> Die kurze Tragödie gieng schliesslich immer in die ewige Komödie des Daseins über und zurück, und die ‚Wellen unzähligen Gelächters' – mit Aeschylus zu reden [...] Der Mensch ist allmählich zu einem phantastischen Thiere geworden, welches eine Existenz-Bedingung mehr, als jedes andere Thier, zu erfüllen hat: Der Mensch *muss* von Zeit zu Zeit glauben, zu wissen, *warum* er existiert, seine Gattung kann nicht gedeihen ohne ein periodisches Zutrauen zu dem Leben.[4]

---

[4] Friedrich Niezsche, *Die fröhliche Wissenschaft, Erstes Buch*, KSA 3, Berlin 1999, 372.

Alle Kulturerscheinungen wären also nicht im vollen Sinne verständlich, wenn ihnen keine Urerfahrung der Sinnlosigkeit vorangegangen wäre. Die symbolischen Behausungen des Menschen, die in Form von Mythos, Religion, und Wissenschaft strukturiert sind, sind die dem Menschen aufgegebene Arbeit, angesichts der kosmischen Sinnlosigkeit ein fundiertes Selbstverhältnis zu erringen.

Im folgenden Satz spricht Nietzsche von der Motivation der Sinngebung des Menschseins aus der Sinnlosigkeit der Welt:

> In irgendeinem abgelegenen Winkel des in zahllosen Sonnensystemen flimmernd ausgegossenen Weltalls gab es einmal ein Gestirn, auf dem kluge Thiere das Erkennen erfanden. Es war die hochmüthigste und verlogenste Minute der ‚Weltgeschichte‘: aber doch nur eine Minute. Nach wenigen Atemzügen der Natur erstarrte das Gestirn, und die klugen Thiere mussten sterben – [...] es gab Ewigkeiten, in denen er nicht war; wenn es wieder mit ihm vorbei ist, wird sich nichts begeben haben.[5]

Ich bin zwar nicht sicher, ob und in welcher Weise sein Gedanke der ‚ewigen Wiederkehr des Gleichen‘ mit seiner genealogischen Kritik an allen Arten teleologischer Sinngebung zusammenhängt. Aber die Einsicht Nietzsches scheint mir der Sache nach plausibel zu sein, wenn der Sinn der fortschreitenden Geschichte mit allen möglichen theoretischen oder theologischen Rechtfertigungen, wie es besonders im Abendland zu konstatieren ist, aus der Reflexion des gleichgültigen Weltspiels entstanden ist. Wenn wir die durchgängige Thematik der anthropologischen Bedingung des Lebens in der Welt bedenken, bleibt uns nichts anderes übrig, als der Idee der ewigen Wiederkehr des Gleichen im Vergleich zum Begriff des Willens zur Macht eine fundamentalere Bedeutung zuzuschreiben.

Wir wissen aus der Philosophiegeschichte, dass dieser Gedanke schon durch Schopenhauer, Nietzsches Lieblingsautor, mit aller Deutlichkeit dargestellt worden ist.

> Im unendlichen Raum zahllose leuchtende Kugeln, um jede von welchen etwa ein Dutzend kleinerer, beleuchteter sich wälzt, die inwendig heiß, mit erstarrter, kalter Rinde überzogen sind, auf der ein Schimmelüberzug lebende und erkennende Wesen erzeugt hat: dies ist empirische Wahrheit, das Reale, die Welt.[6]

Wie es bei der Evolutionstheorie der Fall ist, wird die in der Neuzeit entstandene ‚anthropozentrische‘ Perspektive des Menschen durch die Betrachtungsweise

---

[5] Friedrich Nietzsche, *Über Wahrheit und Lüge im außermoralischen Sinne*, KSA 1, 875.

[6] Arthur Schopenhauer, *Die Welt als Wille und Vorstellung II*, Werke in zehn Bänden, Bd. III, Zürich 1977, 9.

von Schopenhauer und Nietzsche dezentriert. Was mir in diesem Zusammenhang bedeutsam zu sein scheint, ist der Sachverhalt, dass der Abwendung vom teleologischen Geschichtssinn das Interesse an der Idee der Zirkelstruktur des Seins folgt. Das Spiel von Tragödie und Komödie verwandelt sich in die dunkle metaphysische Konzeption der ewigen Wiederkehr des Gleichen. Und die Entdeckung und eigenwillige Inanspruchnahme des Buddhismus durch Schopenhauer, versteht sich, so vermute ich, vor dem Hintergrund seiner anthropologischen Besinnung. Dann gäbe es keine theoretisch gesicherte Rangordnung des Seins, das keineswegs in einer ‚erdichteten' Hierarchie gesehen werden darf. Wenn der Sinn für die Wertordnung verlorenginge, würde zugleich der Glaube an die Humanität des Menschen erschüttert. Wenn man die ‚anthropologisch erdichteten' Irrtümer' wegrechnet, „so hat man auch Humanität, Menschlichkeit und ‚Menschenwürde' hinweggerechnet".[7]

Die Kritik Nietzsches an anthropozentrischen Vorstellungen erstreckt sich auf den Begriff der Menschennatur selbst, wenn wir in unserem Zusammenhang auch nicht von einem kulturunabängigen Naturbegriff sprechen können. Dieser Sachverhalt ist unter den Kulturanthpopologen eine längst bekannte Ansicht. Er verweist auf den empirischen Sachverhalt, dass die Bedingung der Menschlichkeit erst in einer partikulären Kultur gebildet wird. Wenn ein Individuum eine bestimmte Weltsicht mit ihren eigentünlichen Wertvorstellungen als seine eigene akzeptiert, spiegelt sich darin immer schon der objektive Geist seiner eigenen Kulturgemeinschaft. Ohne den Erwerb und die kulturdependente Welt des Symbolischen kann sich der menschliche Geist nicht bilden; dies ist neuerdings auch von C. Geertz hervorgehoben worden. Die Setzung der Differenz von Kultur und Natur des Menschen funktioniert aber als ein Maßstab einer bestimmten moralischen Norm, wie dies schon früher von Freud und Levy-Strauss am Beispiel des Inzestverbots gezeigt wurde. Die aktuelle Debatte um die ethische Problematik der Gentechnologie bewegt sich nicht außerhalb dieser Differenzbestimmung.

Das Wechselverhältnis von Natur und Kultur kann man aus sprachphilosophischer Perspektive verstehen. Denn die Faktizität der Natur wird immer schon durch Interpretation vermittelt. Wie der Begriff der ‚Dinge an sich' selbst provokativ klingt, kann man den Begriff der ‚Natur des Menschen' nur mit Vorbehalt verwenden. Es besteht in der Tat ein internes Vermittlungsverhältnis von Faktizität und Interpretation des menschlichen Geistes.[8] Die menschliche Sprache ist ein soziales Phänomen. Dies bedeutet nicht bloß, dass die Sprache in einer bestimmten Gesellschaft als gesellschaftliche Institution funktioniert. Die Bestimmung der menschlichen Identität bildet sich im Wesentlichen in der jeweiligen

---

[7] Friedrich Nietzsche, *Fröhliche Wissenschaft, Drittes Buch*, KSA 3, 474.

[8] Dies wird neuerdings in Anschluss an seine Nietzschedeutung eingehend erörtert von Günter Abel, *Die Dynamik der Willen zur Macht und die ewige Wiederkehr*, Berlin 1998, 183, Anm. 92.

Sprachgemeinschaft. Dies bedeutet für die Genese des Selbstbewusstseins, dass es a priori eine intersubjektive Dimension der Sprache in Anspruch nimmt. Von der Perspektive der Gesellschaft her können wir sagen, dass ihre Reproduktion schlechterdings aufgrund der Funktion der Spache als Kommunikation erklärbar wird.

Was für unsere Thematik bedeutsam zu sein scheint, ist die Grunderfahrung der perspektivischen Grenze jeder menschlichen Selbstbestimmung. Es sollte daher aufgewiesen werden, wie und aus welchem Grund eine bestimmte anthropologische Reflexion sich auf einer partikularen Ebene der Kultur ansiedelt. Jeder Versuch, die Natur des Menschen zu bestimmen, ist konfrontiert mit der jewieligen Kultur des objektiven Geistes. Wir können daher der Diagnose L. Kolakowskis zustimmen, dass der Schwund des objektiven Geistes auch das Ende des menschlichen Selbstbewusstseins bedeute:

> Dass die Wirklichkeit des Selbst und das Gefühl, einer historisch definierten Gemeinschaft anzugehören, miteinander zusammenhängen, wird wiederum dadurch bestätigt, daß sie in unserer Zivilisation beide im Niedergang begriffen sind.[9]

2. Selbstverhältnis und Weltverhältnis

Eine Möglichkeit, den Bann des Zirkels von Kultur und Natur zu brechen, wäre die diskursive Auflösung des Themas. An die Stelle der Diskussion um die Wesensnatur des Menschen tritt die typologisierende Darstellung der verschiedenen Menschengruppen. Die typologische Betrachtung der verschiedenen Menschen geht davon aus, dass es möglich ist, frei von der essentialistischen Konzeption des Menschseins empirisch gehaltvolle Aussagen zu machen. Solche anthropologischen Bestimmungsversuche sind aber meines Erachtens insofern von einem Unbehagen begleitet, als wir über die typologisierende oder kulturspezische Reflexion des Menschen hinaus nach der Bedeutung des Menschseins fragen. Der Erfolg der philosophischen Anthropologie ist davon abhängig, inwieweit sie sich auf den Fortschritt der empirischen Humanwissenschaften stützen kann. Die Versuche der Dechifferierung des Menschseins erschöpfen sich aber nicht in einer empirisch arbeitenden Anthropologie.

Denn das eigentlich Provokative bei den menschlichen Selbstbestimmungsversuchen wird dadurch weder aufgelöst noch als solches thematisiert. Der Versuch, Menschsein als Ganzes zu verstehen, ist von vornherein problematisch, weil der Mensch – anders als das andere Seiende – nicht frei von der menschlichen Erkenntnisweise gedacht werden kann. Das Selbstbzügliche sowohl in Form einer Bewusstseinsstruktur als auch im Wechselverhältnis von Selbst- und

---

[9] Leszek Kolakowski, *Horror metaphysicus*, Münche/Zürich 1989, 121.

Weltverständnis scheint mir das fundamentale Problem der menschlichen Selbstbestimmung zu sein. Bei der folgenden Bemerkung Nietzsches in seiner späteren Phase geht es gerade um diese Problematik der Selbstbezüglichkeit:

> Der Mensch findet zuletzt in den Dingen nichts wieder, als was er selbst in sie hineingesteckt hat: das Wiederfinden heisst sich Wissenschaft, das Hineistecken – Kunst, Religion, Liebe, Stolz. In Beidem, wenn es selbst Kinderspiel ein solte, sollte man forfahren und guten Muth zu Beidem haben – die Einen zum Wiederfinden, die andern – wir Andern! – zum Hineinstecken![10]

Damit meldet sich zugleich die Skepsis gegen die funktionale Betrachtung des Menschen. Schon die Hegelsche Dialektik hat sich als ein grandioser Versuch erwiesen, die prinzipielle Grenze des prädikativen Denkens zu übeschreiten. Die Grenze prädikativer Urteilsformen verdeutlicht, dass das Wahre des Menschseins als Geschehenszusammenhang nicht in Form einer geregelten Ordnung der gewöhnlichen Sätze erreichbar ist. Die Dialektik selbst ist nur nur eine Annäherung an den ,Absolutismus der Wirklichkeit'.[11] Wir können aber ohne weiteres feststellen, dass der Zweifel an den verstandesgemäßen Satzformen auch in der asiatischen Weisheitsliteratur durchgängig relevant ist. Der Buddhismus oder Taoismus sind bekannte Beispiele dafür.[12]

Menschsein heißt Zusammengehörigkeit des Seins mit dem Menschen. Wenn das Sein des Menschen, wie Heidegger wiederholt gesagt hat, nicht als Vorzustellendes oder als Anwesendes gedacht wird, haben wir schon die komplexe Problematik des Daseins mit angesprochen. Heidegger sagt im „Satz der Identität":

> Der Name für die Versammlung des Herausforderns, das Mensch und Sein einander so zu-stellt, dass sie sich wechselweise stellen, lautet: Gestell.[13]

Heideggers berühmte Interpretation des ,Gestells' wird aber schon in *Sein und Zeit* mit dem Zusammenhang der fundamentalontologischen Frage nach dem Sinn des Seins und der existentialen Daseinsanalyse vorbereitet. Die Intention der Seinsfrage richtet sich darauf, dass die traditionelle anthropologische Fragestellung nach dem Wesen des Menschen gründlich neu gedacht werden sollte. Was Heidegger bewegte, war die Notwendigkeit der Kritik an der Art und Weise

---

[10] Friedrich Nietzsche, *Nachlass*, WM 606; GA XVI, 97, zitiert aus W. Müller-Lauter, „Nietzsches Lehre vom Willen zur Macht". In: *Nietzsche Studien*, V.3 (1974), 49.

[11] Hans Blumenberg, *Arbeit am Mythos*, Frankfurt/M. 1996, 9-39.

[12] Im Falle des ,Diamantensutra' hat Eduard Conze schon darauf aufmerksam gemacht: Eduard Conze, *Der Buddhismus*, Berlin u.a. 1995, 15f. und *Buddhist Wisdom, containing The Diamond Sutra*, transl. by Eduard Conze, New York 2001.

[13] Martin Heidegger, *Identität und Differenz*, Pfullingen 1978, 23.

der seit der griechischen Aufklärung tradierten metaphysischen und neuzeitlichen Versuche der Bestimmung des Menschen. Wenn Heidegger im „Brief über den Humanismus" die anthropologische Bestimmung der Menschen als biologisch Seiende mit dem Vermögen der Vernunft in Frage stellt, will er vor allem auf die Voraussetzungsgeladenheit der traditionellen philosophischen Anthropologie aufmerksam machen.[14] Im Anschluss an seine Heraklitvorlesung sagt er deutlich, dass die traditionelle Metaphysik mit der neuzeitlichen Subjekt-Objekt-Beziehung erst vor dem Hintergrund der Seinsvergessenheit gedacht werden konnte.

Die Metaphysik kennt, streng gedacht, in Wahrheit nur die Frage nach der Beziehung des Menschen als eines Seienden unter anderen zum Seienden als solchem im Ganzen; die neuzeitliche Fassung dieser Frage ist diejenige nach der Beziehung des Subjekts zum Objekt.[15]

Das von Heidegger Anvisierte findet man in der früheren Arbeit „Die Zeit des Weltbildes":

Anthropologie ist jene Deutung des Menschen, die im Grunde schon weiß, was der Mensch ist und daher nie fragen kann, wer er sei. Denn mit dieser Frage müßte sie sich selbst als erschüttert und überwunden bekennen.[16]

Die kritische Stimme Nietzsches und Heideggers, die meines Erachtens nicht weit von der asiatischen Weisheitskultur entfernt ist, bringt uns zur Einsicht, dass wir wieder bei der schon genannten Zirkelstruktur von Selbst- und Weltverständnis anfangen sollten. Freilich ist das Interesse an der Zirkelstruktur anscheinend von einer Totalitätsvorstellung der Metaphysik bestimmt. In seiner Interpretation der ‚ewigen Wiederkehr des Gleichen' hat G. Abel auch auf diesen Problemkomplex hingewiesen:

„Erst auf dem Wege über den Auslegungscharakter z.B. der Sprache und der Leib-Expressionen und über die Interpretationsbedürftigkeit jeder Interpretation kann sich der Mensch des Interpretations-Geschehens, das er selbst ist, und darin der Unauftrennbarkeit des Welt- und Selbst-Verständnisses inne werden. Dieser Zirkel rückt erst spät ins Thema.[17]

Die nächste Hauptfrage liegt nun darin, in welchem Zirkel der Versuch der jeweiligen anthropologischen Bestimmung des Daseins sich befindet. Wir können

---

[14] Martin Heidegger, *Platons Lehre von der Wahrheit mit einem Brief über den Humanismus*, Bern/München 1975, 65ff.

[15] Martin Heidegger, *Heraklit*, Gesamtausgabe, Bd. 55, Franktfurt/M. 1979, 296.

[16] Martin Heidegger, „Die Zeit des Weltbildes". In: *Holzwege*, Frankfurt/M. 1980, 109.

[17] Günter Abel, *Die Dynamik der Willen zur Macht und die ewige Wiederkehr*, Berlin 1998, 316.

diese Frage in dem Sinne weiter präzisieren, dass jeder Zirkel eine perspektivistische Bedingung der anthropologischen Interpretation darstellt. Den Bann des Geschehenszirkels zu brechen war das Hauptanliegen der abendländischen Aufklärung als Rationalisierung.

3. Schluss

Die Rede von der Zirkelstruktur der menschlichen Selbstbestimmung würde auf Unverständnis stoßen, wenn der menschliche Geist nicht reflexiv wäre. Eine der einflussreichsten Bestimmung des Menschen als *zoon logon echon* setzt immerhin die selbstreflexive Haltung des menschlichen Geistes voraus. Sie hat – immer in kritischer Distanz zu sich und zu anderen Weltdeutungen – eine Reihe von geschichtlich überlagerter Selbstidentität konstruiert. Die symbolisch vermittelte Existenz des Geistes weist auf die Unergiebigkeit der Fragestellung, die darin besteht, die Selbstidentität des Geistes in seinem Absoluten bzw. unvermittelte Identität zu bestimmen. Dies ist der erste Grund für die Hegelsche Idee des Selbstverhältnisses als eine durch Welterfahrung vermittelte Existenz. Unüberbietbar scheint die Selbstreferenz des menschlichen Geistes zu sein, wenn die Verneinung desselben auf die bekannte Aporie des performativen Selbstwiderspruchs hinausläuft. Dieser Umstand wäre nichts anderes als der Zirkel im Zirkel, wenn man hier sich einer Bildsprache bedienen darf.

Aber in der realen Geschichte der abendländischen Philosophie herrschten die gewichtigen Begriffe von Substanz, Subjekt und intersubjektiven Strukturen, die eine quais-axiomatische Rolle bei der Welt- und Selbstinterpretation übernommen hatten.

Wir bemerken heute, wie weit z.B. die buddhistische Bestimmung von skt. *anatman* (Pali, *anatta*) von der abendländischen Vorstellung des Selbst entfernt ist. Die buddhistische Kritik an der Vorstellung des *substratum* als unveränderlicher Identität des Seienden überhaupt berührt aber die Idee der Zirkelstruktur des Menschseins. Ist es gewagt, wenn ich in Nietzsches Gedanken von der Wiederkehr des Gleichen und Heideggers Seinsfrage Berührungspunke mit der fernöstlichen Denkweise zu finden meine? Doch was meint ‚fernöstliches Denken'? Weist es in Abgrenzung zur europäischen Denktradition eine homogene Identität auf?

Es besteht innerhalb des Buddhismus ein Spannungsverhältnis zwischen dem Nicht-Selbst und der Buddha-Natur. Conze, einer der bedeutendsten Experten des Buddhismus, sagt sogar, dass es mehr als ein Leben benötige. Ich glaube auch, wie es von Collins erarbeitet worden ist, dass die Nicht-Selbst Konzeption gewissermaßen im Gegenzug zur alten indischen Selbstvorstellung entwickelt worden ist.[18] Ich bin aber nicht sicher, was Buddha mit der bizarren Idee des Nicht-Selbst in Wirklichkeit gemeint hat. Es scheint mir interessant, dass die auch in der westlichen Philosophie aufgetretene Kritik an der gewöhnlichen Vorstellung des Ich, wie sie von David Hume und William James formuliert wurde, durch die buddhistische Einsicht des Nicht-Selbst in Form einer Kritik gegen die substanzialistische Ichvorstellung noch facettenreicher formuliert werden kann.

Der Zirkelgedanke hat vermutlich mit der magischen oder naturphilosophischen Weltvorstellung zu tun, so wie er am Anfang der Menschheitsgeschichte, also vor der eigentlichen Vergeschichtlichung aufgetreten ist. Aber er ist in der rationalistischen Weltdeutung weder aufgehoben noch überwunden. Und dies hängt mit unserer Grunderfahrung der menschlichen Existenz zusammen. Unübersehbar und im Prinzip unumgänglich ist der Kreisgedanke immer noch im Buddhismus:

> Er [Arhat] strengte sich an, er strebte und kämpfte, und so wurde ihm klar, dass der Kreis von Geburt und Tod mit seinem fünf Bestandteilen (*Skandhas*) in ständigem Flusse ist.[19]

Der Zirkel von Leben und Tod als Schicksal des organischen Wesens wiederholt sich in jedem Augenblick der Zeit, wo das Menschsein in seiner Bewusstheit deutlich hervortritt. Eine Berkung zur selben Thematik. In Bremen, kurz nach dem Zweiten Weltkrieg, hatte Heidegger eine Reihe von meines Erachtens bedeutsamen Vorträgen unter dem Gesamttitel „Einblick in das was ist" gehalten. Ein Thema lautete: „Das Ding". In ihnen spricht er auch vom Menschen:

> „Die Sterblichen sind die Menschen. Sie heißen die Sterblichen, weil sie sterben können. Sterben heißt: den Tod als Tod vermögen. Nur der Mensch stirbt. Das Tier verendet. Es hat den Tod als Tod weder vor sich noch hinter sich. Der Tod ist der Schrein des Nicht, dessen nämlich, was in aller Hinsicht niemals etwas bloß Seiendes ist, was aber gleichwohl west, nämlich als das Sein selbst [...] Die Metaphysik dagegen stellt den Menschen als *animal*, als Lebewesen vor. Auch wenn die *ratio* die *animalitas* durchwaltet, bleibt das Menschsein vom Leben und Erleben her bestimmt. Aus den vernünftigen Lebewesen müssen erst die Sterblichen werden.[20]

Aber nach Heidegger stirbt nicht jeder Mensch. Den Tod in Vernichtungslagern oder den Hungertod in Nord-Korea und Afrika sollte man als Liquidieren oder Verenden verstehen.[21] Dies wäre eine besondere, aber keine ausschließliche Art

---

[18] Steven Collins, *Selfless Persons: Imagery and thought in Theravada Buddhism*, Cambridge University Press 1982, 85-144.

[19] Eduard Conze, *Der Buddhismus*, Berlin u.a. 1995, 88.

[20] Martin Heidegger, *Bremer und Freiburger Vorträge*, Gesamtausgabe, Bd. 79, 1994, 18.

[21] Ebd., 56.

und Weise des Denkens, wie man sich aufgrund der fundamentalontologischen Bearbeitung des Menschseins der Idee der Menschenwürde annähern kann. Das zirkelhafte Spiel des Seins macht das Menschsein noch mysteriöser.

Sul-Joong Hwang

Scepticism and Being Human

1. Scepticism and Human Life

Holding fast to the position of scepticism in human life has been equated to taking a view of life of „anything goes." If it is impossible to establish a standard in taking an action, we are likely to fall into the paradox of accepting two opposite actions as valid at the same time. For example, it has been argued that scepticism promotes the simultaneous toleration and suppression of diverse beliefs.[1] This paradox inherent in scepticism makes sceptics look like destroyers of human ethics and arouses the fear that human life might degenerate into the world of beasts. The inability to justify any ethical criterion would free us to act in any manner. Sceptics have always been troubled by this kind of question in relation to the ethical implications of scepticism. The distrust with which sceptics are treated is connected with their specific definition of men who insist that „nothing is apprehensible."

In this essay, I want to show that this charge is based on misunderstandings about scepticism. With their own criterion in estimating the value of action, sceptics do not foster indifference or nihility of life. Rather, they only state that we have to wear a veil of ignorance about the real nature of things, thereby reminding us constantly that no ethical teachings can be absolute beyond the context of the society and history in which people are brought up. By reflecting on the self-constraint of human ethics, we recognize that conversation and toleration of other beliefs are the conditions central to being human. Therefore, I will try in this essay to correct the widespread and misguided representations of scepticism and to suggest a positive role that it may play in our life.

2. Pyrrhonism as a Philosophical Scepticism

It is a well-known fact that ancient sceptics strove to reach the state of tranquility (*Ataraxia*). An anecdote about Pyrrho clearly shows the goal of scepticism: „When his fellow-passengers on board a ship were all unnerved by a storm, he kept calm and confident, pointing to a little pig in the ship that went on eating, and telling them such was the unperturbed state in which the wise man should

---

[1] Cf. J. Horton, „Toleration," in *Encyclopedia of Philosophy*, ed. by E. Craig (London/ New York: Routledge, 1998), 432.

keep himself."[2] This story posits the sceptics' understanding of the difference between man and beast. According to Hegel, while beasts are in natural possession of the state of quietude, man must make every effort to secure it by reason.[3] The road to *Ataraxia* is the suspension of judgment (*Epoche*) as to the real nature of things through the utilization of sceptical arguments.

Sextus Empiricus describes the suspension of judgment as follows: „'Suspense' is a state of mental rest owing to which we neither deny nor affirm anything."[4] This means that the suspension of judgment reserves any kind of decision (including both affirmation and denial) regarding the underlying real objects. The reason why sceptics neither affirm nor deny anything is not just because of their arbitrariness but because of the unavoidable undecidability of the state of things (*Sache*). This necessity is supported by the ability of sceptics to oppose every (dogmatic) truth-claim with an opposing but equally convincing truth-claim. We should therefore note, first of all, that it is dogmatism that sceptics are attempting to attack and damage. Here dogmatists are „those who believe they have discovered it [the truth]"[5] concerning the object of philosophical investigation. To be exact, the dogmatists are those who think that the application of reason can discover how things really are, and adhere to the belief in an absolute essence that is beyond phenomena.[6] The sceptics expose the one-sidedness of a dogmatic truth-claim by opposing it with an equal truth-claim, so that they deprive it of the certainty of truth. They acquire the power to debilitate all kinds of dogmatism (neither denying nor affirming them) through the method of equipollence (*isosteneia*) which they design. The key point of sceptical arguments is that every dogmatic position has to allow its opposite position, because the dogmatic position in isolation contains finitude and one-sidedness and is therefore certain to collapse.

> The main basic principle of the Sceptic system is that of opposing to every proposition an equal proposition; for we believe that as a consequence of this we end by ceasing to dogmatize.[7]

---

[2] D. Laertius, *Lives of Eminent Philosophers*, Vol. II, trans. by R. D. Hicks (Harvard University Press, 2000), IX, 68.

[3] Cf. G. W. F. Hegel, *Jenaer Schriften 1801-1807*, in Werke in zwanzig Bänden, Bd. 2 (Frankfurt/M.: Suhrkamp Verlag, 1970), 238-9.

[4] S. Empiricus, *Outlines of Pyrrhonism*, ed. by R. G. Bury (Harvard University Press, 2000), I, 10.

[5] Cf. ibid., I, 3.

[6] Cf. M. Frede, „The Sceptic's Belief," in *The Original Sceptics: A Controversy*, ed. by M. Burnyeat & M. Frede (Indianapolis/Cambridge: Hackett Publishing Company, Inc., 1997), 11, 14.

[7] S. Empiricus, *Outlines of Pyrrhonism*, I, 12.

The method of equipollence can make the sceptics attack dogmatism without adopting a particular philosophical presupposition or belief as a base of criticism against it. The reason why pyrrhonists generally make negative statements is as simple as that explaining why the dogmatists generally make positive statements to express their discoveries. In short, the genuine sceptical character of pyrrhonism lies in the absence of a fixed basis for attacking other philosophical opinions.[8] When the sceptics attack dogmatism by depending on particular beliefs, the beliefs themselves become a dogma that is again vulnerable to equipollence strategy.[9] So Sextus Empiricus defines scepticism not as a philosophical school depending on a particular belief, but as „an ability, or mental attitude, which opposes appearances to judgements in any way whatsoever."[10]

Sceptics go through the following process of argument in their attack on dogmatists: (1) proposing an equally convincing claim in opposition to a dogmatic claim → (2) showing the irreconcilable conflict between them → (3) leading to undecidability of preferring one to the other → (4) suspending a judgment → (5) arriving at mental tranquility. This sceptical process is rigorously applied to any emergence of dogmatism. Clearly, scepticism has exhibited a strong influence throughout the history of philosophy due to the universal applicability of sceptical arguments to all kinds of dogmatism. The *tropes* of Aenesidemus and Agrippa which have been evaluated as the climax of sceptical theories contain forms of arguments rather than specific contents. Such universal formality implies that any sceptical argument that stretches to the limit of human knowledge will inevitably be influenced by philosophical scepticism, as represented by historical pyrrhonism. For example, Hans Albert's 'Münchhausen Trilemma,'[11] a contemporary version of scepticism, is merely a duplicate of Agrippa's *tropes*.

3. Difference between Suspension and Unknowability

One method that is easily and frequently used in criticizing philosophical scepticism is to expose the self-referential contradiction of its statement and thereby give a serious blow to scepticism. This is effective because the sceptical state-

---

[8] As to the virtue of the method of equipollence, cf. M. N. Forster, „Hegel on the Superiority of Ancient over Modern Skepticism," in *Skeptizismus und spekulatives Denken in der Philosophie Hegels*, hg. von H. F. Fulda & R-P. Horstmann (Stuttgart: Klett-Cotta, 1996), 65.

[9] Cf. M. N. Forster, *Hegel and Skepticism* (Harvard University Press, 1989), 29-32. According to Forster, modern scepticism, in its loss of the equipollence method, came to degenerate gradually into dogmatism over a historical process.

[10] S. Empiricus, *Outlines of Pyrrhonism*, I, 8.

[11] H. Albert, *Treatise on Critical Reason*, trans. by M. V. Rorty (Princeton University Press, 1985), 18.

ment, „the truth never can be apprehended", cannot free itself from a form of truth-claim either. When Nietzsche declared „therefore there is no truth"[12], Rorty has noted that he makes the same mistake: „Nietzsche has caused a lot of confusion [...]. Such confusions make Nietzsche and Derrida liable to charges of self-referential inconsistency – to claiming to know what they themselves claim can not be known."[13] A claim to the absence of truth is itself a claim to absolute truth. To paraphrase Heidegger's expression, an assertion of the absence of all metaphysics is itself the new highest metaphysics.[14] For this reason, the philosophical sceptics necessarily attack dogmatism by neither denying nor affirming it, which supplies the motive for „why they would design the equipollence method." The self-destructive nature of the sceptical truth-claim was also a major subject of discussion among ancient pyrrhonians. Sextus Empiricus made an effort to discriminate later pyrrhonians from the New Academic philosophers who affirm positively that all things are inapprehensible.[15] This indicates explicit awareness by the sceptics that scepticism claiming to the absence of truth is immediately converted into negative dogmatism.

The common criticism of scepticism, i.e., that it contains a self-referential contradiction at its heart, originates from the identification of scepticism with negative dogmatism. The sceptics dissolve this contradiction simply by allowing the conflicting claims to fight among themselves and thereby exhibiting the limited character of both stances.[16] They make no metaphysical claims about the ontological status of things. It is precisely the insistence of beliefs (or assumptions), regarded by the dogmatists as self-evident, that allows the sceptics to speak and argue about anything at all. When these dogmatic beliefs emerge, the sceptics only propose equally convincing, opposite beliefs to expose their one-sidedness.

The question „How are sceptics different from relativists?" can be illuminated by the fact that the sceptics form their own arguments leading to the suspension of judgment through the equipollence method that consists of neither denying nor affirming anything. Relativists positively assert that „there is no absolute truth," which extinguishes the doubt that leads to scientific investigation and replaces it with negative conviction. For example, while the relativists claim that

---

[12] F. Nietzsche, *Nachgelassene Fragmente 1884-1885*, hg. von G. Colli und M Nontinari (München: dtv/de Gruyter, 1988), 498: „... und folglich giebt es keine Wahrheit."

[13] R. Rorty, *Contingency, irony and solidarity* (Cambridge University Press, 1989), 8 n. 2.

[14] Cf. M. Heidegger, „Nietzsches Wort »Gott ist tot«" in *Holzwege* (Frankfurt/M.: Vittorio Klostermann, 1977), 217, 240.

[15] Cf. S. Empiricus, *Outlines of Pyrrhonism*, I, 226.

[16] Cf. S. Empiricus, *Sextus Empiricus: selections from the major writings on scepticism, Man, & God*, ed. by P. P. Hallie, trans. by S. G. Etheridge (Indianapolis/Cambridge: Hackett Publishing Company, 1985), 83 n. 5.

„mud is pleasant for pigs, but unpleasant to human beings", the sceptics would only say that „we cannot decide whether mud is really pleasant or unpleasant." The real nature of things is a mystery to the sceptics but not to the relativists.[17] In this sense, relativism and dogmatism belong to the same category and therefore, obviously, scepticism has an oppositional relation not only with dogmatism but also with relativism. In brief, scepticism and relativism 'are incompatible',[18] and victory of the one means defeat of the other.

Scepticism, as an ability which gives equal weight to conflicting judgements in any way whatsoever, nevertheless does not forgo theoretical doubt. The ground on which sceptics stand is their endurance of never ceasing to inquire or doubt. Sextus Empiricus begins his *Outlines of Pyrrhonism*, by noting the main difference between philosophic systems:

> The natural result of any investigation is that the investigators either discover the object of search or deny that it is discoverable and confess it to be inapprehensible or persist in their search. [Dogmatists are those who have claimed to discover the truth and Academics are those who have asserted that it cannot be apprehended. In contrast to the Dogmatists and the Academics] the sceptics keep on searching.[19]

The sceptic's suspension of judgment is linked not with the profession that we cannot know the real nature of the world, but with the process of inquiring without giving hasty assent to a dogmatic claim to it. The sceptics do not formally exclude the possibility that we can attain doubtless knowledge in the future. As Barnes states, „it remains true that Pyrrhonian scepticism – Pyrrhonian ἐποχή – is, formally speaking, open-minded and in principle tolerant of future progress."[20] The openness to theoretical inquiring about the real nature of things is an important factor of philosophical scepticism. The open formality of sceptical theory suggests that scepticism cannot but also oppose the mechanism of suppression and closedness in the practical sphere.

4. Appearance and Essence

The open suspension of judgement in scepticism is not a subjective choice but the (tentative) result of scientific investigation through sceptical arguments. Ancient pyrrhonists contrived forms of arguments (*tropes*) which induced unde-

---

[17] Cf. J. Annas & J. Barnes, *The Modes of Scepticism: Ancient Texts and Modern Interpretations* (Cambridge University Press, 1985), 98.
[18] R. J. Hankinson, „Pyrrhonism," in *Encyclopedia of Philosophy*, ed. by E. Craig (London/New York: Routledge, 1998), 850.
[19] S. Empiricus, *Outlines of Pyrrhonism*, I, 1-3.
[20] J. Barnes, *The Toils of Scepticism* (Cambridge University Press, 1990), 11.

cidability between conflicting opinions. Above all, their contribution to philosophy could be found in the completion of *tropes*, that is, the intensive skill system
capable of showing conflicts from all kinds of dogmatic claim. Especially, the
tropes of Aenesidemus and Agrippa represent abstract and universal forms of
arguments. While each *trope* has its own distinctive feature, all *tropes* converge
on the *trope* of relation. Therefore the structure of the *trope* of relation provides a
general description of the structure of all other (especially Aenesidemian) *tropes*.
Annas and Banes formalize it as follows:[21] (1) x appears F in relation R; (2) x
appears F* in relation R*; (3) we cannot prefer R to R* or vice versa; (4) hence
we suspend judgment as to whether x is really F or F*.

According to ancient pyrrhonists, the judged objects, in principle, cannot be
thought of independently, because they always already have an inseparable relation with other relational terms. In contrast, dogmatists have great conviction in
their ability to make pure judgment of objects without conceptual comprehension
(*Begreifen*) of the whole network of relational concepts. The basic limit of dogmatism consists of just this conviction. The sceptics do not assert negative statements against all kinds of dogmatic assertion, but restrict themselves to trying to
disclose the deception and rashness of the dogmatist by demonstrating that his
discovery of the truth always already has to exist in relation with its opposites.
Since the sceptics think about the relation of concepts, according to Hegel, their
(especially Agrippa's) *tropes* „make up the genuine arsenal of its weapons
against philosophical cognition."[22]

The sceptics suspend judgment as to whether x is really F or F*. However,
they observe that x appears as F in R and F* in R*, and are content in accepting
this phenomena, which illustrates the main object that they target for attack.
They aim to attack the philosophical knowledge of the truth rather than any report on appearances. They state that „we merely object to accepting the unknown
substance behind phenomena."[23] They accept appearance, although only as appearance, but do not admit judgments regarding the real nature (or essence) of
appearance. For example, while granting that honey appears to be sweet, they
continually doubt whether it is also sweet in its essence.[24] The *tropes* of the sceptics teach us that we are incapable of understanding beyond the horizon of appearances. According to the sceptics, we are limited in our discussions to only
„how objects appear" rather than „how they really are." The following phrase
could be regarded as a kind of musical refrain whenever the sceptics finish each

---

[21] Cf. J. Annas & J. Barnes, *The Modes of Scepticism: Ancient Texts and Modern Interpretations*, 143-4.

[22] G. W. F. Hegel, *Jenaer Schriften 1801-1807*, 243: „die *späteren fünf Tropen*, welche
die eigentliche Rüstkammer ihrer Waffen gegen philosophische Erkenntnis ausmachen".

[23] D. Laertius, *Lives of Eminent Philosophers*, Vol. II, IX 105.

[24] Cf. S. Empiricus, *Outlines of Pyrrhonism*, I, 19.

of their *trope*'s song: „Although I shall be able to say what the nature of each of the underlying objects appears to me to be, I shall be compelled, for the reasons stated above, to suspend judgment as to its real nature."[25] The paradigm constructing the sceptics' *tropes* is dependent on the philosophical dichotomy between the real world and its appearance. Through this scheme, the sceptics show that the road to the real nature of the world is blocked epistemologically and that we are only able to touch its appearance.

5. The Sceptics' Veil of Ignorance

The sceptics' argumentative theory ends by the suspension of judgement about the inherent nature of things. Though starting from a metaphysical distinction between phenomenal and real, scepticism finally has the effect of undermining the power of these traditional dual concepts, because only appearances themselves remain, rather than the real world in itself.[26] In knowledge, the expression appearance (*Erscheinung*) is substituted for being (*Sein*). To the sceptics, the status of being is always demoted to that of appearance. In Rawls' view of the real world, the sceptics show through their own arguments that a person has to wear a complete veil of ignorance. In short, nobody is able to obtain any epistemological information of the essential world to judge or assert something about it. This veil indicates that prerogative statements concerning the real world merely belong to dogmatism.

However, even though the sceptics admit an epistemological situation in which a person cannot but wear a veil of ignorance and suspend judgment, they do not suggest that we should treat ourselves as idiots who are unable to think at all because of this veil. Rather the sceptics' tropes as such display that people, of course including the sceptics, are able to comprehend and effectively use manifold facts and observations in order to induce the realization of a person's ignorance of the real nature of the world.

The sceptics sharply perceive and cogently think about appearances to attain the ability to provide an equally convincing opposite proposition to a dogmatic one. They have never fostered ignorance in general. They can be seen as possessors of reason reflecting on the limit of reason that dogmatists have. Hence Hegel makes his comment on ancient pyrrhonists in the stage of dialectical and negative reason reflecting on the limit of the finite and abstract understanding (*Verstand*).[27]

---

[25] Ibid., I, 78.

[26] Cf. C. L. Stough, *Greek Skepticism* (University of California Press, 1969), 147-60.

[27] Cf. G. W. F. Hegel, *Enzyklopädie der philosophischen Wissenschafen I*, in Werke in zwanzig Bänden, Bd. 8 (Frankfurt/M.: Suhrkamp Verlag, 1970), 176 [§ 81, Zusatz 2].

According to Hegel, understanding is a kind of reason which treats thinking-determinations (*Denkbestimmungen*) as having a subsistence by fixing them separately and distinguishing among them.[28] Therefore, understanding always has problems whenever it tries to explain the infinite relation of the whole. The way which understanding uses and apprehends thinking-determinations has to be confronted with contradictions because it only „exalts a single, one-sided determination to the sole and the supreme one."[29] In this sense, what forces understanding to recognize the limit of itself is none other than the activity of understanding itself. Understanding demands the confrontation with (dialectical) reason which apprehends that all things are necessarily linked with each other. Here reason is not a newly introduced faculty to overcome the limit of understanding but a necessary outcome when understanding pushes itself to its limits. Reason is not beyond understanding. After all, it is just rationalization of understanding itself[30] and 'the self-reflection of understanding.'[31] As mentioned above, it is this apprehension that belongs to the *trope* of relation of the sceptics, the mode based on that „relatives are apprehended along with each other."[32] Reason (of the sceptics) dissolves all the determinate claims (of the dogmatists) by apprehending the self-sublation (Sich-aufhebung) of finite thinking-determinations and their mutual transition.[33] Anytime the sceptics can freely attack the dogmatists in principle on the ground that they apprehend the relation between (seemingly isolated) thinking-determinations, while the dogmatists still stick to one of them as the truth without the reflection of conceptual relations. Scepticism must therefore be counted not as abandonment of reason itself but as an intellectual endeavor to interpret the world coherently.

6. Criterion of Life in Scepticism

The sceptics will carry out their own theory consistently in the sphere of praxis too. To them, doubt is not only theoretical but also practical. When a man neither shuns nor pursues anything eagerly by suspending judgment, i.e., by neither denying nor affirming anything at all, he fortuitously enters a state of quietude in

---

[28] Cf. ibid., 169 [§ 80], 379 [§ 226]: „Es ist die als *Verstand* tätige Vernunft."

[29] G. W. F. Hegel, *Grundlinien der Philosophie des Rechts*, in Werke in zwanzig Bänden, Bd. 7 (Frankfurt/M.: Suhrkamp Verlag, 1970), 51 [§ 5, Zusatz].

[30] Cf. J. Mctaggart & E. Mctaggart, *Studies in the Hegelian Dialectic* (New York: Russell & Russell, 1964), 89.

[31] Cf. C. Hackenesch, „Die Wissenschaft der Logik," in *Hegels ›Enzyklopädie der philosophischen Wissenschaften‹ (1830): Ein Kommentar zum Systemgrundriß* (Frankfurt/M.: Suhrkamp, 2000), 90.

[32] S. Empiricus, *Outlines of Pyrrhonism*, II 117.

[33] Cf. G. W. F. Hegel, *Enzyklopädie der philosophischen Wissenschaften I*, 176-7 [§ 81].

respect to matters of opinion.[34] If tranquility is pursued on purpose, the pursuit itself works as an element disturbing it and, at last, the goal of sceptics is unattainable. The suspension of judgment as to the criterion of the truth seems to accompany indifference to all ethical criterions in human life. This circumstance inevitably introduces the question „is it possible for the sceptic to live with his scepticism?" Sceptics' answers to this question appear to pass through the following phases.

(1) Hume is a representative of those who are worried that suspension of judgment of the sceptics must drive human life to confusion and darkness. Although he admits that he was finally compelled to become a sceptic after philosophical inquiry into human understanding, he deplores this situation in which he becomes a pyrrhonist. He says that „[I] begin to fancy myself in the most deplorable condition imaginable"[35] and expresses his broken heart as follows: „I cannot forebear feeding my despair."[36] Why Hume should show such an extreme response to pyrrhonists can be easily found in the following quotation: „On the contrary, he[a Pyrrhonian] must acknowledge, if he will acknowledge anything, that all human life must perish, were his principles universally and steadily to prevail. All discourse, all action would immediately cease; and men remain in a total lethargy."[37] According to Hume, philosophical scepticism necessarily causes aphasia or paralysis in human life to make life impossible.

A story of Pyrrho is handed down:

> He led a life consistent with this doctrine, going out of his way for nothing, taking no precaution, but facing all risks as they came whether carts, precipices, dogs or what not, …; but he was kept out of harm's way by his friends … who used to follow close after him.[38]

The way of life taken by Pyrrho seems to support Hume's anxiety. However, the same writer immediately provides a description suggesting that the story is fiction: „He did not lack foresight in his everyday acts. He lived to be nearly ninety."[39] If Pyrrho lived without any regulation of action, as the story tells, it would have been highly improbable that he could have followed Alexander to Asia at nearly ninety years of age. For this reason, Hegel also concludes that the

---

[34] Cf. S. Empiricus, *Outlines of Pyrrhonism*, I, 26-9.

[35] D. Hume, *A Treatise of Human Nature*, ed. by L. A. Selby-Bigge (Oxford: Clarendon Press, 1960), 269.

[36] Ibid., 264.

[37] D. Hume, *Enquiries Concerning Human Understanding and Concerning The Principles of Morals*, ed. by L. A. Selby-Bigge (Oxford: Clarendon Press, 1975), 160.

[38] D. Laertius, *Lives of Eminent Philosophers*, Vol. II, IX, 62.

[39] Ibid.

anecdote is an extravagant fiction intended merely to slander scepticism.[40] Even if the story is true, why a sceptic would leave himself to the judgments of his friends is unclear.

Above all, sceptics themselves emphasize that such criticism, implying that scepticism must destroy any possibility for human life, starts with a misunderstanding of scepticism. They reaffirm that they never recommend a way of life (like that of beasts) which renders human survival hopeless, even though they construct the *tropes* guiding to the suspension of judgment. The following passage could be seen as a warning that scepticism cannot be allowed to be identified with any ethical anarchism expressed by the slogan „anything goes":

> And when the dogmatists argue that he[the sceptic] may thus live in such a frame of mind that he would not shrink from killing and eating his own father if ordered to do so, the sceptic replies that he will be able so to live as to suspend his judgment in cases where it is a question of arriving at the truth, but not in matters of life and the taking of precautions.[41]

(2) The sceptics thus admit that we cannot remain wholly inactive and undecided in ordinary life.[42] We have to make certain decisions in our lives, and any practical decision implies, without exception, a judgment about value. If so, does this judgment conflict with the suspension of judgment? Isn't life with beliefs contradictory to life without beliefs?

As might be expected of the sceptics, they try to solve this problem with a distinction between appearance and essence. The object of their suspension of judgment is epistemological beliefs in real nature of being, and cannot be expanded into beliefs in non-epistemological appearances. When the sceptics necessarily are obliged to possess some criterion both of choice and aversion in the activities of daily life, the criterion is appearances in the aforementioned sense.[43] As it were, when they say that they do not have beliefs, they use the term 'beliefs' in the narrow sense that they do not give assent to one of the non-evident of scientific inquiry.[44] Nevertheless, they do assent and approve of sensual feelings, involuntary passions, social customs and traditions to which they belong,[45] only in the sense that none of them is an object of scientific inquiry into the real nature of things. For instance, when the sceptics feel hot or cold, they would not

---

[40] Cf. G. W. F. Hegel, *Vorlesungen über die Geschichte der Philosophie II*, in Werke in zwanzig Bänden, Bd. 19 (Frankfurt/M.: Suhrkamp Verlag, 1970), 365.

[41] D. Laertius, *Lives of Eminent Philosophers*, Vol. II, IX, 108.

[42] Cf. S. Empiricus, *Outlines of Pyrrhonism*, I, 23.

[43] Cf. S. Empiricus, *Against The Logicians*, trans. by R. G. Bury (Harvard University Press, 2000), I, 30.

[44] Cf. S. Empiricus, *Outlines of Pyrrhonism*, I, 13.

[45] Cf. ibid., I, 23.

say „we believe that we are not hot or cold." When hungry, they eat, when thirsty, they drink. As a member of a society, each sceptic observes its customs and traditions in which he has been brought up. He does not decide his action himself, but instead, the social and historical horizon to which he belongs functions as a prejudice (*Vorurteil*) that decides his action.

The sceptics are not entirely inert in life, for they live in accordance with some criteria. However, they merely do not demand the status of the truth from them. They never forget that their criterion cannot be beyond the non-philosophical rules of life. Sextus Empiricus distinctly states:

> The sceptic does not conduct his life according to philosophical theory (for so far as regards this he is inactive), but as regards the non-philosophic regulation of life he is capable of desiring some things and avoiding others.[46]

The sceptics are not driven to despair even if they suspend judgment about the genuine nature of things, because they simply, without any investigation (*azetos*), accept appearances as the criterion of action. If we want to conclude that it is impossible for sceptics to live without beliefs, we would be justified only if the object of suspension of judgment is expanded into the non-epistemological sphere.[47] But the ethical view of the sceptics, who on the one hand receive appearance as a criterion of ordinary life and on the other hand do not have trust in its objective validity, indicates that scepticism cannot be identified with ethical nihilism or anarchism which are often associated with it. Appearance as a practical criterion suggests one way of leading an undogmatic life with undecidability between truth-claims.

7. Self-constraint of the Sceptics

As stated above, the sceptics want to achieve a life freed from all ideologies by accepting the power of the tradition to which they belong. This aspect serves to wipe out old and repeated misunderstandings about ethical implications of scepticism. However, any one-sided decision of action made entirely on the basis of socialization and customs has the danger of transforming us into automatons programmed by tradition, despite allowing us to escape from 'remaining like a vegetable.'[48] Even as a human is brought up by historical tradition, he is simultaneously able to positively interpret tradition. Notwithstanding, sceptics seem to

---

[46] S. Empiricus, *Against The Ethicists*, trans. by R. G. Bury (Harvard University Press, 2000), 165.
[47] Cf. M. Burnyeat, „Can the Sceptic Live His Scepticism?," in *The Original Sceptics: A Controversy*, ed. by M. Burnyeat & M. Frede (Indianapolis/Cambridge: Hackett Publishing Company, Inc., 1997), 47-57.
[48] S. Empiricus, *Against The Ethicists*, 163.

emphasize only the passive aspect that a human has to be always already governed by prejudice of the tradition to which he belongs. Admitting that a human's action is entirely dependent on prejudice would reduce him to nothing more than a brainless being that is unable to think and interpret autonomously at all. This image of a human inferred from scepticism does not correspond to the aforementioned depiction; according to the sceptics, a person is still able to comprehend the world coherently despite having to wear a veil of ignorance as to the real nature of things. These different views of sceptics urge us to reconsider what the sceptics are trying to say in respect to the ethical criterion.

Sextus Empiricus shows that the sceptics deny the good and bad by nature rather than the private good and bad:

> For if the private good of each is not the good of all nor by nature, and besides the private good of each there exists no good upon which all are agreed, no good exists.[49]

Sextus Empiricus admits that each man has private good. What he denies is „good upon which all are agreed." He just states that there are no good and bad in themselves which everyone must pursue or avoid. Nevertheless, his statement does not mean that it is impossible to posit any kind of good and bad. The key point may be summarized as follows: we must recognize that the (private) good and bad are not universal by nature, but must be placed in a historical context. The sceptics recommend us not to forget that every kind of ethics is dependent on differences of times and circumstances,[50] when we posit private good and bad. What they aim at in praxis is not a passive life, but one liberated from the dogmatic beliefs in the essential good and bad by recognizing the impossibility of establishing good and bad in themselves and limiting the criterion of life to the level of appearance. In this respect, the sceptics are not merely influenced by tradition but critically participate in it. As Annas remarks, „he [the sceptic] does not have to be passive or mindless about it [value]."[51] What the sceptics try to deny is the belief that the ethical criterion could be universally realized beyond the concrete horizon in which man actually lives.

8. Toleration

The veil of ignorance and self-constraint of scepticism works as presupposition which provides not only tranquility of mind but another ethical virtue, namely,

---

[49] Ibid., 78.
[50] Cf. ibid., 118.
[51] J. Annas, „Scepticism about Value," in *Scepticism in the History of Philosophy: A Pan-American Dialogue*, ed. R. H. Popkin (Dordrecht/Boston/London: Kluwer Academic Publishers, 1996), 216.

toleration.[52] In general, toleration means permitting beliefs, actions and practices which one would prefer not to permit. Even when one is confronted by disagreeable opinions which he would prefer to suppress, he does not suppress or exclude them through violence or dogmatic authority, even if he has the power to do so. These elements of tolerance cannot be secured through the discovery of the truth; The great confidence in the finding of the truth would make it hard to conceive voluntarily allowing to exist a view which is contrary to what one holds to be the truth. In this case, toleration (if possible) would be dependent solely on arbitrary choice with no relation to any theoretical argument. The theoretical basis for toleration can only be founded on the recognition of the veil of ignorance, on the inability of human reason to decide the real nature of things, and on the reason's reflection on its own limit. Permitting opposite opinions is hard to accept until we recognize that there is no absolute good and bad in practical beliefs, and that no ethical criterion can be removed from the historical horizon in which man lives.

The sceptics are not impatient with the conflict between their beliefs and those of others. Rather, they impose self-constraint on themselves, i.e., they dare not assert that their own practical criterion obtains universality beyond their life-context. This quality keeps them from dividing things into absolute good and bad and solving the conflict by coercive exclusion of the opposite. On the contrary, this self-constraint recommends that they appeal to the other concerning „how significant their own values are in the context of their life." What is important to the sceptics does not lie in the question of how to take a permanent moral principle from *ahistorical* viewpoint, but in the fact that we can still have conversations with each other even in different situations.[53] The sceptics encourage us to see the weakness of oppressive power, which refuses to permit that which should be permitted. To them, that which organizes human life as human is not secured by an unchanged moral principle, but by mutual conversations about „what appears to be the most helpful to overcome our present problems here and now?"

The tolerance defended by the sceptics has the following features. (1) The sceptics do not permit dogmatism which judges that which cannot be judged. All dogmas that claim the truth beyond appearance are rendered impotent by sceptical *tropes*. The sceptics continue in their doubting and seeking because they do not judge that which cannot be judged, and regard it only as the object of continuous inquiry. (2) The sceptics do not permit a 'let-alone' policy, i.e., arguing against the attitude of not judging that which should be judged. They strive for

---

[52] Cf. M. Hossenfelder, „Skepsis," in *Handbuch philosophischer Grundbegriffe*, hg. von H. Krings, H. M. Baumgartner und C. Wild (München: Kösel-Verlag, 1974), 1367.

[53] In this sense, there is affinity between scepticism and Rorty's neo-pragmatism. Cf. D. R. Hiley, *Philosophy in Question: Essays on a Pyrrhonian Theme* (The University of Chicago Press, 1988), 146, 153, 172.

the greatest good within the context of their practical lives and readily choose ethical values to achieve this. However, they willingly confess that their beliefs have inseparable relation to the context of their own lives. (3) Therefore, they permit neither unconditional toleration, which gives equal permission to all kinds of (philosophical) opinion in the theoretical sphere, nor a neutral attitude, which gives equal indifference to all kinds of action rule in the practical sphere.

The sceptics state that the question „how is a human being to live?" can be solved temporarily only by appealing to the sympathy of others through the description and interpretation of our own historical experiences. When we attempt to escape from this temporality, we find ourselves in danger of falling into barbarism.

Changrae Kim

Vorurteil und Aufklärung.

Laufen die Geschichtlichkeit des Wissens

und die Autonomie der Vernunft einander zuwider?

> Wir verwerfen nicht alles dasjenige, was die Men-
> schen durch ein Vorurtheil annehmen, und was wir
> vielleicht selbst bisher bloß um eines Vorurtheils
> willen angenommen haben; denn das hiesse in der
> That durch ein neues Vorurtheil die alten Vor-
> urtheile vertreiben, und da würde man einen Teu-
> fel durch den anderen austreiben.[1]

1. Fragestellung: Entgegensetzung von Hermeneutik und Aufklärung?

1.1 Scheinbarer Gegensatz

Als Denker der menschlichen Endlichkeit sagt Gadamer, dass es kein vorurteilsfreies Wissen gebe. Dagegen verlangt Kant als Denker der Aufklärung von uns
allen, uns von dem „Hang zur Heteronomie der Vernunft", d.h. vom „Vorurteil"
zu „befreien"[2] und dadurch die Autonomie der Vernunft zu sichern. Die erste Position ist mit der These von der *Geschichtlichkeit des menschlichen Wissens* zu
charakterisieren, die besagt, dass unser Denken unvermeidbar dem Vorschreiben
der Geschichte zu unterwerfen sei, denn, wie Gadamer sagt, „die Geschichte gehört nicht uns, sondern wir gehören ihr"[3]. So ist das Vorurteil – verstanden als
Bestimmung der Geschichte auf uns – auf keinen Fall für eine bloß subjektive
Befangenheit des einzelnen Menschen zu halten (vgl. GW I, 283), sondern für
„*die geschichtliche Wirklichkeit seines Seins*" (GW I, 281). Es ist also für uns
endliche Seiende der einzig mögliche Ausgangspunkt für die Suche nach der
Wahrheit, *zunächst* von dem jeweiligen Vorurteil geleitet zu werden.

---

[1] G. F. Meier, *Vernunftlehre*, Halle 1752, 274 (hier zitiert nach D. Teichert, *Erfahrung,
Erinnerung, Erkenntnis*, Stuttgart 1991, 95).

[2] I. Kant, *Kritik der Urteilskraft*, § 40 (abgekürzt als KU).

[3] H.-G. Gadamer, *Gesammelte Werke*, 10 Bde., Tübingen 1985-95, Bd. I, 281 (abgekürzt
als GW).

Die zweite Position kann man dadurch kennzeichnen, dass es die Maxime der Vernunft (genauer: des gesunden Menschenverstandes) ist, sofern sie sich als autonom erweisen will, „selbst zu denken", d.h. „niemals passive Vernunft" (KU § 40) zu werden. Die Aufklärung ist nach Kant nichts anderes als Versuch, sich von den Vorurteilen überhaupt, d.h. vom heteronomen Gebrauch der Vernunft, zu befreien und dadurch die Autonomie der Vernunft sicherzustellen (vgl. KU § 40)[4]. So lautet das Motto der Aufklärung: „Habe Muth dich deines *eigenen* Verstandes zu bedienen"[5]. Auf dem ersten Blick scheinen die beiden Positionen einander diametral zuwiderzulaufen.

In einem anderen – aber m.E. im Grunde gleichen – Kontext sagen die Hermeneutiker, dass es für uns menschlich-endliche Seiende unmöglich *sei*, ein Wissenssystem allein aus werturteilsfreien Urteilen zu konstruieren. Aus der hermeneutischen Sicht ist sogar zu sagen, dass gerade in der Werturteilsgebundenheit aller Urteile „ein Moment der Wahrheit selbst" (GW II, 40) enthalten *sei*, zumal ein reines, von jeden Wertschätzungen freies Faktum für uns Menschen eine nur denkbare Abstraktion ist. Dagegen würden Positivisten sagen, dass das Auftreten des werturteilsgebundenen Urteils im Gebiet der Wissenschaft gerade die Aufhebung des Erkennens bedeute und daher jedes wissenschaftliche Urteil, sofern es sich als ein solches geltend machen will, werturteilsfrei und allgemeingültig sein *solle*. Kein Wissenschaftler darf von sich aus reden, sondern er muss das Faktum selber reden lassen.

Man mag scheinbar zu Recht zwischen diesen beiden Ansätzen einen strengen Gegensatz finden, der nie aufgelöst zu werden scheint. Und als Indiz für die Unauflösbarkeit desselben würde man vielleicht auf den unproduktiven Abschluss des Positivismusstreites in den 1960er Jahren verweisen. Es lohnt sich jedoch, hier folgende Fragen zu stellen: Ist der Gegensatz wirklich nicht aufzulösen? Wenn er dies nicht ist, warum hält man ihn dann für so grundsätzlich unauflösbar? Aus einem formallogischen Grund oder aus einem ontologischen? Angesichts dieser Fragen formuliere ich meine Ansicht über diese Problematik wie folgt thesenartig: Was tatsächlich gegensätzlich ist, sind nicht zwei verschiedene philosophische Positionen, deren jede dieselbe Frage nach der Vor- bzw. Werturteilsfreiheit anders beantwortet, sondern eher zwei einander entgegenstehende Naturen der *einen* Vernunft des menschlichen, d.h. philosophierenden (wahrheitsliebenden) Seienden.

Mit der Entgegensetzung, von der man meinte, sie bestünde eventuell zwischen Hermeneutik und Aufklärung, zwischen Hermeneutik und Positivismus,

---

[4] Vgl. W. Schneider. *Aufklärung und Vorurteilskritik. Studien zur Geschichte der Vorurteilstheorie*, Stuttgart 1983, 13.

[5] I. Kant, *Beantwortung der Frage: Was ist Aufklärung?*, Akademieausgabe: *Gesammelte Schriften*, hg. v. Königlich Preußische Akademie der Wissenschaften, Berlin 1900ff., Bd. VII, 35 (abgekürzt als BF).

übersieht man einen wichtigen Aspekt unseres Lebens, genauer: eine der wichtigen Seinskonditionen des Menschen, dessen Wesen man schon seit der Anfangsphase der europäischen Philosophiegeschichte darin sah, dass es nicht im Besitz der Wahrheit ist, sondern lediglich im Besitz der Liebe nach ihr. Auch nur als ein Wahrheitsliebender denke ich, der scheinbare Gegensatz von Hermeneutik und Aufklärung (bzw. Positivismus) und das Ganze der Problematik um diesen ist zu Recht auf eine eigenartige *conditio humana* zu verschieben, von der Kant in der Vorrede der ersten Ausgabe seiner *Kritik der reinen Vernunft* spricht: „das besondere Schicksal, [...] daß die menschliche Vernunft durch Fragen belästigt wird, die sie nicht abweisen kann, [...] aber auch nicht beantworten kann"[6]. Im Folgenden wird versucht zu zeigen, dass „die hermeneutische Einsicht in die Geschichtlichkeit des Wissens" und „die aufklärerische Forderung nach der Autonomie der vorurteilsfreien Vernunft" doch nicht entgegengesetzt sind, sondern ganz im Gegenteil das Wesen der menschlichen Suche nach der Wahrheit *mit* ausmachen. Dieser Gedanke führt letzten Endes, wie angedeutet, auf die janusköpfige Seinskondition des Menschen, dieses wahrheitsliebenden Seienden, zurück, d.h. darauf, dass es einerseits – seiner Faktizität nach, in die es je hineingeworfen ist und hinter die es daher nicht zurückgehen kann – *ein geschichtlich bedingtes Seiendes zu bleiben hat*, aber andererseits – seiner *metaphysica naturalis* nach, die es je und je dazu verleitet, die aus der Vergangenheit überkommene, faktische Grenze zu übersteigen – *die reine Vorurteilsfreiheit und die überzeitliche Autonomie seiner Vernunft zu suchen* bestimmt ist. Eine Entgegensetzung zwischen dem, was wir *sind*, und dem, was wir sein *sollen*, muss ja nicht von formallogischem Charakter sein und bedarf daher zugunsten ihrer Auflösung einer ontologischen Behandlung.

1.2 Hintergrund der Problematik

Begriffsgeschichtlich gesehen wurde das Problem des Vorurteils erst „im 17. und 18. Jh. zwischen F. Bacon und I. Kant"[7] ins Zentrum der philosophischen Diskussionen gerückt. Dieser geschichtliche Sachverhalt lässt uns darauf Acht geben, dass es der Kern des *Neuen Organons* Bacons war, der das Programm formulierte, vermittels der Macht der Wissenschaft die Natur zu beherrschen[8] und zu diesem Zwecke die in der Form von Idolen auftauchenden, unser Erkennen beeinträchtigenden Vorurteile zu bekämpfen[9]. Man darf hier auch nicht unerwähnt lassen, dass das letzte Ziel der Aufklärung für Kant nichts anderes war als

---

[6] I. Kant, *Kritik der reinen Vernunft*, A VII.

[7] K. Reisinger u. O. R. Scholz, Art. *Vorurteil I*. In: *Historisches Wörterbuch der Philosophie*, hg. v. J. Ritter u.a., Bd. 11, Basel 2001, Sp. 1250.

[8] Vgl. F. Bacon, *Neues Organon*. übers. v. R. Hoffmann, Bd. I, Hamburg 1990, 3.

[9] Vgl. ebd., 38-40.

„der Ausgang des Menschen aus seiner selbst verschuldeten Unmündigkeit" (BF 35 u. 41). Es ist für mich keine grundloseVermutung, dass der Baconsche Glaube an ein vorurteilsfreies Wissen und die Kantische Idee der Aufklärbarkeit des Menschen an der negativen Konnotation des Begriffe „Vorurteil" nicht unbeteiligt waren.

Gerade in diesem Kontext nimmt Gadamer in einem kleinen Kapitel von *Wahrheit und Methode*, betitelt mit „Die Diskreditierung des Vorurteils durch die Aufklärung", den Ursprung und die Bildungsgeschichte des Begriffes „Vorurteil" unter die Lupe. Nach seiner begriffsgeschichtlichen Analyse bedeutete es ursprünglich „nur ein Urteil, das vor der endgültigen Prüfung aller sachlich bestimmenden Momente gefällt wird", d.h. „eine rechtliche Vorentscheidung vor der Fällung des eigentlichen Endurteils". Und „die uns gewohnte negative Akzentuierung" des Vorurteils geht auf „das Vorurteil der Aufklärung [...] gegen die Vorurteile überhaupt" (GW I, 275) zurück. Aus diesem Grunde unterzieht sich Gadamer einem eventuell provokativ erscheinenden Versuch, diesen an sich neutralen Begriff zu „rehabilitieren" (GW I, 281) und als eine Faktizität des Menschen die Unvermeidbarkeit anzuerkennen, jeweils unter Leitung derzeitiger Vorurteile zu philosophieren.

Im Gegensatz dazu definiert Kant den Begriff des Vorurteils als „Hang zum passiven Gebrauch der Vernunft"[10], d.h. die Neigung des Menschen, der nach Kant „mehr als die Maschine" (BF 42) sein *soll*, zum „Mechanismus der Vernunft" (LG 738)[11]. So ist das Gegenteil der Aufklärung doch nicht Unwissenheit, sondern „Unmündigkeit, [...] das Unvermögen, sich seines Verstandes ohne Leitung eines anderen zu bedienen". Und der Grund dafür ist „nicht der Mangel des Verstandes, sondern der Entschließung und des Muthes". Aus der Sicht der Aufklärung ist das Vorurteil nichts anderes als ein Ergebnis von „Faulheit und Feigsamkeit" (BF 35).

Allem Anschein nach bestünde zwischen beiden Positionen überhaupt keine Versöhnungsmöglichkeit. Ob es wirklich der Fall ist, ist jedoch eine Frage, auf die die vorliegende Arbeit *eine* Antwort sein will. Um diese Frage zu beantworten, geht zuerst ein kurzes Resümee von dem voraus, was Kant und Gadamer über das Problem des Vorurteils geschrieben haben, besonders im Hinblick darauf, *wogegen* sich Kants Vorurteilskritik und Gadamers Aufklärungskritik im Speziellen gerichtet haben.

---

[10] I. Kant, *Vorlesungen über Logik*, Akademieausgabe, Bd. XXIV, 548, 549 (abgekürzt als LG).

[11] Vgl. auch I. Kant, *Handschriftlicher Nachlaß*, Bd. III, Logik, Akademieausgabe, Bd. XVI, 2527 (abgekürzt als HN).

2. Kant: für Aufklärung und gegen Vorurteil

Die Lehre vom Vorurteil bei Kant lässt sich in folgende drei Punkte gliedern: 1. Definitionen des Vorurteils, 2. Unterscheidung zwischen Vorurteil und vorläufigem Urteil, 3. Vorurteil als ein formaler Irrtum.

2.1 Definition des Vorurteils

Die Kantischen Definitionen des Vorurteils sind durchaus abwertend. Es sind m.E. hier zumindests fünf Grundzüge von Vorurteilen nennenswert. Zuerst findet Kant den Ursprung der Vorurteile im Mangel an Überlegung.

> Ueberlegen heißt etwas mit den Gesetzen des Verstandes und der Vernunft vergleichen. [...] Der Mangel der Ueberlegung im Urtheil ist Vorurtheil (LG 424, vgl. 547, 737, HN 2515, 2517 u. 2536).

Zweitens ist das Vorurteil „das Fürwahrhalten aus blos subjectiven Ursachen die fälschlich für objectiv gehalten werden" (LG 547, vgl. 737, HN 2524, 2528, 2530, 2533, 2539 u. 2550). Es liegt nahe, dass diese Verwechslung von subjektiven und objektiven Gründen eben aus Unüberlegtheit resultiert. Drittens ist dieses subjektive, aber unüberlegt für objektiv gehaltene Urteil nach Kant deshalb besonders schädlich, weil man es als „eine Maxime"verwendet, „um daraus Sätze zu ziehen" (LG 738, vgl. HN 2528 u. 2538). Kant macht hier klar, dass das Vorurteil selbst doch nicht „ein Satz" (ein Urteil), sondern „ein subjektiver Grundsatz"sei, der „auf Schein gegründet ist" (LG 738) und aus dem daher viele „irrige Urteile" gefolgert werden. Das Vorurteil ist „immer Quelle" (LG 548) der falschen Urteile. Deswegen behandelt Kant das Problem des Vorurteils, das „eigentlich nicht in die Logik sondern in die Anthropologie gehört" (LG 552)[12], gerade in seiner Logik-Vorlesung. Viertens schreibt Kant interessanterweise die Vorurteilshaftigkeit des menschlichen Denkens nicht einem momentanen Irrtum, sondern der habituellen Begierde zu, nämlich dem „Hang zu etwas". Das Vorurteil ist „eine Propension (Hang) des Verstandes zum Urtheil aus subjectiven Ursachen" (HN 2534, vgl. 2537, 2543, 2547 u. LG 408), als deren maßgebliche Arten nach Kant Nachahmung, Gewohnheit und Neigung zu nennen sind (vgl. LG 425, 547f. u. HN 2519). Wir pflegen manchmal die anderen nachahmend, mal nach unserer Gewohnheit, mal in Anbetracht einer unbegründeten Vorliebe zu beurteilen und wollen dadurch die Mühe „nicht" haben, „selbst [zu] denken" (LG 549). Das ist selbstverständlich „bequem" (BF 35). Aber die andere Seite

---

[12] Denn das Problem der Logik ist nur, „wie wir uns deßelben [Verstandes] bedienen sollen, nicht wie wir uns deßelben bedienen" (LG 552). Wie man sich seines Verstandes tatsächlich bedient, – das ist ohne Zweifel ein Thema der *Anthropologie in pragmatischer Hinsicht*.

dieser Bequemlichkeit ist gerade „die Faulheit" (LG 549, vgl. 739) der passiven, „knechtischen" (LG 559) Vernunft. So ist der Hang zum Vorurteil gerade „Hang zum Mechanism der Vernunft statt der Spontaneität" (HN 2527, vgl. LG 738). Mit dieser fünften Bestimmung des Vorurteils als einer Maxime der passiven, heteronomen Vernunft (vgl. LG 403, 405f., 548f., 738f., HN 2526f., 2532, 2543 u. 2550) erreicht Kants Kritik ihren Höhepunkt.

Aus all dem lässt sich das Vorurteil folgendermaßen definieren: Es ist ein subjektiver Grundsatz der passiven Vernunft, den sie, um nicht selbst zu denken, verwendet, ohne dabei zu überprüfen, ob er objektiv oder nur subjektiv gültig ist.

2.2 Vorurteil und vorläufiges Urteil

Es ist hier auch darauf aufmerksam zu machen, dass Kant stets, wenn er über Vorurteile spricht, ein diesen ähnliches, aber im Grunde ungleiches Urteil mit behandelt, nämlich das vorläufige Urteil (vgl. LG 426, 737 u. HN 2523). Jenes Urteil geht „vor der Überlegung vorher" (LG 737) und „praepariert" zum regelrechten Urteilen (LG 426). Auf dem ersten Blick scheint dieses Urteil seiner *Vor*läufigkeit wegen ohne weiteres dem *Vor*-Urteil zu gleichen. Es ist aber nach Kant nur „ein Analogon vom Vorurteil" (LG 425), das sich darin von diesem unterscheidet, dass jenes zwar „unvollständig [und] incomplet", aber „nicht falsch [d.h.] wahr" (LG 426) sei, während dieses „jederzeit falsch" (LG 168) sei. Dem vorläufigen Urteil spricht Kant eine erkenntnistheoretische, wenigstens eine heuristische Funktion für das Urteilen, zu.

> Viele Untersuchungen kann man nicht gleich anstellen. [...] Vor der Untersuchung werde ich doch einige Gründe finden. [...] So viel diese mir an die Hand bieten kann ich immer urtheilen. [...] Das vorläufige Urtheil ist das Substratum alles dessen was der Verstand in der Folge urtheilt (LG 425).

Es genügt hier in Bezug auf unsere Problematik zu sagen: Kant habe mit seinem Einwand gegen das Vorurteil doch nie die vollständige Voraussetzungslosigkeit jeden Urteilens gefordert. Die Einschränkung der Kantischen Forderung zugunsten der Autonomie des urteilenden Verstandes ist für mich in diesem Grade vollkommen haltbar. Dies ändert jedoch nichts daran, dass Kant das Vorurteil nach wie vor als schädlich, als falsch ansieht.

2.3 Das Vorurteil als formaler Irrtum

Es fragt sich jetzt, worin das Schädliche des Vorurteils besteht, und was Kant unter Falschheit des Vorurteils tatsächlich verstanden hat. Man muss vornehmlich darauf Acht geben, dass Kant nicht ausschließt, dass auch die aus einem Vorurteil abgeleiteten Urteile wahr sein können. So sagt er sogar: „Vorurteile dürfen nicht immer falsch seyn". Es ist ihm zufolge trotz der Wahrheit einiger Vorurteile und von deren Folgeurteilen immer noch falsch, sich beim Urteilen eines Vorurteils zu bedienen, denn man „nimmt" dadurch „einen falschen modum cognoscendi an". Falsch ist ja nicht das „Was" von Vorurteilen, sondern das „Wie", die „Methode" des Urteilens. Das heißt: Vorurteile sind falsch, jedoch „nicht der Materie sondern der Form nach" (LG 426). Kant schreibt:

> Die Sätze sind nicht allemal darum falsch, weil sie aus einem Vorurteil kommen, oft sind sie richtig nur der modus acquirendi ist illegal (LG 554).

Besonders hervorzuheben ist hier, dass Kant als Kritiker des Vorurteils nur gegen diese formale Falschheit Einwand erhoben hat. Auf den ontologischen Sinn dieser Bestimmung der Falschheit von Vorurteilen als einer formalen wird gleich zurückzukommen sein.

3. Gadamer: Für Vorurteil und gegen Aufklärung

Gadamers Lehre vom Vorurteil fasse ich in folgenden drei Punkten zusammen: 1. Einwand gegen die historische Aufklärung und die Einsicht in die Geschichtlichkeit der menschlichen Vernunft, 2. Unterscheidung zwischen berechtigten und unberechtigten Vorurteilen, 3. Unvergegenständlichkeit von Vorurteilen.

3.1 Gegen die historische Aufklärung

Es ist zuerst klarzustellen, in welchem Kontext und zu welchem Zwecke Gadamer das Problem des Vorurteils thematisiert. Von dieser Problematik handelt er in *Wahrheit und Methode* gerade im Anschluss an seine Beschäftigung mit der Vorstruktur des Verstehens und mit dem hermeneutischen Zirkel bei M. Heidegger. Dabei deutet sich schon an, dass auch bei ihm die von seinem Vorgänger konkretisierte Zeitlichkeit bzw. Geschichtlichkeit des Verstehens als des *geworfenen* Entwurfs[13] behandelt werden soll. Tatsächlich findet Gadamer den hermeneutischen Sinn seiner Auseinandersetzung mit dem Vorurteilsproblem gerade darin, „der Geschichtlichkeit des Verstehens gerecht zu werden" (GW I, 270). Es stellt sich hier die Frage: Warum hält Gadamer die Rehabilitierung des Vorurteils für so entscheidend für die Aufweisung der Geschichtlichkeit des Verstehens? Ich finde eine Antwort auf diese Frage in einem seiner berühmten Aufsätze, der mit *Die Universalität des hermeneutischen Problems* betitelt ist: Wegen „der Entfremdungserfahrung des historischen Bewußtseins" (GW II, 219f.), das „alle Zeugnisse einer Zeit aus dem Geiste dieser Zeit zu verstehen" (GW II, 221)

---

[13] Dazu vgl. M. Heidegger, *Sein und Zeit*, 143ff. (abgekürzt als SZ).

und zu diesem Zwecke „die Vorurteile der eigenen Gegenwart [...] unter Kontrolle zu nehmen" (GW II, 222) suchte.

Bezüglich des Vorurteilsproblems richtet sich Gadamers Kritik von daher nicht direkt gegen Kant, den Gegner der Vorurteile, sondern gegen die historische Aufklärung, nämlich gegen W. Dilthey, der seine Aufgabe darin sah, das *objektive, vorurteilsfreie* Verstehen als geisteswissenschaftliche Methode zu entwickeln[14]. Es ist bekannt, dass Dilthey der Verfasser des unvollendeten Buches *Kritk der historischen Vernunft* war. Er wollte diesen Torso gerade neben der *Kritik der reinen Vernunft* stellen, welche die Möglichkeit des objektiven, allgemeingültigen Naturerkennens begründete und dadurch die bereits „wirkliche" Mathematik und Naturwissenschaft auch wissenschaftslogisch auf einem „sicheren Gang" (KrV B X) sah. Dilthey unterzog sich jetzt dem großen Vorhaben, die durch Kant in dem Gebiet der Natur erbrachte Leistung auch in dem der Geschichte zu wiederholen und dadurch die „Ebenbürtigkeit" (GW I, 245) von Naturwissenschaft und Geisteswissenschaft zu erweisen. Zu diesem Zweck, und allein zu diesem Zweck konstruiert Dilthey sein Modell des Verstehens als eine *Methode*[15], die uns einen *Weg* öffnet, auf dem wir den vergangenen Horizont des ursprünglichen Autors zu rekonstruieren (vgl. GS V, 276 u. VII, 215), uns in ihn hineinzuversetzen vermögen (GS VII, 213f.). Innerhalb dessen können wir eben das nacherleben, was der Autor in seiner Zeit erlebt hat, und somit die *mens auctoris* objektiv, d.h. ohne jede Verfälschung unseres subjektiven Vorurteils, wiederherstellen (GS VII, 214f.). Allein durch diese Methode können Autor und Interpret über den zwischen ihnen liegenden Zeitenabstand hinweg zu einer „Sympathie" (GS VII, 141) gelangen und, mit Dilthey zu reden, mit den Autoren „vollkommen mit leben" (GS VII, 214), als hätte zwischen beiden überhaupt kein Abgrund gelegen. Dieses „Wiederfinden des Ich im Du" (GS VII, 191) bedeutete für Dilthey die Vollendung des Verstehens und das Erreichen einer objektiven Erkenntnis in den Geisteswissenschaften. Zu pointieren ist hier vor allem, dass es nach Dilthey nichts anderes als die *historische Vernunft* ist, welche alle geschichtlichen Seienden, deren jedes in seiner Zeit und seinem Zeitgeist befangen bleibt, über diese unüberwindbar erscheinende Grenze derzeitiger Vo-

---

[14] Vgl. W. Dilthey, *Gesammelte Schriften*, Bd. V, 144, 332ff., VII, 137f. (abgekürzt als GS).

[15] In wahrstem Sinne des Wortes ist das Verstehen Diltheys eine *Methode*: *meta hodos*, den „Weg des Nachgehens" (GW II, 48), den der ursprüngliche Autor gegangen ist und den auch der gegenwärtige Interpret, alles nacherlebend, was der Autor erlebt hat, wieder zu gehen hat. Diese *Wiederholbarkeit* des Ursprünglichen, sei es die Qual von Novalis oder der Apfel von Newton, macht den Kern der wissenschaftlichen Methode aus, den Dilthey und Positivisten, wie hier gezeigt wurde, gemeinsam haben (vgl. GW II, 48). So kann man sagen, dass Dilthey ein Denker der Methode sei, außerhalb derer Gadamer noch „ursprünglichere" (GW II, 427, X, 437) Wahrheit sucht.

rurteilshaftigkeit hinaus führt und somit dem Verstehen zwischen ihnen eine „allgemein-menschliche Geltung" (GS VII, 161) verleiht (vgl. GS VII, 141f., 144f., 146ff., 161 u. 212f.). Erst jetzt, nachdem die historische Vernunft die Möglichkeit des objektiven Erkennens im Gebiet der Freiheit verbürgt hat, wie die reine bereits in dem der Natur, kann das System des vernünftigen Wissens zur Vollendung kommen. So meinte Dilthey, die Kritik der *reinen Vernunft* bedürfte einer Ergänzung durch seine Kritik der *historischen Vernunft* (vgl. GS VII, 191f.), damit die Kritik als eine in den ganzen Bereichen des menschlichen Wissens vollkommen vollzogene nachgewiesen werden kann. So „*vollendet sich die Aufklärung als historische Aufklärung*" (GW I, 244).

Deshalb gilt Dilthey in den Augen Gadamers als „Vollendung, [...] Radikalisierung der Aufklärung" (GW I, 280), die noch schädlicher als die Aufklärung selbst sei, weil sie sich um die Vorurteilsfreiheit der historischen Vernunft ausgerechnet *auf Kosten der Geschichtlichkeit* unseres Lebens bemühe, von dem auch Dilthey einmal gesagt hat: „Leben kann nicht vor den Richterstuhl der Vernunft gebracht werden." (GS VII, 359). Das Ziel von Dilthey als einem Methodologen der Geistes*wissenschaft*, auch im Bereich des geschichtlichen Lebens objektive Erkenntnis möglich zu machen, ließ ihn als *Lebens*philosophen seinen philosophischen Ausgangspunkt, d.i. die Geschichtlichkeit des menschlichen Lebens[16], verlassen. Also legt nun Gadamer – sich abwendend von diesem unvollendbaren Ideal der vollkommen vorurteilsfreien Vernunfterkenntnis im Bereich der Geschichte – seinen Augenmerk lieber darauf, *was wir sind* und *was wir in der Geschichte erfahren*, d.h. auf unsere *Faktizität*; denn wir sind, wie Heidegger es einmal schön ausgedrückt hat, „nie mehr, als wir faktisch sind" (SZ 145).

Das Vorurteil ist nach Gadamer nichts als „die geschichtliche Realität" (GW I, 281) und die Anerkennung desselben auch nichts als das Resultat der phänomenologischen „Beschreibung" (GW I, 299) dieser Realität, d.h. unserer Geschichtlichkeit. Sofern es auf „die endlich-geschichtliche Seinsweise des Menschen" ankommt, der Gadamer durch seine Kritik an der historischen Aufklärung „gerecht" (GW I, 281) zu werden beabsichtigt, kann weder von objektivem, vorurteilsfreiem Wissen, noch von der es ermöglichenden methodischen Kontrolle die Rede sein. Denn die Geisteswissenschaft selbst ist nach Gadamer keine Wissenschaft (im Sinne von *scientia*) und hat daher keine Methode (vgl. I/13, VII/383)[17]. Hier handelt es sich nicht um ein methodisches Denken, sondern um die wahre Erfahrung der Geschichte, d.h. um die *Wahrheit*, die „außerhalb" (GW I, 2, II, 238), „jenseits"[18], „hinter" (GW II, 49), „vor"[19] der *Methode* liegt. So ist jetzt zu fragen, welche Vorurteile und wie sie uns einen Zugang zu jener Wahrheit öffnen können.

3.2 Die Unterscheidung von wahrem und falschem Vorurteil

Ähnlich wie Kant, der trotz seiner Kritik an der Heteronomie des vorurteilsgebundenen Vernunftgebrauchs die dem Urteilen Richtung gebende Funktion des vorläufigen Urteils anerkennt, warnt auch Gadamer, der an der die Wahrheit freilegenden Funktion der Vorurteile festhält, vor der Vorbestimmung der subjektiven „Befangenheiten", die ihre Gründe nicht in der geschichtlichen Wirklichkeit, sondern nur in der „individuellen Schranke" oder subjektiven „Vorliebe" haben. Diese sind ja bekanntlich die „unberechtigten" (GW I, 283) Vorurteile, die „das Verstehen verhindern und zu Mißverständnissen führen" (GW I, 301), und insofern mit den „berechtigten" (GW I, 283) nicht zu verwechseln sind, die „das Verstehen ermöglichen" (GW I, 301). Es gilt also, „die *wahren* Vorurteile, unter denen wir *verstehen*, von den *falschen*, unter denen wir *mißverstehen*, zu scheiden" (GW I, 304, vgl. 301).

Jede erfolgende Unterscheidung führt unvermeidlich zur Frage nach ihrem Kriterium. Sie wurde auch von vielen Interpreten Gadamers gestellt[20]. Dessen Antwort ist der Verweis auf den Zeitenabstand, genauer: die sich über die Zeitenabstände hinweg als kontinuierlich durchsetzende Geschichte (vgl. GW I, 303f.). Die Geschichte, genauer die Wirkungsgeschichte, ist für Gadamer nichts als die zirkuläre Wechselbestimmung von Vergangenheit und Gegenwart, d.h. ein „Ineinanderspiel der Bewegung der Überlieferung und der Bewegung des Interpreten" (GW I, 298). Einerseits will sich die Überlieferung so durchsetzen, wie sie bislang war, und sie zielt somit auf ihre eigene Kontinuität ab. Andererseits entwirft sich der Interpret auf seine Zukunft hin und „versteht" damit die Überlieferung immer „*anders*" (GW I, 302), als sie bislang verstanden worden

---

[16] Zur Geschichtlichkeit des menschlichen Lebens bei Dilthey vgl. GS VII, 6, 157, 166, 224 u. 291 u. ö.

[17] Vgl. H.-G. Gadamer, *Wahrheit und Methode. Der Anfang der Urfassung (ca. 1956)*, hg. v. J. Grondin u.a.. In: *Dilthey Jahrbuch*, Bd. 8, 1992-93, 131 u. 139f.

[18] H.-G. Gadamer, *Kleine Schriften*, Bd. I, Tübingen 1976, 51.

[19] Vf., *Sprache als Vermittlerin von Sein und Seiendem. Die Logik des Darstellens bei Hans-Georg Gadamer*, Aachen 1999, 181.

[20] Vgl. z.B. H. G. Stobbe, *Hermeneutik – ein ökumenisches Problem?*, Zürich 1981, 30ff.; H.-J. Gerigk, *Unterwegs zur Interpretation*, Stuttgart 1989, 135-138; P. Forget, *Leitfäden einer unwahrscheinlichen Debatte*. In: ders. (Hg.), *Text und Interpretation*, München 1984, 11.

ist[21]. Zunächst steht die Gegenwart unter der Wirkung der Wirkungsgeschichte, auf die sie aber durch ihr Andersverstehen zurückwirkt. Diese Wechselwirkung von Vergangenheit (Wirkungsgeschichte) und Gegenwart (Interpreten) vollzieht sich jedoch nicht einmalig, sondern wiederholt sich „unendlich" (GW I, 303)[22] und bildet dadurch die *eine* kontinuierliche Bewegung, die Gadamer wieder Wirkungsgeschichte (Sein) nennt. Das Vorurteil, das Gadamer zu rehabilitieren versucht, ist immer die Bestimmung der „Wirkungsgeschichte als des Ganzen von wirkender Wirkungsgeschichte und zurückwirkendem Interpreten", aber niemals unsere subjektive Voreingenommenheit. Jene Vorurteile also, die mit der Kontinuität des Seins übereinstimmen, sind wahr, und jene, für die dies nicht gilt, sind falsch. Während die letzteren nur die zu überwindende Schranke eines einzelnen Subjekts sind, sind die ersteren in der Lage, die geschichtliche Wirklichkeit des Seins ans Licht zu bringen und somit das Verstehen zu ermöglichen. Dieses ist nach Gadamer „nicht eine Handlung" der sich ihrer unparteiischen Vernunft bedienenden „Subjektivität" (GW I, 298), sondern „ein Geschehen, [...] das Tun der Sache" (GW I, 488) selbst, und nicht das Tun des die Sache vorstellenden Subjekts. Die Vorurteile sind im Grunde die aus dem Sein, und niemals die von Seienden, d.h. die „sachliche[n] Vorurteile" (GW I, 285), nie die Vorurteile über die Sache.

3.3 Unvergegenständlichbarkeit von Vorurteilen

Lässt sich das Vorurteil in dieser Weise nicht aus der subjektiven Befangenheit des individuellen Seienden, sondern aus der Wirklichkeit des Seins bestimmen, so ist wird jetzt von Gadamer konstatiert: das Vorurteil ist *nicht zu vergegenständlichen*. Die Macht des Vorurteils über die Seienden ist so stark, dass es allen vergegenständlichenden Reflexionen seitens Seiender entgeht. Über diesen vielleicht in den Augen kritischer Philosophen problematisch erscheinenden Begriff der *Unvergegenständlichbarkeit* des Vorurteils wurde bislang in der Literatur zu Gadamer heftig diskutiert und es wurden Konservativismusvorwürfe erhoben[23]. Aber dieser Begriff hat, soweit ich Gadamer verstehe, mit Konservativismus nichts zu tun und ist eher, wenn man ihn ontologisch deutet, unproblematisch, denn er folgt aus dem uns sonst vertrauten „Vorrang des Seins vor den Seienden". Es lohnt sich hier, „das ontologische Verhältnis des Seienden zum

---

[21] Was Dilthey zugunsten der Objektivität des Verstehens beseitigt hat, sind gerade diese Vorurteile, die der anders Verstehende aus seiner Zukunft erhält, die an die kontinuierliche Geschichte angeschlossen ist und insofern mit subjektiver Befangenheit nichts zu tun hat.

[22] Vgl. dazu GW I, 289f., II, 7f., 332, 370ff, 504ff., III, 236f., IV, 480, VI, 151ff., VII, 111, 256, 433, VIII, 359f., X, 142.

[23] Siehe unten Abschnitt 4.3.

Vorurteil als Wirklichkeit seines Seins" begrifflich zu fassen. Es steht außer
Zweifel, dass für diesen Zweck das cartesianische Verhältnis von Subjekt und
Objekt ein unangemessenes Denkschema darstellt, nach dem sich das erstere
(*sub-iectum*) ins Zentrum der Welt legt und sich das letztere (*ob-iectum*) gegen-
überstellt[24]. Denn es ist so, dass weder das Seiende ein zugrunde liegendes Subjekt, noch das Sein ein diesem gegenübergestelltes Objekt ist. So denkt Gadamer
dieses Verhältnis nicht mehr von der neuzeitlichen Metaphysik der Subjektivität
her, sondern von einer hermeneutischen Denkungsart, nämlich vom Seinsden-
ken. In dieser Perspektive, die in der grundsätzlichen Zusammengehörigkeit von
Sein und Seiendem sowie im ontologischen Primat des ersteren vor dem letzteren gründet, ist das Verhältnis beider als ein Verhältnis von *In* zu betrachten,
dessen Bedeutung Heidegger durch seine Beschäftigung mit dem In-Sein wohl
deutlich aufgezeigt hat (vgl. SZ § 12). In Anlehnung an Heidegger schreibt Gadamer:

> In unseren Verhalten zur Vergangenheit [...] ist jedenfalls nicht Abstandnah-
> me und Freiheit. Wir stehen vielmehr *in* Überlieferung, und dieses *Darin*ste-
> hen ist kein vergegenständlichendes Verhalten, so daß das, was die Überliefe-
> rung sagt, als ein anderes, Fremdes gedacht wäre – es ist immer schon ein Ei-
> genes. (GW I, 286f. Hervorh. v. Vf.).

Wir sind ja *in* der Geschichte, jedoch nicht in der Weise, wie „das Wasser im
Glas ist" (SZ 54), sondern so, dass wir uns gar nicht bewusst sein können, dass
wir darin sind. Dieses unbewusste Darinnensein ist eine Art von „Wohnen" (SZ
54) und Wohnen heißt „Zu-Hause-Sein in dem Gewohnten", das uns so nahe ist,
dass wir „nicht den Gegenständen gegenüberstehen" (GW X, 28). Die Vorurteile
können wir daher nicht zu einem Gegenstand unseres reflektierenden Urteils
machen, da wir in ihnen unbewusst ‚wohnen'. Dies besagt aber andererseits, dass
es auch dann möglich ist, „Vorurteile als solche bewußt zu machen" (GW II,
181), wenn ein abstrahierendes Bewusstsein aufhört, in diesen Vorurteilen unbewusst zu ‚wohnen', und plötzlich diese seine Wohnung theoretisch betrachtet.
Aber eine solche bewusste Betrachtung (*theoria*) ist nur ein nachträgliches Tun
eines abstrahierenden Bewusstseins, durch das es immer „zu spät" (GW I, 494 u.
II, 142) kommt, um der Geschichtlichkeit seiner Erfahrung gewahr zu werden.
Denn mit dieser bewussten Abstraktion hat das Bewusstsein schon sein Sein zu
einem Bewusst-Sein und sein Vor-Urteil zu einem Urteil gemacht, indem es die
Vorurteile als geschichtliche Wirklichkeit in dem Gehalt eines Urteils fixiert hat,
dem es allein seine Aufmerksamkeit schenkte.

---

[24] Vgl. M. Heidegger, *Die Zeit des Weltbildes*. In: *Holzwege*, Frankfurt/M. 1950, 81, 84,
91, 98, u. 103: vgl. ders., *Nietzsche*, Pfullingen 1961, Bd. II, 146f., 148, u. 158.

4. *Ein Versuch der Abmilderung der Entgegensetzung von Hermeneutik und Aufklärung*

Jetzt sind wir soweit, die bislang erklärten Positionen Kants und Gadamers miteinander zu vergleichen und sich aneinander annähern zu lassen. Dieser Versuch vollzieht sich in drei Etappen: 1. Einwand gegen die *Subjektivität* des Denkens, 2. Notwendigkeit des *Vorverständnisses*, 3. Geschichtlichkeit als *Faktizität* und Autonomie als *Sollen* der Vernunft.

4.1 Der Einwand gegen das subjektive Denken

Wir sahen schon, dass Gadamer das Vorurteil im Sinne von *subjektiver* Befangenheit für unberechtigt hielt und auch Kant gegenüber dem Vorurteil als *subjektivem* Grundsatz kritisch eingestellt war. Zumindest im Einwand gegen die Subjektivität des Denkens stimmen die beiden überein. Es ist jetzt die Frage zu stellen, warum dann Subjektivität bzw. das subjektive Denken philosophisch problematisch sei? Eines der schlimmsten Probleme des nur subjektiven Denkens findet Kant darin, dass es uns zur „logischen Egoisterei, dem selbstsüchtigen Vorurtheil" (LG 740) führt. Nach Kant ist ein logischer Egoist derjenige, der „alle Urtheile nur in Vergleichung mit dem meinigen" annimmt (LG 427, vgl. 551, 740) und „es für unnöthig hält, sein Urtheil auch am Verstande Anderer zu prüfen"[25]. Das einzige Heilmittel gegen diese monadische Krankheit, deren Hauptsymptom Zufriedensein mit seiner „Privatgültigkeit" (LG 428) ist, ist nach Kant „Pluralism[26], [...] d.h. die Denkungsart: sich nicht als die ganze Welt in seinem Selbst befassend, sondern als einen bloßen Weltbürger zu betrachten und zu verhalten" (AP 130). Man muss „die fremde Vernunft mit der seinigen stimmend [zu] machen" (LG 428) lernen und damit „kommunikative Rationalität"[27] erreichen. Es lässt sich leicht einsehen, dass die Kantische Forderung nach der „Achtung auf fremde Vernunft"[28] nichts anderes als das ist, was Gadamer als „die höchste Weise der Erfahrung" der Andersheit entwickelt, nämlich: „Offenheit für den anderen", das Verhalten, „das Du als Du wirklich zu erfahren" (GW I, 367). So sagt Gadamer:

---

[25] I. Kant, *Anthropologie in pragmatischer Hinsicht*, Akademieausgabe: *Gesammelte Schriften*, hg. v. Königlich Preußische Akademie der Wissenschaften, Berlin 1900ff., Bd. VII, 128 (abgekürzt als AP).

[26] Vgl. „Wenn man seine Einsichten mit denjenigen anderer vergleicht und aus dem Verhältniß der Übereinstimmung mit anderer Vernunft die Wahrheit entscheidet, ist das der logische Pluralism." (LG 428).

[27] J. Simon, *Kant. Die fremde Vernunft und die Sprache der Philosophie*, Berlin 2003, 75.

[28] Ebd., 77: zu Näherem zur Kantischen Offenheit für die fremde Vernunft vgl. ebd.., 73-79.

Wer einen Text verstehen will, ist vielmehr bereit, sich von ihm etwas sagen zu lassen. Daher muß ein hermeneutisch geschultes Bewußtsein für die Andersheit des Textes von vornherein empfänglich sein. (GW I, 273 u. II, 60)[29]. So ist das Verstehen für Gadamer nichts als ein Sprechen, ein „Miteinandersprechen" (GW X, 270). Jeder Verstehende muss daher mit dem *anders* Verstehenden „mitgehen" (GW X, 272, vgl. auch IX, 46), bis sie zu einem „wahren Gespräch, [...] einem gelebten Miteinander" kommen, in dem sie „sich [...] vereinigen" (GW VIII, 433). Das Verstehen vollzieht sich ja „nicht in der Sphäre des Ich, sondern in der Sphäre des Wir" (GW II, 151), und zwar zur „Ausweitung unserer Einzelheit und [...] Erprobung der möglichen Gemeinsamkeit" (GW II, 210)[30]. Aus all dem ergibt sich, dass Kant und Gadamer zumindest darin einig sind, dass man durch Anerkennung der Andersheit der Anderen die dogmatische Subjektivität überwinden müsse.

4.2 Die Notwendigkeit des Vorverständnisses

Es sei hier daran erinnert, dass das vorläufige Urteil für den Erkenntnisgewinn eine positive, das Urteil leitende Rolle spielt. Wie schon angedeutet ist das Urteilen nach Kant kein vollkommen voraussetzungsfreies Tun, sondern bedarf einer Vororientierung, damit die Untersuchung nicht richtungslos ist. So muss „jeder" vor dem Urteilen „vorläufig urteilen" (LG 425 u. 737), denn er hat keine andere Wahl: Er wird sogar durch diese „unvollständigen" (LG 426) Gründe geleitet.

> Gründe [...] des Forschens, damit man etwas habe, wodurch man seine Nachforschung auf die Seite lenkt, wo Wahrheit vermuthet wird, sind vorläufige Urtheile; Sagacitaet. (HN 2507).

Selbstverständlich ist diese „kluge" (LG 737) Lenkungskunst nach Kant „einem Talent, einer unlernbaren [...] unlehrbaren Naturgabe" (AP 223) zu verdanken, und insofern ist von ihr keine begriffliche, wissenschaftliche Erklärung möglich. In diesem Sinne unterscheidet sich das vorläufige Urteil Kants gewiß vom Vorurteil Gadamers als der geschichtlichen Wirklichkeit des Seins. Aber Kant und

---

[29] Zur Offenheit für die Andersheit bei Gadamer vgl. weiter I/273f., 367, II/60, 64, 116, 210, 446 u. 505; H.-G. Gadamer, Und dennoch: Macht des guten Willens. In: *Text und Interpretation*, hg. v. P. Forget, 59.

[30] Zum Näheren vgl. GW I, 380-383, II, 209-211, VIII, 433f. u. X, 272 -279: Diesen Gedanken Gadamers erläutert J. Grondin interessanterweise mit einem bislang unbeachteten Begriff Gadamers: Hören durch das „innere Ohr" (vgl. ders., *Das innere Ohr. Distanz und Selbstreflexion in der Hermeneutik*. In: *Denken der Individualität. Festschrift für Josef Simon zum 65. Geburtstag*, hg. v. Th. S. Hoffmann u. S. Majetschak, Berlin/N.Y. 1995, 330-333).

Gadamer stimmen m. E. darin überein, dass sie der Macht des menschlichen Denkens nur soviel zuerkennen, dass es nie voraussetzungsfreie sein kann und daher der Führung eines Vorhergehenden bedarf – sei es die Führung durch eine Naturgabe oder durch geschichtliche Wirklichkeit.

4.3 Das Vorurteil als Wirklichkeit des Seins und die Autonomie als Sollen der Vernunft

Kehren wir jetzt auf zu der Unvergegenständlichbarkeit der Vorurteile zurück, die bekanntlich der Streitpunkt der Debatte um den Universalitätsanspruch der Hermeneutik zwischen Gadamer und Habermas war. Habermas' Kritik an Gadamer ist recht einfach: Aus der Unvergegenständlichbarkeit des Vorurteils folgt dessen beharrliche Unveränderlichkeit, aus der die Entwaffnung der menschlichen Reflexionskraft resultiert und weiter die Unterordnung der Vernunft unter der Autorität des Vorurteils bzw. der Tradition[31]. So hat Habermas seinerseits keinen Grund zu zögern, die sich im Namen der Macht des Seins „verabsolutierte"[32] Hermeneutik als einen „Konservatismus"[33] zu stigmatisieren. Es wurde aber schon dargestellt, dass Gadamer mit ‚Unvergegenständlichbarkeit' eigentlich nichts als den ontologischen Vorrang der Vor-Urteile des Seins vor dem urteilenden Bewusstsein gemeint hat, d.h. die Endlichkeit des Menschen und seine grundsätzliche Zugehörigkeit zu seinem Sein. Würde aber dieser ganz und gar ontologische und durchaus vertretbare Gedanke ohne Vorbehalte auf den sozialphilosophischen Kontext übertragen, so würde er tendenziell konservativ wirken.

Gerade in diesem Zusammenhang *scheint* die Vorurteilslehre Kants, die die Autonomie und die Mündigkeit der Vernunft fordert, mit der Gadamers kompatibel zu sein. Es sei hier jedoch an die Kantische Bestimmung der *formalen* Falschheit des Vorurteils erinnert. Wie gezeigt, ist das Vorurteil für sich nicht falsch, denn seine Materie und die der aus ihm gefolgten Urteile können oft wahr sein. Aber wenngleich wir, uns eines Vorurteils bedienend, Wahrheit finden könnten, ist dieses *Sich-Bedienen* selbst nach Kant „jederzeit unrecht" (HN 2544), „illegal" (LG 554) und noch „schädlicher als Unwissenheit" (HN 2517). Denn es handelt sich hier doch nicht um den Wahrheitswert dieses oder jenes einzelnen Urteils, sondern um die Gültigkeit des Urteil*ens*, des Vernunftge-

---

[31] Vgl. J. Habermas, *Zur Logik der Sozialwissenschaften*, Frankfurt/M. [5]1982, 303ff.: ders., Der Universalitätsanspruch der Hermeneutik. In: *Hermeneutik und Dialektik*, Bd. I, hg. v. R. Bubner u.a., Tübingen 1970, 99-101; ders., Zu Gadamers ‹Wahrheit und Methode›. In: *Hermeneutik und Ideologiekritik*, hg. v. K. O. Apel u.a., Frankfurt/M. 1971, 48-55.

[32] J. Habermas, *Zur Logik der Sozialwissenschaften*, 303; ders., *Der Universalitätsanspruch der Hermeneutik*, 99; ders., *Zu Gadamers ‹Wahrheit und Methode›*, 51 u. 54.

[33] J. Habermas, *Zur Logik der Sozialwissenschaften*, 301.

brauchs selbst. Zu akzentuieren ist hier insbesondere, dass Kant nicht gegen Vorurteile überhaupt eingestellt war, sondern gegen diejenigen, die sich der Vernunft auf eine faule, passive, d.h. heteronome *Weise* bedienen. Hieraus ergibt sich Kants Forderung, uns von allen Vorurteilen zu distanzieren und uns um die Autonomie unserer Vernunft zu bemühen. Und diese Forderung ist ein *Gebot*, eine *Pflicht*: ein *Sollen* für den sich seiner Vernunft bedienenden Menschen.

Ist in der Kantischen Vorurteilslehre also hauptsächlich von dem Wie bzw. der Pflicht des Urteilenden die Rede, so liegen für Gadamer auch keine Gründe vor, Einwände gegen Kant zu erheben. Mit der Anerkennung des Vorurteils behauptet er nicht, dass wir uns heteronomerweise der Herrschaft der Vorurteile aussetzen dürfen. Natürlich müssen wir zunächst für die Vorurteile der Überlieferung empfänglich sein. Aber diese Empfänglichkeit braucht nicht, wie Gadamer deutlich sagt, eine „Selbstauslöschung" (GW I, 274) zu bedeuten. Eher haben wir die Beharrungskraft der Überlieferung immer „gegen" unser freies Andersverstehen „auszuspielen" (GW I, 274). Das heißt, wir müssen die Vorurteile, unter deren Druck wir zunächst stehen, auch unsererseits – uns unserer „Vernunft" (GW I, 284) autonom bedienend – „beständig in Frage stellen" (GW X, 130), „aufs Spiel setzen" (GW II, 247 u. 273), „korrigieren" (GW II, 262) und „erneuern" (GW I, 286). Die so abgeschwächte Voruteilslehre Gadamers hat mit der Heteronomie der Vernunft nichts zu tun, gegenüber der Kant eine besonders kritische Haltung einnahm. Gadamer spricht von nichts anderem, als dass es für uns endlich-geschichtliche Seiende trotz unserer spontanen Rückwirkung auf die zunächst auf uns wirkende Vorurteile nicht möglich sei, ihre Wirkungen als Wirklichkeit unseres Seins vollkommen zu überwinden. Seine Vorurteilslehre drückt letztlich nur eines aus: menschliche Endlichkeit als nichthintergehbare *Faktizität*.

Besonders relevant ist hier, dass sich auch Kant, der das vorurteilsfreie Denken für ein unverzichtbares Sollen des Menschen hält, der „Hartnäckigkeit der Vorurteile" (HN 2546) wohl bewusst ist. Er schreibt sogar, dass sie „niemals aufhören werden", und findet den Grund dafür doch nicht in den Vorurteilen selbst, sondern in der „Eitelkeit"[34] des Menschen, die er in seiner Schrift *Anthropologie in pragmatischer Hinsicht* als „einen natürlichen Hang des Menschen" (AP 245) bezeichnet[35]. Gerade deshalb, weil Vorurteile auf diese Weise in der natürlichen Unvollständigkeit des Menschen verwurzelt sind, fordert Kant stets energisch dazu auf, sie zu überwinden. Für eine mündig gewordene, vollkommen autonome Vernunft wäre solch eine Forderung eigentlich nicht nötig, wie Plato-

---

[34] I. Kant, *Gedanken von der wahren Schätzung der lebendigen Kräfte*, AA IV, 18.

[35] Es ist bemerkenswert, dass auch Kant in seinem *Handschriftlicher Nachlaß* die eingangs dieser Arbeit zitierte Passage von Meier über die Unüberwindbarkeit der Vorurteile zitiert (vgl. HN 2562).

nische Götter „nicht" zu „philosophieren"[36] brauchen. Aber unsere Vernunft ist gewiß noch nicht so weit. Von eben diesem Unterschied zwischen dem, was wir *sind*, und dem, was wir sein *sollen*, geht die Philosophie Kants als des Denkers der Aufklärung aus. Genau das ist, soweit ich Kant verstehe, der Kernpunkt seiner berühmten Rede: „Wir leben jetzt in einem Zeitalter der *Aufklärung*", aber *noch* nicht „in einem *aufgeklärten* Zeitalter." (BF 40).

Fassen wir die bisherige Diskussion zusammen. Wie Kant den an das Vorurteil gebundenen, subjektiven Gebrauch der Vernunft kritisiert, hält auch Gadamer das Vorurteil im Sinne von subjektiver Befangenheit für inakzeptabel. Wie Gadamer die Steuerung der Vorurteile für den einzig möglichen Ausgangpunkt menschlichen Philosophierens hält, so ist auch für Kant die richtunggebende Anleitung des vorläufigen Urteils für jedes Urteilen unentbehrlich. Gegen die Kantische Forderung nach Autonomie der Vernunft erhebt Gadamer im Grunde keinen Einwand. Im Hinblick auf dieses Problem sagt er nur, dass diese Forderung ihrer prinzipiellen Gültigkeit zum Trotz nie vollkommene Erfüllung finden werde. Auch Kant steht, wie gezeigt, dieser Einsicht nicht entgegen. Nun stellen sich folgende Fragen: Gegen welches Vorurteilsverständnis Kants richtet sich dann Gadamer und gegen welches Gadamers ist Kant ins Spiel zu bringen? Von welchem Charakter ist die Entgegensetzung, die – bezogen auf das Vorurteilsproblem – zwischen Hermeneutik und Aufklärung zu bestehen scheint? Was ergibt sich aus der bislang vollzogenen Abschwächung dieses Gegensatzes? Ich denke, es ist hilfreich, das Problem des Vorurteils bzw. der Vorurteilsfreiheit in Verbindung mit dem des Werturteils bzw. der Werturteilsfreiheit zu thematisieren. Dann wird sich das Wesen unseres Problems noch klarer zeigen.

5. Schluss: Ein Paradoxon von Sein und Sollen

5.1 Das Paradoxon

Im Bezug auf das Problem der Werturteilsfreiheit würden Hermeneutiker die These vertreten: Ein reines, von allen Werturteilen freies Tatsachenurteil *ist* für uns unmöglich, d.h. alle unsere Urteile *sind* immer und notwendig von einer Wertung abhängig. Dagegen würden Positivisten sagen: Jedes wissenschaftliche Urteil *soll* nur die reinen, von allen Werturteilen befreiten Tatsachen beschreiben, d.h. wir *sollen* jedes Werturteil entschlossen ablehnen. Interessant ist hier, dass sich die Positivisten, um die Verpflichtung zu äußern, alle Werturteile abzuwerfen und sich allein Tatsachenurteilen zu bedienen, schon eines *Werturteils*

---

[36] Plato, *Symposion*, 204a.

bedienen, indem sie sagen, man *solle*...[37] Auch die Hermeneutiker stoßen auf ein gleiches Problem. Sie können nicht umhin, sich eines *Tatsachenurteils* zu bedienen, wenn sie die Unmöglichkeit des reinen Tatsachenurteils ausdrücken wollen, da sie behaupten müssen, dieses *sei* unmöglich ... Die hermeneutische These von der Werturteilsgebundenheit behauptet sich gerade dank einer unvermeidlichen *Tatsache* (*Werturteilsgebundenheit*) und die positivistische These von der Werturteilsfreiheit dank eines *Wertes* (der *Werturteilsfreiheit*). Sowohl die hermeneutische als auch die positivistische These widerlegen sich selbst, und zwar gerade in dem Moment, in dem sie jeweils zu ihrer Bestätigung beginnen, sich eines Urteils zu bedienen. Hier besteht ja ohne Zweifel ein Paradoxon, dem formallogisch weder Hermeneutiker noch Positivisten entgehen können.

In Anlehnung an ihren Gedanken der menschlichen Geschichtlichkeit sagen die Hermeneutiker: Alle Urteile *sind* unter der Vorbestimmung ihrer Geschichtlichkeit. Aber dieses Urteil selbst *muss* wieder über die Grenze der Geschichtlichkeit hinausgehen, um sich als ein *über*geschichtlich geltendes nachweisen lassen zu können. Und schon in dem ersten Moment dieses Hinausgehens, d.h. in dem Moment des Auftretens wenigstens eines überzeitlich geltenden Urteils, widerlegt es sich selbst. Seine Bestätigung bedeutet zugleich Falsifikation seiner selbst. In Anlehnung an die Idee der menschlichen Mündigkeit würden Aufklärungsphilosophen fordern: Man *solle* über alle Vorurteile hinweg zur absoluten Autonomie der Vernunft gelangen. Aber selbst in dieser Aussage ist schon angedeutet, dass die gesuchte Autonomie *noch nicht* erreicht worden *ist*. Denn schon im ersten Moment ihres Erreichens würde sich die Forderung nach ihr selbst als unnötig erweisen. Ihre Erfüllung bedeutete gleichzeitig ihre Aufhebung. Die Aufklärungsphilosophen wissen nicht, dass sie die Erfüllung dessen, was sie fordern, ständig vermeiden müssen, damit ihre Forderung weiterhin geltend bleiben kann. Auch die Hermeneutiker wissen nicht, dass sie ihre These weiterhin unbestätigt lassen müssen, damit diese durch ihre Bestätigung nicht widerlegt werden kann. Die hermeneutische Bestätigung der Geschichtlichkeit ist selbst ein sich widerlegendes Tun und die aufklärerische Forderung nach der Autonomie ebenso ein sich aufhebendes Tun. Insofern scheinen sowohl Hermeneutiker

---

[37] Gerade in diesem Kontext sagt K. Popper, dass „Wertfreiheit" letztlich oder „praktisch" ein „unerreichbares" Ziel sei, zumal sie „selbst" ein „*Wert*" sei. Für Popper ist jedoch dieses „Paradox nicht eben sehr wichtig", denn es wird sofort „verschwinden", wenn man „die Forderung der Wertfreiheit" als eine „*Aufgabe*" er Wissenschaftler verstehe. (K. R. Popper, Die Logik der Sozialwissenschaften. In: *Der Positivismusstreit in der deutschen Soziologie*, hg. v. H. Maus u.a., Berlin 1969, 114f.; Hervorh. v. Vf.) Auch dieser im Grunde richtige und wichtige Gedanke könnte uns doch nur die Hälfte der not-wendigen (im Sinne von: Not abwendenden) Hilfe bieten, denn das Paradox besteht ja nicht nur für den Positivisten, sondern auch für den Hermeneutiker.

als auch Aufklärungsphilosophen in gleicher Weise – umindest formallogisch – auf ein Paradoxon stoßen zu müssen.

5.2 Das Wesen des Paradoxons: Widerspruch von Sein und Sollen

Es ist jetzt kritisch zu fragen, *was* dieses Paradoxon eigentlich ist. Von ihm ist vor allem zu sagen, dass es kein formallogisches ist, besser: dass es mehr als ein solches sein soll. Es ist hier nicht revelant, ob ein formallogischer Widerspruch besteht. Auch wenn dem so sein sollte, fragen wir doch nur nach seiner ontologischen Signifikanz, denn dieses Paradoxon berührt einen tief in der ontologischen Verfassung des menschlichen Seienden liegenden Widerspruch. Insofern sind weder die Hermeneutiker noch die Positivisten selbst für dieses Paradoxon verantwortlich. Denn es besteht in der Tat nicht zwischen ihren Urteilsgehalten (Wertgebundenheit bzw. Wertfreiheit) und Urteilsformen (Tatsachenurteil bzw. Werturteil), sondern zwischen „der hermeneutischen Einsicht in unsere Faktizität" und „dem Sollen der Positivisten". Das Paradoxon stellt sich so als Notwendigkeit einer Parallelität von „Faktizität der Werturteilsgebundenheit" und „Sollen der Werturteilsfreiheit" dar, ohne dass der Abstand beider zueinander verkürzt werden könnte.

Der scheinbare Selbstwiderspruch von Positivisten geht, zumindest ontologisch betrachtet, nicht darauf zurück, dass sie überhaupt einen Wert suchen, sondern darauf, dass sie einen ihrem Vermögen widersprechenden Wert, den ihrer Faktizität nach unerreichbaren Wert (Wertfreiheit) suchen. In diesem Fall besteht tatsächlich ein Widerspruch, jedoch nicht zwischen ihrer Wertsuche und ihrem positivistischen Verbot derselben, sondern zwischen *Suche* und *Faktizität*, d.h. zwischen dem, was sie nicht haben und daher haben wollen (absolute Wertfreiheit), und dem, was sie sind (unüberwindbare Wertgebundenheit). Ein Widerspruch dieser Art ist jedoch eigentlich kein Widerspruch, denn wir suchen etwas in der Regel darum, weil wir es – wie Diotima lehrte[38] – nicht besitzen. Dennoch sind die Positivisten ontologisch gesehen nach wie dem Widerspruch ausgesetzt, weil sie nach einem ihrer eigenen Faktizität widerstehenden und daher schließlich unerreichbaren Wert zu suchen genötigt sind.

Es wurde gezeigt, dass sich auch die Hermeneutiker, ihrer festen Überzeugung von der Unmöglichkeit des reinen Tatsachenurteils zum Trotz, eines solchen Urteils bedienen, und zwar um diese Überzeugung auszudrücken. Aber das, worin ein Formallogiker vielleicht einen Widerspruch findet, ist für mich nur ein Zeichen dafür, dass sie auch die reine Tatsache als eine *Idee* – jedoch nicht die Tatsache als *eine* Tatsache – vorauszusetzen haben. Es gibt ja keinen Hermeneutiker, auch keinen Geschichtswissenschaftler, der ohne diese Idee der reinen

---

[38] Vgl. Platon, *Symposion*, 202d.

(wertfreien) Tatsache arbeiten würde oder könnte. Denn wenn sie etwas sagen und behaupten, meinen sie damit unvermeidlich, dass ihre Rede und Behauptung der Tatsache entsprechend sind. Man braucht hier nur daran zu denken, dass auch die Hermeneutiker *in der Tat* nicht umhin können, sich folgender Ausdrücke zu bedienen: „tatsächlich", „in der Tat", „faktisch" usw. Die Tatsache in diesem Sinne ist aber keine Realität, sondern eine Idealität, d.i. ein ideelles „Correlatum" (vgl. KrV A 250), von dem man meint, unsere Rede stünde hierfür. Dies ist sozusagen ein *sprachliches Postulat*, das wir unbedingt vorauszusetzen haben, um überhaupt sprechen zu können, und ferner sprechend denken zu können, dass unsere Rede überhaupt *etwas* bedeute und daher nicht nichts ist. Zwischen der Tatsache als Postulat und der hermeneutischen These von der Wertgebundenheit besteht kein formallogischer Widerspruch, zumal die reine Tatsache als Idee doch keine Möglichkeit der reinen Tatsachenerkenntnis innerhalb der empirischen Welt garantiert. Trotzdem ist die Situation der Hermeneutiker ontologisch betrachtet immer noch widersprüchlich, denn sie können ihre Faktizität, die grundsätzliche Wertgebundenheit, nicht überwinden, obgleich sie nach reiner Tatsachenerkenntnis suchen. Der Widerspruch von Hermeneutikern ist auch der von der Unerlässlichkeit ihrer Faktizität und der Unvermeidlichkeit der reinen Tatsache als einer Idee, wie es bei Positivisten der Fall war.

Dies gilt auch für Aufklärungsphilosophen. Und der formallogische Widerspruch erweist sich als ontologisch, wenn man einsieht, dass die hermeneutische Behauptung der Geschichtlichkeit und die aufklärerische Forderung nach Autonomie in gleicher Weise ein und dasselbe Seiende, Menschen, angehen, die trotz ihrer grundsätzlichen Geschichtlichkeit absolute Vorurteilsfreiheit anstreben und sich trotz dieser ständigen Suche von den sie bestimmenden Vorurteilen nie befreien können. Hier stößt man ebenso auf ein Paradoxon, ein unvermeidliches und unendliches *Miteinander*gehen von Faktizität der Vorurteilsgebundenheit und Sollen der Vorurteilsfreiheit.

Genau aus demselben Grunde, der die sich eines Tatsachenurteils bedienenden Hermeneutiker vom formallogischen Selbstwiderspruch rettet, können Hermeneutiker, die sich einer allgemeinen Aussage von der Geschichtlichkeit bedienen, hierin widerspruchsfrei sein. Wie die Tatsache als Postulat keine empirische Tatsache, sondern ein Grenzbegriff der Einheit aller empirischen Tatsachen ist, so ist die Aussage: „Alle Urteile sind geschichtlich bestimmt",„doch kein logos apophantikos (proposition), dem eine empirisch feststellbare Sache entspricht und der demnach wahr oder falsch sein" könnte[39], sondern ein *äußerst radikaler* Ausdruck der Einsicht in die menschliche Geschichtlichkeit. Gadamer hatte gute Gründe, diese Einsicht in der Form einer allgemeinen Aussage zu formulieren. Denn sie „*will* schlechthin gelten" (GW II, 443: Hervorh. v. Vf.). Damit stößt

---

[39] Vgl. Aristoteles, *De interpretatione*, 16b.

Gadamer jedoch nicht auf einen Widerspruch, denn er fügt dazu sofort hinzu: „Ein wirklich historisches Denken muss die eigene Geschichtlichkeit mit denken" (GW II, 64), d.h. seine „eigene Bedingtheit [...] mit reflektieren" (GW II, 182). Ein Vorwurf des Selbstwiderspruchs wäre nur für dasjenige „Bewußtsein triftig, das überall Vorurteilshaftigkeit [...] nachweist, aber sich selbst für absolut d.h. für vorurteilslos hält" (GW II, 182). Aber das wirkungsgeschichtliche Bewusstsein versteht sich doch „nicht als eine absolute Position" (GW II, 505), will „sich" selbst also auch „der Geschichtlichkeit [...] aussetzen" (GW IV, 388)[40]. So gesehen setzen sich die Hermeneutiker keinem formallogischen Widerspruch aus. Denn ihre These von der Geschichtlichkeit besagt nur, dass es „kein Verstehen" gebe, „das von allen Vorurteilen frei wäre" (GW I, 277). Aber diese Faktizität lässt Hermeneutiker nie auf die unerreichbare Idee der vollkommenen Vorurteilsfreiheit verzichten. Ganz im Gegenteil: Gerade diese Unerreichbarkeit der Idee macht die Suche nach ihr noch dringender und zwingender. Dies ist der ontologische Widerspruch des „hermeneutisch aufgeklärten Bewußtseins" (GW II, 183). Das *hermeneutisch* aufgeklärte Bewusstsein sieht zunächst ein, dass seine Bewegung der Suche nach dem vollkommen vorurteilsfreien Verstehen „nie ganz vollendbar ist" (GW I, 277). Trotzdem, genauer: gerade deshalb bemüht sich das hermeneutisch *aufgeklärte* Bewusstsein, eine ideale, vollkommen vorurteilsfreie Vernunft zu postulieren und „die wahre[n] Vorurteile [...] durch" die „Erkenntnis" dieser „Vernunft [...] zu rechtfertigen" (GW I, 277). Sein Widerspruch besteht zwischen seinem „Willen, [...] dem Bann" aller „Vorurteile zu entgehen" (GW I, 494) und seiner grundsätzlichen Vorurteilshaftigkeit als unausweichlicher Faktizität.

Die Aufklärungsphilosophen sind ebensowenig einem Widerspruch ausgesetzt. Denn sie suchen nur das, was für sie zu suchen würdig ist, und zwar ungeachtet dessen, ob unsere Faktizität dies erlaubt. Die vollkommene Vorurteilsfreiheit und die absolute Autonomie der Vernunft – das ist, wie schon gezeigt, für einen Grenzbegriff, einen ideellen Zielpunkt zu halten, den man unbedingt vorauszusetzen habt, um denken zu können. Diesen setzt man hierbei so voraus, als ob sich unsere Suche, wenngleich allmählich, dem Grenzbegriff annäherte. Zwischen diesem postulierten Ziel- und dem Ausgangspunkt unserer suchenden Bewegung braucht kein formallogischer Widerspruch zu bestehen, wenigstens nicht, bevor sie zur Vollendung kommt. Aber solche (nur) denkbare Vollendung bleibt für uns Menschen bis zum Ende ein Ding der Unmöglichkeit. Kant war sich selbst dessen bewusst, dass eine derartige, die Grenzen der Menschheit überschreitende Suche nie zum Ende kommt (vgl. KrV A VIII, B 390, 538 u. 731). Aber diese prinzipielle Unerreichbarkeit des Gesuchten stellt doch keinen

---

[40] „Keine Philosophie ist widerlegt worden. Was widerlegt worden, ist nicht das Prinzip dieser Philosophie, sondern nur dies, daß dies Prinzip das Letzte, die absolute Bestimmung sei." (G. F. W. Hegel, *Geschichte der Philosophie*).

der Aufklärungsphilosophen von diesem mühseligen Sollen frei, und zwar nicht nur, weil wir ansonsten einen „Fehler der faulen Vernunft (*ignava ratio*)", das Auszuführende „für schlechthin vollendet anzusehen" (KrV B 717f.), begehen würden; sondern auch, weil wir unserer *metaphysica naturalis* nach auf dieses Sollen angewiesen sind, die „nicht willkürlich erdichtet, sondern durch die Natur der Vernunft selbst aufgegeben" (KrV B 384, vgl. 397, 697 722f.) und daher „notwendig" (KrV B 672) und „unvermeidlich" (KrV B 399) ist. So ist die menschliche Vernunft nach Kant nur eine „Asymptote", die ihrer Achse „bloß annähernd folgt, ohne" sie „jemals zu erreichen" (B 691). Gerade darin liegt ja „die alte Crux des Kantianismus" (GW III, 215), das Unerreichbare suchen zu sollen und trotz dieser Unerreichbarkeit seine Suche nicht aufgeben zu dürfen. Das ist das bereits erwähnte „besondere Schicksal der menschlichen Vernunft, durch die unbeantwortbaren, aber auch unabweisbaren Fragen belästigt zu werden". Der Widerspruch und die Tragik der menschlichen Vernunft bestehen darin, dass die Unbeantwortbarkeit und die Unabweisbarkeit dieser Fragen parallel zu einander verlaufen, ohne sich einander anzunähern.

Gehen wir jetzt zum Abschluss auf die anfangs gestellten Fragen zurück: Laufen die Geschichtlichkeit des Wissens und die Autonomie der Vernunft einander zuwider? Besteht zwischen Hermeneutik und Aufklärung tatsächlich eine Entgegensetzung? Die Geschichtlichkeit des Wissens ist *unsere* Faktizität und die Autonomie der Vernunft ist *unser* Sollen. Diese beiden Extreme sind nur die zwei Gesichter des einen Seienden, des Menschen. Derjenige, der Hermeneutik betreibt, und derjenige, der der Aufklärung folgt, sind auch ein und dasselbe Seiende, der Mensch. Widerspruchsvoll ist dann weder das Verhältnis von Geschichtlichkeit und Autonomie, noch das von Hermeneutik und Aufklärung, sondern der paradoxe Mensch selbst ist widerspruchsvoll: Er ist dazu bestimmt, sich unendlich zwischen seiner Faktizität und seinem Sollen zu bewegen. Seiner Faktizität nach *kann* kein Mensch *mehr* als das sein, was er *ist*. Dennoch *soll* er immer *mehr* sein als das, was er *ist*.

Dieser Versuch des Menschen, über das hinaus, was er jetzt ist, das zu werden, was er noch nicht ist, wird in der Geschichte der Philosophie als *Transzendenz* bezeichnet. Dieser Versuch des Anderswerdens, des Transzendierens, hat sich in der ganzen Philosophiegeschichte fortdauernd wiederholt und konnte dennoch nicht ein einziges Mal gelingen. Der Aufstieg des Platonischen Philosophen in Richtung der Sonne, die ständige Rückkehr Augustins zum Inneren und zu Gott, Kants regressive Synthese in der Reihe der Bedingungen zum Unbedingten, Heideggers Kehre vom Sein des Seienden zu jenem Sein, das nicht das Sein des Seienden ist – alle diese Versuche mussten misslingen; nicht weil die genannten Philosophen ohnmächtig waren, sondern weil sie nicht mächtig genug waren. Philosophen befinden sich zwischen Macht und Ohnmacht und unterscheiden sich dadurch zweifach von anderen Seienden. Mit ihrer *Macht* unterscheiden sie sich von den Massen[41], für die das Philosophieren *unmöglich* ist, und mit ihrer *Ohnmacht* von Göttern, für die es *unnötig* ist. In der Mitte zwischen der Macht gegenüber der Ohnmacht der Masse und der Ohnmacht gegenüber der Macht der Götter, zwischen der Unmöglichkeit und der Unnötigkeit des Philosophierens, d.h. zwischen ihrem *Ist* und *Soll* stehen die Philosophen, ohne zu einem der beiden Extreme zu gelangen, denn sie sind weder Massen noch Götter. Also wollen sie das suchen, was sie nicht besitzen, um sich von den Massen zu unterscheiden, jedoch auf eine menschliche Weise, um sich von Göttern zu unterscheiden. Deswegen philosophierte auch Sokrates nicht mithilfe des göttlichen Windes, sondern auf „zweitbeste"[42] Weise durch mühsames Rudern mittels der menschlichen *Logoi*[43].

In diesem grundlegenden Zwiespalt, der allgemeinen *conditio humana*, entzweien sich die Geschichtlichkeit des Wissens und die Autonomie der Vernunft sowie die Hermeneutik und die Aufklärung, jedoch ohne dass sich der *eine* Mensch dadurch entzweit. Gerade hierin liegt nicht nur die Tragik dieses paradoxen Seienden, sondern auch der Geist der *philo-sophia, der menschlichen Suche nach der Wahrheit.*

---

[41] Vgl. Plato, *Politeia*, 493a u. e.
[42] Vgl. Plato, *Phaido*, 99c.
[43] A.a.O., 85d, 99c u. e.

Gerhard Pasternack

Hegel und Dogen: Die Wirklichkeit und das wahrhaft Wirkliche

1.   Hegel: Das wahre Wirkliche als „werdende Einheit"

1.1   Die Überwindung des Dualismus von Ich und Welt im relationalen Monismus

Wenn am Schluss von Hegels ,Wissenschaft der Logik' die Wahrheit *„ebensosehr Unmittelbarkeit als Vermittlung"* ist,[1] dann hat Hegel in den Kategorialanalysen der ,Logik' sowohl das Sein als die Zeitlichkeit thematisiert.[2]

Im relationalen Monismus des Hegelschen Denkens ist diese Einheit der „unmittelbaren und der reflektierten Existenz",[3] die nur als Ergebnis eines Prozesses oder als Resultat bestimmt werden kann,[4] keine „Ureinheit"; es ist kein Zustand, „der vor allen Dingen ist", wie in der taoistischen Denkweise,[5] sondern eine „werdende Einheit".

Hegel widerspricht jedwedem Unmittelbarkeitsanspruch des Ansich: Es gibt keinerlei unmittelbares Wissen. Mehrfach wendet er sich gegen die so genannte

---

[1] „Dies Resultat ist daher die *Wahrheit*. Es ist *ebensosehr* Unmittelbarkeit *als* Vermittlung." Hegel, Logik II, 1951, 499. Hegel weist darauf hin, „dass, wenn beide Momente auch als unterschieden *erscheinen, keines von beiden* fehlen kann, und sie in *unzertrennlicher* Verbindung sind." Hegel, Enzyklopädie (1830) § 12, 1959, 45; vgl. Enzyklopädie § 74, 1959, 95. Vgl. auch Harris, An Interpretation of the Logic of Hegel, 1983, 33: „a movement from the immediate to the mediated and back to the immediate, now with mediation aufgehoben". Stekeler-Weithofer, Hegels Analytische Philosophie, 1992, 49.

[2] Der umfangreiche Vortragstext für das Symposium 2006 in Seoul enthielt einen zweiten Teil über Heideggers ,Sein und Zeit' bzw. Zeit und Sein, den ich hier weggelassen habe.

[3] Hegel, Logik II, 1951, 138. Hegel formuliert: „Es ist aber Gedankenlosigkeit, nicht zu sehen, dass die Einheit *unterschiedener* Bestimmungen nicht bloß rein unmittelbare, d.i. ganz unbestimmte und leere Einheit, sondern dass eben darin gesetzt ist, dass die eine der Bestimmungen nur durch die andere vermittelt Wahrheit hat." Hegel, Enzyklopaedie (1830) § 70, 1959, 95.

[4] Hegel, Logik I, 1951, 36; Logik II, 1951, 499. Vgl. Hegel, Grundlinien der Philosophie des Rechts, Theorie Werkausgabe 7, 1978, 87: „wir [wollen] eben das Wahre in Form eines Resultats sehen."

[5] Das Tao ist identisch mit der Ureinheit des Chaos, die der Entstehung der Welt vorangeht. Vgl. Kaltenmark, Lao-tzu, 2001, 67. Vgl. auch „Die Wissenden des Altertums erkannten, dass es einen Zustand gibt, der vor allen Dingen ist. Dies ist das Letzte, was die verwirklicht hatten." Zhuangzi, Auswahl 2.7, 2003, 52.

Unmittelbarkeitsphilosophie.[6] Aus der Zurückweisung der Unmittelbarkeit begründet sich auch Hegels Kritik an der „orientalischen Vorstellung" der Emanation des Absoluten als eines sich selbst erleuchtenden Lichtes.[7]

Sein Programm der „werdenden Einheit" wird in einer Onto-Logik ausgearbeitet, um das „wahrhaft Wirkliche" ausweisen zu können. Hierzu muss ein kategorialer Prozess „zum Bewusstsein gebracht" werden, der allem Sein wie allem Erkennen gleichermaßen zugrunde liegt und so eine Koinzidenz von Sein und Erkennen hervorbringt,[8] ein Vorgang der in eins als „Fortbestimmung des Begriffs" wie als „Bewegung der Sache"[9] bezeichnet wird.

Die „eigentümliche Erkenntnisweise" der Philosophie setzt *Gedanken, Kategorien,* aber näher *Begriffe* an die Stelle der Vorstellungen.[10] Der Hegelsche ‚Begriff' als *singulare tantum* ist nicht eine willkürliche, rein terminologische Setzung; das „begreifende Denken"[11] zielt auf das Gesamt unseres Redens über Gegenstände und unseres Handelns in Gegebenheiten in den jeweiligen Kontexten; und um diese komplexen Gesamtheiten zu erfassen, müssen wir die wesentlichen Eigenschaften mit ihren präsupponierten Sinngehalten explizieren oder „entfalten", wie Hegel sagt.[12] Aufgabe der Philosophie ist es daher, auf die Formen des menschlichen Tuns, insbesondere des Redens zu achten und deren Bedeutungen zu analysieren.[13]

---

[6] Das „*unmittelbare Wissen* (von *Gott,* vom *Rechtlichen,* vom *Sittlichen*) [...] welche Form man dieser Ursprünglichkeit gebe", ist von Erziehung und Entwicklung abhängig. Daher kommt der Philosophie als dem begreifenden Denken der Vorrang vor dem bloß vorstellenden Denken der Religion zu, die auf unmittelbare Gewissheit oder Erleuchtung abstellt". Hegel, Ästhetik I (Glockner), 1964, 151f.; Hegel, Phänomenologie, 1952, 559.

[7] Hegel, Logik I, 1951, 167.

[8] Die Logik als die Wissenschaft hat „die nicht abstrakte, sondern dadurch konkrete lebendige Einheit" zu ihrem Prinzip, „dass in ihr der Gegensatz des Bewusstseins von einem subjektiv für sich Seienden und einem zweiten solchen Seienden, einem objektiven, als überwunden" anzusehen ist. Hegel, Logik I, 1951, 42. Vgl. H.-G- Gadamer, Neuere Philosophie I, 1987, 62, vgl. Harris, An Interpretation of the Logic of Hegel, 1983, 34.

[9] Hegel, Logik I, 1951, 37 und 36.

[10] Hegel, Enzyklopädie (1930), § 3, 1959, 35.

[11] „Anders verhält es sich im begreifenden Denken. Indem der Begriff das eigene Selbst des Gegenstandes ist, das sich als sein Werden darstellt, ist es nicht ein ruhendes Subjekt, das unbewegt die Akzidenzen trägt, sondern der sich bewegende und seine Bestimmungen in sich zurücknehmende Begriff." Hegel, Phänomenologie, 1952, 49; Hegel, Logik I, 1951, 23.

[12] Hegel, Vorlesungen über die Philosophie der Religion, Zweiter Teil (Lasson), 1927, 181: „das Hervortreten aus der abstrakten Einheit, das Entfalten der Momente der Idee. Denn das Wesen muß sich entfalten, das Denken der absoluten Substanz sich unterscheiden."

[13] Stekeler-Weithofer, Hegels Analytische Philosophie, 1992, 38.

Dem Begriff der „werdenden Einheit" von Ich und Welt haftet nichts Irrationales an, sondern er umfasst das Gesamt des „objektivierenden Tuns"[14] als „eigene Fortbestimmung des Begriffs", die in eins die kategorialen Strukturen und die semantischen Sachbezüge im Blick hat. Die Methode ist ein begriffslogisches Verfahren, das die in der begrifflichen Einheit aus der Abstraktion eines Allgemeinen und den jeweiligen konkreten Bedeutungen in ihrer Kontext- und Situationsabhängigkeit[15] „enthaltenen" kategorialen Implikationen und semantischen Präsuppositionen freizulegen hat, die in die natürliche Sprache, d.h. in unser Reden „herausgesetzt und niedergelegt" sind.[16]

1.2   Hegels Kategorialanalyse als Selbstexplikation der natürlichen Sprache

Hegel wendet sich sowohl gegen den „absolutem Dogmatismus", der das Endliche zu einem Ansich erhebt, wie bei Jakobi,[17] als auch gegen die Kantische Eingrenzung des „Ansich" auf einen bloßen „Grenzbegriff" und die Reduktion der Erkenntnis auf eine „Erkenntnis nur von Erscheinendem". Dass lediglich „die Erscheinungen in die Erkenntnis" fallen wie bei Kant und doch als „wahre Erkenntnis, die den Gegenstand nicht erkannte, wie er an sich ist", ausgegeben wird, ist für Hegel eine „Ungereimtheit."[18]

Hegel will durchaus wie es die aristotelisch-scholastische Tradition vorgegeben hat, die Gegenstände an sich erfassen. Ihm geht es um „das Erkennen der absoluten Wirklichkeit".[19] Das Ansichsein der Gegenstände ist zu erkennen, wenngleich nicht dadurch, dass „das Denken geradezu an die Gegenstände" geht, sondern nur im Rahmen eines selbstexplikativen prozessualen Systems, das sowohl die Bewegungen der kategorialen Strukturen („Fortbestimmung des Begriffs") als auch die der inhaltlich referierenden Bestimmungen („Bewegung der Sache") in eins expliziert.[20] Dieser gedoppelte Rückgang auf die ‚phänomenologischen' (geschichtlichen, kulturellen) Grundlagen unseres Redens über die Welt und auf die ‚logischen' Grundlagen der natürlichen Sprache wird Voraussetzung der kategorialen Selbstexplikation der ‚Wissenschaft der Logik'. Die Bedeutungen un-

---

[14] Hegel, Phänomenologie, 1952, 292: „Das Tun aber ist der ursprüngliche *Begriff* als absoluter Übergang oder als das *Werden.*"

[15] Vgl. Stekeler-Weithofer, Hegels Analytische Philosophie, 1992, 44 und 34.

[16] Hegel, Logik I, 1951, 9.

[17] Hegel, Glaube und Wissen, Theorie Werkausgabe 2, 1974, 341.

[18] Hegel, Logik I, 1951, 27.

[19] Hegel, Phänomenologie, 1952, 19.

[20] Für das „wirkliche Erkennen" ist „die Sache nicht in ihrem Zwecke erschöpft, sondern in ihrer Ausführung, noch ist das Resultat das wirkliche Ganze, sondern es zusammen mit seinem Werden." Hegel, Phänomenologie, 1952, 11. Vgl. Stekeler-Weithofer, Hegels Analytische Philosophie, 1992, 73.

seres Redens über die Welt, die immer schon „bekannt" sind, werden dabei in ihrem systematischen (‚logischen') Zusammenhang und ihrer geschichtlichen Konkretheit expliziert, denn „was *bekannt* ist, [ist] darum [noch] nicht *erkannt"*.[21]

Hegels Kritik an Kants Zurückweisung der Erkennbarkeit des ‚Ansichseins' zielt darauf ab, nicht bei den bloßen Erscheinungen stehen zu bleiben, weil damit der Wahrheitsanspruch aufgegeben würde. Die Erkenntnis als Entfaltung eines Gesamtsystems der analytischen Klärungen der kategorialen und semantischen Bestimmungen unseres Sprechens, das nicht auf abstrakte Festlegungen und Setzungen beschränkt ist, sondern den Gebrauch der Worte in natürlichsprachlichen Kontexten einschließt. Mit diesem Rückgang auf die natürliche Rede weist Hegel auf die Struktur der Bedeutungen, d.h. die Abhängigkeit jeder Bedeutung vom sprachlichen und begriffsgeschichtlichen Vorwissen.[22] Mit dem Rückgriff auf die „natürliche Logik" der Sprache, anerkennt er zugleich, dass die Explikation nicht ohne intersubjektive sprachlogische Strukturen vonstatten gehen kann.[23]

Die Sprache kann weder auf die Dinge noch auf das Bewusstsein reduziert werden.[24] Die Sprache als Instanz der Gegenwärtigkeit von Gegenständlichkeit und Bewusstsein enthält mit den „Denkbestimmungen"[25] das ‚Logische', von dem wir immer schon Gebrauch machen, wenn wir Sprache verstehen oder Be-

---

[21] Hegel, Logik I, 1951, 11. Vgl. Hegel, Vorlesungen über die Geschichte der Philosophie, Theorie Werkausgabe 18, 1974, 39: Es ist das Eigentümliche der Philosophie, das zu untersuchen, was man sonst für bekannt hält."

[22] Das Konzept der hermeneutischen Vor-Struktur (Heidegger) zielt darauf ab, die relativen Praesuppositionen der einzelnen Rede in die Analysen einzubeziehen, die nicht einfach auf das sogenannte Tatsachenwissen oder auf formale Bestimmungen zurückzuführen sind, ohne für diese Vor-Struktur apriorische Geltung zu beanspruchen, weil die semantischen Einheiten das historische, kulturelle Wissen der je besonderen Redesubjekte einschliessen. Vgl. hierzu Stekeler-Weithofer, Hegels Analytische Philosophie, 1992, 430f.

[23] Hegel, Logik I, 1951, 15; vgl. Hegel, Nürnberger Schriften [1810/11], Theorie Werkausgabe 4, 1971, 162. Vgl. Stekeler-Weithofer, Hegels Analytische Philosophie, 1992, XVIf.

[24] „Die uns alle Vorstellungen, Zwecke, Interessen und Handlungen durchwirkende Tätigkeit des Denkens ist.... bewusstlos geschäftig, durchwirkt Vorstellung, Handlung (die natürliche Logik)."
„Was unser Bewusstsein vor sich hat, ist der Inhalt, die Gegenstände der Vorstellungen, das, womit das Interesse erfüllt ist." Die „Denkbestimmungen" sind dabei allerdings nicht bloße Formen, sondern „das wahrhaft Bleibende und Substantielle bei der Mannigfaltigkeit und Zufälligkeit des Erscheinens und der vorübergehenden Äußerung". Hegel, Logik I, 1951, 15.

[25] Hegel, Logik I, 1951, 10.

deutungen explizieren.[26] Im faktischen Gebrauch der Sprache enthält sie zugleich mit den allgemeinen kategorialen Bestimmungen den je besonderen Bedeutungs- wandel mit den Veränderungen des geschichtlichen und kulturellen Vorwis- sens.[27] Es geht in der Explikation der natürlichen Rede um die „konkrete leben- dige Einheit", in welcher „der Gegensatz des Bewusstseins von einem subjektiv für sich Seienden und einem zweiten solchen Seienden, einem objektiven, als überwunden" anzusehen ist.[28]

Die Sprachgebundenheit dieser Einheitsbildung ist für Hegel Anlass, das „Werden", den „Vollzug" der sprachlichen Prozesse mit ihren jeweiligen Seins- voraussetzungen, auf die wir im Reden, Verstehen und Interpretieren immer schon implikativ festgelegt sind, frei zu legen. Das Eingebundensein in die natür- liche Sprache betrifft insbesondere die Relationsbestimmungen der „natürlichen Logik" und Hegel nutzt das weite Relationengefüge der natürlichen Sprache, das sich nicht an den Festlegungen und den distinkten Exklusionen der formalen Logik orientiert, sondern an den Modifizierungen der Begriffsentwicklungen und Bedeutungsverschiebungen. Es gilt, die „fertigen und festgewordenen" Bestim- mungen, Hegel nennt sie die „verknöcherten" Begriffe der formalen Logik, in „Flüssigkeit zu bringen.[29] Hierzu dienen neben der einschränkenden aber-Kon- junktion vor allem die „ebenso-sehr"-Bestimmungen, die keinen Ausschluß indi- zieren, sondern die Funktion haben, das jeweils Andere der Bedeutung als modi- fizierendes Moment in einem prozessualen Ganzen kenntlich zu machen,[30] und

---

[26] Denn „die Denkformen sind [....] in der *Sprache* des Menschen herausgesetzt und niedergelegt.". „In alles, was ihm [dem Menschen] zu einem Innerlichen, zur Vorstellung überhaupt wird, was er zu dem Seinigen macht, hat sich die Sprache eingedrängt, und was er zur Sprache macht und in ihr äußert, enthält, eingehüllter, vermischter, oder herausge- arbeitet, eine Kategorie; so sehr natürlich ist ihm das Logische, oder vielmehr dasselbe ist seine eigentümliche *Natur* selbst." Hegel, Logik I, 1951, 9f.
„Sonach können wir dann viel weniger dafür halten, dass die Denkformen, die sich durch alle unsere Vorstellungen, – diese seien bloß theoretisch oder enthalten einen Stoff, der der Empfindung, dem Triebe, dem Willen angehört, – hindurchziehen, uns dienen, dass wir sie, und sie nicht vielmehr uns im Besitz haben." Hegel, Logik I, 1951, 14 und 75.
[27] Stekeler-Weithofer, Hegels Analytische Philosophie, 1992, 69.
[28] Hegel, Logik I, 1951, 42.
[29] Hegel, Logik II, 1951, 213.
[30] Hegel, Phänomenologie, 1952, 19: „das Wahre[ist]nicht als *Substanz*, sondern eben so sehr als *Subjekt* aufzufassen." Vgl. Hegel, Logik I, 1951, 30, 67, 114, 125; Logik II, 1951, 157, 181, 214.
In seiner Auseinandersetzung mit der Reflexionsphilosophie erläutert Hegel, gegen Jaco- bis Feststellung „Es gibt kein Drittes", dass es ein Drittes gibt, das „das *Entweder-Oder*, was ein Prinzip aller formalen Logik und des der Vernunft entsagenden Verstandes ist, in der absoluten Mitte schlechthin vertilgt." Hegel, Glauben und Wissen, Theorie Werkaus- gabe 2, 1974, 411.

eine koinzidentale Dynamik indizieren, wie z.b. „Subjekt eben so sehr Substanz"[31] oder „Allgemeines ebensosehr Einzelnes"[32] oder „analytisch ebenso sehr synthetisch".[33]

Der interne Fortgang der Selbstexplikation schließt als „Selbstbewegung des Begriffs"[34] das erkennende, denkende Subjekt immer ein. „Das Denken des Denkens denken" [35] ist für Hegel daher ein Gewährenlassen des Sprachlogischen, dem das erkennende Subjekt nur zuschaut, wie Hegel formuliert.[36] Deshalb zielt das explikative Bestimmen auf eine von „äußerer Reflexion" nicht beeinflusste „immanente und freie Bewegung",[37] auf die „eigene Auslegung, die nur ein Zeigen dessen, was ist", das zugleich als Tätigkeit oder als ein Tun charakterisiert wird.[38]

Hegel lässt in diesem Auslegungsverfahren aber keinen Zweifel daran, dass „zum Philosophieren gehört [....], dass ein jeder Gedanke in seiner vollen Präzision aufgefasst wird und dass man es nicht bei Vagem und Unbestimmtem bewenden lässt."[39] Das „verständige Denken", dem „sein Verdienst zugestanden werden muss, verhält „sich zu seinen Gegenständen trennend und abstrahierend";[40] die Gegenstände der sozialen, historischen, ökonomischen, ästhetischen Bereiche weisen allerdings Ganzheiten auf, bei denen die impliziten und präsuppositionellen „Momente" mit ihren Internrelationen zwar unterschieden, aber in ihrem funktionalen Zusammenhang nicht getrennt werden können. Die semantischen Implikate oder Präsuppositionen sind dabei nicht formal syntaktisch herzuleiten, sondern müssen in einem Prozess der „Auslegung" frei gelegt werden, wobei die Prüfverfahren für solche Auslegungen auf einen epistemisch-pragmati-

---

[31] Vgl. Hegel, Phänomenologie, 1959, 19; vgl. Hegel, Logik II, 1951, 213.

[32] Hegel, Logik II, 1951, 490.

[33] Hegel, Logik II, 1951, 499f. Vgl. Hegel, Nürnberger und Heidelberger Schriften, Theorie Werkausgabe 4, 1974, 161.

[34] Hegel, Phänomenologie, 1952, 57; vgl. Hegel, Logik II, 1951, 157.

[35] Hegel, Nürnberger und Heidelberger Schriften Theorie Werkausgabe 4, 1974, 163.

[36] Hegel, Rechtsphilosophie, 1955, 47: „Dieser Entwicklung der Idee als eigener Tätigkeit ihrer Vernunft sieht das Denken als subjektives, ohne seinerseits eine Zutat hinzuzufügen, nur zu."

[37] Hegel, Logik I, 1951, 173.

[38] Hegel, Logik II, 1951, 160: „Das Auslegen des Absoluten ist sein *eigenes* Tun, [...] das *bei sich anfängt*, wie es *bei sich ankommt*."

[39] Hegel, Enzyklopädie § 80, Zusatz (Theorie Werkausgabe 8), 1978, 171. Vgl. Harris, An Interpretation of the Logic of Hegel, 1983, 39.

[40] Hegel, Enzyklopädie § 80, Zusatz (Theorie Werkausgabe 8), 1978, 169.

schen Wahrheitsbegriff zurückgreifen müssen.[41] Dies ist das „höhere logische
Geschäft" [42], das Hegel im Blick hat, oder die „absolute Methode des Erkennens", die „die immanente Entwicklung des Begriffes ist".[43]

1. Begriffsbewegung und Prozessontologie

Im Rahmen des relationalen Monismus, in welchem „der Begriff nicht ein Ruhendes, sondern ein Sichbewegendes, wesentlich Tätigkeit" ist,[44] muss die koinzidentale Einheit von Sein und Denken mit ihrer „Differentiation in ihre Momente"[45] als ein Geschehen vorgestellt werden. [46]

Bereits in den Jenaer Systementwürfen geht Hegel auf den Begriff der Bewegung ein. Seine Kritik betrifft die äußerliche Bewegung der mechanistischen
Darstellungsweise, nämlich „die Vorstellungsweise, welche [...] sonst keine
bewegenden Kräfte als nur durch Druck und Stoß, also nur durch Einwirken von
außen, einräumen will." Kant geht es zwar, wie Hegel zugesteht, bereits „um die
Verbannung der gemein-mechanischen Vorstellungsweise", und zwar dadurch,
dass er die Attraktion als eine Beziehung der Materien aufeinander „zu einer

---

[41] Hegel greift hierzu auf die Sprache als eine soziale Institution, die behauptende Dispute
ermöglicht, zurück:
„Man meint, das Sein sei vielmehr das schlechthin Andre als das Nichts ist, und es ist
nichts klarer als ihr absoluter Unterschied, und es scheint nichts leichter, als ihn angeben
zu können. Es ist aber ebenso leicht, sich zu überzeugen, dass dies unmöglich, dass er
unsagbar ist. *Die, welche auf dem Unterschiede von Sein und Nichts beharren wollen,
mögen sich auffordern, anzugeben, worin er besteht."* Vgl. Hegel, Logik I, 77.
Hegel bezieht sich hierbei offenbar auf Platons Argumentation im *Sophistes* 259a-c:
„Vielmehr mag man, was wir jetzt vom Sein des Nichtseienden gesagt haben, entweder
widerlegen und uns zeigen, dass wir damit nicht recht haben..... Und hat nun jemand
gegen diese Entgegensetzungen Bedenken, so mag er sich umsehen und etwas Besseres
vorbringen als das eben vorgetragene." Vgl. Platon, Der Sophist, Hamburg 1985, 137.
Zum epistemisch-pragmatischen Wahrheitsbegriff vgl. Stegmüller, Wissenschaftliche
Erklärung und Begründung Bd. 1, 1983, Kap XI, 939: Die pragmatisch-epistemische
Wende; vgl. Lenk, Bemerkungen zur pragmatisch-epistemischen Wende, 1985, 461-473.
[42] Hegel, Logik I, 1951, 16.
[43] Hegel, Logik I, 1951, 7.
„Die Methode ist daraus als *der sich selbst wissende*, sich als das Absolute, sowohl Subjektive als Objektive, *zum Gegenstand habende Begriff*, somit als das reine Entsprechen
des Begriffs und seiner Realität, als seine Existenz, die er selbst ist, hervorgegangen."
Hegel, Logik, II, 1951, 486; vgl. Logik II, 1951, 491, 500, 502.
[44] Hegel, Vorlesungen über die Philosophie der Religion, Zweiter Teil, (Lasson) 1927, 42.
[45] Hegel, Jenaer Systementwürfe II, 1982, 231. Vgl. „Heraufsetzen" und „Herabsetzen" in
Momente; Hegel, Logik I, 1951, 129.
[46] Hegel, Logik II, 1951, 216; vgl. Hegel, Logik I, 1951, 79: „Bewegung als immanente
Notwendigkeit ist ein Geschehen".

Kraft der Materie selbst macht". Dennoch bleiben bei ihm seine „beiden Grund-kräfte (Repulsion und Attraktion) innerhalb der Materie, äußerliche und für sich selbständige gegeneinander."[47]

Hegel geht daher einen Schritt über Kant hinaus. Er will die Bewegung aus der Äußerlichkeit der mechanistischen Vorstellungen befreien; es geht ihm um „die immanente und freie Bewegung" als „absolute" Bestimmung,[48] womit le-diglich eine nicht von subjektiven Setzungen und Konventionen abhängige Rea-lität angesprochen ist.[49] Die einzelnen Größen sind dann „nach keiner anderen als ihrer eigenen Bestimmtheit" zu nehmen, und auch die „Begriffsbestimmun-gen der Zeit und des Raums (werden) gegeneinander *frei*."[50] Die „freie Bestim-mung" der Bewegung kann dann nicht mehr nach den äußerlichen, durch Set-zungen festgelegte Zeitmessungen erfolgen; denn die „in sich selbst reflektieren-de Bewegung", welche die Unterschiede als je zugehörige präsupponiert, d.h., in sich aufnimmt, ist nicht mehr als einfache lineare Bewegung zu nehmen, sondern impliziert einen „Fortgang" des sich vorwärts und rückwärts Bestimmens, so dass sich der Gesamtverlauf der *Wissenschaft der Logik* wie in einem Kreis be-wegt.[51]

Die Begriffsbewegung ist dann als „Einheit des Denkens und der Zeit zu fas-sen".[52] Hegel erläutert: „nicht *in* der Zeit entsteht und vergeht Alles, sondern die Zeit selbst ist dies *Werden*, Entstehen und Vergehen" und die Dimensionen der Zeit, Gegenwart, Zukunft und Vergangenheit sind lediglich die Äußerlichkeit dieses Werdens.[53] Die Zeit ist zugleich „das *angeschaute* Werden";[54] zugleich ist

---

[47] Hegel, Jenaer Systementwürfe II, 1982, 205ff. Die „absoluten Maßverhältnisse", d.h. die von konventionellen Setzungen und dem Zufall der historischen Entwicklungen „frei-en Bestimmungen" sind philosophisch nicht Gegenstand der „Mathematik der Natur" und dafür ist bislang wenig getan worden.

[48] Hegel, Logik I, 1951, 353.

[49] Stekeler-Weithofer, Hegels Analytische Philosophie, 1992, 208.

[50] Hegel, Enzyklopädie (1830) § 267, 1959, 222 und 223.

[51] Für den Gesamtablauf der *Logik* resümiert Hegel, „dass der Anfang, weil er gegen die Bestimmtheit des Resultats selbst ein Bestimmtes ist, nicht als Unmittelbares, sondern als Vermitteltes und Abgeleitetes genommen werden soll, was als die Forderung des unend-lich rückwärts gehenden Prozesses im Beweisen und Ableiten erscheinen kann – so wie aus dem neuen Anfang, der erhalten worden ist, durch den Verlauf der Methode gleich-falls ein Resultat hervorgeht, so dass der Fortgang sich ebenso vorwärts ins Unendliche fortwälzt." Hegel, Logik II, 1951, 500; vgl. „Das rückwärts gehende Begründen des An-fangs, und das vorwärts gehende Weiterbestimmen desselben" fallen ineinander; die Methode schlingt sich hiemit in einen Kreis. Hegel, Logik II, 1951, 503.

[52] Hegel, Phänomenologie, 1952, 560.

[53] Hegel, Enzyklopädie (1930) § 258, 1959, 210 und Zusatz, Theorie Werkausgabe 9, 1978, 50: „Die Zeit ist nicht gleichsam ein Behälter, worin alles wie in einen Strom ge-stellt ist, der fließt."

[54] Hegel, Enzyklopädie (1930) § 258, 1959, 209.

sie „der *Begriff* selbst, der *da ist*, und als leere Anschauung sich dem Bewusstsein vorstellt;"[55] der Begriff aber ist die „Macht der Zeit", „darum auch absolute Gegenwart",[56] eine diskursive sprachlogische Aktivität,[57] genauer die reine Negativität als „Prinzip der Selbstbewegung" im Prozess des Bestimmens,[58] zugleich differenzierend und vereinheitlichend als Begriffszeit.[59]

Diese Einheit von dinglichen Prozessen und zeitlichen Verläufen manifestiert sich als Entwicklung in Natur, Geist und Geschichte[60] als die „immanente Entwicklung des Begriffes" oder als ein „Geschehen".[61] Der Entwicklungsbegriff wird für diese Internbewegung ausschlaggebend,[62] Entwicklung verstanden als „organisches System", als „eine Totalität, welche einen Reichtum von Stufen und Momenten in sich enthält."[63] In diesem organischen System ist die Zeit eins mit der Entwicklung der Dinge selbst, die eine „innere Bestimmung" zur Existenz hervortreibt.

Die prozessuale Einheit des „lebendigen Begriffs"[64] kann zwar als Ganzes, als ein „entitatives Gebilde" aufgefasst werden, weil in dem Gesamtgeschehen der

---

[55] Hegel, Enzyklopädie § 258, Zusatz (TheorieWerkausgabe 9), 1974, 50.

[56] Hegel, Enzyklopädie (1930) § 258, Zusatz, Theorie Werkausgabe 9, 1974, 50. Hegel kann diese Gegenwärtigkeit auch als „ewig" bezeichnen, was allerdings nicht „als die Abstraktion von der Zeit" missverstanden werden darf „als ob die Ewigkeit nach der Zeit komme", wie Hegel kritisch vermerkt; denn dann wäre sie lediglich „zur Zukunft, zu einem Moment der Zeit, gemacht."

[57] Harris, An Interpretation of the Logic of Hegel, 1983, 29.

[58] Hegel, Logik II, 1951, 59: Ebenso ist die innere, die eigentliche Selbstbewegung *der Trieb* überhaupt (Appetit oder Nisus der Monade, die Entelechie des absolut einfachen Wesens), nichts anderes, als daß etwas *in sich selbst*, und der Mangel, *das Negative seiner selbst*, in einer und derselben Rücksicht ist". Vgl. Hegel, Logik I, 1951, 35f. und 100; Hegel, Logik II, 1951, 489.

[59] Hegel, Phänomenologie, 1952, 558.

[60] „Die Bewegung des *Begriffs* ist dagegen *Entwicklung*, durch welche nur dasjenige gesetzt wird, was an sich schon vorhanden ist." Enzyklopädie § 161, Zusatz, Theorie Werkausgabe 8, 1974, 308f.; vgl. Hegel, Enzyklopädie (1930) § 442, 1959, 356; vgl. Hegel, Einleitung in die Geschichte der Philosophie, 1966, 100f.; Hegel, Die Vernunft in der Geschichte; Vorlesungen über die Philosophie der Weltgeschichte. I. Teilband – Einleitung, 1955, 151f.

[61] Hegel, Logik I, 1951, 7 und 79; Hegel, Logik II, 1951, 216; Hegel, Einleitung in die Geschichte der Philosophie, 1966, 32; Hegel, Grundlinien der Philosophie des Rechts, § 31, 1955, 47.

[62] Hegel, Enzyklopädie (1830) § 161, 1959, 151.

[63] Für Hegel ist die Philosophie „das Erkennen dieser Entwicklung und ist als begreifendes Denken selbst diese denkende Entwicklung." Hegel, Einleitung in die Geschichte der Philosophie, 1966, 32.

[64] Hegel, Logik II, 1951, 211; vgl. Hegel, Einleitung in die Geschichte der Philosophie, 1966, 32.

werdenden Einheit Ausgangs- zu Endzustände nicht getrennt als Dinge und hinzukommende Bewegungen beschrieben werden.[65] Der Endpunkt der Explikation, die „nur ein Zeigen dessen ist, was ist", stellt sich dann als das Wissen seiner selbst, als absolutes Wissen dar und ist nur ein Moment (Augenblick) der koinzidentalen Dynamik, in deren Vollzug Wissen und Tun zusammenfallen.[66]

Das „Absolute" als Resultat des internen Fortgangs der Selbstexplikation, als werdender Begriff, der „ein Sichbewegendes, wesentlich Tätigkeit" ist,[67] ist Vollzug von Wissen und Tun: das „wahrhaft Wirkliche".[68]

2. Dogen: Das wirkliche Wirkliche im ‚Tun und Handeln' des ‚Hier und jetzt'

2.1 Die Ontologie des Substantiellen im westlichen Verständnis wird im buddhistischen Denken durch den Vorrang der Relationalität vor der Substantialität verdrängt.

Anstatt von einem Ersten Inconcussiblen, sei es Substanz oder Subjekt, ist von einem ständig im Fluss befindlichen Ganzen aus Interrelationen auszugehen, ohne den Boden unter den Füßen zu verlieren. Die Wirklichkeit besteht nicht aus Entitäten, die in sich Bestand hätten und sekundär Beziehungen eingingen, sondern die Wirklichkeit entsteht als ein Netz von Wechselwirkungen. Nichts ist aus sich selbst, d.h. alles ist leer (*śūnya*), woraus folgt, dass nicht die Substanz, sondern die Relation die grundlegende Struktur der Wirklichkeit ist.[69] Dies hat sich im Lehrsatz vom abhängigen Entstehen (*Pratītyasamutpāda*) niedergeschlagen.[70] Und auch die *Khandha(Skhanda)*-Theorie ist durch die ständig im Fluss befind-

---

[65] Abel, Einzelding- und Ereignis-Ontologie, 1982/83, 29, 31.

[66] Da die kategoriale Explikation, die „Auslegung" sowohl der logischen als auch der inhaltlichen Bestimmungen nicht allein als Wissen, sondern zugleich als Tätigkeit oder als ein Tun bestimmt wird. Hegel, Logik II, 1951, 160.

[67] Hegel, Vorlesungen über die Philosophie der Religion, Zweiter Teil, (Lasson) 1927, 42.

[68] Hegel, Logik II, 1951, 169: „Das *Sein* ist noch nicht wirklich." Vgl. Hegel, Ästhetik I, (Glockner), 1964, 28f.: „Denn wahrhaft wirklich ist nur das An-und Fürsichseyende; Hegel, Nürnberger und Heidelberger Schriften (1808-1817), Theorie Werkausgabe 4, 1971, 162 und 277: „*Erschlossene* Wirklichkeit und *angeschaute*. Zur wahrhaften Wirklichkeit gehört beides."

[69] Brück, Einführung 2007, 260, 303.

[70] Die Reden des Buddha. Längere Sammlung Nr. 14, 2004, 183ff. und Anm. 332. Im Denkspruch über Entstehen und Vergehen sieht Neumann „die Summe der Lehre" zusammengefasst. Vgl. hierzu auch Frauwallner, Geschichte der indischen Philosophie, Bd. I, 1953, 197; Lamotte, Histoire du buddhisme indien, 1958, 39. Schneider, Der Buddhismus, 1997, 104, 110 widerspricht dieser Auffassung, weil seiner Ansicht nach die *Pratītyasamutpāda* die Lehre von den „Vier edlen Wahrheiten" sowie die *Khandha*-Theorie voraussetzt.

lichen Aggregate geprägt,[71] die kein letztes Substrat oder (transzendentales) Ich als Fixpunkt oder als „*fundamentum inconcussum*" unterstellt, nicht einmal ermöglicht.

Mit der Auflösung des fixen Ich-Subjekts durch das Zusammenspiel der unterschiedlichen Aggregate (Körper, Gefühl, Wahrnehmung, mentale Formationen, Bewusstsein) im ständigen Austausch (im „Fliessen")[72] und mit der Einordnung in den Gesamtzusammenhang der bedingten Entstehung ist eine Modifikation des Erkennens- und Wissensprozesses verbunden. Bereits bei Lao-tzu wie auch bei Chuang-tzu (Zhuang-zi) findet sich eine Wissensskepsis, die Ablehnung des diskursiven Wissens, weil das Diskursive eine Trennung des Vorgangs des Wissens und des Gegenstandes des Gewussten nicht aufzuheben vermag und damit bruchstückhaft bleibt.[73] Ganz dieser Argumentation folgend erklärt Dogen,[74] dass wir den Buddha-Dharma erst dann kennen lernen, wenn wir aufhören, zwischen dem der weiß, und dem Wissen selbst zu unterscheiden.[75] Das Erkennen ist fokussiert auf die Bewegung ohne (ersten) Beweger, auf den Vorgang des Tuns ohne die Täter. So soll im Zen-Buddhismus die Subjektdependenz des diskursiven Denkens, die Trennung von Subjekt und Objekt überwunden werden, um die „Wirklichkeit, so wie sie ist",[76] ihr Sosein (*nyoze*[77]) als das dem subjektiven Denken und Fühlen enthobene Wirkliche erfahrbar zu machen.[78]

---

[71] Die *khandhas*, die Daseinsgruppen werden ausführlich dargestellt in der *Gruppierten Sammlung*, Buch III, XXII, *Khandha-Samyutta*, 2003, 47-191 und im *Visuddhi-Magga* XIV, 2002, 493-556.

[72] Die Reden des Buddha. Gruppierte Sammlung, Buch III, XXII, *Khandka-Samyutta* 12ff., 2003, 64ff. Seidenstücker, Pali-Buddhismus, 1923, 17ff.; Thich Nhat Hanh, Essential Writings, 2001, 72.

[73] Kaltenmark, Laot-tzu, 1996, 135.

[74] Zu Dogen (1200-1253), dem Japanischen Begründer des Soto-Zen, der aber seine entscheidenden Erfahrungen während seines China-Aufenthalts gemacht hat, und das Ts'aotung (Soto) Zen nach Japan gebracht hat, vgl. Dumoulin, Geschichte des Zen-Buddhismus, Bd. II, 1986, 41ff.; von Brück, Einführung in den Buddhismus, 2007, 401ff.

[75] Dogen, Shobogenzo I, Nr. 1, 40. Vgl. Hegels Formulierung der Vernunft: „Die Vernunft ist die höchste Vereinigung des Bewusstseins und des Selbstbewußtseins oder des Wissens von einem Gegenstande und des Wissens von sich selbst." Hegel, Nürnberger und Heidelberger Schriften Theorie Werkausgabe 4, 1974, 122.

[76] Dogen, Shobogenzo I, Nr. 17, 236: „die Wirklichkeit, so wie sie ist". Vgl. Nishijima, Einführung 2001, 15. Vgl. die Ausführungen zur Meditationspraxis des Zen-Buddhismus bei von Brück, Einführung in den Buddhismus, 2007, 302f.

[77] Anmerkungen zu Shobogenzo I, Nr. 17, 243.

[78] Der Dharma oder die Wirklichkeit in ihrem Sosein ‚dreht' oder bewirkt den Lauf der Dinge im ganzen Universum, unabhängig von den Anschauungen des subjektiven Ichs." Anmerkungen zu ShobogenzoI, Nr. 17, 241.

Die kosmischen Ordnung, das „alles umfassende Ganze", wie es bei Dogen heißt,[79] in das das Ich eingefügt ist, kann nicht selbst Objekt eines erkennenden und sprechenden Subjekts werden. Das diskursive Denken, die sprachgebundene Erfahrung soll daher über den Bereich des Reflexiven, des Sprachlichen hinaus im Vollzug des Tuns[80] im „Hier und Jetzt"[81] überschritten werden. Hervorzuheben ist, dass Dogen diese Überschreitung aber stets diesseitsbezogen als unmittelbar erfahrbar erläutert und nicht als eine metaphysische Dimension denkt, die hinter den Dingen verborgen ist.[82] Bei der viel diskutierten Frage, ob alle Lebewesen die Buddha-Natur haben,[83] geht es Dogen um die Verwirklichung der Buddha-Natur mit Körper und Geist in der konkreten Gegenwärtigkeit des Augenblicks im „Hier-und-Jetzt", nicht um eine Entwicklung von natürlichen Potentialen des Menschen im Verlauf eines Lebens.[84] Und dies insonderheit in der Meditationspraxis des Zazen. Das Zazen ist die Meditation im Hocksitz.[85] Ziel

---

[79] Das „alles umfassende Ganze überschreitet Begriffe wie „anfängliches Sein", „ursprüngliches Sein". Dogen, Shobogenzo II, Nr 22, 28.

[80] Der reine Akt des Tuns, jenseits von Denken und Fühlen; vgl. Anmerkungen zu Shobogenzo I, Nr. 21, 303.
Auch im Taoismus ist der „Heilige" ausgezeichnet durch das absichtslose Tun (*wu wei*) und eine wortlose Lehre. Kaltenmark, Lao-tzu, 1996, 88 und 108.
Zur Einheit des „intuitiven Verstandes" in der westlichen Philosophie, insbesondere bei Spinoza vgl. Hegel, Glaube und Wissen (Theorie Werkausgabe 2), 1974, 325ff.

[81] „Hier und jetzt erfassen ist unabhängig vom [gedachten] Subjekt, das erfasst, und es ist unabhängig vom Objekt, das erfasst wird." Es ist „allein das Erfassen des jetzigen Augenblicks. Dazu gehören auch die Ursachen und Umstände des gegenwärtigen Augenblicks. Es ist das Überschreiten der [nur gedachten] Ursachen und Umstände." Dogen, Shobogenzo I, Nr. 22, 30f.

[82] Nach Buddhas Lehre kann das Leben im Buddha-Dharma nicht vom alltäglichen Leben getrennt werden. Das Leben hier und jetzt ist der Alltag und der Buddha-Dharma selbst. Einleitung zu Shobogenzo III, Nr. 64, 268. Vgl. dagegen Lao-tzu, in: Kaltenmark, 1996, 135 und Zhuangzi, Auswahl 2.7, 2003, 52: „Sie [die Wissenden des Altertums] erkannten, dass es einen Zustand gibt, der vor allen Dingen ist. Dies ist das Letzte, was sie verwirklicht hatten."

[83] Die Reden des Buddha. Längere Sammlung Nr. 4 *Sonadano*, 2004, 86f.; The Tathagatagarbha Sutra, 1995, 3ff. In den Diskussion über die jedem Wesen zugehörige Buddha-Natur geht es um die Frage, ob den Lebewesen lediglich die Potentialität zur Gewinnung der Buddha-Natur durch die buddhistische Praxis eignet oder aber ob damit die Existenz eines unzerstörbaren Selbsts und damit ein substantialistischer Begriff der Buddha-Natur vertreten wird. Vgl. Zimmermann, A Buddha Within: the Tathagatagarbha Sutra, 2002.

[84] „Sakyamuni Buddha sagte: Alle Lebewesen haben voll und ganz die Buddha-Natur". „Die Buddha-Natur ist nichts anderes als unser Tun und Handeln im gegenwärtigen Augenblick." Dogen, Shobogenzo II, Nr. 22, 27 und 30.

[85] „Das regelmäßige Sitzen in der richtigen Körperhaltung", die ein „Fallenlassen von Körper und Geist" ermöglicht.

ist hierbei nicht die Ausschaltung des Bewusstseins, sondern eine völlig beruhig-te Gleichgewichtslage des Organismus, des Vegetativen und Reflektiven. „Die Buddha-Natur ist dann verwirklicht, wenn die Praxis des Gleichgewichts und der Weisheit (als Einheit) sich nicht behindern," wie Dogen formuliert.[86] Dogen zufolge wird dabei die Einheit in der Unmittelbarkeit des Tuns erfahren, im je gegenwärtigen Vollzug jenseits des diskursiven Denkens, „wenn alle körperli-chen und geistigen Funktionen im Gleichgewicht sind."[87] Es geht um ein indivi-duelles Gleichgewicht der vitalen und geistigen Kräfte[88] das keine Gegensätze und keine Rangordnung zwischen den unterschiedlichen körperlichen, psychi-schen und intellektiven Vermögen kennt, wie sie in der westlichen Tradition der dreigeteilten Seelenvermögen seit Platon und Aristoteles gebräuchlich sind.[89] In der Version des Zen-Buddhismus, wie ihn die Soto-Schule und auch Dogen vertreten, aber schon zuvor in der *Madhyamika*-Schule des Nagarjuna wird von einem offenen Zustand der Nicht-Dualität[90] ausgegangen, in der die geistig-spirituellen und die körperlichen Aspekte eine Einheit bilden, ohne aufeinander zurückgeführt zu werden, ein Zustand, der nicht im diskursiven Denken kulmi-niert.

Das „Fallenlassen von Körper und Geist" bei ausgeglichenem vegetativem Nervensystem deutet das Überschreiten des normalen dualistischen Bewusstseins von Körper und Geist an: Das Leben wird ganzheitlich und unmittelbar intuitiv erfahren. Nishijima, Einführung zu Dogen, Shobogenzo I, 2001, 10.

[86] Dogen, Shobogenzo II, Nr. 22, 46. „Im Zustand des Gleichgewichts beim Zazen und im täglichen Handeln ist es möglich, die Augenblicklichkeit unseres Daseins zu erfahren." Einführung in Shobogenzo II, Nr. 38, 291; vgl. Anmerkungen zu Shobogenzo Nr. 22, 59 und 61.Vgl. Lydia Brüll, Die japanische Philosophie, 1989, 54.

[87] Vgl. Anmerkung zu Shobogenzo I, Nr. 17, 249 und Anmerkung zu Shobogenzo I, Nr. 2, 56. Zu den vier Zuständen des Gleichgewichts, die die Welt der Körperlichkeit trans-zendieren: 1. Gleichgewicht im unendlichen Raum, 2. Gleichgewicht im unendlichen Bewusstsein, 3. Gleichgewicht in einem Bereich, in dem es nichts gibt, 4. Gleichgewicht in einem Bereich jenseits von Denken und Nicht-Denken." In den Reden des Buddha werden neun Meditationsstufen beschrieben. Die Reden des Buddha.Gruppierte Samm-lung, Buch III, XXVIII, *Sariputta-Samyutta*, Nr.1, §, 7, 2003, 207 – 211 und viele weitere Belege in den Reden.

[88] Vgl. hierzu auch Kaltenmark, Lao-tzu, 1996, 116f.

[89] Zur Dreiteilung der Seele in Parallele zur Trichotomie der Stände im Staat (Regenten, Wächter, Gewerbetreibende) vgl. Platon, Der Staat 580d , 1985, 365f.

[90] Anmerkungen zu Shobogenzo Nr. 2, Bd, I, 56. Der indische buddhistische Philosoph Nagarjuna (2./3. Jh.) führt mit dem Konzept der Interrelationalität einen Wirklichkeits-begriff ein, der alles Feststehende in der „Vernetzung der Wechselwirkungen" auflöst, und er entwickelt eine dreiwertige Logik, um die dualen Beziehungen und die Zweiwer-tigkeit zu überwinden. Vgl. Mall, Nagarjunas Philosophie interkulturell gelesen, 2006, 41; Brück, Einführung, 2007, 245.

Solche Einheit stellt sich im Vollzug her, der in taoistischer Sicht umschrieben wird: „Jene die auf dem Weg gehen, machen den Weg (tao)".[91] Der Zen-Buddhismus der Soto-Schule will mit der Einheit von Vollzug und Zuständlichkeit im Tun des „Hier und Jetzt" dem Leben unmittelbar einen Sinn geben[92] unter Umgehung des theoretisch Allgemeinen und den diskriminativen Strukturen des Sprachlichen.

Im westlichen Denken wird der Rückgang auf die intuitive Erfahrung als Unmittelbarkeitsphilosophie kritisiert, wie bei Hegel.[93] Zwei unterschiedliche Funktionen des unmittelbaren Wissens, der Intuition sind dabei zu unterscheiden. In Letztbegründungen wird seit der Antike auf das unmittelbare Wissen bzw. die Intuition zurückgegriffen, um das diskursive Denken in seinen Grundvoraussetzungen noch absichern zu können. Das unmittelbare Wissen, die Intuition kann aber auch die Aufgabe haben, das diskursive Denken, die rational deduktive Argumentation zu „übersteigen", um das „Absolute", das „Unvordenkliche" im Ausgriff auf das nicht Diskursive (qua intellektueller Anschauung) noch bestimmen zu können.[94] Hegel greift auf den Vollzug der Begriffsbewegung zurück, um das In-eins-Zusammenfallen des Subjektiven und Objektiven im sich Wissen als absolutes noch sprachlich manifestieren zu können, und auch Heidegger sucht im „ursprünglichen Vollziehen"[95] noch eine Vermittlung mit dem Verbalisieren als einen Ausweg, um die Erfahrung eines „Verweisungsganzen", wenngleich nicht für das diskursive Denken, so doch in der „Zwiesprache des Denkens mit dem Dichten" bekunden zu können.[96]

Zwei Aspekte in Dogens Shobogenzo sollen hier noch näher betrachtet werden: erstens der Standpunkt des direkten Tuns und zweitens das Prinzip der Augenblicklichkeit.

(1) Wir haben gesehen, dass Hegel die Einheit von Sein und Denken als koinzidentalen Vorgang im „werdenden Begriff" entfaltet, und das bedeutet, dass das Absolute in der Selbstbewegung des Begriffs als „immanente und freie Bewegung"[97] noch begrifflich einzuholen ist. Bei Heidegger wird die Einheit im

---

[91] Kaltenmark, Lao-tzu, 1996, 133.

[92] Lydia Brüll, Die japanische Philosophie, 1989, 54. Zen führt gewissermaßen alle geschichtlichen Formen des Buddhismus auf die Erleuchtungserfahrung des Buddha selbst zurück. Diese soll der Mensch in ihrer Ursprünglichkeit erneut erleben und dabei jene Tiefen des Geistes ausloten, welche die Grenzen der Ratio übersteigen.

[93] Hegel, Glaube und Wissen, Theorie Werkausgabe 2, 1974, 341.

[94] Kobusch, Intuition, in: Historisches Wörterbuch der Philosophie IV, 1976, 524 – 539.

[95] Heidegger will „die eigene faktische Situation immer ursprünglicher vollziehen und im Vollzug zur Genuität vorbereiten". Heidegger, Phänomenologie der Anschauung und des Ausdrucks, 1993, 30. Für das „unausdrückliche" Verstehen und Auslegen des Daseins bedarf es noch keiner Aussagen. Heidegger, Sein und Zeit, 1957, 17, 149.

[96] Heidegger, Der Spruch des Anaximander, 1957, 343.

[97] Hegel, Logik I, 1951, 173.

sprachlichen Vollzug der „Verweisungszusammenhänge" aufgezeigt, ohne dadurch das Sein dem Seienden in Form eines Prinzips reifizierend voranzustellen, sondern lediglich als das im „Ereignis" Sichzeigende benennbar zu machen, was kein Begriff mehr sein kann und nur in seiner reinen Vollzugsstruktur zu denken ist.

Die grundsätzliche Skepsis des Zen-Buddhismus gegenüber dem Intellektualismus und Verbalismus geht im Rückgang auf das absichtslose Tun aber darüber hinaus.[98] Das Tun ohne Tun jenseits der Subjekt-Objekt-Trennung ist ein Schlüsselbegriff schon des taoistischen Denkens;[99] bei Dogen wird das Erfahren im absichtlosen Tun zur Erfahrung der Wirklichkeit in ihrem „Sosein".[100] Dogen verweist im *Shobogenzo* immer wieder auf die „Erfahrung des Einsseins", die im Vollzug des absichtslosen Tuns im alltäglichen Handeln wie in der Zazen-Praxis zu gewinnen ist.[101] Das Tun ist dann die jeweilige Konkretisierung des Seins im wirklichen Vorgang des Handelns selbst.[102]

Der Standpunkt des direkten Tuns (*wu wei*) meint ein Handeln in einer konkreten Augenblicks-Erfahrung; es ist als solches nicht durch das diskursive Denken einzuholen: wir erfahren es, weil wir es tun. Dogen weist darauf hin, dass wir intellektuell und sprachlich nicht fähig sind, direkt zur Wahrheit vorzustoßen, und deshalb dazu neigen, „in abstrakten Vorstellungen zu leben, denen wir nachjagen, als ob sie wirklich wären."[103] Nur *im* Handeln, *während* des Tuns ist der Mensch eins mit der Welt. Damit ist eine andere Dimension als das begriffliche Denken und Wahrnehmen avisiert. Denn der praktische Vollzug wird nicht zunächst Thema oder Gegenstand eines reflektierenden Subjekts, sondern ist im Augenblick des Tuns jeder Thematisierung in der Reflexion immer schon vorweg.[104] Unvermittelt durch die Intentionen eines Subjekts, durch die Wünsche, Hoffnungen, Ängste und Erwartungen der Menschen tritt im Tun die Wirklichkeit, „so wie sie ist", zutage, ihr „Sosein".[105]

Dogens Interpretation des Ausspruchs „Geist hier und jetzt ist Buddha" gipfelt darin, dass „dieser Buddha-Geist das Hier-und Jetzt ist" und besagt, dass es keine Buddha-Natur als spirituelle ewige Substanz jenseits der Phänomene *so wie*

---

[98] Zhuan-tzu Kap. 22: „Durch Mäßigung und abermalige Mäßigung gelangt er in den Zustand des absichtslosen Tuns" Vgl. das „absichtslose Tun" des taoistischen Heiligen. Kaltenmark, Lao-tzu, 1996, 88 und 139.

[99] Wohlfart, Anmerkungen zu Zhunangzi, 2003, 157.

[100] Dogen, Shobogenzo I, Nr. 10, 122.; vgl. Anmerkungen zu Shobogenzo I, Nr. 6, 80. Ein Zustand, in dem alles so ist, wie es ist, und dieses wird mit *„Sosein"* übersetzt. Vgl. Anmerkung zu Shobogenzo I, Nr. 10, 131.

[101] Dogen, Shobogenzo I, Nr. 16, 216.

[102] Nishijima, Einführung in Shobogenzo, 2001, 17.

[103] Dogen, Shobogenzo I, Nr.1, 33.

[104] Vgl. Stekeler-Weithofer, Zur Einheit und Pluralität der Wissenschaft, 1997, 120.

[105] Dogen, Shobogenzo I, Nr 17, 234.

sie sind, gibt:[106] Das Universum existiert „hier und jetzt" und es entzieht sich nicht dem Vergehen im „Hier und Jetzt": Sowohl Leben als auch Sterben, Kommen und Gehen sind nichts anderes als Leben und Sterben, Kommen und Gehen *so wie sie sind.*[107]

Die stärkste Ausprägung des direkten Tuns ist die meditative Praxis, das Zazen.[108] Beim meditativen Tun wird eine Form der direkten, nicht-begrifflich vermittelten Handlung, in der der Mensch untrennbar eins ist mit dem, was er tut, geübt und praktiziert. Diese Erfahrung ist ein Vollziehen, in dem Körper und Geist des Übenden eins sind mit der Handlung des Übens, um aus eigener Kraft die unterschiedlichen Stufen der „Vertiefung" zu erreichen.[109]

Hierdurch werden bei Dogen die zwei Klippen, die im westlichen Denken als Gegensätze behandelt werden und auf die Hegel kritisch hingewiesen hat, im vorhinein umschifft: einerseits der Glaube, dass „das Denken geradezu an die Gegenstände" geht, wie Hegel an Jacobi kritisiert, andererseits die skeptische Zurückweisung des begrifflichen Wissens des „Ansich", das Hegel gegen Kant einfordert.

Dogen führt mit dem „direkten Tun im „Hier und Jetzt" die Erfahrung der Einheit mit der universellen Ordnung in das diesseitige Handeln zurück. Er vertritt damit wieder einen Buddhismus als ganz diesseitsbezogene Lehre;[110] einerseits in Abgrenzung von der *Atman*-Theorie, die den Schwerpunkt ganz auf die Transzendenz gelegt hatte, andererseits aber auch in Abgrenzung vom Mahayana-Buddhismus, der etwa seit der Zeitenwende zu so starken Veränderungen des Pali-Buddhismus geführt hatte, dass er einer Verkehrung des Buddhismus in sein Gegenteil gleichkam.[111]

---

[106] Dogen, Shobogenzo I, Nr. 17, 237f.

[107] Dogen, Schobogenzo I, Nr. 6, 74 – 77.

[108] Nijhima, Einführung in Shobogenzo I, Nr 6, 74.

[109] Grundsätzlich muss in der Meditationspraxis die „Befreiung aus eigener Kraft" und die mit „fremder Kraft" (durch den Glauben an Amitabha) unterschieden werden. Buddha selbst betont in seinen Lehrreden, das Selbertun. Die Reden des Buddha. Mittlere Sammlung Nr. 106, *Zur Unverstörung,* 2006, 818; Die Reden des Buddha. Längere Sammlung Nr. 22, *Die Pfeiler der Einsicht,* 2004, 383ff.; Die Reden des Buddha. Mittlere Sammlung Nr. 10, *Die Pfeiler der Einsicht,* 2006, 60ff.; Dhammapada Nr. 236, 1999, 214. Dogens Meditationspraxis ist auf das Tun aus eigener Kraft ausgerichtet.

[110] Schneider, Der Buddhismus, 1997, 66.

[111] Mylius, Die vier edlen Wahrheiten, 1985, 41.

(2) Die Zeitauffassung bei Dogen spielt im *Shobogenzo* eine zentrale Rolle. Wirkliches Handeln geschieht immer im gegenwärtigen Augenblick, und dieser nie wiederkehrende Augenblick ist nicht in ein Vorher und Nachher eingebunden, sondern sozusagen „zeitlos",[112] ein „ewiges Jetzt". [113] Das absichtslose Tun als Vollzug darf als ein gegenwärtiger Zeitpunkt nicht innerhalb einer zeitlichen Abfolge vom Früher zum Später verstanden werden. Solche Einheit ist erfahrbar nur in einer entwicklungslosen Sein-Zeit.[114]

Die theoretische Bestimmung der Zeitauffassung des „gewöhnlichen Denkens" im westlichen Philosophieren geht auf Aristoteles zurück, der in seiner *Physik* Zeit als Zahl oder auch als Maß der Bewegung nach dem Früher oder Später definiert und für Raum und Zeit den Kontinuumscharakter herausstellt.[115] Wohingegen Dogen erklärt, dass „die Erleuchtung und das Wissen nicht die Bewegungen von Wind und Feuer sind"; die Bewegung ist nicht der unfassbare Augenblick.[116]

Dogens Zeitbebegriff wird von ihm als Sein-Zeit (*Uji*) bezeichnet,[117] die in der Anbindung an den jeweiligen Vollzug des Tuns zum gegenwärtigen Zeitpunkt über die traditionellen westlichen Zeit- und Seinsbegriffe hinausgeht, die das Sein als Substanz gerade ohne Bezug zum Augenblick und zum gegenwärtigen Tun denken. Erst mit Heideggers Abkehr vom traditionellen Seinsverständnis durch die Dynamik des *wesens* (als verbal zu verstehendes *Wesen*)[118] wird die Einheit von Zeit und Sein im „Ereignis"[119] und damit nur noch als Anwesendes,

---

[112] Nishijima, Einführung in Schobogenzo, 2001, 18.

[113] Dogen, Shobogenzo I, Nr 4, 63; Dogen, Shobogenzo III, Nr. 42, 34: eine Bewegung, die weder einen Anfang noch ein Ende, weder ein Vorher noch ein Nachher hat."

[114] „Weil nur dieser eine Augenblick wirklich ist, sind alle Augenblicke der Sein-Zeit die Ganzheit der Zeit und alles Sein der Formen und Dinge sind Augenblicke dieser Zeit." Dogen, Shobogenzo I, Nr. 11, 136.

[115] Aristoteles, Physik Δ 11, 291b 1-2.

[116] Dogen, Shobogenzo II, Nr. 22, 29.

[117] Vgl. das 11. Kap. des I. Buchs: Uji. Die Sein-Zeit, Shobogenzo I, 136. „Weil nur dieser eine Augenblick [wirklich] ist, sind alle Augenblicke der Sein-Zeit die Ganzheit der Zeit. Vgl. von Brück, Einführung in den Buddhismus, 2007, 404. „Sein *ist* Zeit bedeutet, Zeit ist nicht eine Eigenschaft, die Erscheinungen der Welt haben werden (oder auch nicht), sondern die Zeit *ist* das Wesen der Erscheinungen, und zwar in jedem Augenblick neu"; und das bedeutet ferner, dass das je Besondere nicht einer Abstraktion (einem allgemeinen Begriff oder Werturteil) geopfert werden darf.".

[118] Heidegger, Der Spruch des Anaximander, 1957, 315. Vgl. „im Anwesen ... west die Zeit". Heidegger, Was ist Metaphysik?, 160, 17.

[119] Heidegger, Zur Sache des Denkens, 2000, 23: „Zeit und Sein ereignet im Ereignis."

als ein Geschehen von Unverborgenheit und Verborgenheit gedacht, als ein verzeitlichtes „Entbergen" in ein „Sagbares und Denkbares".[120]

Bei Dogen erscheint die Sein-Zeit im Handeln augenblicklich, als ein „Aufblitzen", wie er selbst formuliert. „Die Erfahrung des Höchsten verwirklicht sich im Bruchteil eines Augenblicks".[121] Das Absolute muss in einem „Nun", als ein plötzliches Erwachen,[122] jenseits der Sprache[123] aufscheinen.

Im westlichen Denken wird solches Aufscheinen eines Ganzen in einem augenblicklichen ‚Jetzt' bezeichnenderweise nur noch für die Kunsterfahrung thematisiert als „Apparition", die Adorno insbesondere für das Musikerleben hervorhebt[124] oder als „Evokation" von Totalität qua Suspension von allen diskriminativen Prädikationen, die Lukács für das Entwerfen von „Werkwelten" hervorhebt.[125]

Im östlichen Denken ist die Atomisierung des Zeitflusses in „Augenblicke" bereits wenige Jahrhunderte nach Buddhas Tod ein Bestandteil der Lehre der Sarvāstivādins, für die das Zeitkontinuum in einzelne, selbständige, aber aufeinander folgende Augenblicke zerlegt ist.[126]

---

[120] „Sein als Anwesen". Diese Kennzeichnung hat „Ihre Verbindlichkeit aus dem Beginn der Entbergung des Seins als eines Sagbaren, d.h. Denkbaren.". Heidegger, Zur Sache des Denkens, 2000, 6; Heidegger, Der Spruch des Anaximander, 1957, 329.

[121] Dogen, Shobogenzo I, Nr. 11, 137. „Hier blitzt das Buddha-Auge plötzlich auf"; vgl. Dogen, Shobogenzo III, Nr. 63, 262 und Shobogenzo I, Nr 3, 60.

[122] Buddha lehrte sowohl das plötzliche als auch das allmähliche Erwachen. Dogen, Shobogenzo I, Nr 1, 32/33. Bereits mit Tao-shen (360-434) beginnt die Debatte um das „plötzliche" Erwachen gegenüber dem „allmählich-graduellen" Weg zur Vollendung, die zu einer der wesentlichen Kontroversen im chinesischen Buddhismus der folgenden Jahrhunderte werden sollte; vgl. von Brück, Einführung. 2007, 321.

[123] Im Bereich jenseits der Sprache gibt es nur noch ein Ding und nur noch eine Form, jenseits von Verstehen und Nicht-Verstehen der Form und jenseits von Verstehen und Nicht-Verstehen der Dinge. Weil nur dieser eine Augenblick wirklich ist, sind alle Augenblicke der Sein-Zeit die Ganzheit der Zeit, und alles Sein der Formen und Dinge sind Augenblicke dieser Zeit. Dogen, Shobogenzo I, Nr. 1, 33. Vgl. Nishijima 2001, 15: Der Standpunkt der wahren Natur der Wirklichkeit unabhängig von den Wünschen, Hoffnungen, Ängsten und Erwartungen der Menschen.

[124] Adorno, Ästhetische Theorie, 1970, 125: Apparition bedeutet, dass die Einheit kein unmittelbares Vorhandenes ist und nicht den Zeichencharakter ständiger Präsenz hat. Zur Auffassung des Kunstwerk als „apparition κατ' εξοχην"; vgl. Adorno: Der Essay als Form. In: Noten zur Literatur, Frankfurt/M. 1961, 36: „Aufleuchten" der Totalität durch einen partiellen Zug.

[125] Lukács, Die Eigenart des Ästhetischen I, 1. Halbband 410ff. und 2, Halbband, 44.

[126] Bereits im zweiten Jahrhundert (nach Buddhas Tod) mit der Aufspaltung der buddhistischen Gemeinde in Sthaviras und Mahāsāmghikas vertreten die Sarvāstivādins, der konservative Flügel des alten Buddhismus, diese Auffassung. Die Sarvāstivādins war die

Der Konzeption der Zeit im *Shobogenzo* zufolge geschieht jede Handlung in einem für sich isoliert stehenden Augenblick und ist nicht Moment einer Entwicklung oder geschichtlichen Abfolge. Es handelt sich um Zeitmonaden, bei denen dennoch kein Ding ein anderes Ding und kein Augenblick einen anderen Augenblick behindert.[127] Dogen erläutert: „Jeder Mensch und jedes Ding in diesem ganzen All sind je für sich allein stehende Augenblicke der Zeit."[128] Die monadische Zeit, die Sein-Zeit wird weder nach dem Prinzip der Bewegung noch nach Sukzession und Kausalität gegliedert. Dennoch schließen Augenblicklichkeit und Kontinuität einander nicht aus wenn die für sich allein bestehenden Augenblicke und die Kontinuität als Konkatenation gedacht werden.[129] Die Kontinuität erweist sich als eine bloße Kette der voneinander getrennten Augenblicke, so dass vergangene und gegenwärtige Augenblicke nicht sukzessiv auseinander hervorgehen. Dogen erläutert: „alles, was in diesem ganzen All existiert, ist eine Kette von Augenblicken, und es sind gleichzeitig für sich allein bestehende Augenblicke der Zeit. Das heißt: die Zeit geht vom Heute in einer Kette von Augenblicken zum Morgen; vom Heute geht sie in einer Kette von Augenblicken zum Gestern."[130]

Die lineare auf kontinuierliche Bewegung zurückgeführte Zeit des Aristotelischen Denkens wird im *Shobogenzo* mit dem Begriff „Kommen und Gehen" umschrieben. „Es gibt zwar ein Vorher und ein Nachher, aber trotzdem existiert das Vorher unabhängig vom Nachher." Vorher und Nachher stehen nicht in einem kausalen Zusammenhang: „Wenn ein Fremder kommt, kommt einfach ein Fremder. Wenn ein Fremder erscheint, erscheint einfach ein Fremder. Das Kommen ist nicht die Ursache und das Erscheinen nicht die Folge."[131] Die monadische Zeit bildet ein entwicklungsloses Nun und ermöglicht kein Entwicklungsdenken. Die Augenblicke sind getrennt voneinander wahrzunehmen: „Leben ist ein Augenblick in der Zeit. Tod ist ein Augenblick in der Zeit".[132] Erst diese Augenblicklichkeit ohne Übergänge, ohne Entwicklung von einem Früher zu einem Später, sichert mit der Augenblickserfahrung des absichtslosen nonverbalen Tuns das „Erwachen zur Wirklichkeit" als „plötzliches", losgelöst von allen

---

bedeutendste und einflussreichste Schule des Sthavira-Zweiges. Schneider, Der Buddhismus, 1997, 174f.

[127] Anmerkung zu Shobogenzo I, Nr. 14, 204; Dogen, Shobogenzo I, Nr. 11, 136.

[128] Dogen, Shobogenzo I, Nr. 11, 136; vgl. „Die Existenz des jetzigen Augenblicks steht [Augenblick für Augenblick] ganz klar für sich allein." Dogen, Shobogenzo II, Nr. 22, 49.

[129] Anmerkungen zu Shobogenzo I, Nr 11, 143; Die Zeit ist nicht als Subjekt oder ein Objekt zu denken, sondern „wie konkrete Tatsachen zu betrachten, die [von Augenblick zu Augenblick] kommen und wieder gehen." Dogen, Shobogenzo II, Nr. 22, 37.

[130] Dogen, Shobogenzo I, Nr.11, 137.

[131] Dogen, Shobogenzo I, Nr. 20, 277.

[132] Dogen, Shobogenzo I, Nr 3, 58.

vorausgehenden Intentionen, Wünschen, Begehren des Ichs, das Erfassen des reinen „Soseins", der „Wirklichkeit, so wie sie ist".[133]

3. Zusammenfassung: Zeit-Sein-Integralität im westlichen und östlichen Denken

In der Hegelschen Zeitauffassung ist die Tätigkeit des Begriffs eine Bewegung, in der „die *eigene* Auslegung des Absoluten sein *eigenes* Tun" [ist], [das] *bei sich anfängt,* wie es *bei sich ankommt"* und nur ein „*Zeigen dessen* [ist], *was es ist*."[134] In der monadischen Zeitauffassung als Konkatenation von Augenblicken ohne Übergänge und ohne Entwicklungen führt das intentionslose Tun zum Erfassen des reinen Soseins.

Sowohl in den Entwürfen des westlichen Denkens als auch in den Entwürfen des östlichen Denkens beruht die Begründung für die Unterscheidung zwischen der phänomenalen Wirklichkeit des „gewöhnlichen Denkens" oder des „alltäglichen Redens" einerseits und der Erfahrung des „wahren Wirklichen" andererseits auf der integralen Fügung der Zeit in das Sein wie des Seins in die Zeit in den Formen der Begriffszeit, oder der Sein-Zeit. Nur diese Zeit-Sein-Integralität als die prozessuale Einheit, als eine „im Fluss befindliche Totalität" bei Hegel,[135] als „ereignendes Ereignis" bei Heidegger,[136] als „universeller Augenblick" bei Dogen[137] ermöglicht die Vergewisserung einer Totalität des Zustands- und Ereignishaften, das ebenso sehr Sein als Geschehen ist, nämlich das „wahre Wirkliche",[138] wie Hegel sagt oder das „wirkliche Wirkliche" [*nyonyo*],[139] wie es bei Dogen heißt.

---

[133] „Die Wirklichkeit, so wie sie ist"; Dogen, Shobogenzo I, Nr. 17, 236.

[134] Hegel, Logik II, 1951, 157: „In der Tat aber ist das Auslegen des Absoluten sein *eigenes* Tun." Hegel, Logik II, 1951, 160 und 184.

[135] „Das Sein ist noch nicht wirklich". „Die *Wirklichkeit* ist als diese reflektierte Absolutheit zu nehmen". Hegel, Logik II, 1951, 169 und 170; vgl. die „reflektierte Wirklichkeit"; Hegel, Logik II 1951, 171, 173;

[136] Heidegger, Zur Sache des Denkens, 2000, 23.

[137] „Das Universum ist hier und jetzt" bedeutet, dass alle Phänomene im Universum nur gegenwärtige Augenblicke sind. Anmerkungen zu Shobogenzo I, Nr. 6, 80.

[138] Hegel, Ästhetik I (Glockner), 1964, 159; vgl. Hegel, Nürnberger und Heidelberger Schriften (Theorie Werkausgabe 4), 1974, 277. Vgl. „Die Einheit des Inneren und Äußeren als absolute Wirklichkeit; Hegel, Logik II, 1951, 156, 180

[139] „Schließlich sollten sie nicht am Handeln selbst vorbeigehen, das wirklich das Wirkliche ist. Dogen, Shobogenzo I, Nr. 20, 282. Dogen betont das Schriftzeichen [*nyo*] durch die Wiederholung [*nyonyo*]: „das wirklich Wirkliche". Anmerkungen zu Shobogenzo I, Nr. 20, I, 291; vgl. Anmerkungen zu Shobogenzo III, Nr. 42, 36.

Literatur

Abel, G. 1984: Einzelding- und Ereignis-Ontologie. In: H.Poser/H.-W.Schütt (Hg.), Ontologie und Wissenschaft. Philosophische und wissenschaftshistorische Untersuchungen zur Frage der Objektkonstitution. Kolloquium an der Technischen Universität Berlin, WS 1982/83 (TUB-Dokumentation, Kongresse und Tagungen H. 19), Berlin, 21-50.

Adorno, Th.W. 1970: Ästhetische Theorie (Gesammelte Schriften 7), Frankfurt/M.

Aristoteles 1987: *Physik. Vorlesung über Natur*. Übersetzt, mit einer Einleitung und mit Anmerkungen herausgegeben von Hans Günter Zekl, Griechisch-Deutsch, Hamburg.

[Buddha] Die Reden des Buddha. Längere Sammlung, Aus dem Pāli-Kanon übersetzt von Karl Eugen, Neumann, 2. Aufl. Stammbach 2004.

[Buddha] Die Reden des Buddha. Mittlere Sammlung, Aus dem Pāli-Kanon übersetzt von Karl Eugen, Neumann, Stammbach 2006.

[Buddha] Die Lehrreden aus der Mittleren Sammlung. Majjhima Nikāya. Auf Initiative von Ayya Khema Bhikkhunī übersetzt aus dem Englischen und dem Pāli von Kay Zumwinkel, Bde 1-3, Uttenbühl, 2001.

[Buddha] Die Reden des Buddha. Gruppierte Sammlung, Samyutta-Nikāua. Aus dem Pāli-Kanon übersetzt von Wilhelm Geiger, Nyānaponika Mahāthera, Hellmuth Hecker, 2. Gesamtauflage 2003.

[Buddha] Die Lehrreden des Buddha aus der Angereihten Sammlung. Anguttara-Nikāya. Aus dem Pali übersetzt von Nyanatiloka. Ueberarbeitet und herausgegeben von Nyanaponika, Bde. I-5, 5. Auflage 1993.

[Buddha] Nuanatiloka Mahathera 1999: Dhammapada. Des Buddhas Weg zur Weisheit und Kommentar. Palitext, wörtliche metrische Übersetzung und Kommentar zu der ältesten buddhistischen Spruchsammlung. Jhana.

[Buddha] *The Tathagatagarbha Sutra*. Translated by William H. Grosnick, published in Buddhism in Practice, Donald S. Lopez (ed.), Princeton University Press 1995.

[Buddha] *The Surangama Sutra* (Leng Yen Ching). Chinese Rendering by Master Paramiti of Central North India at Chih Chih Monastery, A.D, 705. Commentry (abriged) by Ch'an Master Han Shan (1546-1623), o.J.

[Buddha] *The Śūrangama Sūtra*, – A New Translation with Excerpts from the Commentary by the Venerable Master Hsuan Hua. David Rounds and Ronald Epstein (eds.) (Buddist Translation Society), 2009.

Buddhagosa 2002: Der Weg zur Reinheit. *Visuddhi-Magga*. Die grösste und älteste systematische Darstellung des Buddhismus. Aus dem Pali übersetzt von Nyanatiloka Mahāthera, 8. Auflage, Uttenbühl.

Brück, Michael von 2007: Einführung in den Buddhismus, Frankfurt/M., Leipzig.

Brüll, Lydia 1989: Die japanische Philosophie. Eine Einführung, Darmstadt.

Dogen 2001-2008: Shōbōgenzō. Die Schatzkammer des wahren Dharma-Auges, Bde I-IV, Heidelber-Leimen.

Frauwallner, E. 1953: Geschichte der indischen Philosophie, Bd. I, Salzburg.

Frauwallner, E. 1956: The Earliest Vinaya and the Beginnings of Buddhist Literature, Rom (Serie Orientale Roma VIII).

Gadamer, Neuere Philosophie I. Hegel, Husserl, Heidegger (Gesammelte Werke 3), Tübingen.

Harris, Errol E. 1983: An Interpretation of the Logic of Hegel, London (University Press of America).

Hegel, G.W.F. 1974: Glaube und Wissen, Theorie Werkausgabe 2, Frankfurt am Main.

Hegel, G.W.F. 1971: Nürnberger und Heidelberger Schriften [1810/11], Theorie Werkausgabe 4, Frankfurt am Main.

Hegel, G.W.F. 1982: Jenaer Systementwürfe II. Logik, Metaphysik, Naturphilosophie. Neu herausgegeben von R.-P.Horstmann, Hamburg.

Hegel, G.W.F. 1952: Phänomenologie des Geistes, Hamburg.

Hegel, G.W.F. 1951: Wissenschaft der Logik. Erster Teil, Hamburg.

Hegel, G.W.F. 1951: Wissenschaft der Logik. Zweiter Teil, Hamburg.

Hegel, G.W.F.1959: Enzyklopädie der philosophischen Wissenschaften im Grundrisse (1830), Hamburg.

Hegel, G.W.F 1978: Enzyklopädie der philosophischen Wissenschaften im Grundrisse I-III mit Zusätzen, Theorie Werkausgabe 9-11, Frankfurt am Main.

Hegel, G.W.F. 1955: Grundlinien der Philosophie des Rechts. Mit Hegels eigenhändigen Randbemerkungen in seinem Handexemplar der Rechtsphilosophie, herausgegeben von Johannes Hoffmeister, 4. Auflage, Hamburg.

Hegel, G.W.F 1978: Grundlinien der Philosophie des Rechts, Theorie Werkausgabe 7, Frankfurt am Main.

Hegel, G.W.F. 1964: Vorlesungen über die Aesthetik I-III, Stuttgart-Bad Cannstatt (Jubiläums-Ausgabe 12-14).

Hegel, G.W.F.1927: Vorlesungen über die Philosophie der Religion, Zweiter Teil, Werke XIII, hrsg. von Georg Lasson, Leipzig.

Hegel, G.W.F 1974: Vorlesungen über die Geschichte der Philosophie, Theorie Werkausgabe 18, Frankfurt am Main.

Heidegger, M. [1927] 1957: Sein und Zeit, Achte unveränderte Auflage, Tübingen.

Heidegger, M. [1920] 1993: Phänomenologie der Anschauung und des Ausdrucks. Theorie der Philosophischen Begriffsbildung, Gesamtausgabe, II. Abteilung: Vorlesungen 1919 – 1944, Band 59, Frankfurt/M.

Heidegger, M. 1957: Der Spruch des Anaximander, in: ders., Holzwege. Dritte unveränderte Auflage, Frankfurt/M.

Heidegger, M. 2000: Zur Sache des Denkens, 4. Aufl. Tübingen.

Kaltenmark, 1996: Lao-tzu und der Taoismus. Aus dem Französischen von Manfred Porkert, Frankfurt/M und Leipzig.

Kobusch, Th. 1976: Art. ‚Intuition' in: Historisches Wörterbuch der Philosophie Bd. IV, 524 – 539.

Lamotte, É. 1958: Histoire du buddhisme indien, dès origines à l'ère Śaka, Louvain.

Lenk, H, 1985: Bemerkungen zur pragmatisch-epistemischen Wende in der wissenschaftstheoretischen Analyse der Ereigniserklärungen. In: Erkenntnis 22, 461-473.

Lukács, G. 1963: Die Eigenart des Ästhetischen, Bde I, 1. und 2. Halbband (Werke 11 und 12), Neuwied am Rhein, Berlin Spandau.

Mylius, K. 1985: Gautama Buddha. Die vier edlen Wahrheiten.Texte des ursprünglichen Buddhismus, herausgegeben und übertragen von Klaus Mylius, München.

Nishijima, Gudo Wafu 2001: Einführung in Dogen, Shobogenzo, Bd. I, Heidelberg Leimen, 7 – 19.

Platon, 1985: Der Sophist. Übersetzt von Otto Apelt. Neu bearbeitet und herausgegeben von Reiner Wiehl, Griechisch-deutsch, Hamburg 1985.

Schneider, U. 1997: Der Buddhismus. Eine Einführung, 4. unveränderte Aufl., Darmstadt.

Seidenstücker, K. 1923: Pāli-Buddhismus in Übersetzungen. Texte aus dem Pāli-Kanon und dem Kammavāca. Aus dem Pāli übersetzt nebst Erläuterungen und einer Tabelle von Karl Seidenstücker. Zweite verrmehrte und verbesserte Auflage, München-Neubiberg.

Stegmüller, W. 1983: Wissenschaftliche Erklärung und Begründung Bd. 1, Zweite, erweiterte Auflage, (Probleme und Resultate der Wissenschaftstheorie und Analytischen Philosophie).

Stekeler-Weithofer, Pirmin 1992: Hegels Analytische Philosophie. Die Wissenschaft der Logik als kritische Theorie der Bedeutung, Paderborn, München, Wien, Zürich.

Stekeler-Weithofer, P. 1997: Einheit und Pluralität der Wissenschaft und ihres Gegenstandes. In: Philosophie und Wissenschaften. Formen und Prozesse ihrer Interaktion, hg. von H. J. Sandkühler, Frankfurt/M. (Philosophie und Geschichte der Wissenschaften 36), 105 –132.

Zhuangzi, 2003: Auswahl, Einleitung und Anmerkungen von Günter Wohlfart. Übersetzung von Stephan Schuhmacher, Stuttgart.

Zimmermann, M. 2002: A Buddha Within: the Tathāgatāgarbha Sutra. Bibliotheca Philologica et Philosophica VI. The International Research Institute for Advanced Buddhology, Soka University.

Bärbel Frischmann

Ironie als philosophische Denkform und Methode –
Schlegel, Kierkegaard, Rorty

Es gibt verschiedene Möglichkeiten, Philosophien zu typologisieren. Für die Herangehensweise, die ich hier verfolge, soll eine bestimmte Art von Philosophie etwas näher beleuchtet werden, den ich in Anlehnung an die Vertreter dieser Art von Philosophie „Ironie" oder „Ironismus" nenne. Dieser Philosophietyp hat sich speziell in der nachkantischen Philosophie herausgebildet und in der jüngsten Philosophieentwicklung noch deutlicher akzentuiert.

Stellvertretend werde ich mich mit drei Entwürfen ironistischer Philosophie beschäftigen: mit denjenigen von Friedrich Schlegel, Søren Kierkegaard und Richard Rorty. Ich habe diese Autoren gewählt, weil sie selbst sowohl eine philosophische Theorie von Ironie entwickelt haben, zugleich aber auch diese Theorie in ihrem eigenen Verständnis von Philosophie anwenden und so einen Typus von Philosophie versuchen, der als „ironistisch" bezeichnet werden kann. Ihre Philosophie soll deshalb unter der Fragestellung untersucht werden, wie sie „Ironie" konzipieren, welche Aufgaben sie dem Ironismus in der Philosophie zusprechen und welche Kriterien für ironisches Philosophieren sie entwickeln.

1. Friedrich Schlegel[1]

Obwohl Schlegel seinen Ironiebegriff nicht konzeptionell umfassend ausgearbeitet hat, kann man doch sagen, dass er das geistige Zentrum seines frühromantischen Philosophierens (etwa zwischen 1796-1800) bildet. Schlegels besondere Leistung besteht darin, dass er den Ironiebegriff von seiner Einschränkung auf die Rhetorik befreit (etwas anderes sagen, als man meint) und zu einer philosophischen Methode umgestaltet. Mit seinem Ironiekonzept geht es Schlegel also nicht um das Lächerliche oder Komische, sondern um zentrale inhaltliche und methodische Probleme der Philosophie, der Poesie und Ästhetik, der Wissenschaften und Künste überhaupt. Ausgehend von der Idee des prinzipiell offenen Erkenntnisprozesses und von der Auffassung, dass die tätigen Subjekte die geis-

---

[1] Die Ausführungen zu Friedrich Schlegels Ironiekonzept stützen sich auf meine Habilitationsschrift, die unter dem Titel *Vom transzendentalen zum frühromantischen Idealismus. J.G. Fichte und Fr. Schlegel* beim Verlag Ferdinand Schöningh, Paderborn, 2005 publiziert wurde.

tig-sprachlichen Mittel der Weltauslegung selbst schaffen, wird mit Ironie eine metaphilosophische Position markiert, die von der Unabschließbarkeit, Historizität und Relativität von Theorien und Weltauffassungen ausgeht. Um diese Position zu beschreiben, knüpft Schlegel ein semantisches Netzwerk aus weiterer Begriffen wie Schweben, Wechselbestimmung, Dialektik, Witz, Allegorie, Skepsis, Paradoxie, Fragment. Dieses Netzwerk konturiert das Konzept von Ironie.

Quellen für die spezifische Denkweise, die Schlegel in seinem Ironiebegriff konzipiert, sind vor allem Sokrates und Fichte. Der Sokrates der Platonischen Dialoge steht für Skepsis gegenüber Wahrheitsansprüchen, für ein Philosophieren im Gespräch, für immer wieder neues Infragestellen und für die positive Funktion von Paradoxien und Aporien.

Nicht so offensichtlich ist die Bedeutung des strengen Systematikers Fichte für Schlegels Ironiekonzept. Doch Fichte hat wichtige philosophische Elemente entwickelt, an die Schlegel unmittelbar anknüpft. Fichte hat mit dem Topos vom Schweben der Einbildungskraft die prinzipielle Offenheit und Unabschließbarkeit des Wissens zu fassen gesucht. Die Kennzeichnung der Ironie als „die Stimmung, welche alles übersieht, und sich über alles Bedingte unendlich erhebt" (KA II, 152, 42), partizipiert an Fichtes Grundidee von der in der Einbildungskraft begründeten Fähigkeit des Ich (Subjekt), das jeweils gesetzte Nicht-Ich (Objekt) immer wieder zu übersteigen und neu in den Prozess der Auseinandersetzung mit dem Gegenstand einzutreten. Für Fichte ist die Einbildungskraft das schlechthin freie Vermögen im Ich. Auch an Fichtes Lehre vom internen Streben und Sehnen des Ich, das nie zur Ruhe kommt, knüpft Schlegel an. Die Parole von der „Sehnsucht nach dem Unendlichen" wird schließlich zum Programm der gesamten romantischen Bewegung. Weiterhin hat Schlegel von Fichte gelernt, dass alles menschliche Denken und Tun nur als Prozess der Synthese von Gegensätzlichem, von Ich und Nicht-Ich, von Subjekt und Objekt, zu erklären ist. Mit Fichte teilt Schlegel auch die Auffassung, dass es für den Menschen keine ontologische Wesensbestimmung geben kann, da der Mensch sich durch seine Tätigkeit, durch seine Selbstformung immer erst erschafft.

Während Fichte seiner Philosophie aber die Form eines deduktiven Systems gibt, verwendet Schlegel Ironie als Gegenposition zum Systemdenken seiner Zeit, das sich am Modell der theoretischen Wissenschaften wie Mathematik und Physik orientiert.

Einige besonders prägnante Aspekte des Schlegelschen Ironiekonzeptes sollen im Folgenden dargestellt werden.

a) Ironie ist die dynamische Bewegung, das Schweben zwischen Endlichkeit und Unendlichkeit.
Dieser Bestimmung liegt die Auffassung zugrunde, dass der Mensch einerseits als körperlich-endliches Wesen eingebunden ist in eine materielle Welt. Andererseits aber, als geistiges Wesen, ist der Mensch unendlich, gibt es keine Be-

grenzung dessen, was er kreativ hervorzubringen vermag. Der geistige Sinnhorizont ist prinzipiell unbestimmt und offen. Das endlich-unendliche Individuum strebt über seine Beschränkungen hinaus und vermag sich doch nicht von seiner Endlichkeit zu befreien. Es kann aber auch nicht in der Endlichkeit verharren, denn es wird über diese durch sein immanentes Weiterstreben immer wieder hinausgetrieben. Geistig und praktisch handelnd öffnen sich dem Einzelnen neue Möglichkeiten, die dennoch nie zu einer endgültigen Identität und Stabilität führen können.

> Nie wird der Geist [...] bis ans Ende dringen, oder wähnen, daß er es erreicht: denn nie kann er eine Sehnsucht stillen, die aus der Fülle der Befriedigungen selbst sich ewig von neuem erzeugt. (KA II, 284f.)

Unter Ironie nun versteht Schlegel eine spezifische Weise des Denkens, das darin besteht, dass es diese beiden Seiten zugleich gelten lässt und vermittelt, dass es zwischen Endlichkeit und Unendlichkeit schwebt, zum einen alle endlichen Fixierungen immer wieder skeptisch auflöst und in Frage stellt, andererseits das transzendierende Ausschweifen des Geistes auch wieder zurückbindet an die endlichen Möglichkeiten, damit aber ein unaufhörliches Streben nach dem Unendlichen erzeugt. Hinter dieser Vorstellung vom ironischen Schweben zwischen Endlichkeit und Unendlichkeit steht ein spezielles Methodenkonzept.

b) Ironie ist eine Methode der dialektischen Vermittlung von Gegensätzen.
Die Art dieser Vermittlungsleistung hat Schlegel wiederum durch unterschiedliche methodologische Termini gefasst, z.B. als „antithetische Synthesis", Kombination, Indifferenz, als „absolute Synthesis absoluter Antithesen" (KA II, 184, 121) oder als unauflöslichen „Widerstreit des Unbedingten und des Bedingten" (KA II, 160, 108). Ironie ist eine spezifische Art der Vermittlungsarbeit zwischen Gegensatzpolen, deren Besonderheit darin besteht, dass sie zu keinem abschließenden Endpunkt führt, sondern in der Synthesis die Dynamik aufbewahren soll. Jeder Versuch, einen solchen Endpunkt zu erreichen, wird skeptisch zurückgewiesen. Deshalb ist Ironie „die höchste, reinste σκέψις" (KA XVIII, 406, 1023).

Dabei geht es Schlegel vor allem darum zu zeigen, dass es keine definitive Wahrheit gibt, kein Endresultat unseres Wahrheitsstrebens, sondern dass Wahrheit relational konstituiert ist, wobei die verschiedenen Aspekte oder Seiten dieser Relation je in ihrem Wechselverhältnis berücksichtigt werden sollen, d.h. in einer Differenz- bzw. Gegensatzstruktur.

> Alles was etwas werth ist, muß zugleich dieß sein und das Entgegengesetzte (KA XVIII, 82, 633).

Wahrheit liegt nicht im Endresultat, sondern in der Mitte zwischen …, im Prozess der Vermittlung selbst, in der Bewegung und Veränderung:

die Wahrheit kann nur producirt werden – (das Denken ist produktiv,) liegt in der Mitte in der Indifferenz. – *Alle Wahrheit ist relativ* (KA XVIII, 417, 1149).

Um aber die Assoziation zu vermeiden, es läge mit dieser Mitte so etwas wie ein fixierbares Zentrum vor, relativiert Schlegel diese Idee eines Zentrums, z.b. dadurch, dass nicht von einem Zentrum wie bei einem Kreis, sondern von zwei Zentren wie bei einer Ellipse ausgegangen werden sollte. Oder er beschreibt das Zentrum so, dass es keinen ruhenden Mittelpunkt bildet. So könne die Vernunft im Mittelpunkt der Philosophie stehen, aber sie sei nur zu denken als „dialogisch", als „mit s.[ich] selbst in Wechselwirkung" (KA XVIII, 303, 1314).

Schlegel kommt es darauf an, den Gegensätzlichkeiten weder auszuweichen, noch sie als endgültig zu nehmen. Vielmehr bedeutet Ironie als Spiel des Dialektischen (KA XVIII, 393, 878) eine Methode des Prozesses der abwechselnden Fixierung und Verflüssigung von Gegensätzen, die Fähigkeit, einmal eingenommene Perspektive immer wieder aufzubrechen und zu ändern.

Diese Vorstellung von ironischer Methodik nennt Schlegel sogar eine neue „*Theorie des Syllogismus*" (KA XVIII, 448, 190). Der ironisierte Syllogismus wäre ein Prozess, ein theoretisch-logisches Geschehen, in dem Thesis und Antithesis nicht in eine feste Struktur gebannt sind, sondern eher ein Wechselspiel zwischen beiden stattfinden soll. Es geht um die Gleichwertigkeit von These *und* Antithese, um das „und": *Ironie* ist Analyse der These und d.[er] Antithese (KA XVI, 154, 809).

Auf diese Weise integriert Schlegel die formale Logik in die ironische Dialektik. Hegel wird einen ähnlichen methodologischen Grundgedanken in seiner *Wissenschaft der Logik* zugrunde legen, wenn er diese als Dialektik ausformuliert. Auch für Schlegel ist Dialektik nicht Teil der Logik, sondern Logik ein Spezialfall der Dialektik. „Alle Logik soll Dialektik und alle Dialektik soll Sokratisch seyn" (KA XVIII, 366, 537).

Der Bezug auf Sokrates deutet an, dass die für Schlegel prägnanten Momente dieser Philosophie, die Unabschließbarkeit des Wissens, das Dialogische, die Ironie für die Dialektik konstitutiv sind. Dabei gilt auch die Logik als ein bewegliches Werkzeug der theoretischen Arbeit. Bis zu seinen Kölner Vorlesungen (1804-06) hält Schlegel daran fest, dass die drei Hauptsätze der formalen Logik (Satz der Identität, Satz des Widerspruchs, Satz des Grundes) keine fixe Funktion haben:

> Die einzige Gültigkeit, die man ihnen für die Philosophie zugestehen kann, wäre eine *relative* in unendlicher Gradation (KA XII, 319).

Die Logik selbst wird damit ironisiert und das soll heißen: als Denkinstrument entformalisiert und flexiblisiert. Die ironische Grundeinstellung erhebt das Werden, die Unerreichbarkeit von Wahrheit, die Beweglichkeit, den Widerspruch zu

Leitideen der Philosophie. Dem entspricht auch die Aufnahme des Paradoxen in die Philosophie:

> *Paradoxie* ist der Geist der Polemik und διαλ[Dialektik] (KA XVIII, 388, 814).

Mit dem Terminus „Paradoxie" grenzt Schlegel seine ironische Dialektikkonzeption von einer streng systematisch-rationalistischen Auffassung ab. Er weist die rationalistische Vorstellung ab, Wahrheit habe etwas mit logisch folgerichtigem, auf Widerspruchsfreiheit orientiertem Denken zu tun.

> Die Antinomieen hätten Kanten nicht bewegen sollen, das Unendliche aufzugeben, sondern den *Satz d[es] Widerspruchs*. (KA XVIII, 410, 1080)

Und er bringt die „Paradoxie" in direkten Zusammenhang mit der „Ironie":

> Die *Paradoxie* ist für die Ironie die conditio sine qua non, die Seele, Quell[e] und Princip (KA XVI, 174, 1078).

Ironie ist dabei alles andere als Willkür und Beliebigkeit, sondern ein zielgerichtet eingesetztes Werkzeug der Relativierung, Relationierung und Perspektivierung unserer Weltsicht. Dieses Werkzeug wird stumpf, es verliert seine skeptische, dynamische Kraft, wird es selbst als ein starres Korsett im Sinne eines strengen Systems verstanden.

c) Mit der Ironie verbindet Schlegel eine Kritik am szientistischen Systemmodell. Schlegel macht geltend, dass die Forderung nach einem deduktiven System der Auffassung von der prinzipiellen Unabgeschlossenheit des Wissens widerspricht. Wenn eine endgültige Wahrheit niemals zu erreichen, niemals sprachlich zu fassen ist, kann es auch kein abgeschlossenes theoretisches System geben, bei dem aus einem obersten Grundsatz alle abgeleiteten Begriffe deduzierbar wären. Mit seinem Ironiekonzept verabschiedet Schlegel derartige Letztbegründungsansprüche. Dennoch kann und soll auf systematische Arbeit, auf die Vorstellung eines tragenden Zusammenhangs nicht verzichtet werden. Vielmehr meint Schlegel ganz im Sinne des Paradoxes, dass alle wahrhafte Systematik nur ironisch sein könne, nämlich als Systematik auch wieder relativiert und gebrochen:

> Es ist gleich tödlich für den Geist, ein System zu haben, und keins zu haben. Er wird sich also wohl entschließen müssen, beides zu verbinden (KA II, 173, 53).

Weder können systematische Fragestellungen aufgegeben, noch kann ein System je erreicht werden. Dieses für die Ironie typische Schweben zwischen Systemanspruch und Systemverzicht führt auf alternative Überlegungen, vor allem zur Orientierung auf die Form des Fragments.

Auch das größte System ist doch nur Fragment. (KA XVI, 163, 930; auch
126, 496)

Jedes Fragment ist seinerseits so etwas wie ein System im Kleinen, indem es
einen bestimmten Zusammenhang oder eine bestimmte Idee darstellt. Zudem
können Fragmente untereinander verbunden und aufeinander bezogen sein und
konstituieren so ein System von Fragmenten (KA XVIII, 98, 832). Fragmente
wären dann so etwas wie die Elemente eines Systems, die immer wieder neu
gruppiert, ergänzt und umgeschrieben werden können. Damit bieten sich Fragmente für Schlegel als eine geeignete Darstellungsform in der Philosophie an.

d) Mit dem Ironiekonzept ist eine nominalistische Sprachauffassung verbunden.
Schlegel versteht Sprache als ein Mittel der Kommunikation, das weder natur-
wüchsig gegeben noch von Gott geschenkt ist, sondern ein von Menschen ge-
schaffenes, formbares Instrument. Unsere Begriffe, unsere sprachlichen Mittel
sind nicht Abbildung der Realität, sondern bewegliche Konstrukte, um ein relatives und veränderliches Wissen sprachlich zu verdeutlichen. Mit seiner ironischen Grundeinstellung kann Schlegel sprachliche Zeichen, Symbole, Allego-
rien, als willkürliche Erfindungen behandeln, deren Bedeutungsgehalt im Rahmen kreativer kommunikativer Akte zugewiesen wird: „die Sprache selbst ist ein
Erzeugniß d.[es] Witzes" (KA XVIII, 267, 870).

Jede konkrete Symbolisation kann so zum Träger einer bestimmten Bedeu-
tungsdimension werden. Und das Geflecht der semantischen Bedeutung ist das,
was unser Weltbild konstituiert. So spricht Schlegel davon, dass „nur die Bedeutung Dasein und Realität hat", dass die Bedeutung und Nachbildung an die Stelle
der Realität tritt, das Ganze nicht nur repräsentiert, sondern „ist" (KA II, 414). Er
bereitet damit die sprachphilosophischen Entwicklungen der Folgezeit mit vor,
die das Repräsentationsmodell von Sprache aufgeben. Mit der Betonung der
Eigenständigkeit der Sprache gegenüber den Dingen, auf die sie sich bezieht,
wird jedes sprachliche Gebilde zu einem möglichen semantischen Bedeutungs-
komplex, der vielfältigster Deutung offen steht: „Das kleinste φλμ[Philologem]
ist encyklop.[aedischer] Art" (KA XVI, 65, 60).

Mit der Bindung von Sprache an die Offenheit und Unabschließbarkeit der
geistigen Tätigkeit des Subjekts ist das Herangehen an Sprache, an Symbolisati-
onen jeder Art, immer hermeneutisch, d.h. ein relativer, individueller, historischer Versuch, auszulegen und einen Sinn zu erschließen. Hermeneutik wird hier
konzipiert als ein plurales zyklisches Verfahren, das in immer wieder neu anset-
zenden Interpretationen geistige Gebilde erschließt. Dabei verlangt ein ironisches
Sprachverständnis das Schweben zwischen Verständlichkeit und Unverständlichkeit, eine Spannung, die sich nicht auflösen lässt, weil sie dem Geistigen und

Sprachlichen eigen ist.[2] Es kommt nicht darauf an, das Unverständliche zu tilgen und immer mehr verständlich zu machen, sondern darauf, die Unverständlichkeit als Teil der Verständlichkeit anzuerkennen. Unverständlichkeit ist kein auszumerzender Makel von Textlichkeit, sondern eine produktive Störung, weil sie den Verstehensprozess weitertreibt.

Diese Unverständlichkeit zeigt sich z.b. in der Unverständlichkeit älterer Texte aufgrund der prinzipiellen Historizität von Interpretation:

Alle class.[ischen] Schriften werden nie ganz verstanden, müssen daher ewig wieder kritisirt und interpretirt werden (KA XVI, 141, 671).

Oder sie spielt eine Rolle bei der Übersetzung von Texten aus fremden Sprachen, die niemals ganz adäquat ist, sondern eine eigene schöpferische Komponente beinhaltet: „Eine Uebersetzung ist ein Kunstwerk des Witzes" (KA XVIII; 288, 1099),

Wenn Schlegel also die Unverständlichkeit betont, dann weil er Verstehen und Interpretieren als prinzipiell unabschließbare, nie endgültig in einem Resultat fixierbare Prozesse ansieht. In einem Fragment wählt Schlegel die Charakterisierung „*Progreßive Unverständlichkeit*" (KA XIX, 216, 120), was so viel heißen könnte wie eine Unverständlichkeit, die den Verstehensprozess weitertreibt. Hierzu ist Ironie erforderlich, um diese Dynamik in Gang zu halten. Sie ist ein immer wieder ansetzendes Überschreiten (Parekbase, Parabase) und Infragestellen des Erreichten, Gewussten, Gewollten, das Offenhalten von Deutungen.

„Die Ironie ist eine permanente Parekbase." (KA XVIII, 85, 668)

Damit kann Schlegel betonen, dass alles Wissen „nur eine Tendenz" (KA XVIII, 409, 1065) ist, kein endgültiges, verbindliches Wissen, sondern sich selbst in ständiger Veränderung und Bewegung befindet.

Ironisches Sprachverständnis heißt aber auch, dass es keinen festen kulturellen Platz mehr für bestimmte Diskurse gibt, da die Perspektiven auf diese Diskurse und in ihnen multipel aufgespannt werden können. Schlegels ironisch untersetzte Philosophie bricht mit der Auffassung eines Metadiskurses, der alle andere Diskursarten beherrscht oder zumindest überschaubar macht.

Mit den skizzierten sprachphilosophischen Auffassungen wird Schlegel zu einem Wegbereiter der modernen philosophischen Hermeneutik, deren direkte oder indirekte Entwicklungslinie über Schleiermacher und Dilthey bis Heidegger, Gadamer und der „Dekonstruktion" Derridas führt.

---

[2] Diese immanente Spannung des Sprachlichen hat Jacques Derrida im Terminus der *différance* skizziert. Vgl. hierzu der Aufsatz „Différance" in: *Marges de la philosophie* (Paris 1972).

e) Ironie und Bildung

Gerade im Bildungsbegriff manifestiert sich der Anspruch des bürgerlichen Zeitalters und des bürgerlichen Individuums auf Selbstbestimmung und Selbstformung. Schlegel geht nun so weit, an manchen Stellen den Ironiebegriff quasi
synonym mit Bildung zu verwenden.

Das Ironiekonzept findet hier in zweifacher Hinsicht Anwendung. Zum einen
ist Schlegels Bildungskonzept selbst ironistisch. Bildung wird verstanden als der
Prozess der tätigen Selbstkonstitution des Menschen, in dem eine „antithetische
Synthesis" (KA XVIII, 82f., 637) der verschiedenen Fähigkeiten, Talente und
Ziele zu leisten ist. Dies ist ein spannungsvolles Geschehen, in dem der Mensch
sich permanent verändert. Sein Inneres ist, wie Schlegel formuliert, „eine fortge-
hende Kette der ungeheuersten Revoluzionen" (ebd.). Gerade weil der Mensch
ein endlich-unendliches Doppelwesen ist, muss ein adäquates Menschenbild
diese Doppeltheit als Widerspruch und Einheit zugleich denken.

Zum anderen ist Ironie ein Erfordernis an die Welt- und Selbstsicht des modernen, gebildeten Menschen. Ironie ist für Schlegel die Fähigkeit des Menschen, innerhalb der Widersprüche, Paradoxien und Antinomien des eigenen
Weltverständnisses zu leben, sie auszuhalten, sie produktiv zu machen und sie zu
verarbeiten. Dabei vermag niemand die Fülle seiner Möglichkeiten, seine unendliche Perfektibilität zu erschöpfen. In diesem Sinn ist zu verstehen, wenn Schlegel formuliert: „Jeder Mensch ist nur ein Stück von sich selbst." (KA XVIII,
115, 1043)

Diese notwendige Ambivalenz von Endlichkeit und Unendlichkeit, Bedingungen und Potenzen einzusehen, ihre Produktivität für die eigene Entwicklung
zu nutzen, dabei auch die dunklen, undeutlich-konfusen, instabilen Seiten der
eigenen Personalität anzuerkennen, kennzeichnet das ironische Potential der
Bildung. Dabei betont Schlegel, dass eine ironisch gebildete Persönlichkeit durch
Flexibilität und Vielfalt gekennzeichnet ist, durch die Fähigkeit, das was man
sein will, die eigene Identität frei zu wählen. Bildungsideal ist demnach eine
durch ironische Selbstparodie und Selbstdistanz zu erreichende Vielschichtigkeit
und Vielfältigkeit der Persönlichkeit: „das kann nur ein Geist, der gleichsam eine
Mehrheit von Geistern, und ein ganzes System von Personen in sich enthält"
(KA II, 185, 121).

Die Fähigkeit zur souveränen Anwendung von Ironie ist wichtiges Merkmal
einer gebildeten Persönlichkeit.

f) *Ironie ist Kennzeichen von Modernitätsbewusstsein*

Nicht nur Kant, Fichte, Schelling oder Hegel waren überzeugt, mit ihrer Philosophie etwas ganz Neues, Progressives und Wegweisendes begonnen zu haben,
auch Schlegel sieht sich auf der Höhe seiner, der modernen Zeit. Sie alle sind
sensibel für die Möglichkeiten, die die sozialen und kulturellen Umwälzungen
ihrer Zeit mit sich bringen und ringen um die Selbstvergewisserung des eigenen

historischen Standorts und um die Formulierung von Kriterien für die Charakterisierung der Modernität. Schlegels Modernitätsbewusstsein ist begleitet von der Einsicht, dass es für das moderne Weltbild keinen festen Boden mehr gibt. Für Schlegel bedeutet dies: „Das Wesen der Modernen besteht in d[er] Schöpfung aus Nichts." (KA XVIII, 315, 1471).

„Schöpfung aus Nichts" soll heißen, dass die Moderne eine autonome Sicherung ihrer Grundlagen zu leisten hat, die aus der eigenen Zeit, den eigenen Bedingungen zu gewinnen ist, nicht aus einer Bezugnahme auf tradierte Ideale oder vorgegebene Autoritäten.

Die Moderne stellt neue Forderungen an die Menschen selbst. Sie fordert Flexibilität, Offenheit, die Fähigkeit, verschiedene Sichtweisen miteinander in Einklang zu bringen. Genau dies kann und soll Ironie leisten.

Das Ironiekonzept ist also durch und durch zeitgemäß in der Verarbeitung der Besonderheiten der Moderne. Es reagiert auf die Historisierung, Pluralisierung und Perspektivierung der modernen Weltsichten. Dies ist es, was Ironie zu einem unverzichtbaren Erfordernis für ein modernes Weltbild macht. Deshalb formuliert Schlegel: „Ironie ist Pflicht." (KA XVI, 124, 483).

Mit dem Pflichtbegriff kommt auch eine ethische Komponente ins Spiel, die Schlegel dadurch bestätigt, dass er Bildung und Ironie als höchstes Gut bestimmt: „Ironie ist eigentl[ich] das höchste Gut und d[er] Mittelpunkt der Menschheit." (KA XVIII, 219, 302)

Im Ironiebegriff drückt Schlegel die Skepsis gegen jeden ontologischen Essentialismus aus und hebt die Freiheit, Kreativität, Spontaneität und notwendige Selbstbestimmung des Menschen hervor. Ironie heißt aber auch das Bewusstsein davon, dass der Mensch seine Freiheit und Selbstbestimmung immer neu zu bewähren und zu erringen hat, ohne sie je ganz zu erreichen.

Es ist dann Hegel, der sich zum Richter über die Schlegelsche Ironie erhebt und ihr bloße Negativität, reine egoistische Subjektivität vorwirft, der es Ernst mit nichts sei. Hier wendet sich der ins philosophische System gebannte Rationalismus gegen eine alternative Denkform, die vom eigenen Standpunkt der wissenschaftlichen Rationalität aus unter das Verdikt der reinen Willkür fallen musste. Die Rationalität grenzt die Ironie aus, nicht aber umgekehrt, für die Ironie ist Rationalität eine Möglichkeit der Weltsicht unter vielen anderen.

2. Søren Kierkegaards existenzphilosophische Verwendung des Ironiebegriffs

Eine direkte Reaktion auf die Romantik wie auch auf Hegels Romantikkritik findet sich beim dänischen Philosophen Søren Kierkegaard, der als Begründer der Existenzphilosophie gilt und Denker wie Jaspers und Heidegger in Deutschland oder Sartre und Camus in Frankreich wirksam beeinflusst hat.

Kierkegaards Dissertation trägt den Titel *Über den Begriff der Ironie* mit ständiger Rücksicht auf Sokrates. Darin übernimmt Kierkegaard Hegels Verdikt der Ironie als abstrakte Subjektivität; Willkür und Negativität. Aber er weist auch Hegels Kritik zurück, indem er selbst ein Konzept von „beherrschter Ironie" entwickelt. Die Abhandlung insgesamt ist jedoch der Würdigung der Sokratischen Ironie gewidmet.

In der letzten These zur Dissertation fasst Kierkegaard sein Projekt folgendermaßen zusammen: „Ebenso wie die Philosophie mit dem Zweifel, ebenso beginnt ein Leben, das menschenwürdig genannt werden kann, mit der Ironie." (BI, 4)

Was also der Zweifel für die Philosophie, das ist die Ironie für das Leben, nur soll sie eine beherrschte, bewusst eingesetzte Ironie sein. Diese ist bei Kierkegaard ganz eindeutig eine moralische Maxime. Was leistet eine solche Ironie für den Menschen? *„Die Ironie setzt Schranken, verendlicht, begrenzt,* und gewährt damit *Wahrheit, Wirklichkeit, Inhalt"* (BI, 330), dies ist ihre theoretische Funktion. Und sie hat eine praktische, persönlichkeitsformende Funktion: „sie *züchtigt* und *straft* und gibt damit *Haltung* und *inneren Zusammenhalt"* (ebd.); sie ist „ein Bad der Erneuerung und Verjüngung", „eine Reinigungstaufe", „welche die Seele aus dem Gebundensein ihres Lebens im Endlichen, möge sie gleich kraftvoll und stark darinnen leben, befreit" (ebd.).

Die ironische Freisetzung von der Gebundenheit an die Endlichkeit und die Vereinnahmung durch äußere Umstände, die Wendung gegen „jeden Götzendienst mit der Erscheinung" (BI, 334) erst ermöglicht die Besinnung auf sich selbst, die eigene Innerlichkeit. Dieses Selbstsein ist es, um das es Kierkegaard geht, und das er mit dem Begriff der „Existenz" bezeichnet. Erst die beherrschte Ironie gibt dem persönlichen Leben existenzielle Wahrheit.

Ironie ist die „Wegleiterin" (BI, 332) des Lebens. Diese Wegweisung ist aber eine nur negative. Sie besteht darin, falsche Ideale zu destruieren, nicht aber in der Aufweisung eines positiven Handlungs- oder Lebensziels.

> Die Ironie ist als das Negative der Weg, – nicht die Wahrheit sondern der Weg. Jeder, der da ein Ergebnis als solches besitzt, besitzt es gerade nicht; denn er hat den Weg nicht. Wenn nun die Ironie hinzukommt, so bringt sie den Weg, jedoch nicht jenen Weg, auf dem derjenige, der sich einbildet, das Ergebnis zu besitzen, dahin gelangt, es zu besitzen, vielmehr jenen andern Weg, auf welchem das Ergebnis ihn verläßt. (BI, S. 332 f.)

Ironie als „das Negative" entzieht uns also die Sicherheit eines endgültigen Ergebnisses, sie hält die Frage, auf die wir Antwort suchen, offen, indem sie die Antwort immer wieder relativiert. Ironie verwehrt das Finden und bringt damit den nach Meinung Kierkegaards entscheidenden Wesenszug des Menschen zur Geltung, die Unendlichkeit seiner Seele, sein „Sehnen nach einem Höheren und Vollkommneren" (BI, 333). Ironie steht für diese unendliche Dimension, denn sie dient dazu, die mögliche Befriedigung der Sehnsucht im Endlichen als Selbstbetrug zu entlarven.

In Kierkegaards folgenden Werken steht der Begriff der Existenz im Mittelpunkt. Existenz ist die Bestimmung des Menschen unter dem Aspekt seiner Individualität, seiner konkreten Situation, seiner Einmaligkeit. Der Existierende ist der Mensch in seiner Innerlichkeit, seinem Selbstsein. Existenz heißt, den wirklichen Menschen als Einheit von Endlichkeit und Unendlichkeit (UN II, 2) zu sehen, oder anders ausgedrückt, Existenz denken heißt, das Ewige im Werden denken (UN II, 8). Ironie ist in dieses Konzept von Existenz integriert. Sie erhält den Status einer „Existenzbestimmung" (UN II, 213). Damit wendet sich Kierkegaard auch vehement gegen eine Verkürzung der Ironie zu einer Form der Rede. Ironie ist ein Wesensmerkmal des Menschen überhaupt, sie ist „an keine Form gebunden, weil sie die Unendlichkeit in ihm ist" (ebd.).

Der Ironiebegriff erhält eine existenzielle Funktion im Rahmen der Kierkegaardschen Theorie von Existenzstadien. In dieser Theorie fungieren die einzelnen Stadien oder Stufen als paradigmatische Formen des menschlichen Selbst- und Weltverhältnisses. Kierkegaard unterscheidet hierbei drei Existenzweisen: die ästhetische, die ethische und die religiöse. Der Ästhetiker ist ein Mensch, der den Sinn seines Lebens in äußeren Gegebenheiten hat. Er strebt danach, seine momentanen Bedürfnisse zu befriedigen, ein abwechslungsreiches, erlebnisbetontes Leben zu führen. Typische Ästhetiker sind der Verführer im Sinne Casanovas, der Geldmensch, aber auch der Wissenschaftler. Sie alle haben den Anlass ihrer Wirksamkeit außerhalb ihrer selbst. Der Ethiker lässt sich nicht mehr in der Welt treiben, sondern trifft Entscheidungen, die ihn binden. Er wählt aus der Vielfalt der Möglichkeiten, die sich der Ästhetiker bewusst offen hält, die ihm gemäße aus. Seine Wahl ist zugleich die Wahl seines Selbst, ein Festlegen, ein Bekenntnis zu seiner Entscheidung. Die dritte Existenzform ist die religiöse. Sie transzendiert das Ästhetische und das Ethische angesichts des Glaubens. Der Glaube steht noch über dem Ethischen, weil er mit Situationen konfrontiert, die das Ethische in Frage stellen. Dies verdeutlicht Kierkegaard am Beispiel Abrahams, der von Gott aufgefordert wird, als Beweis seines Glaubens seinen Sohn Isaac zu opfern, also gegen das moralische Gebot, nicht zu töten, zu verstoßen, ja sogar die Vaterliebe außer Acht zu lassen. Der Glaube steht hier jenseits des Gefühls, der Reflexion und jeder moralischen Orientierung.

Zwischen diesen drei Stadien bilden sogenannte Konfinien den Übergang. Konfinien sind Zwischenstadien, die die Vermittlung zwischen den Existenzformen herstellen. Das Konfinium zwischen ästhetischer und ethischer Existenz ist Ironie, als Konfinium zwischen ethischer und religiöser Existenz fungiert der Humor. Im Sinne der Schlegelschen Ironietheorie wären sowohl Ironie als auch Humor ironische Leistungen, denn sie vermitteln zwischen verschiedenen Existenzsphären.

Ironie bildet also den Übergang vom Ästhetischen zum Ethischen. Dieser Übergang findet dadurch statt, dass dem Einzelnen ein Widerspruch entsteht zwischen der Absolutheit des eigenen Ich, der eigenen Entscheidung, und der Endlichkeit der Umsetzung dieser Entscheidung. Dieser Widerspruch markiert den Umschlag vom Ästhetischen zum Ethischen. Ironie ermöglicht es, die Einzelaspekte des Lebens in ihrer Vergänglichkeit, Uneigentlichkeit und Bedeutungslosigkeit für das eigene Selbstsein zu erkennen. Ironie distanziert von diesem Leben der Sinnlichkeit, des Sich-nicht-festlegen-wollens. Sie stellt dem Ästhetischen als Korrektiv das Ethische gegenüber. Nur derjenige kann Ethiker sein, der Ironiker ist, aber nicht jeder Ironiker ist auch Ethiker. Ironie verweist den Ethiker aber immer auch wieder an die ästhetische Existenz zurück, auf die Vielfalt des Lebens, an der sich seine ethische Orientierung zu bewähren hat. So bleibt das Entweder/Oder, wie der Titel eines Werks Kierkegaards lautet, oder die Qual der Wahl die Herausforderung des menschlichen Daseins, durch die es sich als Existenz erweist. Ironie und Humor sind die methodisch umgesetzte Einsicht in diese konstitutive Widersprüchlichkeit des Menschen.

> Die Ironie ergibt sich dadurch, daß man fortwährend die Einzelheiten der Endlichkeit mit der ethischen unendlichen Forderung zusammen setzt und den Widerspruch entstehen läßt. (UN II, 211)

Dieser Widerspruch bleibt unaufhebbar. Deshalb bestimmt Kierkegaard die höchste Form der Dialektik von Endlichkeit und Unendlichkeit, die das Wesen des Menschen als Existenz charakterisiert, ganz in Parallele zu Schlegel, auch als Paradox. Ironie ist Ausdruck dieses Paradoxes, indem sie, wie eben zitiert, die ethische Dimension der menschlichen Unendlichkeit zur Geltung bringt.

Der gesamte Existentialismus hält an dieser Bestimmung des Menschen durch absolute Unbestimmtheit, Offenheit und Freiheit fest, die sich immer an seiner Endlichkeit bricht.

3. Richard Rorty

Richard Rorty steht in der Tradition ironistischer Philosophie. In seinem Buch *Kontingenz, Ironie und Solidarität* verbindet er den Ironiebegriff mit einem Konzept von Kontingenz. Hier zeichnet er Entwicklungen in der Philosophie nach, die er als eine wachsende Bereitschaft zur Anerkennung von Ironie und Kontingenz interpretiert.

Nach Meinung Rortys sollten wir uns endlich damit abfinden, dass es keine „Gesetze" der Geschichte, kein „Wesen" des Menschen, keinen „Sinn" des Lebens, kein „Fundament" der Sprache und keine allgemeingültigen Begründungen für Solidarität und Liberalität gibt. Wir sollten vielmehr versuchen,

> an den Punkt zu kommen, wo wir *nichts* mehr verehren, *nichts* mehr wie eine Quasi-Gottheit behandeln, wo wir *alles*, unsere Sprache, unser Bewußtsein,

unsere Gemeinschaft, als Produkte von Zeit und Zufall behandeln (KIS 50, CIS 22).[3]

Mit anderen Worten: Wir sollten eine Einstellung gegenüber unserer Sprache, unseren Überzeugungen, unserem Selbst und unserer Gesellschaft haben, die deren Kontingenz in Rechnung stellt. Ironie bzw. Ironismus führt Rorty ein als den reflektierten Umgang mit Kontingenz.

Die Etablierung von Kontingenzdenken in der Philosophie zeigt Rorty speziell für drei Bereiche auf: für die Auffassungen von Sprache, von Selbst und von Gemeinwesen.

Hinsichtlich der Sprache geht Rorty davon aus, dass Vokabulare abhängig sind von konkreten Situationen und von den Menschen, die sie benutzen, dass sie damit mehr oder weniger stark veränderbar sind. Um solche Annahmen zu machen, bedürfe es einer Vorstellung von Sprache als einer Ansammlung von Metaphern. Rorty beruft sich hierbei speziell auf Nietzsche und dessen Auffassung von der Sprache als einem beweglichen Heer von Metaphern sowie auf Davidson, insbesondere auf dessen Metapherntheorie. Nach Davidson hätten Metaphern keine semantisch klar zu identifizierende Bedeutung und deshalb auch keinen festen Platz in einem bestimmten Vokabular. (KIS 44, CIS 18) Unterscheidungskriterium zwischen Metaphern und Wörtern mit buchstäblichen Bedeutungen sei nicht ihre verschiedenartige repräsentationale Funktion, sondern ob sie den Benutzern vertraut oder unvertraut seien. (KIS 43f., CIS 17) Metaphern entstünden und veränderten sich dabei eher zufällig, vergleichbar etwa dem Auftreten von Mutationen in der Evolution. Dies lässt sich etwa so vorstellen: Menschen benutzen Wörter in einem bisher ungewohnten Sinn oder denken sich neue Wörter aus. Entweder werden diese modifizierten oder neuen Wörter sukzessive von einer Vielzahl von Menschen übernommen und in ihre Sprachpraxis integriert und finden so eine „Nische", oder sie werden wieder vergessen. Dabei läst sich nicht im Voraus sagen, welche Metaphern sich im Sprachgebrauch etablieren werden und welche nicht. (KIS 41f., CIS 16)

Die Kontingenz der Sprache hängt, wie Rorty weiter zeigt, mit der Kontingenz des Selbst untrennbar und unmittelbar zusammen. Kontingenz des Selbst bedeutet vor allem Verzicht auf Fragen nach dem Wesen des Menschen und die Verabschiedung der Auffassung, wir wüssten über den Menschen Bescheid, wenn wir ihn zum Objekt wissenschaftlicher Forschung machten. Demgegenüber betont Rorty die individuelle Selbsterschaffung vermittels des Vokabulars, mit dem man sich selbst beschreibt. Rortys Gewährsmänner für eine solche antimetaphysische Theorie des Selbst sind Nietzsche und Freud. Für Nietzsche sei „Selbst", was ich wolle, was ich aus mir machte, wie ich mich mir vorstellte, wie

---

[3] Rorty wird aus der deutschen Ausgabe zitiert, zum Vergleich sind die Belegstellen des englischsprachigen Originaltextes mit angegeben.

ich mich beschriebe. Für Nietzsche gäben sich Menschen selbst auf, wenn sie die Beschreibungen akzeptierten, die andere auf sie anwendeten. Nur derjenige, der sein Leben selbst entwerfe, der sich ständig neu erschaffe, sei in Nietzsches Sinn ein Mensch. Er sei der kreative Dichter seiner selbst. Freud sei noch ein Stück über Nietzsche hinausgegangen, indem er immer wieder betonte, dass das, was wir als unser „Selbst" zu benennen gewohnt seien, nichts anderes sei als ein Geflecht von Überzeugungen, Vorstellungen und Wünschen.

Wenn das Selbst als solch ein Geflecht angesehen wird, dann heißt das nicht, das so verstandene Selbst habe keine Identität. Nur ist die Selbstidentität nicht essentialistisch gefasst, sondern eher als ein lebenslanger sozialer, psychischer und kommunikativer Prozess, der uns hilft, „unser Netzwerk aus Überzeugungen und Wünschen kohärent zu halten" (KIS 300, CIS 185). Diese Kohärenz setzt Kontakt mit anderen Menschen voraus, die eine Rückmeldung über unser Verhalten und Sprechen liefern und so dazu beitragen, das Selbstbild zu konsolidieren oder es zu erschüttern.

Genauso wie Rorty hinsichtlich der Sprache und des Selbst eine Wesensfestschreibung abwehrt, gilt dies auch für die Gesellschaft. Vor allem angesichts der hohen Religiositätsquote in den USA macht Rorty geltend, dass es für viele Menschen kaum denkbar ist, moralische Argumente ohne Fundierung in der Religion als gültig anzuerkennen. Ihrer Meinung nach könne die Abkopplung der Moral von der Religion nur zu sozialer Destabilisierung und Sittenverfall führen. Rorty will nun die seit der Aufklärung gemachte Erfahrung der westlichen liberalen Demokratien, dass postreligiöse Gemeinschaften sehr wohl funktionieren, auch dahin ausweiten, dass postmetaphysische Gemeinschaften genauso wenig zerfallen würden, wenn sie also auf Metavokabulare, Letztprinzipien und dergleichen verzichteten. Es gelte, alle Auffassungen von einem *gesetzmäßigen* Gang der Geschichte, alle Fragen nach *gesicherten* Argumentationen für eine bestimmte Form der Gesellschaft als Hypostasierungen zu erkennen und aufzugeben.

Dennoch soll dies nicht bedeuten, soziale und politische Belange als unwichtig anzusehen oder sie der Willkür einzelner zu überlassen. Ganz im Gegenteil insistiert Rorty darauf, an den Errungenschaften liberaler Demokratien festzuhalten und bürgerliche Institutionen zu stabilisieren, insofern sie dem Gemeinwohl dienten. Er fasst seine politischen Intentionen zusammen in dem Projekt einer „liberalen Utopie", in der jeder einzelne entscheiden müsse, worauf es im Leben ankomme. Rortys visionäre Gesellschaft hat zwei grundlegende Merkmale: Sie ist eine liberale Gesellschaft, und sie ist eine ironistische Gesellschaft in dem Sinne, dass sich das Bewusstsein der Kontingenzen des Daseins auf breiter Basis durchgesetzt hat.

Um zu verdeutlichen, was er unter Kontingenzbewusstsein (Ironismus) versteht, stellt Rorty die Grundansichten der Ironikerin[4] denjenigen des Metaphysikers konstrastierend (und dabei auch überzeichnend) gegenüber.

Rorty schreibt der Ironikerin folgende Merkmale zu:

1) „sie hegt radikale und unaufhörliche Zweifel an dem abschließenden Vokabular, das sie gerade benutzt" (KIS 127, CIS 73). Ironiker/innen haben also schon eine vielfältige Bildungsgeschichte hinter sich, in der sie gelernt haben, verschiedene Vokabulare zu benutzen und deshalb deren Relativität zu durchschauen.

2) Sie erkennt, dass es keine Argumente gibt, die ihre Skepsis gegenüber den endgültigen Vokabularen (final vocabularies) beseitigen könnten (ebd., ibid.).

3) Sie meint, dass es keine Möglichkeit gibt, auf ein Metavokabular zurückzugreifen und so eine Entscheidung zwischen verschiedenen Vokabularen zu treffen, sondern dass einfach neue gegen alte Vokabulare ausgespielt werden. (KIS 128, ibid.)

Eine Ironikerin ist sowohl Nominalistin als auch Historistin. Der Nominalismus verzichtet auf jede mögliche Rückbindung von Begriffen und Vokabularen an metaphysische Entitäten (Gott, die Realität, die Wahrheit etc.), sondern geht davon aus, dass die semantische Bedeutung von Begriffen unserer Sprache kontingente Zuweisungen sind. Mit dem Verweis auf Historismus wird die Relativität des benutzten Vokabulars hinsichtlich der Personen, die es benutzen, der Situationen, in denen es entstanden ist, und der Bereiche, in denen es Anwendung findet, betont. Für Ironiker/innen sind Vokabulare also eher metaphorische und poetische Leistungen als ein Ergebnis tiefer wissenschaftlicher Untersuchungen. (KIS 133, CIS 77)

Der Metaphysiker vertritt die Meinung: „daß es eine einzige dauernde Wirklichkeit hinter den vielen vorübergehenden Erscheinungen zu finden gibt". (KIS 129, CIS 74) Der Metaphysiker glaubt, dass es eine Beziehung zwischen Mensch und Realität gibt, die durch ein abschließendes Vokabular zu fassen ist, das sich immer mehr „der Wahrheit" annähert. Er beharrt deshalb auf einem abschließen-

---

[4] Im Sprachgebrauch Rortys fällt auf, dass er sehr oft von der femininen Form „Ironikerin" (she) gegenüber der maskulinen Form „Metaphysiker" (he) spricht. Ein Grund dafür könnte darin liegen, dass Metaphysik (Philosophie) in der abendländischen Geschichte fast ausschließlich eine Männerdomäne war. Um mit der grundsätzlichen Möglichkeit von Metaphysik zu brechen, bietet es sich an, auch die Genusform zu wechseln. Das soll natürlich nicht heißen, dass Frauen grundsätzlich ironisch, Männer metaphysisch disponiert seien. Rorty spricht häufig auch vom ‚Ironiker' (he). Lediglich an den Stellen, die ihm besonders wichtig sind und sein eigenes Konzept betreffen, scheint er die feminine Form zu favorisieren. Im Folgenden werde ich ‚Ironiker/in' verwenden, um Rortys zentrale Aussagen über Ironismus zu bezeichnen; ‚Ironiker', wenn es um die Kennzeichnung speziell ironistischer Theorie geht.

den Vokabular, das seiner Suche nach dem Wahren, nach dem Wesen entspricht. Er definiert Philosophie als „Versuch, Wissen von bestimmten Dingen zu gewinnen und zwar von allgemeinen und wichtigen Dingen" (KIS 132, CIS 76). Das Vokabular der Ironikerin findet er „relativistisch". Eine Ironikerin hingegen sieht jedes Vokabular als begrenzt an und lehnt den Anspruch des Konvergierens von abschließenden Vokabularen ab. (ibid.; ebd.) Sie hat keine Maßstäbe oder Kriterien zu bieten, um Vokabulare oder kulturelle Gegebenheiten unter Gesichtspunkten wie „richtig" zu beurteilen. Die Ironikerin sucht nach möglichst offenen, korrigierbaren, vieldeutigen Wörtern, die vielfältige Sprachspiele möglich machen und unterschiedlichste Perspektiven eröffnen können.

Während der Metaphysiker die Wahrheit erkennen will, betrachtet die Ironikerin jede Theoriebildung „als allmählichen, stillschweigenden Austausch eines alten Vokabulars gegen ein neues" (KIS 134, CIS 77) und zwar aufgrund veränderter Gewohnheiten der Sprachgemeinschaft, nicht aus Gründen der Wahrheit.

Der Metaphysiker glaubt an letzte Fundamente für seine Theorie, die Ironikerin hält diesen Glauben an etwas Fundamentales für einen Irrtum. Sie bekennt die eigene „Wurzellosigkeit" (KIS 130, CIS 75).

Paradigma philosophischer Untersuchung ist für den Metaphysiker die rationale, logische Argumentation, denn es geht ihm um die innere Konsistenz innerhalb seines einen Vokabulars, in dem er sich bewegt. Er will Widersprüche möglichst eliminieren, weil sie die Überzeugungskraft dieses Vokabulars gefährden könnten. Ironikerinnen hingegen stellen Vokabulare gegenüber und vergleichen sie. Ihr Interesse ist nicht Widerspruchsfreiheit, sondern das Verdeutlichen vielfältiger, dialektischer Relationen zwischen Wörtern und Vokabularen.

> So hält die Ironikerin die Logik für eine Hilfswissenschaft der Dialektik, während der Metaphysiker die Dialektik als eine Spielart der Rhetorik und diese wiederum als einen kümmerlichen Ersatz für Logik ansieht. (KIS 135, CIS 78)

Ironismus richtet sich damit gegen universale Normierungen, gegen fundamentale Begründungen, gegen übergreifende, kontextunabhängige Werte, Wahrheiten oder Vokabulare.

Ironistische Philosophie ist eine solche, die nicht Ironie zum Gegenstand hat, sondern die von Kontingenzannahmen ausgeht und deren Anliegen ein antimetaphysisches Denken ist. Der Metaphysiker glaubt an ein nicht ironisierbares Vokabular, an ein Vokabular, das unerschütterlich, unangreifbar, grundsätzlich nicht durch eine Neubeschreibung zu ersetzen ist. Die Ironikerin bemüht sich zu zeigen, dass es solch ein ahistorisches Vokabular nicht gibt. Sie hofft nicht, große Geheimnisse zu entdecken, sondern beabsichtigt nichts weiter, als „Dinge durch Neubeschreibung umzuordnen" (KIS 167, CIS 99), ohne eine „richtige" Beschreibung zu beanspruchen. Für die Ironikerin gibt es kein allgemeingültiges

Kriterium mehr für die Unterscheidung von richtigeren oder unrichtigeren Beschreibungen, sondern nur die kulturellen Praktiken des Meinungsabgleichs.

Ironistische Theorietypen mit einer sich immer weiter ausprägenden ironistischen Tendenz verfolgt Rorty beim jungen Hegel, bei Nietzsche, Heidegger und Derrida. Der Nachvollzug der Entwicklung der ironistischen Theorie ergibt eine Art Stufengang, bei dem die Nachfolger jeweils viel von ihren Vorgängern gelernt haben, aber dennoch bei ihren Vorgängern Rückfälle in die Metaphysik entdecken, von denen sie sich selbst frei zu halten versuchen. Dieser Stufengang mündet schließlich mit Derridas „Envois" in ein Philosophieren, das möglichst nur noch wenig mit Theorie in ihrer herkömmlichen Form zu tun hat.

Hegels *Phänomenologie des Geistes* könne deshalb als ironisches Theoretisieren verstanden werden, weil Hegel hier zum einen die historische Perspektive in die Philosophie einführe, zum anderen „die Möglichkeit massiver Neubeschreibung" erkunde (KIS 135, CIS 78). Hegel wolle zwar noch im Sinne der Metaphysik philosophieren.

> Aber – und das ist nicht ohne Ironie und Dialektik – in Wirklichkeit begründete er eine ironistische Tradition innerhalb der Philosophie und trug dazu bei, das kognitive, metaphysische Element der Philosophie zu demontieren. Er trug dazu bei, sie in eine literarische Gattung umzuwandeln. Die Praxis des jungen Hegel untergrub die Möglichkeit jener Konvergenz gegen die Wahrheit, deren Theorie der spätere Hegel lieferte. (KIS 136, CIS 79)

Nach dieser Lesart blieb Hegel zwar Metaphysiker, leistete aber zugleich einer ironistischen Entwicklung Vorschub, ohne dies jedoch selbst zu beabsichtigen.

Nietzsche hingegen sei „möglicherweise der erste Philosoph, der das bewusst tat, was Hegel unbewusst getan hatte" (KIS 137, CIS 79, Fußnote 2). Für Nietzsche hinge die Aufstöberung und Diskreditierung metaphysischer Theoreme und die Relativierung von Vokabularen aufs engste zusammen mit seinem Bestreben, ein starkes, autonomes Selbst zu begründen, das seine Grundlage nur in sich selbst, in seinem eigenen Selbstentwurf habe. Für Nietzsche sei der starke Dichter, der Schaffende, der Held der Menschheit. (KIS 56, CIS 26) Doch auch Nietzsche falle in Metaphysik zurück, denn wenn er sich seinen 'Übermenschen' vorstelle, vergesse er seinen ganzen Perspektivismus. (KIS 178, CIS 106)

Heidegger kritisiere deshalb Nietzsche als letzten Metaphysiker. (KIS 179, ibid.) Heidegger selbst habe versucht, ein philosophisches Vokabular zu entwickeln, das einerseits theoretische Aufgaben erfüllte, andererseits aber die traditionellen Ansprüche philosophischer Theorien unterlief. Mit dieser Doppelaufgabe habe er eine Spannung innerhalb seiner Philosophie erzeugt, die er mittels eines dazu geschaffenen Vokabulars zu bewältigen suchte. Dabei sei vor allem Heideggers philosophisches Vokabular ironisch. Ironisch steht hier für etwas, das anders ist als argumentative Theorie, für ein Vokabular, das nicht an logischen

Maßstäben zu messen, das eher narrativ und assoziativ ist. So spricht der spätere Heidegger anstatt von Philosophie von Dichten und Denken.

> Ich verstehe Heidegger so, daß alle seine 'elementarsten Worte' dazu gedacht waren, das Dilemma der ironistischen Theoretiker zum Ausdruck zu bringen [...]. Alle diese Worte sollen die Schwierigkeit, gleichzeitig theoretisch und ironisch zu sein, in sich enthalten. (KIS 190, CIS 113f.)

Heideggers Wörter sind polyvalent. Sie sind semantisch nicht eindeutig zu bestimmen. Sie halten den Kontext, den Inhalt in der Schwebe. Und darin sind sie ironisch. Ein adäquater Umgang mit Heidegger sieht für Rorty so aus: „Bringe Heideggers Worte nie in einen Kontext; behandle sie nicht wie bewegliche Teile in einem Spiel, benutze sie weder als Werkzeuge noch als relevant für andere Fragen als Heideggers eigene!" (KIS 192, CIS 115)

Insofern Heidegger aber am Anspruch von Theorie festgehalten habe, falle er hinter seinen eigenen Anspruch zurück.

Derrida hingegen sei der erste Theoretiker, der es geschafft habe, sich von dem Paradox der ironistischen *Theorie* zu befreien. Der frühe Derrida sei noch ein solcher ironistischer Theoretiker. Aber er habe in der Auseinandersetzung mit Nietzsche und Heidegger gelernt, welche Fehler er nicht mehr machen sollte.

> Der späte Derrida privatisiert sein philosophisches Denken und löst dabei die Spannung zwischen Ironismus und Theoretisierung. Er gibt die Theorie – den Versuch, seine Vorgänger gleichmäßig und als Ganzes zu sehen – einfach auf zugunsten des spielerischen Umgangs mit ihnen; es läßt den Assoziationen, die sie hervorrufen, die Zügel schießen. Eine Moral haben diese Phantasien nicht; Gemeinnutz (sei er pädagogisch oder politisch) läßt sich aus ihnen nicht ziehen; aber für Derridas Leser sind sie möglicherweise trotzdem beispielhaft – Anregungen für Dinge ganz neuer Art, die man tun könnte, die bisher kaum jemand getan hat. Dieses Phantasieren ist meiner Meinung nach das Endprodukt ironistischer Theorie. (KIS 207f., CIS 125)

Derrida habe einen so hohen Grad an Eigenständigkeit, an sprachlicher Innovation erreicht, dass kein herkömmliches Begriffsschema zu dessen Bewertung verwendet werden könne. Die späteren Schriften Derridas könnten gelesen werden „als eine Verkehrung systematischer Pläne zum Unterhöhlen in private Witze" (KIS 207, CIS 125). Witz trete an die Stelle des Systems. Die posttheoretische Ironie des späten Derrida weise auf einen neuen Typus von Ironie, der sich vom Ballast der theoretischen Rationalität befreit habe.

Ob diese Geschichte der ironistischen Theorie, die Rorty uns erzählt, den von ihm behandelten Philosophen gerecht wird, soll hier nicht entschieden werden. Von Interesse ist vielmehr, wie er selbst sich die Funktion des Ironismus in der Philosophie vorstellt. Und hier bildet der Topos *Ironie* einen Sammelplatz für Kriterien wie: Kreativität, Offenheit, Metaphorizität, Relativität (Kontingenz) und damit die Infragestellung tradierter Rationalitätsstandards und Methodenvorstellungen.

Diese Ironisierung ist für Rorty nicht nur eine Entwicklungstendenz in der Philosophie, sondern auch in der Literatur und im Selbstverständnis moderner Kulturen überhaupt. Mit dieser Ironisierung verbindet er die Hoffnung, dass zukünftige liberale, ironistische Gesellschaften in noch höherem Maße als die jetzige metaphysisch durchsetzte liberale Kultur auf Gleichheit und Wohlergehen der Menschen ausgerichtet sein würden. (KIS 150, CIS 87) Und er hofft, dass postmetaphysische Kulturen deshalb den metaphysischen Kulturen überlegen sein könnten, weil sie beweglich bleiben, weil sie offen sind für Veränderungen, weil sie jeglichem Fundamentalismus, Dogmatismus und Totalitarismus den Boden entziehen, auf deren Grundlage die größten Verbrechen geschehen sind, die Menschen bisher einander angetan haben.

Siglen

Friedrich Schlegel
KA   *Kritische Friedrich-Schlegel-Ausgabe*, hg. von Ernst Behler u.a., Paderborn 1958ff.

Søren Kierkegaard
BI   *Über den Begriff der Ironie mit ständiger Rücksicht auf Sokrates*, München 1995
UN   *Abschließende unwissenschaftliche Nachschrift zu den philosophischen Brocken*, 2 Bände., München 1994

Richard Rorty
CIS   *Contingency, irony, and solidarity*, Cambridge 1989
KIS   *Kontingenz, Ironie und Solidarität*, Frankfurt/M. 1989

Hans Jörg Sandkühler

Menschsein – Weisen des Sehens und Gestaltens von Welten[1]

1. Die Idee der Repräsentation, epistemologische Skepsis und die Krise der wissenschaftlichen Erkenntnis

Kants Antwort auf die Frage nach Grenzen der Erkenntnis bedeutet einen Einschnitt für das Verständnis des Menschseins und einen epistemischen Schock für jene rationalistische Moderne, in der das Problem der *Gewissheit* von Erkennen und Wissen in der Überzeugung gelöst schien, das Erkennen referiere direkt auf Entitäten und gehorche keinen anderen Gesetzen als Gesetzen des Seins selbst. Mit Kant und nach Kant tritt Zweifel an die Stelle dieser Gewissheit; in einer Formulierung Ernst Cassirers:

> [W]elche Gewissheit besteht dafür, dass das *Symbol* des Seins, das wir in unseren Vorstellungen zu besitzen glauben, uns seine Gestalt unverfälscht wiedergibt, statt sie gerade in ihren wesentlichen Zügen zu entstellen?[2]

Zeichen und Symbole referieren nicht direkt auf die *Realität an sich*; sie transformieren Realität in phänomenale Wirklichkeit und gehören zu dem Buch der Natur, das wir selbst schreiben. Mit dieser Einsicht steht ein Konzept zur Disposition, das der Sicherung von Erkenntnisgewissheit hatte dienen sollen – ein bestimmtes Konzept von *Repräsentation*[3], das in eine Paradigmen- und Weltbildkrise geführt hatte, so z.B. des Positivismus in den Naturwissenschaften und des Realismus/Naturalismus in Malerei und Literatur.

Die Problemgeschichte von ‚Repräsentation' ist durch die Konkurrenz passivisch-rezeptorischer, abbildtheoretischer und aktivisch-konstruktionaler Theorie-

---

[1] In ausführlicherer Fassung ist dieser Beitrag unter dem Titel, Repräsentation – Grenzen und Entgrenzung der Erkenntnis. Von der Abbildung der Realität zur Befreiung des Sehens phänomenaler Wirklichkeit' auch erschienen in: Weltanschauung, Philosophie und Naturwissenschaft im 19. Jahrhundert. Band 3: Der Ignorabimus-Streit. Herausgegeben von Kurt Bayertz, Myriam Gerhard und Walter Jaeschke. Felix Meiner Verlag: Hamburg.

[2] ECW 6, 305 f. Cassirer hebt in *Substanzbegriff und Funktionsbegriff* (1910) die hieraus folgende epistemische Relativität hevor und spitzt zu: „Die schärfere Fassung des Prinzips der Relativität der Erkenntnis stellt dieses Prinzip nicht als eine bloße Folge aus der allseitigen Wechselwirkung der Dinge hin, sondern erkennt in ihm eine vorausgehende Bedingung für den Begriff des Dinges selbst. Hierin erst besteht die allgemeinste und radikalste Bedeutung des Relativitätsgedankens". (Ebd., 330)

[3] Vgl. hierzu ausführlich Freudenberger/Sandkühler 2003.

programme gekennzeichnet.[4] Seit dem ausgehenden 18. Jahrhundert und bis heute[5] ist die Debatte über das Repräsentationsproblem jedoch mit einem Diskurs über philosophische, wissenschaftliche und andere kulturelle *Krisenphänomene* verbunden. Im 19. Jahrhundert wird eine vielstimmige Krisendebatte über den Status von Repräsentationen geführt; an ihr beteiligt sind vor allem die neue Physiologie des Sehens (J. Müller, H. von Helmholtz u.a.), die positivismus-kritische *philosophy of the inductive sciences* (W. Whewell, J.S. Mill), Vertreter der *Ignorabimus*-These zu den Grenzen wissenschaftlicher Erkenntnis wie Du Bois-Reymond und wieder auf Kant orientierende Philosophien, schließlich Künstler. Es wird ein bestimmtes Verständnis von Repräsentation entweder grundlegend modifiziert oder durch unterschiedliche, im wesentlichen konstruktionale semiotische Paradigmata ersetzt; als obsolet verworfen wird ein naives – sei es positivistisch, sei es naturalistisch motiviertes – Verständnis eines ontologischen und epistemologischen Abbild-Realismus, der ungeachtet bereits vorausgehender Kritik an dieser Realismus-Variante eine kausale Verursachung von Repräsentation aufgrund direkter Referenz auf externe ‚Tatsachen' behauptet.[6]

Bezogen auf die Empirie der Wissenschaften heißt dies: Der Inhalt von Beobachtungssätzen wird nicht vom Beobachteten selbst diktiert; es gibt vielmehr ein Möglichkeitsspektrum der Erfahrung und eine Freiheit der Zeichen-Zuweisung. Der „Begriff des Zeichens ermöglicht die Orientierung in der Welt als Orientierung an ‚etwas', das zugleich frei läßt. [...] Das Zeichen bleibt gegenüber jeder Interpretation ‚stehen' für andere Interpretationen, durch *andere Personen* und durch ‚dieselbe' Person zu einer anderen *Zeit.*"[7]

Als Fazit dieser Debatte[8] ist festzuhalten: Es entsteht im 19. Jahrhundert in Philosophien, Wissenschaften und Künsten ein neuer Geist, der sein Veto gegen den Materialismus und den Positivismus einlegt; er ist auf das Subjekt zentriert, kritisch und methodisch skeptisch. Die Sprache, in der er sich ausdrückt, ist nicht nur deskriptiv, sondern auch präskriptiv: *Wir schreiben der Natur die Gesetze unseres Geistes vor.* Wenn in diesem Sinne auch die Erkenntnis der Natur nicht durch eine Objektivität ausgezeichnet werden kann, die durch die ‚Gegebenheit' der Objekte und durch eine Korrespondenz von Theorie und Realität garantiert ist, dann ist der Weg frei zu einer umfassenden Änderung des Weltbildes: (i) Kognitive Prozesse und Aussagen über die Realität sind wesentlich davon abhängig, welche Auffassungen zur Beziehung zwischen Erkenntnis und Wirklich-

---

[4] Vgl. Scheerer et al. 1992.

[5] Vgl. Nöth/ Ljungberg 2003.

[6] Eine ausführliche Problematisierung der Abbildtheorie der Repräsentation und zugleich ein Plädoyer für eine kritische Repräsentationstheorie bietet E. Cassirers *Substanzbegriff und Funktionsbegriff* bereits 1910.

[7] Simon 1994, 12.

[8] Vgl. ausführlich Sandkühler 1999 und 2002.

keit jeweils präferiert werden; diese Auffassungen sind ihrerseits Teile von allgemeineren Rahmen, d.h. von Visionen und Bildern der Welt und von uns selbst. (ii) Es gibt keine Garantie der Richtigkeit für unsere Erkenntnisse durch die Dinge selbst und deren Eigenschaften; wir erkennen unter bestimmten kulturellen epistemischen Bedingungen – z.b. Begriffs- und Beschreibungsschemata, symbolischen Formen. Deshalb gibt es Wahrheiten nur kontextuell und indexikalisch; jede Wahrheit ist mit dem Index des Schemas versehen, auf dessen Basis sie gesagt wird. (iii) Erkenntnisse sind nicht unabhängig von intentionalen propositionalen Einstellungen, d.h. von Überzeugungen, Meinungen und Wünschen; die Objektivität von Propositionen ist immer ‚geladen' mit der Subjektivität der propositionalen Einstellungen. (iv) Weil Erkenntnisse den Status von Konstruktionen haben und kontextuell und perspektivisch sind, sind sie relativ; sie können nicht a priori gegen skeptische Einwände gesichert werden.

2. Physiologie, Philosophie und Semiotik[9]

Die Ablösung der sich als ‚positiv' verstehenden Wissenschaften von der Philosophie hat im 19. Jahrhundert zunächst den Autonomieanspruch einer immer größer werdenden *scientific community* erfüllt, die der philosophischen Spekulation eine Absage erteilt und sich der Empirie zuwendet; zugleich verliert die Philosophie ihre Nähe zu den Wissenschaften. Diese Feststellungen sind zutreffend, enthalten aber nur die halbe Wahrheit. Denn nach einer Phase beiderseitiger Entfremdung sind bald neue Formen und Prozesse von Interaktionen zwischen der Philosophie und den Wissenschaften zu beobachten, vor allem mit den Naturwissenschaften. Zunächst sind es diese Wissenschaften, die erneut die Nähe zur Philosophie suchen, bevor man sich auch in der Philosophie auf die Notwendigkeit einer engen Beziehung zu den Wissenschaften besinnt.[10] Diese Beziehung wird aus zwei Gründen wieder intensiviert: (i) Ideen der Philosophie des Deutschen Idealismus wirken, mehr oder weniger untergründig, im Denken von Naturwissenschaftlern fort; (ii) auch aus *internen* Gründen der Wissenschaftsentwicklung entsteht ein erneutes Bedürfnis nach philosophischer Theorie. Es besteht ein Bedarf an Prinzipien, wie sie – im Gegensatz zum neueren Materialismus und Naturalismus – in der Erkenntnistheorie und in der Logik der Wissenschaften gefunden werden können. Ein besonders signifikantes Beispiel fruchtbarer Wechselwirkung ist die Physiologie der Sinneswahrnehmungen.

Die Physiologie, zunächst eine anatomische Wissenschaft, befindet sich in einem Prozess des Übergangs vom traditionellen spekulativen Prinzip der ‚Lebenskraft', die sich in den Erscheinungen des Lebens der Organismen äußern

---

[9] Vgl. Ritzer 2000.
[10] Vgl. Ströker 1995, 1997.

soll, zu einem physikalistischen Paradigma der Deutung von Lebensvorgängen. Der Wegbereiter der modernen Physiologie in Deutschland ist Johannes Müller. Noch in seinem *Handbuch der Physiologie des Menschen* (1833/38), das den Stand der Forschung in der ersten Hälfte des Jahrhunderts repräsentiert, spielt die ‚Lebenskraft' eine wichtige Rolle. Seine Nachfolger plädieren jedoch bald für eine naturwissenschaftlichen Kritik des Vitalismus; sie halten zunächst eine Reduktion aller Funktionen des Lebens auf Molekularbewegungen für möglich. Dies provoziert jedoch wiederum eine Reaktion, die sich im Topos *Grenzen der Erkenntnis in den Naturwissenschaften* ausdrückt. Repräsentativ für diesen Prozess sind die Physiologen H. von Helmholtz und E. Du Bois-Reymond. Beide sind Schüler Müllers.[11]

Im Zentrum von Müllers Interesse stand die Physiologie der Sinne. Während man sich bisher den physikalischen Bedingungen der Wahrnehmung gewidmet und für das Sehen besondere Aufmerksamkeit auf die Gesetze der Optik gerichtet hatte, bemühte sich Müller um eine theoretisch gestützte Physiologie auf „philosophische[r] Grundlage"[12], die „philosophisch und empirisch zugleich" sein sollte.[13] Er konzentrierte sich auf die „Sinnlichkeit des Sehorgans"[14] und auf das *Sehen* als Subjekt-Aktivität.[15] Diese verweise auf eine tiefere Dimension, als sie von der bisherigen Auffassung der passiven Beziehung zwischen dem optischen Reiz der Wahrnehmung, der Retina als Medium und dem Bild als Produkt erfaßt worden war – auf die transformierende Aktivität und Kreativität des *Bewusstseins*, auf den *Geist*.

Müller ist ein kritischer Realist: „Es gibt die ‚äußeren Dinge', doch sie sind nicht Ursache, sondern Anlaß einer Wahrnehmung, durch die wir nicht primär auf materielle Entitäten verwiesen sind, sondern auf unsere Leiblichkeit und durch die Erfahrung der Leiblichkeit auf unser Selbstbewusstsein." Mit Bezug auf das Sehen schreibt er:

> Wir mögen uns die Mahnung gelten lassen, dass Licht, Dunkel, Farbe, Ton, Wärme, Kälte, und die verschiedenen Gerüche und Geschmäcke, mit einem Worte, was Alles uns die fünf Sinne an allgemeinen Eindrücken bieten, *nicht*

---

[11] Vgl. Müller 1826, Post 1905, Hagner/Wahrig-Schmidt 1992.

12 Müller 1826, xviii.

[13] Ebd., xviii. Vgl. Hagner/ Wahrig-Schmidt 1992.

[14] Müller 1826, xvii.

[15] Eine auffällige Parallele gibt es in der Philosophie dieser Jahrzehnte. L. Feuerbach zeigt sich in den 1840er Jahren besonders intensiv am Problem des Empirischen interessiert. In seinen Reflexionen zu einer „Empirie, welche auf *Kritik* beruht", fordert er anzuerkennen, „dass auch das *Sehen Denken* ist". (Feuerbach 1990, 85, 145) In seiner Theorie zeigt sich die neue Nähe zwischen Philosophie und Wissenschaft. Er kennt die Physiologie Müllers, den er als „modernen physiologischen Idealisten" bezeichnet. (Feuerbach 1982, 179 f.)

die Wahrheiten der äußeren Dinge, sondern die realen Qualitäten unserer Sinne sind, dass die thierische Sensibilität allein in diesen rein subjectiven Zweigen ausgebildet ist, wodurch das Nervenmark hier nur sich selbst leuchtet, dort sich selbst riecht und schmeckt. [...] Die Wesenheit der äußeren Dinge und dessen, was wir äußeres Licht nennen, kennen wir nicht, wir kennen nur die Wesenheiten unserer Sinne.[16]

Einen hierdurch motivierten wichtigen Denkanstoß, auf den sich viele später bezogen haben, gab eine Rede, die H. von Helmholtz 1869 unter dem Titel *Über die Entwicklungsgeschichte der neueren Naturwissenschaften* hielt. Helmholtz wollte so viel an Realismus retten wie möglich und soviel an kritischer Erkenntnistheorie integrieren wie notwendig. Er bestand darauf, dass ein Naturgesetz „nicht bloß ein logischer Begriff [ist], den wir uns zurecht gemacht haben als eine Art mnemotechnischen Hilfsmittels, um die Tatsachen besser zu behalten". Die Naturgesetze können viemehr „in den Tatsachen" *entdeckt* werden.[17] Helmholtz hielt auch daran fest, dass die Physik einen Gegenstand habe, doch die Art und Weise, wie er diesen Gegenstand bestimmte, wurde zum Symptom der ‚kritischen Wende'.

Helmholtz teilt seine Prämissen mit Müller, wie 1855 seine Schrift *Über das Sehen der Menschen* belegt. Schon dort heißt es: „Wir nehmen nie die Gegenstände der Aussenwelt unmittelbar wahr, sondern wir nehmen nur Wirkungen dieser Gegenstände auf unsere Nervenapparate wahr, und das ist vom ersten Augenblicke unseres Lebens an so gewesen."[18] Die Erregungen, die zu Wahrnehmungen führen, können externe Ursachen haben; Helmholtz eröffnet aber auch die Alternative, dass sie aus der „eigenen Tätigkeit des Geistes" stammen.[19] Seine Nähe zur kantischen Tradition wird besonders deutlich hinsichtlich des Problems der Kausalität. Das Kausalgesetz ist ein Apriori, „ein vor aller Erfahrung gegebenes Gesetz unseres Denkens".[20] An anderer Stelle heißt es ebenso nachdrücklich, das Kausalgesetz sei ein „wirklich a priori gegebenes, ein transzendentales Gesetz. Ein Beweis desselben aus der Erfahrung ist nicht möglich."[21]

Das Argument der Helmholtzschen Kritik an der sensualistischen Theorie der *Repräsentation als Abbildung* ist bekannt; es stammt von Müller. Das Argument

---

[16] Müller 1826, 49 f.

[17] Vgl. Helmholtz 1869 in: Autrum 1987, 35. Zu Helmholtz, epistemologischen, im Kontext der Sinnesphysiologie entwickelten Auffassungen vgl. Moulines 1981, 66ff. und Cahan 1994, Krüger 1994 Heidelberger 1995, 1997.

[18] Helmholtz 1855, 395.

[19] Helmholtz 1878, 222.

[20] Helmholtz 1855, 396.

[21] Helmholtz 1878, 278.

ist semiotischer Art; es besagt, man könne die physiologischen Erkenntnisse nicht als Abbildung von Natur auffassen. Müller habe nämlich aufgedeckt,

> dass keinerlei Art von physikalischer Gleichheit der subjektiven Gleichheit verschieden gemischter Lichtmengen von gleicher Farbe entspricht. Es geht aus diesen und ähnlichen Tatsachen die überaus wichtige Folgerung hervor, *dass unsere Empfindungen nach ihrer Qualität nur Zeichen für die äußeren Objekte sind und durchaus nicht Abbilder von irgendwelcher Ähnlichkeit.* Ein Bild muß in irgendeiner Beziehung seinem Objekt gleichartig sein; wie zum Beispiel eine Statue mit dem abgebildeten Menschen gleiche Körperform, ein Gemälde gleiche Farbe und gleiche perspektivische Projektion hat. *Für ein Zeichen genügt es, dass es zum Erscheinen komme, so oft der zu bezeichnende Vorgang eintritt, ohne dass irgendwelche andere Art von Übereinstimmung als die Gleichzeitigkeit des Auftretens zwischen ihnen existiert.* Nur von dieser letzteren Art ist die Korrespondenz zwischen unseren Sinnesempfindungen und ihren Objekten.[22]

Es ist allerdings offensichtlich, dass bei Helmholtz dieser kritische semiotische Ansatz und die Rettung des Realismus unvermittelt nebeneinander bestehen. Einerseits betont er, „dass unsere Sinnesempfindungen nur Zeichen für die Veränderungen in der Außenwelt sind, und nur in der Darstellung der zeitlichen Folge die Bedeutung von Bildern haben." Andererseits zieht er im folgenden Satz eine hieraus nicht ableitbare Schlussfolgerung: „Eben deshalb sind sie aber auch imstande, die Gesetzmäßigkeiten in der zeitlichen Folge der Naturphänomene direkt abzubilden."[23]

Wenn Helmholtz 1878 nach den *Thatsachen in der Wahrnehmung* fragt, dann formuliert er seine Frage nicht zufällig in der Sprache der Philosophie: „Was ist Wahrheit in unserem Anschauen und Denken? In welchem Sinne entsprechen unsere Vorstellungen der Wirklichkeit?"[24] Es ist nicht nebensächlich für ihn, dass er seine Antwort in der Sprache Kants gibt. Für seinen Weg sind epistemologische Prämissen maßgebend, auf deren Grundlage er gegen den Materialismus und zugunsten eines modifizierten Idealismus plädiert. Es kann nicht überraschen, dass der Physiologe in seiner Rede über die Naturwissenschaften 1869 explizit vor „übertriebenem Empirismus"[25] warnt.

Für die innerhalb der Naturwissenschaften einsetzenden selbstkritischen epistemologischen Tendenzen wird das Stichwort von den *Grenzen der Erkenntnis* zum Topos. Die Natur verliert ihre ‚Objektivität', sofern unter ‚Objektivität'

---

[22] Helmholtz 1869, 56 f. Hervorh. von mir. Zu einer Variante dieser Passage vgl. Helmholtz 1884, 226.
[23] Helmholtz 1869, 59.
[24] Helmholtz 1878, 222.
[25] Helmholtz 1869, 60.

verstanden wird, dass Entitäten und Eigenschaften von Entitäten unabhängig von Leistungen des menschlichen Bewusstseins seien. Was unter ‚Natur‘ verstanden wird, ist abhängig von der Wahl eines ‚epistemologischen Profils‘ (Gaston Bachelard), von gewählten Interpretanten, Begriffsschemata, Theorierahmen, Sprachspielen, kurz: von einem zwischen Subjekt und Objekt vermittelnden *Dritten*. Dieses Dritte gehört zu einer veränderten epistemischen Kultur[26], zu der zunächst die Wissenschaften, dann die Philosophie und nicht zuletzt die Malerei im letzten Drittel des 19. Jahrhunderts beitragen.

3. ‚Sehen‘ statt ‚repräsentieren durch Abbildung‘

In den Künsten artikuliert sich in der zweiten Hälfte des 19. Jahrhunderts eine epistemologische Avantgarde. Es entsteht ein neues Paradigma des *Sehens*[27]:

> Zu den wichtigsten Entwicklungen, die im neunzehnten Jahrhundert in der Geschichte der Wahrnehmung stattfanden, gehört die Emergenz von Modellen des subjektiven Sehens, die sich relativ unvorbereitet in der Zeit von 1810 bis 1840 in zahlreichen Disziplinen bemerkbar machte. Innerhalb weniger Jahrzehnte vollzogen die vorherrschenden Diskurse und Praktiken des Sehens den Bruch mit einem klassischen Regime der Visualität [...] Noch vor der Mitte des Jahrhunderts waren wichtige Strömungen in den Wissenschaften, in Philosophie, Psychologie und Kunst auf verschiedenen Wegen zu dem Ergebnis gekommen, dass weder das Sehen, noch irgendein anderer Sinn noch auf essentielle Objektivität oder Gewissheit Anspruch erheben könne. Durch das wissenschaftliche Werk von Hermann von Helmholtz, Gustav Theodor Fechner und vielen anderen waren um 1860 die Konturen einer allgemeinen epistemologischen Unsicherheit sichtbar geworden, in der die Wahrnehmungserfahrung jene Garantien, die einst ihre privilegierte Beziehung zu den Fundamenten des Wissens begründet hatten, verloren hatte.[28]

Auffällig ist, wie nachdrücklich sich Maler in ihren kunsttheoretischen Reflexionen auf die zeitgenössische Physiologie des Sehens beziehen.[29] Wie in der Phy-

---

[26] Vgl. hierzu die ausführliche Darstellung in Sandkühler 2002.

[27] Zur Entwicklung der Theorie des Sehens vgl. Konersmann 1997.

[28] Crary 2002, 21.

[29] So beruft sich z.B. Paul Signac auf Helmholtz‘ Physiologie des Sehens, der auch Georges Seurat beeinflusst habe. Vgl. Distel 2001, 117. Crary 2002, 173 f., scheibt hierzu „[Es] findet zwischen 1810 und 1830 eine entscheidendeVerschiebung von der geometrischen Optik des siebzehnten und achtzehnten Jahrhunderts, die auf den Eigenschaften des Lichts und seiner Brechung und Reflexion basierte, hin zu einer physiologischen Optik statt [...] Diese Verschiebung kulminierte in der Publikation der drei Bände von Helmholtz‘ Handbuch der physiologischen Optik zwischen 1856 und 1860. [...] Helmholtz‘

siologie wird auch in der Kunst die Idee abbildender Repräsentation verabschiedet: Repräsentieren heißt Zeichen schaffen, nicht Kopien. Die Kunst entzieht sich der ontologischen Verpflichtung auf ‚Realität'; sie wendet sich vom Realismus der ‚Darstellung der Natur' und von naturalistischen Idealen ab, denen sie sich zuvor verpflichtet wusste. Sie gibt das Ideal der Isomorphie von Repräsentiertem und Repräsentation auf und löst die Konturen des ‚Gegebenen' – sei es durch Farbe, sei es durch Sprache – in neue Formen und geschaffene Welten (Welt-Versionen) auf. Was sie anstrebt, ist freilich kein antirealistischer Subjektivismus, sondern *Kreativität des Gestaltens und Sehen,* nicht anarchisch, sondern gemäß Gesetzen von Farbe bzw. Sprache, für deren Aufdeckung zunehmend wissenschaftliche Theorien wegweisend werden. Einen Ausgangpunkt bietet vor allem die Müllersche und Helmholtzsche Physiologie; sie erlaubt die Autonomisierung des Sehens und das Verstehen des *phänomenalen* Status von ‚Wirklichkeit':

> Die Idee eines subjektiven Sehens – die Vorstellung, dass unsere perzeptuelle und sensorische Erfahrung weniger von der Natur eines externen Reizes als von der Zusammensetzung und dem Funktionieren unseres sensorischen Apparats abhängig ist – gehört zu den Bedingungen für das historische Auftreten eines autonomen Begriffs vom Sehen, will sagen für die Abtrennung (oder Befreiung) der perzeptuellen Erfahrung von einer notwendigen Beziehung zur Außenwelt.[30]

Baudelaire schreibt in seinem Bericht über die Salon-Ausstellung von 1859 über den ‚modernen Maler'; für ihn bestehe die Kunst „nicht mehr in einem immer genaueren Abschildern der Natur, sondern in der eigenständigen, persönlichen Erfindung, in der Einbildungskraft". *Modernité* gründet in der ‚Herrschaft der Phantasie", die „ein schöpferisches *Gegengewicht* zur Realität" bildet. Baudelaire zitiert den Satz Delacroix' „Die Natur ist nur ein Wörterbuch" und erläutert:

> Um den Sinn dieses Satzes in seiner ganzen Tragweite zu verstehen, muß man sich den vielfältigen alltäglichen Gebrauch eines Wörterbuchs vor Augen halten. Wir suchen Wortbedeutungen, Wortwurzeln und Ableitungen

---

vielgelesenes Werk hatte unter anderem zur Folge, dass die Lehre vom Auge als transparentem Organ bald in jeder Hinsicht diskreditiert war und an deren Stelle eine umfassende Auffassung vom Sehen in all seiner anatomischen und funktionalen Komplexität trat. Der Apparat des Auges figuriert in diesem Text nicht als makellos, sondern kennt bei seiner Verarbeitung der visuellen Information eingebaute Abweichungen, Irrtumstendenzen und Unregelmäßigkeiten." Zum Einfluss der Helmholtzschen Theorie nicht nur auf andere wissenschaftliche Disziplinen, sondern auch auf die Künste, vor allem auf Musiktheorie und Musik, vgl. Hörz 1997.

[30] Crary 2002, 22.

darin, wir entnehmen ihm alle Bausteine für einen Satz oder eine Erzählung, aber niemand hat je ein Wörterbuch als Komposition im künstlerischen Sinn des Wortes verstanden. Die Maler, die der Einbildungskraft folgen, suchen in ihrem Wörterbuch die Bausteine, die zu ihrem Entwurf passen, und selbst diesen Bausteinen verleihen sie ein ganz neues Aussehen, indem sie sie kunstvoll einsetzen. Wer keine Einbildungskraft hat, kopiert das Wörterbuch.[31]

‚Natur' oder ‚Realität' sind nicht Namen für ein immer schon Gegebenes und Bekanntes; sie sind Signaturen einer phänomenalen Wirklichkeit, die noch unbekannt ist und *gesehen* werden muss, *um sein zu können.* Claude Monet reflektiert dies in einer Sprache, die an Kant erinnert: „Während ihr auf philosophische Weise versucht, die Welt an und für sich zu erfassen, konzentriere ich lediglich alle meine Bemühungen auf ein Maximum an Erscheinungen, die in engem Zusammenhang zu uns noch unbekannten Wirklichkeiten stehen."[32] Was der Impressionismus[33] in die Malerei einführt, ist die Fixierung dessen, was stabil und konstant ist und doch nur als transitorisches ‚Wollen einer Idee' existiert: der *Aspekt* (Mallarmé) als Form perspektivischer Wahl und der symbolische Ausdruck der frei gewählten Sehweise. Der Mangel an Bestimmtheit, das Ungenaue, die Auflösung gegenständlicher Form mittels des Lichts, ist gewollt.

Claude Monets *Impression, soleil levant* (1872) gilt als Taufakt des ‚Impressionismus'. Was dessen Prinzipien ausmacht, ist allerdings mit Monet zu spät datiert. Den Anstoß zu einem neuen Sehen der Wirklichkeit gibt bereits J.M.W. Turner (1775-1851):

Er fand zu einem Bild der Natur, wie es vordem nicht gesehen werden konnte. Noch heute kann ein Blick auf seine späten Bilder wirken, als sähe man die Welt zum ersten Mal – als eine Welt der Farbe und des Lichtes. Dass Turners Bilder die Welt auf neue Weise sehen machen, hat John Ruskin, der prägende Kunsttheoretiker der Romantik in England und der erste leidenschaftliche Verteidiger von Turners Malerei, schon 1843 in seinen ‚Modern Painters' ausgesprochen: ‚Die ganze Wirkungskraft der Malerei im Techni-

---

[31] Herding 1991, 184. André Malraux interpretiert Delacroix, Satz in *Les voix de silence* so: „Wenn Delacroix sagt, die Natur sei ein Wörterbuch, so meint er damit, ihre Wörter seien ohne Sinnzusammenhang (genauer gesagt, sie besäßen ihre eigene Syntax, welche nicht die der Kunst ist); und es sei Aufgabe des Künstlers, aus ihnen Entlehnungen zu machen." (Malraux 1960, 337)

[32] Zit. nach van der Kemp 1994, 20.

[33] Diese Bezeichnung mit zunächst peorativer Bedeutung wählt der Kunstkritiker Leroy anläßlich einer Ausstellung von 165 Gemälden im Atelier des Fotografen Nadar 1874. Zu einer umfangreichen Darstellung der Malerei des französischen Impressionismus vgl. Walther 2006.

schen beruht auf unserer Fähigkeit, jenen Zustand zurückzugewinnen, den man die *Unschuld des Auges* nennen könnte, das ist eine Art von kindlicher Sehweise, die die farbigen Flecken als solche wahrnimmt ohne Wissen von ihrer Bedeutung – so wie ein Blinder sie sehen würde, wenn ihm mit einem Mal die Sehkraft zurückgegeben wird.'[34] Turners Bild-Welten verlangen nicht nach verstandesmäßiger Erklärung; sie fordern das Auge. Seit den 1830er Jahren beginnt Turner, sich der „allgemeinen Tendenz zur Abbildlichkeit, die die Epoche des Realismus und der Photographie einleitete, entgegenzustellen.[35]

Für die späteren Impressionisten werden optische Theorien wegweisend; für Turner ist es Goethes Farbenlehre, mit der er 1843 vertraut wird:

Goethe schreibt bezüglich der Wirkung bildlicher Farbgestaltungen: ‚Wird nun die Farbentotalität von außen dem Auge als Objekt gebracht, so ist sie ihm erfreulich, *weil ihm die Summe seiner eignen Tätigkeit als Realität entgegen kommt.*‘ Turners Kommentar: ‚this is the object of Paintg [painting]‘[36] [...] Goethe: ‚Gerade das, was ungebildeten Menschen am Kunstwerk als Natur auffällt, das ist nicht Natur (von außen), sondern der Mensch (von innen).‘[37]

Turners Weg von einem zunächst durchaus an *imitatio* orientierten Darsteller der Natur zur Malerei der 1840er Jahre „erweist sich als schrittweise Überwindung der Abbildlichkeit.“[38] Auf diesem Wege verschwinden Gegenstände, um einem anderen Sehen Räume zu öffnen. Dies ist Turners Beitrag zur Überwindung abbildhafter Repräsentation.

Monet, Pissarro, Degas, Renoir und andere werden gemeinsam an Turners Leistung erinnern: „Eine Gruppe französischer Maler, welche die gleichen ästhetischen Ziele haben und sich passioniert der Übersetzung der Form in Bewegung und der flüchtigen Erscheinung des Lichts widmen, kann nicht vergessen, dass ihnen auf diesem Wege ein großer englischer Meister vorangegangen ist, der berühmte Turner.“ Programmatisch formuliert Paul Cézanne:

Malen heißt nicht einfach die Natur nachahmen, sondern eine Harmonie unter zahlreichen Bezügen herstellen, sie in ein eigenes Tonssystem übertragen,

---

[34] Bockmühl 2006, 6.
[35] Ebd., 46.
[36] Bockmühl zit: John Gage, Coulour in Turner. Poetry and Truth, London 1969, 48.
[37] Bockmühl 2006, 84 f.
[38] Ebd.

indem man sie nach dem Gesetz einer neuen und originalen Logik entwickelt.[39]

Emile Blémont schreibt unter dem Eindruck des Neuen in der Malerei zu den Prinzipien der Impressionisten:

> Sie ahmen nicht nach, sie übersetzen, sie interpretieren, sie gehen darauf aus, die Resultate der mannigfachen Linien und Farben, die das Auge vor einem Naturaspekt aufs Mal erfaßt, herauszuarbeiten.[40]

Die Impressionisten ‚entdecken' die Wirklichkeit nicht, denn zu entdecken ist nur Gegegenes und nur mit ‚unschuldigem Auge'. Sie transformieren eine *intendiertes* Wirkliches in Bilder und zeigten ihren Zeitgenossen „neue, ungeahnte Möglichkeiten, die Welt zu sehen, die gewissen visuellen Erlebnissen besser entsprachen als alle Malerei, die es bisher gegeben hatte. Die Maler überzeugten das kunstverständige Publikum so gründlich, dass das Bonmot entstehen konnte, die Natur ahme die Kunst nach. Oder, wie Oscar Wilde es einmal ausdrückte, es gebe den Londoner Nebel erst, seitdem Whistler ihn gemalt habe."[41]

Wie in den Wissenschaften wird auch in der Malerei die Verpflichtung zu abbildender Repräsentation aufgegeben: „Nach Cézanne hat die Malerei das *Abbildungsverhältnis* zur Welt durch ein *Schöpfungsverhältnis* ersetzt."[42] Es geht „um das Problem der Wahrheit mit oder ohne Repräsentation".[43] Die erlebte aktive Perspektive des Wahrnehmens und Verstehens einer Welt, die ‚um mich herum' ist und nicht ‚vor mir', tritt, wie Maurice Merleau-Ponty in seinen Studien zu Paul Cézanne[44] zeigt, an die Stelle des passiven Abbildens. Diese Kunst will nicht die Dinge *aus den Dingen repräsentieren, sondern eine Sehweise in Dinge formen,* die so erst in die Welt kommen und die Wirklichkeit erweitern. Kunst ist eine ‚Operation mit dem Ausdruck', nicht aber Repräsentation im Sinne von ‚Darstellung'.

Im Impressionsmus und im Neoimpressionismus des späten 19. Jahrhunderts wird der Ausdruck des Wirklichen durch eine auf das Sehen und die Malerei ‚angewandte Wissenschaft, geschaffen[45], bei der Müllers und Helmholtz' Physiolo-

---

[39] Cézanne 1957, 80.
[40] Zit. nach Graber 1943, 213.
[41] Gombrich 1967, 365.
[42] Jamme 2000, 115.
[43] Ebd., 123.
[44] Vgl. *Le doute de Cézanne* (1945) in: Merleau-Ponty 1996, 13-33. Diesen Hinweis verdanke ich Christoph Jamme; vgl. Jamme 2000.
[45] Pissaro schreibt 1888 an Signac, seit Seurat gehe es um die Idee, die angewandte Wissenschaft in der Malerei praktisch werden zu lassen; vgl. Distel 2001, 107.

gie des Sehens Pate steht. Der Ausdruck entsteht als „*composition raisonné*".[46] Das neue Prinzip der ‚*division*' – der methodischen Trennung der Elemente – und die Technik, Farben nicht mehr ‚nach der Natur, auf der Palette anzumischen, sondern durch Punkte aus reinen Farben eine ‚Mischung im Sehen, (‚*mélange optique*') herzustellen, entspricht, so Signac, einer „präzisen wissenschaftlichen Methode".[47]

Bei der ‚*division*' entsteht aus dem Atomismus der Farbpunkte ein streng komponiertes Ganzes nicht von abgebildeten Gegenständen, sondern von Licht: die ‚*mélange optique*'. George Seurats Werke zeigen, „wie eine sensorische Welt auseinandergenommen, wieder synthetisiert und dargestellt wird", und dies ist „untrennbar von dem Problem, wie eine Welt von Objekten, Individuen und sozialen Beziehungen sich selbst organisiert. Seine Bilder sind Sammlungen von Hypothesen darüber, wie Elemente oder Dinge kombiniert, wie diverse Aggregate von verschiedenen formalen Operationen produziert (oder aufgelöst) werden."[48]

Den *Chenal de Gravelines* formt Seurat 1890 in mehreren Variationen. In der Serie lässt ihn der Maler in Aspekten, in Farbe, Atmosphäre, jeweils neu entstehen. Der Gegenstand ist identisch, er diktiert aber keinen identischen Ausdruck. Was sich verändert, ist die Bedeutung, die ihm durch das Licht zukommt. Das befreite, autonome Sehen nimmt freilich keine Beliebigkeit für sich in Anspruch, sondern gibt sich methodisch eine Ordnung. Der Neoimpressionismus ist einer neuen, auf physiologischer Grundlage *wissenschaftlich* entwickelten Farbenlehre verpflichtet, so vor allem bei Paul Signac.

Würde man „wissenschaftlich" mit einem positivistischen und empirizistischen Ideal in Verbindung bringen, so müsste dieses ‚Neue' als Paradoxie erscheinen. Doch das Programm Signacs folgt – wie die neue Farbenlehre – der nach-positivistischen Helmholtzschen Physiologie.

Das Bild hat nicht die Aufgabe, photographisch abzubilden oder das Wirkliche zu illustrieren.[49] Die Photographie hat „keine eigene Sprache [...], weil sie vielmehr zitiert als übersetzt".[50] Sie gehört zu einer anderen Kultur und hat eine andere Funktion:

---

[46] Während ihres Pariser Aufenthalts notiert Paula Modersohn 1900: „Konstruktion ist hier Schlagwort." (Zit. nach Uhde-Bernays 1956, 625)

[47] Paul Signac in seiner theoretischen, Seurat gewidmeten Arbeit *D'Eugène Delacroix au néo-impressionisme* (1899); zit nach den Auszügen in: Distel 2001, 114ff. Die ‚division' besteht in der „séparation méthodique des éléments – lumière, ombre, couleur locale, réactions" (ebd., 118).

[48] Crary 2002, 146.

[49] Zur kritischen Einstellung Signacs zur Photographie vgl. *D'Eugène Delacroix au néo-impressionisme* (1899); in: Distel 2001, 115.

[50] Berger/Mohr 2000, 96.

Die Kamera wurde 1839 erfunden. Auguste Comte beendete gerade seinen *Cours de Philosophie Positive.* Der Positivismus, die Kamera und die Soziologie wurden gemeinsam groß. Was der Praxis aller zugrunde lag, war der Glaube, dass die beobachtbaren, quantifizierbaren Fakten, wie sie von Wissenschaftlern und Experten festgehalten wurden, dem Menschen eines Tages eine derart vollständige Kenntnis von Natur und Gesellschaft vermitteln würden, dass er fähig wäre, über beide zu gebieten. Präzision würde an die Stelle der Metaphysik treten, Planung würde soziale Konflikte lösen, Wahrheit würde die Subjektivität verdrängen, und alles, was dunkel und verborgen in der menschlichen Seele war, würde durch empirisches Wissen erleuchtet werden.[51]

In ihren theoretischen Selbstverständigungsdebatten grenzen sich impressionistische und neoimpressionistische Maler vom positivistischen Objektivitätsideal ab. Dessen Erkenntnisgrenzen werden überwunden; das Sehen und Erkennen wird entgrenzt. Der Maler wählt *Seh*weisen, in denen das Reale chiffriert wird, um es als Wirkliches zu dechiffrieren. So entstehen *Seins*weisen durch die Herstellung von *Sinn*:

> In jedem Akt des Sehens liegt die Erwartung von Sinn. Diese Erwartung ist etwas anderes als der Wunsch nach einer Erklärung. Derjenige, der sieht, mag vielleicht *hinterher* erklären; aber vor jeder Erklärung steht die Erwartung dessen, was die Erscheinungen vielleicht selbst offenbaren werden.[52]

Die geschaffenen Gegenstände – der Kunst wie der Wissenschaften – *haben* keine Orte im Raum und in der Zeit der Natur, sondern sie *erhalten* sie der Topographie der Kultur: „Der Bruch mit dem Repräsentationsmodell bedeutet die Auflösung des Paradigmas der Ordnung in das der Geschichte bzw. der Zeit."[53] Die Entitäten phänomenaler Wirklichkeit entstehen als *Zeichen, Symbole, Übersetzungen, Interpretationen* und als solche Mittel der Wirklichkeits*herstellung*.

Weltsichten und Weltversionen sind nicht durch determinierte Wahrheits- und Gültigkeitsbedingungen privilegiert, die *den einen* einzigen ausgezeichneten Grund im Sein hätten. In der Malerei begegnet die Welt in den Ordnungen der Bilder, in denen Subjekte auf ihre Weise diese Begegnung suchen.

---

[51] Ebd. 99.
[52] Ebd., 117.
[53] Jamme 2000, 124.

Bibliographie

Autrum, H. (Hg.), 1987, *Von der Naturforschung zur Naturwissenschaft. Vorträge, gehalten auf Versammlungen der Gesellschaft Deutscher Naturforscher und Ärzte (1822-1958)*, Berlin/Heidelberg/New York.

Berger, J./ J. Mohr, 2000, *Eine andere Art zu erzählen* (1982). Unter Mitarbeit v. N. Philibert. Aus dem Engl. V. K. Stromberg, Frankfurt/M.

Bockmühl, M., 2006, *J.M.W. Turner 1775-1851. Die Welt des Lichtes und der Farbe*, Köln.

Crary, J., 2002, *Aufmerksamkeit. Wahrnehmung und moderne Kultur*, Frankfurt/M.

Distel, A., 2001, *Signac au temps d'harmonie*, Paris.

ECW = Ernst Cassirer. Gesammelte Werke. Hamburger Ausgabe. Hg. v. B. Recki, Hamburg 1998 ff.

Feuerbach, L., ²1982, *Gesammelte Werke*. Hg. v. W. Schuffenhauer; Bd. 11, Kleinere Schriften IV (1851-1866), Berlin.

Feuerbach, L., ³1990, *Gesammelte Werke*. Hg. v. W. Schuffenhauer; Bd. 9, Kleinere Schriften II (1839-1846), Berlin.

Gombrich, E.H., 1967, *Kunst und Illusion. Zur Psychologie der bildlichen Darstellung*, Köln.

Graber, H., 1943, *Camille Pissarro, Alfred Sisley, Claude Monet. Nach eigenen und fremden Zeugnissen*, Basel.

Hagner, M./ B. Wahrig-Schmidt (Hg.), 1992, *Johannes Müller und die Philosophie*, Berlin.

Helmholtz, H. v., 1855, *Ueber das Sehen des Menschen*. In: Ders., *Vorträge und Reden*, Bd. 1, Braunschweig 1984.

Helmholtz, H. v., 1969, *Über die Entwicklungsgeschichte der neueren Naturwissenschaften*. In: Autrum 1987.

Helmholtz, H. v., 1878, *Die Thatsachen in der Wahrnehmung*. In: Ders., *Vorträge und Reden*, 5. Aufl., Braunschweig 1984, Bd. 2.

Helmholtz, H. v., *Wissenschaftliche Abhandlungen*, Bd. 1, Leipzig 1882.

Helmholtz, H. v., 1971, *Philosophische Vorträge und Aufsätze*, hg. v. H. Hörz und S. Wollgast, Berlin.

Herding, K., 1991, *Die Moderne: Begriff und Problem*. In: M. Wagner (Hg.), *Moderne Kunst. Das Funkkolleg zum Verständnis der Gegenwartskunst, I*, Reinbek bei Hamburg.

Hörz, H., 1997, *Brückenschlag zwischen Kulturen. Helmholtz in der Korrespondenz mit Geisteswissenschaftlern und Künstlern*, Marburg.

Jamme, Ch., 2000, *„Malerei der Blindheit". Phänomenologische Philosophie und Malerei*. In: G. Pöltner (Hg.), *Phänomenologie der Kunst. Wiener Tagungen zur Phänomenologie 1999*, Frankfurt/M. et al.

Konersmann, R. (Hg.), 1997, *Kritik des Sehens*, Leipzig.

Malraux, A., 1960, *Stimmen der Stille*, Berlin/Darmstadt/Wien.

Merleau-Ponty, M., 1996, *Sens et non-sens*, Paris.

Moulines, U.C., 1981, *Hermann von Helmholtz: A Physiological Approach to the Theory of Knowledge*. In: H.N. Jahnke/M. Otte (eds.), *Epistemological and Social Problems of the Sciences in the Early Nineteenth Century*, Dordrecht/Boston/London.

Müller, J., 1826, *Zur vergleichenden Physiologie des Gesichtssinnes des Menschen und der Thiere*, Leipzig.

Müller, J., 1840, *Handbuch der Physiologie des Menschen*, Zweiter Band, Coblenz.

Post, K., 1905, *Johannes Müllers philosophische Anschauungen*, Halle.

Ritzer, M., 2000, *Physiologische Anthropologien. Zur Relation von Philosophie und Naturwissenschaften um 1850.* In: A. Arndt/W. Jaeschke (Hg.), *Materialismus und Spiritualismus. Philosophie und Wissenschaften nach 1848*, Hamburg.

Sandkühler, H.J., 1999, *Mundos posibles. El nacimiento de una nueva mentalidad científica*, Madrid.

Sandkühler, H.J., 2002, *Natur und Wissenskulturen. Sorbonne-Vorlesungen über Pluralismus und Epistemologie*, Stuttgart/Weimar (Franz.: Nature et cultures épistémiques, Paris 2003).

Scheerer, E., et al., 1992, *Repräsentation.* In: J. Ritter/K. Gründer (Hg.), *Historisches Wörterbuch der Philosophie*, Bd. 8, Basel.

Simon, J., 1994, *Vorwort.* In: ders. (Hg.), *Zeichen und Interpretation*, Frankfurt/M.

Ströker, E., 1995, *Natur und ihre Wissenschaft in der Philosophie des 19. Jahrhunderts.* In: L. Schäfer/E. Ströker (Hg.), *Naturauffassungen in Philosophie, Wissenschaft, Technik*, Freiburg/München.

Ströker, E., 1997, *Philosophie und Wissenschaften: Zur Frage ihrer Beziehung im 19. Jahrhundert.* In: H.J. Sandkühler (Hg.), *Philosophie und Wissenschaften. Formen und Prozesse ihrer Interaktion*, Frankfurt/M. et al.

Uhde-Bernays, H. (Hg.), 1956, *Künstlerbriefe über Kunst. Bekenntnisse von Malern, Architekten und Bildhauern aus fünf Jahrhunderten*, Dresden.

van der Kemp, G., 1994, *Ein Besuch in Giverny*, Versailles.

Wagner, M., 1991, *Wirklichkeitserfahrung und Bilderfindung.* In: dies. (Hg.), *Moderne Kunst. Das Funkkolleg zum Verständnis der Gegenwartskunst, I*, Reinbek bei Hamburg.

Walther, I.F. (Hg.), 2006, *Malerei des Impressionismus 1860-1920. Teil I Der Impressionismus in Frankreich*, Köln et al.

Hans Jörg Sandkühler

Überzeugungen, Wissenskulturen

und die Rechtfertigung von Wissen[1]

1. Kritik und Selbstaufklärung theoretischer Philosophie

Philosophie ist gefährdet. Dies trifft nicht nur heute zu, sondern für ihre gesamte Geschichte. Philosophie ist – immer wieder – durch externe Faktoren gefährdet, sei es durch Zensur und politisch motiviertes Verbot, sei es durch die ökonomistische Unterstellung, ihr wirtschaftlicher ‚output für die Gesellschaft' sei nicht erkennbar. Von den externen Risiken soll hier nicht die Rede sein.

Philosophie ist gefährdet. Es gibt eine Selbstgefährdung des Philosophierens durch uneinlösbare Ansprüche, nicht zuletzt durch absolutistische Wahrheitsansprüche, die sowohl mit dem Alltagsbewusstsein als auch mit einer den Eurozentrismus überwindenden transkulturellen Offenheit unverträglich sind. Der Dogmatismus überfordernder Wahrheitsansprüche ist eine Grundlage für Machtansprüche; er bereitet den Zwang gegen das Selbstdenken und die Freiheit im Denken und Handeln vor. Begreift man dies, dann wird man immer noch beklagen, dass mit der Philosophie im öffentlichen Leben politisch kurzer Prozess gemacht wird. Wichtiger aber ist der Prozess, den das Philosophieren als *Kritik* permanent gegen sich selbst anstrengt. Dies ist die erste Aufgabe theoretischer Philosophie.

Stellt sich die Philosophie dieser Aufgabe? Oder führt sie – statt ihren Wert „in der Ungewißheit" zu beweisen, „die sie mit sich bringt"[2] – das von Bertrand Russell befürchtete Schattendasein im „Niemandsland" zwischen Mythologie und Wissenschaft?[3] Zu dem, wozu Philosophinnen und Philosophen im Prozess der Kritik zu plädieren haben, gehört zum einen die Aufklärung über ihre Stellung zu den Wissenschaften. Trifft zu, was Jean Piaget in *Weisheit und Illusionen der Philosophie* den „Verrat der Philosophie durch sich selbst" genannt hat, nämlich die Preisgabe des Anspruchs auf die Überprüfbarkeit philosophischer Aussagen? Verhält sie sich tatsächlich gegenüber den Wissenschaften „systematisch reaktionär" und in „aggressivem Geist"?

---

[1] Dieser Text wurde zunächst 2007 beim 6. Symposium im Rahmen der Kooperation mit der Korea Universität vorgestellt. Ausführlicher ist er erschienen in: H.J. Sandkühler (Hg.), *Philosophie, wozu?* Frankfurt/M. 2008.
[2] Russell 1967, 138.
[3] Russell 1951, 11.

Wenn die Philosophen immer mehr dazu übergehen, mit einer dem Quadrat der Entfernung zu ihr direkt (nicht umgekehrt) proportionalen Schärfe die Wissenschaft selbst anzugreifen, entsteht für jeden die Verpflichtung zu reagieren.[4]

Zu dem, wozu Philosophen im Prozess der Kritik zu plädieren haben, gehört zum anderen – und zwar in erster Linie – Selbstaufklärung über ihre Möglichkeiten und Grenzen, nicht zuletzt aus Anlass des Nietzscheschen Satzes, der wie wenige andere den epistemischen und epistemologischen Schock der neueren Moderne signalisiert: „Das Neue an unserer jetzigen Stellung zur Philosophie ist eine Überzeugung, die noch kein Zeitalter hatte: daß wir die Wahrheit nicht haben."[5]

Man muss Nietzsche in seinen Folgerungen nicht zustimmen und kann doch das Problem ernst nehmen, mit dem er das Philosophieren konfrontiert. Man wird sich dann der Frage nicht entziehen, ob Philosophie nicht gerade dadurch ausgezeichnet und als Wissenskultur für Menschen attraktiv ist, dass sie *Grenzen der Erkenntnis*[6] zu denken erlaubt, und zwar in genau dem Sinne, wie sie dem Mythos des ‚Gegebenen' und dem Dogma einer vom Seienden selbst garantierten ‚objektiven Wahrheit' den Widerstand von Zweifel und Kritik entgegensetzt. Das Ergebnis ihrer Kritik wird dann lauten: Wahrheiten sind relational und kontextuell, d.h., sie sind Relata in Kontexten, von denen im Folgenden als ‚Wissenskulturen' und ‚Überzeugungssystemem' die Rede sein wird. Im Philosophieren gibt es keine Apriori-Sicherung gegen skeptische Einwände.

Dies ist die Antwort auf die Frage, die Ernst Cassirer in seinem Spätwerk *An Essay on Man* (1944) gestellt hat: „Was ist der Mensch?" Die Eröffnungspassage ist ein philosophisches Selbstzeugnis der Gründe intellektuellen Engagements gegen Dogmatismus, gegen zu gewisse Wahrheiten, aber auch gegen Resignation vor dem scheinbar unausweichlichen Verfall von Aufklärung und Rationalität. Cassirer notiert zur ‚Krise der menschlichen Selbsterkenntnis': „That self-knowledge is the highest aim of philosophical inquiry appears to be generally acknowledged". Gerade dies habe die Skepsis betont:

> In the history of philosophy scepticism has very often been simply the counterpart of a resolute humanism. By the denial and destruction of the objective certainty of the external world the sceptic hopes to throw all the thoughts of man back upon his own being. Self-knowledge – he declares – is the first prerequisite of self-realization. We must try to break the chain connecting us with the outer world in order to enjoy our true freedom.[7]

---

[4] Piaget 1974, 260 f. und 265.
[5] Nietzsche 1931, 225. Auch bei Nietzsche liegt der Akzent auf ‚*die* Wahrheit'.
[6] Vgl. Bayertz et al. 2007b.
[7] Cassirer, ECW 23, 5.

Zugleich diskutiert Cassirer die Skepsis als epistemologisches Problem:

> Um die Operation des Ausdrucks rein hervortreten zu lassen, muß der Inhalt, der als Zeichen dient, mehr und mehr seines Dingcharakters entkleidet werden; damit aber scheint zugleich die objektivierende *Bedeutung*, die ihm zugesprochen wird, ihren Halt und ihre beste Stütze zu verlieren [...]. Denn welche Gewißheit besteht dafür, daß das *Symbol* des Seins, das wir in unseren Vorstellungen zu besitzen glauben, uns seine Gestalt unverfälscht wiedergibt, statt sie gerade in ihren wesentlichen Zügen zu entstellen?[8]

Versteht man deshalb Philosophie „aus einer Art von Regieführung der Vernunft in ihrem Bemühen um Orientierung an den Grenzen des Erkennbaren", dann ist sie „Reflexion auf die Grundlagen der Erkenntnis, woraus folgt, dass in ihr die letzte Instanz für jede Kritik von überzogenen Erkenntnisansprüchen gelegen ist".[9] Dies ist die eine Seite der Medaille philosophischer Selbstaufklärung. Deren andere ist, dass das Philosophieren gerade wegen der Kritik seiner Möglichkeiten und Grenzen für eine Kapitulation vor einer Scheinalternative anfällig ist – der naturalistischen Transformation des Erkenntnisproblems mit der These „Hier ist die Wahrheit".

Vor dem naturalistischen Überzeugungssystem zu kapitulieren bedeutet für die Philosophie, ihre Waffen der Kritik ohne Not abzugeben. Denn in der Philosophie gibt es eine Tradition, die durch Empirisierung und Naturalisierung der Erkenntnistheorie nicht überholt ist – die kritische. Im Rahmen der Weiterentwicklung dieser Tradition stellen *epistemologischer Pluralismus* und *interner Realismus* Grundlagen einer erklärungsstarken Epistemologie dar.[10] Deren Kernfrage lautet nicht, wie Wissen *die Realität* nach dem Maß der Dinge und deren Eigenschaften abbildet, sondern wie *phänomenale Wirklichkeit* – Wirklichkeit nach Menschenmaß – in welchen Wissensformen, epistemischen Konstellationen und Wissenskulturen entsteht.

2. *Homo mensura: Wissen können*

Etwas von der Welt wissen kann gemäß der ‚kopernikanischen Wende der Objektivität' nicht bedeuten, einen Gegenstand, ein Ereignis, eine Tatsache in der Weise zu wissen, wie Gegenstände, Ereignisse und ‚Tatsachen' nun einmal sind. Immer ist die Welt im Wissen von einem *Ich* reflexiver Subjektivität geprägt. Die Namen und Bedeutungen von ‚Realität' entstehen in *Subjekt-Kulturen*

---

[8] Cassirer, *Substanzbegriff und Funktionsbegriff*, ECW 6, 305 f.
[9] Henrich 2006, 13.
[10] Vgl. hierzu die ausführlichen historischen und systematischen Ausführungen in Sandkühler 2002.

– in Zeichen und Symbolen –, in denen Menschen ihre jeweiligen Welten entsprechend ihren Selbstbegriffen interpretieren und verstehen. Was meinen wir, wenn wir sagen, wir hätten etwas erkannt und wüssten es? Wissen ist ein Ergebnis von Erkennen. Von Gewissheit sprechen wir, wenn wir von der Wahrheit des Erkannten überzeugt sind. Wie aber sprechen wir sinnvoll von Wahrheit, wenn wir keinen guten Grund mehr haben, der Annahme einer durch das Sein selbst garantierten Übereinstimmung zwischen Gegenstand und Aussage Vertrauen zu schenken? Die Kritik der Möglichkeitsbedingungen von Wissen hat zur Einsicht geführt, dass Aussagen keine Kopien des zu Erkennenden sind, sondern mit Voraussetzungen geladene Artefakte: geladen mit epistemisch-wissenskulturellen und praktischen Voraussetzungen, epistemischen und praktischen Bedürfnissen und Interessen sowie mit Einstellungen des Meinens, Glaubens und Überzeugtseins, des Wünschens und Befürchtens. Nicht zu vergessen ist eine weitere Voraussetzungsdimension: das Nichtwissen, dessen Wirkung sich im Wissen nicht offen zeigt.

Fragen wir nach den Zielen des Erkennens, nach den Voraussetzungen und Möglichkeiten, bestimmte Ziele zu erreichen, und nach Maßstäben der Entscheidung über das Erreichen von Zielen, dann erweisen sich die Antworten der idealistischen Metaphysiken des Geistes, des radikalen Konstruktivismus, der materialistischen Abbildtheorien, der naturalistischen Metaphysik und des neurowissenschaftlich begründeten philosophischen Reduktionismus bzw. Identismus als zu einfach. Sie alle stellen zu wenige der Faktoren in Rechnung, die bei der Entstehung von Wissen eine Rolle spielen. Zu diesen Faktoren gehören nicht zuletzt *Einstellungen* und *Überzeugungen*,[11] denen neuere Theorien der Erkenntnis, des Wissens und der Wissenschaft – im Unterschied etwa zu Ch. S. Peirce, W. James und L. Wittgenstein – lange Zeit kaum Aufmerksamkeit gewidmet haben; erst seit den 1980er Jahren genießen sie, vor allem im analytischen Philosophieren, wieder größere Beachtung. Dass Überzeugungen mit Emotionen verbunden sind, ist bekannt. Von Emotionen werde ich allerdings nicht direkt, sondern indirekt sprechen.

Jede Aussage eines Subjekts (*S*), dass *p*, ist mit einer aus Überzeugungen herrührenden Einstellung zum propositionalen Gehalt verbunden: *S* glaubt, wünscht, befürchtet, ist überzeugt, dass *p*. Selbst Theorien, die propositionale Einstellungen berücksichtigen, fragen in der Regel nicht nach der Genese, dem Status, der Funktion und dem Wandel von Überzeugungen. In diesem Kontext sind weitere Fragen unabweisbar: Wie sind individuelle Überzeugungen gebunden an kollektive *Denk-Bilder*, in denen sich kulturelle Selbstverständnisse, Einstellungen, Wertungen und Präferenzen ausdrücken? Sind kulturelle, sozial eingebettete *Denk-Muster* – dem Urmeter vergleichbar – das Maß der Organisation der Welt-

---

[11] Das Lemma ‚Überzeugung' kommt in den meisten deutschsprachigen philosophischen Enzyklopädien nicht vor. Vgl. jetzt Sandkühler 2010.

erkenntnis? Sind Überzeugungen spontane Evidenzen des *common sense* mit der Funktion, dem Denken und Verhalten in unsicheren Erkenntnis- und Lebensverhältnissen Halt zu bieten? Spielen sie die Rolle von *Paradigmata*, welche die innere Stimmigkeit religiöser, weltanschaulicher und wissenschaftlicher Welterklärungen ermöglichen? Welche Bedeutung kommt ihnen im Alltagsbewusstsein, in Religionen, Philosophien, Wissenschaften und Künsten zu?

Die heute gängige Standarddefinition von ‚Wissen' lautet: *Wissen ist gerechtfertigte wahre Überzeugung (justified true belief)*. Statt von ‚Definition' ist eher von ‚Problem' und ‚Forschungsprogramm' zu sprechen. Bevor wir nicht *wissen*, was Überzeugungen sind, wie die Wahrheit von Überzeugungen bestimmt werden kann und was die Mittel und Wege der Rechtfertigung sind, kann von einer Aufklärung über Wissen kaum gesprochen werden.

Auch für Aussagen darüber, was Wissen ist, gilt dieser Vorbehalt: Wenn ich behaupte, zu wissen, was Wissen ist, dann bin ich davon überzeugt, die richtige Einstellung zur Aussage „Wissen ist ..." eingenommen zu haben. Der philosophische und wissenschaftliche Streit geht darum: Das erkennende Subjekt *S1* *wählt* eine bestimmtes epistemologisches Profil und *S2* wählt ein anderes Profil, *S3* ein bestimmtes Begriffsschema, *S4* eine bestimmte Rahmentheorie, *S5* eine bestimmte Methodologie. Der metaphysische Realist, der von einem direkten Bezug der Aussage zu Gegenständen, Ereignissen etc. ausgeht, kommt zu einem anderen Ergebnis als der interne Realist, der die Abhängigkeit der Aussage von einem semantischen und semiotischen Netzwerk einräumt.

Der interne Realist hat gute Gründe für seine Überzeugung, er könne den *Pluralismus* der Erkenntnis- und Wissensformen und -theorien anerkennen und für wahrheitstheoretische Bescheidenheit plädieren. Es gibt *de facto* unterschiedliche Wissenskulturen und in sie eingebettete Überzeugungen, in deren Horizont *Wahlen* von epistemologischen Profilen stattfinden. Dabei ist nicht nur an so offensichtliche Alternativen wie Religion vs. Wissenschaft, Kunst vs. Wissenschaft, Naturwissenschaft vs. Kulturwissenschaft, experimentelle vs. theoretische Wissenschaft, zu denken. *De facto* pluralistisch ist auch die Philosophie, in der aus Gründen der Wahrhaftigkeit von Wissen und Wahrheit immer als Wissen$_s$ und Wahrheit$_s$, d.h. mit der Signatur eines überzeugungsabhängig gewählten Profils zu sprechen ist.

Dass aller Dinge Maß der Mensch ist; „des Seienden, dass (wie) es ist, des Nichtseienden, dass (wie) es nicht ist", besagt der *anthropos-metron*-Satz des Protagoras. Er bildet den Kerngehalt erkenntniskritischer Philosophien. Zu den Intuitionen des Alltagsverstandes, der sich spontan realistisch in der Welt orientiert, gehört er nicht. Zu den Intuitionen unseres Alltagsbewusstseins gehört das Missverständnis des naiven Realismus,[12] es stünde uns beim Erkennen eine

---

[12] Zu einem Überblick zum Realismus-Problem vgl. meinen enzyklopädischen Artikel 2010a. Zur neueren Realismus-Diskussion vgl. Willaschek 2000 und 2003.

äußere Welt gegenüber, die wir nur noch in ihrem Gegebensein zu erfassen hätten. Kontraintuitiv ist die Annahme des epistemischen *Perspektivismus*[13] und *Pluralismus*,[14] dem zufolge es eine Vielzahl möglicher Zugänge zur Natur, zu sich selbst, zur Kultur, zur Geschichte gibt – Perspektiven in Relation zu epistemischen und praktischen Voraussetzungen und Kontexten, denen *Welt-Versionen* (Nelson Goodman) entsprechen.

Ein wahrheitstheoretisch bescheidener interner Realismus kennt die mit dem *Mythos des Gegebenen* verbundene Gewissheit nicht: Die Realität erzwingt keine Repräsentationen in Form von Kopien. Der Baum, den ich sehe, existiert unabhängig vom Gesehenwerden, aber im repräsentierenden Akt des Bewusstseins werden ihm Eigenschaften und Bedeutungen zugeschrieben, z.b. Größen, die sich mit der Distanz des Sehenden verändern, Schönheit oder Symbolfunktionen (z.B. die Eiche als Gerichtseiche). Der Akt der Erkenntnis schafft keine Gegenstände; aber er schafft und formt *Erkenntnis*objekte in Abhängigkeit von epistemischen Kulturen und Repräsentationsformaten. Die Grade der empirischen Unterdeterminiertheit von Repräsentationen und die Freiheitsgrade des Repräsentierens-*als* erhöhen sich in dem Maße, wie es sich um Zeichen und Symbole handelt. Was ♈ bedeutet, steht nicht fest; ♈ kann als Symbol eines Springbrunnens oder eines fliegenden Vogels interpretiert werden.

> [Der] Begriff des Zeichens ermöglicht die Orientierung in der Welt als Orientierung an ‚etwas', das zugleich frei läßt [...]. Das Zeichen bleibt gegenüber jeder Interpretation ‚stehen' für andere Interpretationen, durch *andere Personen* und durch ‚dieselbe' Person zu einer anderen *Zeit*.[15]

Interne Realisten behaupten die Einbettung von Wissenssubjekten und die Abhängigkeit der *Erkenntnis*dinge von kognitiven, epistemischen und praktischen Voraussetzungs*kontexten*. Die Wahrheit einer Wissenszuschreibung – also dass jemand *weiß, dass p* – ist eine Wahrheit$_s$ mit der Signatur des Kontextes. Wer dies sagt, will die ‚Außenwelt' keineswegs eliminieren. Ohne „Projektionen nach draußen"[16] wären wir im Alltag orientierungslos. Gesagt wird nur: Es gibt für

---

[13] Vgl. hierzu Sukale/Rehkämper/Plümacher 1999.

[14] Vgl. Abel 1996, Abel/Sandkühler 1996 und Sandkühler 1999b. Ich spreche von *epistemischem* Pluralismus als einem Faktum, nicht aber als einer Norm. Niemand kann bezüglich des Wissens und seiner Einstellungen zu Wissen verpflichtet werden, Pluralist zu sein. Ein epistemischer Pluralist wird nicht behaupten, der Pluralismus sei die einzig richtige Denkweise. Als Dogmatismus/Fundamentalismus wäre epistemischer Pluralismus ein Widerspruch in sich. Gleiches gilt für den hier benutzten Begriff ‚Relativismus'. Diese Einschränkung gilt nicht für den in Ethik und Recht begründeten *normativen* Pluralismus als Grundlage von Rechtsstaat und Demokratie.

[15] Simon 1994, 12. Vgl. Abel 1993.

[16] Schäfer 1993, 37 f., Fn.

Menschen keine Sachverhalte (Dinge, Ereignisse etc.), die nicht in Relation zu Begriffen stünden und nicht interpretiert wären. Die rote Ampel, an der ich anhalte, um mein Leben nicht zu gefährden, ist keine bloße Vorstellung oder Fiktion. Aber ich stoppe nicht wegen einer Metallsäule mit farbigen Leuchten, sondern weil ich *intentional* (durch einen *gerichteten* Akt des Bewusstseins) einen Begriff von ihrer Funktion verwende und eine angemessene Einstellung zu der Norm und Sanktion habe, die mit ihr symbolisiert ist. Ich bin davon überzeugt – ich weiß –, dass ,Rot' Halten und ,Grün' Fahren bedeutet. Das Wahr-sein dieser Überzeugung ,hängt' nicht am Gegenstand.

Das, was in Wahrnehmung und Erkennen als Objekt angenommen und in einer Sprache repräsentiert wird, ist mit überzeugungsabhängiger Intentionalität imprägniert.[17] Jede Repräsentation gehört zu einer Sprache (L), die mit einer Wissenskultur und mit einem Überzeugungssystem verbunden ist:

> Die Namen von L bezeichnen objektiv$_L$ reale Objekte, die Prädikate von L drücken objektive$_L$ Attribute dieser Objekte aus und die Sätze von L entsprechend objektive$_L$ Sachverhalte.[18]

In Erkenntnis und Sprache, in Zeichen und symbolischen Formen, durch Experiment, Messung und Dateninterpretation, *wird* die ,objektive Realität' zur Wirklichkeit nach dem Maß von Menschen. Es gibt mehr als eine Version der Welt. *The world is in many ways:* Wir kennen jetzt „die Multiplizität der Welten, ihre Abhängigkeit von Symbolsystemen, die wir konstruieren, die Vielfalt an Standards der Richtigkeit, denen unsere Konstruktionen unterworfen sind". Goodman hebt in *Ways of Worldmaking* hervor, dies sei das wesentliche Resultat der modernen Philosophie.[19]

Was heißt dann, Wissen sei gerechtfertigte wahre Überzeugung? Was dieser Satz mit definitorischem Anspruch aussagt, hat L. Wittgenstein in seinen späten Aufzeichnungen *Über Gewissheit* als Problem erkannt; er spricht von einem *„Naturgesetz des ,Fürwahrhaltens'"* und betont:

> Der Unterschied des Begriffs „wissen" vom Begriff „sicher sein" ist gar nicht von großer Wichtigkeit, außer da, wo „Ich weiß" heißen soll: Ich *kann* mich nicht irren. […] „Ich weiß …" scheint einen Tatbestand zu beschreiben, der das Gewusste als Tatsache verbürgt. Man vergißt eben immer den Ausdruck „Ich glaubte, ich wüßte es."[20]

---

[17] So ist etwa eine im naturalistischen Überzeugungssystem begründete Aussage über eine *neurale* Repräsentation$_n$ kein Äquivalent einer im nicht-naturalistischen Überzeugungssystem begründeten Aussage über eine *mentale* Repräsentation$_m$.

[18] v. Kutschera 1989, 491 f.

[19] Goodman 1990, 10.

[20] Wittgenstein 1989, 120 f.

Unter derartigen epistemischen Bedingungen entsteht die Welt in Welt-Versionen. Dies gilt auch – wie N. Rescher in seinen *Studien zur naturwissenschaftlichen Erkenntnislehre* begründet – für die Naturwissenschaften:

> Die Welt, wie wir sie kennen, ist dementsprechend unsere Welt – das Korrelat des Geistes in einem Weltbild, das in charakteristisch menschlichen Verständniskategorien entworfen ist.[21]

Deshalb – so Cassirer in einer Variation des Themas ‚Kopernikanische Wende' – ist nicht die Transformation von ‚Realem' in Bewusstseinsgehalte, sondern „die Metamorphose zu erklären, durch welche die Erscheinung *aus einem bloßen Datum des Bewusstseins zu einem Inhalt der Realität, der ‚Außenwelt', wird*".[22]

Die damit verbundene Behauptung eines pluralen Spektrums von Möglichkeiten des Wahrnehmens, Beobachtens, Denkens, Experimentierens und der Theoriebildung steht durchaus nicht im Gegensatz zur Faktizität des Alltagserkennens und zu Empirizitätsansprüchen der Wissenschaften.[23] Die Welt bleibt die Welt. Die Ding-Welt akzeptieren bedeutet aber nicht mehr, als (i) eine bestimmte Form der Sprache, ein bestimmtes begriffliches Schema und deren Regeln zu akzeptieren,[24] und (ii) anzuerkennen, dass es mehr als eine gute Begründung für das gibt, wofür wir uns entscheiden, was wir für richtig halten, wovon wir überzeugt sind usf. Keine Weltsicht ist durch Wahrheits- und Gültigkeitsbedingungen privilegiert, die aus einem einzigen ausgezeichneten *Seins*grund gespeist wären. Die Wahrheit$_L$ in einer Sprache$_L$ gibt es nicht ohne menschliche Intervention, nicht

---

[21] Rescher 1996, 107.

[22] Cassirer, *Philosophie der symbolischen Formen. Dritter Teil*, ECW 13, 141. Hervorhebung von mir, H. J. S.

[23] Das Alltagserkennen und die realistisch orientierten (Natur-)Wissenschaften verstehen sich selbst nicht in der Perspektive des faktischen epistemischen Pluralismus; sie verstehen sich aus Gründen der Orientierungs- und Erkenntnissicherung anders, als sie *de facto* verfasst sind.

[24] Vgl. Abel 1993, 146, 148, der sich auf Carnap 1956, 207 f. bezieht: „To accept the thing world means nothing more than to accept a certain form of language, in other words, to accept rules for forming statements and for testing, accepting, or rejecting them."

ohne Interpretation,[25] und Interpretationen gibt es nicht außerhalb von Wissenskulturen. Interpretation steckt den epistemischen Raum und die historische Zeit als Möglichkeitbedingungen und Grenzen des *Wissen-Könnens* ab. Will man also wissen, was ‚Wissen als gerechtfertigte wahre *Überzeugung*' bedeutet und welche Wahrheitsansprüche mit Wissensansprüchen verbunden werden können, dann muss man die in der traditionellen Epistemologie bis heute vernachlässigte Komplexität *wissenskultureller* Faktoren berücksichtigen. Denn in verschiedenen epistemischen Kulturen führen unterschiedliche Überzeugungen zu mehr als einer einzigen Wahrheit.

3. Wissenskulturen als Kontexte von Erkenntnis, Repräsentation und Wissen

Zum Erkennen und Wissen gehören Faktoren, deren Ensemble unter dem Begriff ‚Wissenskulturen' gefasst werden kann.[26] Von Wissenskulturen ist aus zwei Gründen im Plural zu sprechen. Erstens gibt es tatsächlich unterschiedliche kulturelle Traditionen und unterscheidbare epistemische Weltorientierungen. Der Plural ‚Wissenskulturen' entspricht der Absage an Hegemonieansprüche allein einer epistemischen Kultur. In europäischer Perspektive trägt er der Tatsache Rechnung, dass in vielen nicht-europäischen Kulturen die Wiederentdeckung eigener Traditionen auf der Tagesordnung steht; in China und in anderen Teilen Asiens ist eine Renaissance des Konfuzianismus und des mit diesem konkurrierenden Daoismus feststellbar und in weiteren Bereichen Asiens ein Erstarken des Buddhismus, in der arabischen Welt ein Rekurs auf religiöse und epistemische Traditionen des Islam und in Lateinamerika auf ‚indigene' Traditionen – bei gleichzeitiger Kritik an ‚westlichen' Wissensidealen und Wahrheitsansprüchen.

---

[25] In *Interpretationswelten* charakterisiert Günter Abel Interpretationen als Vorgänge, „in denen wir etwas *als* ein bestimmtes Etwas phänomenal diskriminieren, Identifikationen und Re-Identifikationen vornehmen, Prädikate und Kennzeichen applizieren, Zuschreibungen durchführen, Zusammenhänge konstruieren, durch Einteilungen klassifizieren und in bezug auf so formierte Welten dann über Meinungen, Überzeugungen und auch über ein gerechtfertigtes Wissen verfügen. Unsere Welten können darum als Interpretationswelten qualifiziert und diese als jene behandelt werden" (Abel 1993, 14). Vgl. Lenk 1998, 30, zu „Schemainterpretieren" und zu Nietzsches Satz „Das vernünftige Denken ist ein Interpretieren nach einem Schema, welches wir nicht abwerfen können".

[26] In der philosophischen Erkenntnis- und Wissenstheorie spielt der Begriff ‚Wissenskultur' bisher so gut wie keine Rolle. Zu den wenigen Ausnahmen gehören Detel/Zittel 2002, Detel 2003, Fried/Kailer 2003. Anders steht es mit der Wissens- und Wissenschaftssoziologie; vgl. hierzu Weingart 2003 über „Epistemische Gemeinschaften, Wissenskulturen und Wissensgesellschaft".

Plädoyers für die ‚eigene' Wissenskultur sind immer auch Plädoyers für eine ‚Entkolonialisierung des Denkens'.[27]

Wissenskulturen sind keine stabil umgrenzten *Orte*, sondern entwickeln sich in instabilen Dynamiken; sie schließen erzwungene oder freiwillige transkulturelle Grenzüberschreitungen ein. Kulturelle Homogenität ist weder für Gruppen noch für Individuen die Regel, sondern die Ausnahme. Kulturelle Kollektive und epistemische Subjekte handeln in offenen, sich transformierenden Netzwerken, in *Übergangs*räumen – unter Bedingungen der Differenz nicht nur zwischen, sondern auch innerhalb von Kulturen.

Zweitens ist von Wissenskulturen auch deshalb im Plural zu sprechen, weil sich in der Moderne, nicht nur im ‚verwissenschaftlichten' Europa, durch Arbeitsteilung, Spezialisierung, Autonomisierung von Funktionssystemen und soziale und kulturelle Binnendifferenzierung von Gesellschaften epistemische Kulturen mit Eigensinn, mit ihren je eigenen Weltsichten und Zeichensystemen, herausgebildet haben. Dabei sind Gewissheiten hinsichtlich des die Realität ‚abbildenden' Status von Erkenntnis und die Annahme einer evolutionären Dynamik bzw. eines ständigen Fortschritts des Wissens und der Wissenschaften ins Wanken geraten. Perspektivistische, kontextualistische, pluralistische und relativistische Überzeugungen sind in die Erkenntnispraxis eingedrungen, auch in den Wissenschaften. Es setzt sich in unterschiedlich begründeten historisierenden/kontextualisierenden Varianten die Auffassung durch, Erkennen und Wissen hätten kulturspezifische Bedingungen bzw. ‚Untergründe':[28] Epistemische Traditionen, Argumentations- und Repräsentationsstile, Eigen- und Fremdbilder, sind Grundlagen für ‚epistemische Identitäten' und für die Funktion, Struktur und Dynamik von Überzeugungen. Eine Folge ist die Einsicht – oder das Erschrecken darüber –, dass Für-wahr-Halten und Überzeugtsein nicht nur auf *empirisch* gerechtfertigtem Wissen aufruhen. Mit dieser Einsicht verbunden ist der – im Labor und im Experiment aus dem Bewusstsein epistemischer Subjekte verdrängte – Verlust der Objektivitäts-Sonderstellung der empirischen Naturwissenschaften.

Wissenskulturen stellen *Bedingungen der Möglichkeit von Wahrheitsansprüchen* für alle epistemischen Prozesse her. Mit epistemischen Kulturen verknüpft sind die Wahrnehmung von Sachverhalten, für erinnernswert gehaltene Erfahrungen, der selektive kognitive Zugriff auf die Wirklichkeit, die Bewertung von Sachverhalten als Tatsachen, die Komposition von für relevant erachteten Wissenselementen zu einem je nützlichen Ganzen, die Akzeptanz von Regeln und Normen, das Verstehen und Interpretieren, Erklären und Beschreiben, der Gebrauch oder Nichtgebrauch von Instrumenten des Wissenserwerbs (z.B. vor und nach der Erfindung von Teleskop und Mikroskop), Beobachtungs- und

---

[27] Vgl, bezogen auf Afrika, Wiredu 1997, 11.
[28] Vgl. z.B. Arnold/Dressel 2004.

Experimentalpraxen, die Nutzung von Medien der Information und Kommunikation, Institutionen des Wissenserwerbs und der Wissensverbreitung sowie gesellschaftlich nachgefragtes Expertenwissen.

Die Integration in Wissenskulturen und deren Wirken als Möglichkeitsbedingung von Erkenntnis sind abhängig vom Grad der (teilweisen) Partizipation am oder (teilweisen) Exklusion vom Wissen (und vom Nichtwissen) – bis hin zum Verstehen oder Nichtverstehen der Worte, die ihre Bedeutungen nicht offenbaren, sondern erst im Kontext eines Lexikons und einer Grammatik erhalten. Was eine Chaconne oder ein Rigaudon ist, was νοῦς bedeutet, dass ‚Schlachthof' für ein Bremer Kulturzentrum steht, was sich hinter PET oder fMRT verbirgt – dies alles bleibt ohne Vertrautheit mit einer bestimmten Wissenskultur unverständlich. Die Zeichen als solche bleiben außerhalb ihrer Bedeutungskontexte stumm.

Wissenskulturen sind vernetzt mit Denk-, Einstellungs- und Verhaltensmustern, mit Gewohnheiten, Überzeugungen, mit Wertpräferenzen und Normen, die in übergreifenden sozialen Dimensionen von Kultur entstehen und sich mit ihnen verändern; für das Denken, Verhalten und Handeln von Individuen und deren Integration in epistemische und soziale Räume sind vor allem folgende Dimensionen wesentlich: (i) Glaubenswahrheiten, metaphysische Sinngebungen und Heilserwartungen: Zu dieser Ebene gehört die Integration der Individuen in Überzeugungsgemeinschaften. (ii) Grundlegende epistemische Überzeugungen, aus denen Perspektiven auf die Wirklichkeit folgen. Zu dieser Ebene gehört die Integration der Individuen in (realistische, idealistische, skeptische ...) epistemische Paradigmata. (iii) Von der Alltagskultur geprägte Wahrnehmungs-, Denk- und Lebensweisen, die mit Sitten, moralischen Üblichkeiten, Gewohnheiten, Ritualen, Umgangsformen etc. verbunden sind: Zu dieser Ebene gehört die Integration der Individuen in soziokulturelle Milieus. (iv) Soziale und politische Grundwerte: Zu dieser Ebene gehört die Integration der Individuen in gesellschaftliche Ordnungen und Normensysteme.[29]

Sozial verankerte Wissenskulturen prägen Überzeugungen und bilden so ‚Rahmen' für Selbstverständigungen über Möglichkeiten und Grenzen kognitiver Weltzugänge, über wahre Erkenntnis und nützliche Praxis. Diese Rahmen haben unterschiedliche Extensionen. Relativ enge Rahmen – z.B. Terminologien, Begriffsschemata und Theorien – sind vernetzt mit weiteren Rahmen – z.B. mit Sets des Alltagswissens, Paradigmata und Wissenschaftsdisziplinen – und mit sehr weiten Horizonten wie Religionen, Weltbildern und politischen Dogmen. Auch empirische und theoretische Prinzipien, Normen und Regeln, Beschreibungs- und Erklärungsstrategien, Hypothesenbildung und Prüfverfahren sowie Revisionen epistemologischer Überzeugungen sind in diese Rahmen eingebettet;

---

[29] In den Punkten (1), (3) und (4) folge ich Meyer 2002, 117ff.

in ihnen verortet sind nicht zuletzt auch Arten und Weisen der *Rechtfertigung* von Wissen, z.B. in bestimmten Expertenkulturen oder im Horizont von Gender-Codierungen.[30] Wissen wird in epistemischen Kulturen in spezifischen repräsentationalen Formen und mit spezifischen repräsentationalen Techniken (z.B. empirischer oder philosophischer Art) erzeugt und bewertet.

Wissenskulturen [sind] diejenigen Praktiken, Mechanismen und Prinzipien, die, gebunden durch Verwandtschaft, Notwendigkeit und historische Koinzidenz, in einem Wissensgebiet bestimmen, *wie wir wissen, was wir wissen.* Wissenskulturen generieren und validieren Wissen.[31]

Wissenskulturen sind aufgrund ihrer Besonderheiten unterscheidbare, systemisch verfasste, holistisch zu rekonstruierende Ensembles epistemischer und praktischer Kontexte, die bei der Entstehung und in der Dynamik von Wissen wirksam sind und Geltungsansprüche und Standards der Rechtfertigung von Wissen bestimmen. In sie eingeschlossen sind epistemischer Habitus, Evidenzen, Perspektiven und weltbildabhängige Präsuppositionen, konsistente bzw. inkonsistente Überzeugungen, Auffassungen zur Relevanz von Fragen und Problemlösungen, epistemische Zielsetzungen, übliche Praktiken und Techniken, anerkannte Werte, Normen und Regeln, sprachliche, semiotische und semantische Gewohnheiten.

Diese Liste einiger wesentlicher Elemente von Wissenskulturen erhebt keinen Anspruch auf Vollständigkeit, sondern stellt eine Sammlung von Hinsichten für eine Heuristik dar. Doch bereits diese Zusammenstellung von Faktoren hat Folgen: (i) Die These, Wissen sei gerechtfertigte wahre Überzeugung, muss erweitert werden: Wissen ist *in wissenskulturellen Kontexten* etwas, das als gerechtfertigte wahre Überzeugung gilt bzw. anerkannt wird; (ii) die Annahme, Repräsentation könne als zweistellige Relation *b repr a* gefasst werden, ist unhaltbar. Die Repräsentationsrelation ist mehrstellig: *b repr a* unter den wissenskulturellen Bedingungen *c, d, e ...* als *ac* oder als *ad* oder als *ae ...*

---

[30] Zur Gender-Codierung von Wissenschaftskulturen vgl. von Braun/Stephan 2005. Zu feministischen Epistemologien vgl. Freudenberger 2004, 139-193.

[31] Knorr Cetina 2002, 11. Mit *Wissenskulturen. Ein Vergleich naturwissenschaftlicher Wissensformen* (2002) hat Karin Knorr Cetina epistemologisch nicht zu unterschätzende Ergebnisse ihrer empirischen wissenssoziologischen Begleitforschung zu unterschiedlichen Typen naturwissenschaftlicher Experimentalpraxis (physikalische Großforschung im CERN und Mikrobiologie) vorgelegt, „deren epistemische Prozesse im Mittelpunkt der Untersuchung stehen. Beschrieben werden die jeweiligen Verständnisse des Empirischen, die Art der Realisierung von Objektbeziehungen, die Konstruktion und Form sozialer Arrangements. Der Ausdruck ‚epistemisch' soll auf Erkenntnis verweisen; es geht also um diejenigen Strategien und Prinzipien, die auf die Erzeugung von ‚Wahrheit' oder äquivalente Erkenntnisziele gerichtet sind" (ebd.).

Zwei Einwände sind zu erwarten. Der erste betrifft die mit (i) zugestandene und als Relativismus missverstandene Relationierung der Wahrheitsqualität von Wissen. Unter den Voraussetzungen des internen Realismus handelt es sich nicht um einen problematischen Einwand. Der zweite Einwand betrifft die mit (ii) verbundene Frage der Operationalisierbarkeit: Wie soll der repräsentationale Geltungsanspruch ‚wahren' Wissen unter Berücksichtigung derart zahlreicher wissenskultureller Faktoren noch rekonstruierbar sein und gerechtfertigt werden können? Die Antwort lautet, dass die mit *b repr a* verbundene epistemologische Schonhaltung aufgegeben werden muss. Die Forderung, zumindest das *mögliche* Optimum an Faktoren-Berücksichtigung anzustreben, ist nicht maximalistisch. Was in der Hermeneutik längst anerkannte Regel ist, ist auch in der Epistemologie zumutbar. Mit Albert Einstein: Alles sollte so einfach wie möglich gemacht werden, aber nicht einfacher. Die Epistemologie sollte ihre Probleme nicht einfacher, sondern kooperativer lösen, im Verbund nicht zuletzt mit Psychologie und Wissenssoziologie.

4. Überzeugungen und Wahrheiten

In Wissenskulturen stiften geteilte Überzeugungen und Selbstverständlichkeiten – oft fragwürdige – Gewissheit. Die Annahme, dass etwas so und so ist, drückt sich aus in Sätzen wie „Es ist so, dass *p*" = „Ich weiß, dass *p*, und es ist wahr, dass *p*".

Warum gilt etwas als gewiss? Die Frage, ob es eine zweifelsfrei gesicherte Weise des Wissens von etwas gibt, das als unbestreitbar wahr gelten kann, steht seit der Antike auf der Tagesordnung der Philosophie. Es gibt, so lauteten und lauten Antworten, ein Wissen, das in dem Sinne als ontisch und/oder epistemisch *evident* gelten kann, dass es ‚intuitiv gewiss' ist bzw. ‚aus der Sache unmittelbar einleuchtet':[32] Evidenz-Urteile sind ohne Vermittlung durch andere Urteile als wahr ‚einsichtig'. Doch Evidenz kann „von der bloßen subjektiven Gewissheit" nicht unterschieden werden; gibt es kein Unterscheidungskriterium, ist eine Berufung auf Evidenz unmöglich, „da wir dann nicht wissen, ob die Evidenz nicht bloß eine scheinbare war (subjektive Gewissheit bei gleichzeitigem Irrtum)"; wird ein Kriterium angenommen, „so scheint dies zu einem unendlichen Regreß zu führen: daß in einem vorgegebenen Falle von Gewißheit die in dem Kriterium verlangten Merkmale vorliegen, muss ja selbst nicht bloß mit subjektiver Gewißheit, sondern mit Evidenz festgestellt werden."[33] Das Evidenz-Problem ist nicht lösbar: „Alle Argumente für die Evidenz stellen einen circulus

---

[32] Der metaphorische Gehalt von ‚Evidenz' verweist auf eine lange Tradition von *Licht*-Metaphern (‚*lumen naturale*', ‚Licht der natürlichen Vernunft'). Zur Geschichte des Evidenz-Begriffs vgl. Halbfass/Held 1972.

[33] Stegmüller 1989, 47 f.

vitiosus dar und alle Argumente gegen sie einen Selbstwiderspruch."[34] So steht selbst noch die Evidenz-Skepsis unter dem Vorbehalt: „Wir glauben nur, die Einsicht zu haben, daß man keine Beweisevidenz für diesen Glauben besitzen kann."[35]

Mit dieser Evidenz-Kritik ist allerdings noch nicht alles gesagt. *De facto* wirken Evidenzen als Grundlagen für Überzeugungen in Wissenskulturen. Evidenzen gelten als ‚sichere Standorte' für Meinungen, Glaubensinhalte, Überzeugungen und für propositionale Einstellungen. Doch mit der Einsicht in die wissenskulturelle Kontextualität dessen, was wir in epistemischen Akten beabsichtigen und was wir für glaubhaft, evident, richtig und wahr halten, wird die Frage nach Gründen für Gewissheit unabweisbar.

Unsere Propositionen sollen konkrete und abstrakte Entitäten angemessen zum Ausdruck bringen. Wir nehmen an, dass sie dazu geeignet sind. Aber in alles ‚*Wissen, dass p*' sind intentionale *Einstellungen* des Glaubens, Wünschens, Hoffens oder Befürchtens eingeschrieben. „Ich weiß, dass *p*" im Sinne von „Es ist wahr, dass *p*" muss deshalb übersetzt werden: Ein Subjekt *S* „glaubt, dass *p*"; *p* ist eine Proposition, der gegenüber *S* eine Einstellung der Anerkennung, dass *p* wahr ist, vertritt. Man kann auch sagen: *S* ist überzeugt, dass *p*. Dass es sich beim Gehalt einer Proposition *p* um einen Sachverhalt handelt, ist keineswegs ausgemacht. Die Behauptung „Es regnet" bezeichnet zunächst nicht mehr als die Relation zwischen der Einstellung des Glaubens, dass es regnet, und dem geglaubten Sachverhalt ‚Regen', dem kein empirisches Korrelat entsprechen muss. Für die Behauptung einer ‚Korrelation' zwischen neuralen und mentalen Prozessen/Zuständen gilt nichts anderes.

Propositionale Gehalte und Überzeugungen von Personen stehen in enger Beziehung zueinander. Anzunehmen ist, „dass komplexe Einstellungszustände aus vielen verschiedenen Komponenten (Überzeugungen, Wünschen, usw.) bestehen, die voneinander *referentiell abhängen* können".[36] In der Überzeugungs-Einstellung zur Proposition drücken wir die der bloßen Wahrscheinlichkeit entgegengesetzte *Gewissheit* aus, die wir zu haben *glauben*; wir *glauben* eine *p* angemessene Wahrheit zu haben.[37] Das Für-wahr-Halten eines Satzes durch einen Sprecher ist das Ergebnis „zweier Überlegungen: was er als Bedeutung des Satzes auffasst und was er glaubt, daß der Fall ist".[38] Über die Wahrheit des Satzes (das Bestehen des Sachverhalts als Tatsache) ist damit noch nichts ent-

---

[34] Stegmüller 1969, 168 f.

[35] Ebd., 186.

[36] Kamp 2003, 210. Z. B. hat eine Person eine richtige oder falsche Überzeugung von der Existenz eines Gegenstandes *und* den Wunsch, ihn zu besitzen.

[37] Vgl. zu ‚true believers' Dennett 2003.

[38] Davidson 1990, 318.

schieden. Insofern steht „dass p" unter einem Vorbehalt und muss als wahr gerechtfertigt werden:

Daß kein Irrtum möglich war, muß *erwiesen* werden. Die Versicherung „Ich weiß es" genügt nicht. Denn sie ist doch nur die Versicherung, daß ich mich (da) nicht irren kann, und daß ich mich *darin* nicht irre, muß *objektiv* feststellbar sein.[39]

Die Richtigkeit einer Aussage der Form „*S* weiß, dass *p*" setzt also mehr voraus als subjektive Gewissheit. Vorausgesetzt ist, dass (i) *S* glaubt, dass *p*, (ii) *p* wahr ist *und* (iii) *S* seinen Glauben, dass *p*, rechtfertigen kann.[40]

Es ist fraglich ist, ob diese Voraussetzungs-Triade überhaupt vollständig erfüllbar ist.[41] Falls ja, wäre von Wissen als gerechtfertigter wahrer Überzeugung zu sprechen – *wenn* der Unterschied zwischen Glauben und Wissen eindeutig feststellbar und die Bedeutung von ‚wahr' geklärt wäre und wenn die Kriterien und Standards von Rechtfertigung unstrittig wären. Dies trifft aber keineswegs zu.

In das „Ich weiß" ist nicht nur eine Relation zwischen dem Ich und dem Sachverhalt eingeschrieben, sondern *jedes* „Ich weiß, dass *p*" ist mit anderen Sätzen, einem ganzen Lexikon, einem Habitus und einer Sprache verbunden, in deren Gebrauch sich eine Lebenswelt, eine Lebens- und Werteinstellung, eine Wissens- und Handlungskultur sowie soziale Bedürfnisse, Interessen und Praxen spiegeln. *Mein* „Ich weiß, dass" (*knowing that*, Überzeugungswissen,[42] faktisches Wissen) ist auf komplexe Weise mit meinem Wissen als Kenntnis aus Vertrautheit (*knowing by acquaintance*) und meinem „Ich weiß, wie" (*knowing how*, Regelwissen) vernetzt – oder eben nicht (wenn ich z.B. weiß, dass Bremen einen Hauptbahnhof hat, aber nicht, wie ich ihn erreichen kann).[43] Das, was ich für mein *Wissen* halte, kann zutreffen oder nicht zutreffend sein; es kann eine richtige oder falsche Erinnerung vorliegen („Ich weiß, das Treffen war im August 2002"). Es kann sich um vermeintliches Wissen handeln, wenn ich fälschlich einer Autorität ein epistemisches Privileg zuschreibe und ihr glaube: „X ist bezüglich p eine verlässliche Autorität – X behauptet, dass *p*. – Also: *p*."[44] Was

---

[39] Wittgenstein 1989, 123.
[40] Vgl. Musgrave 1993, 3. Zu ‚Glaubenssätzen' vgl. Kemmerling 2003.
[41] Zur Problematik der ‚Definition' von Wissen als wahrer gerechtfertigter Überzeugung vgl. E. L. Gettiers „Is Justified Belief Knowledge?" (in: *Analysis* 23 [1963], 121-123). Zum ‚Gettier-Problem' vgl. u.a. Douven 2005.
[42] Vgl. Detel 2007, 48.
[43] Vgl. zu dieser Unterscheidung und den Folgen für die Rechtfertigung von Wissen Musgrave 1993, 6ff.
[44] Bartelborth 1996, 74. Zum Problem ‚epistemische Autorität und Urteilsfähigkeit' vgl. Freudenberger 2006.

ich für Wissen halte, kann eine Selbsttäuschung sein (S weiß, dass p, glaubt es aber nicht; S weiß, dass nicht p, glaubt es aber) oder ein überholtes Wissen (S weiß, dass p zum Zeitpunkt t_1, aber sein Wissen trifft aus zufälligen Gründen zum Zeitpunkt t_2 nicht mehr zu).[45] Und das, was ich für mein Wissen ausgebe, kann wahr sein oder eine Lüge – gegen mich selbst („Lebenslüge') oder gegen andere („willentliche Falschaussage').[46]

Die Überzeugungen, die hier im erkenntnis- und wissenstheoretischen Zusammenhang interessieren, sind eine Form von Einstellungen in wissenskulturellen und praktisch-sozialen Kontexten.[47] Überzeugungen fallen uns nicht zu, etwa weil ‚die Dinge' danach verlangten. Sie entstehen in geistiger Aktivität. Sie sind konstitutiv für alle kognitiven, epistemischen und technischen, z.b. experimentellen ‚Weisen der Welterzeugung'. Auch die propositionalen Einstellungen zu Sachverhalten gründen in sie übergreifenden Überzeugungssystemen.

[B]elief is central to all kinds of thought. If someone is glad that, or notices that, or remembers that, or knows that, the gun is loaded, then he must believe that the gun is loaded. Even to wonder whether the gun is loaded requires the belief, for example, that a gun is a weapon, that it is a more or less enduring physical object, and so on.[48]

Für den, der Überzeugungen kritiklos _hat_, gelten sie in der Regel vom Zeitpunkt abgeschlossener Überzeugungsbildung an als unproblematisch: „Es ist so und kann anders nicht sein." Das von etwas Überzeugt-Sein ist solange dogmatisch, wie es eine _Kritik der Überzeugung_ als Frage nach den Möglichkeitsbedingungen verhindert. Für den, der mit einer Überzeugung Dritter konfrontiert wird, kann sie im Einzelfall problematisch sein, weil sie der eigenen Überzeugung widerspricht; sie kann aber auch grundsätzlich Zweifel und Skepsis hervorrufen: „Du sagst, es sei so, aber es kann immer auch anders sein. Ist deine Überzeugung gerechtfertigt? Und wenn ja: wie? Nur dadurch, dass du sie für wahr hältst?"

Der grundsätzliche Zweifel, die Skepsis und die Kritik der Überzeugung müssen die Einstellung des theoretischen Philosophen bestimmen. Der metaphysisch-realistische Philosoph und der naturalistische Metaphysiker kümmern sich nicht darum, dass ihre Auffassungen von Überzeugungen bestimmt sind. Der kritische Philosoph weiß, dass seine Auffassung von Überzeugungen imprägniert sind – auch seine Überzeugung hinsichtlich Überzeugungen; er stellt sich in der ihm gebotenen Perspektive „Es könnte auch anders sein" der Aufgabe der Kritik.

---

[45] Vgl. Lehrer 1983.

[46] Vgl. zu einer umfangreichen multidisziplinären Untersuchung zur Lüge Lipmann/ Plaut 1927.

[47] Politische u. ä. Überzeugungen bleiben hier außer Betracht.

[48] Davidson 2001, 156 f.

Überzeugungen gehören *intrinsisch* als Grundlage und als Resultat von Erkenntnis, Wissen, Verhalten und Handeln zur menschlichen Existenz. Die Frage, ob Individuen (in sozialen Beziehungen) Überzeugungen haben oder nicht, stellt sich nicht. Für die epistemologische Analyse der Möglichkeitsbedingungen von Wissen sind die Befunde einer Phänomenologie der Überzeugungen von Interesse. Überzeugung ist nicht gleich Überzeugung: ‚Tatsachen'-Überzeugungen über Alltagswahrnehmungen des Nahen („dies ist mein Haus", „ich habe Migräne") haben als „*Beobachtungsüberzeugungen*"[49] nicht den gleichen Status wie Überzeugungen großer Reichweite („die Menschenrechte gelten universal") und „Metaüberzeugungen",[50] d.h. Überzeugungen über Überzeugungen (etwa über den moralischen Wert oder die epistemische Begründetheit einer Überzeugung).

Die Überzeugungen, die Menschen entsprechend ihrem Bedarf an Orientierungen in der Wirklichkeit haben, können je nach Bedeutung für die Lebensführung flüchtig, relativ stabil oder in mehr oder weniger langen Lebensphasen konstant sein. Konstante weltbildartige Überzeugungen (‚Grundüberzeugungen') haben den Status von Axiomen; sie scheinen sich selbst zu rechtfertigen;[51] sie bilden die Grundlage der Rechtfertigung weiterer relativ stabiler oder instabiler Überzeugungen, vor allem in Verbindung mit der überzeugungsgestützten Abgrenzung von Überzeugungen Dritter bzw. mit deren Kritik und Ablehnung; in dieser Hinsicht markieren Überzeugungen Toleranzgrenzen.[52]

Überzeugungen bilden eine *systemische* Ganzheit von Selbst-Evidenzen:

Überzeugungen treten nicht je einzeln auf, sondern nur jeweils als ein gesamtes Überzeugungssystem einer Person. [...] Zu den Eigenschaften, die charakteristisch sind für Überzeugungen, gehört eine Bedeutung, ein Bestätigungsgrad und ein Rechtfertigungsgrad. Gemäß dem Überzeugungs-Holis-

---

[49] Bartelborth 1996, 76.

[50] Ebd., 78.

[51] Tatsächlich haben sie Rechtfertigungsgrundlagen, so z.B. religiöse Überzeugungen in der Annahme göttlicher ‚Offenbarung'. Ein Extremfall des Überzeugtseins und des Handelns aus Überzeugung bis zum Tode ist der Märtyrer; vgl. hierzu Meskini 2006. Diese Gestalt des Überzeugungstäters tritt nicht erst jetzt und nicht erst im Bannkreis von politischem Fundamentalismus auf. Das Selbsttötungs-Attentat – „der mystische Gebrauch des eigenen Körpers" (ebd., 130) als Ausdruck verzweifelten monadischen Widerstands in einer Welt, die scheinbar durch Worte und rationales Handeln nicht mehr veränderbar ist – erscheint nur aufgrund der am 11. September 2001 sichtbaren Folgen und seiner derzeitigen Häufigkeit als neuartig. Es ist Ausdruck einer in sich geschlossenen und sich nach außen verschließenden Überzeugung, auf deren Grundlage nicht mehr zu argumentieren, sondern final zu handeln ist.

[52] Die Kritik der Überzeugungen Dritter als ‚bloße Überzeugungen' gehört zum paradoxalen Habitus des Überzeugt-Seins.

mus haben Überzeugungen diese Eigenschaften nicht je einzeln, sondern nur indem sie ein ganzes System von Überzeugungen bilden.[53] Die Zurückführung aller Überzeugungen eines Individuums auf eine fundamentale Überzeugung ist jedoch nicht möglich: Kohärenz[54] – ja selbst Konsistenz – gibt es im Gesamt von Überzeugungen nur begrenzt; *de facto* können miteinander unverträgliche konstante und flüchtige Überzeugungen trotz des Bemühens um Kohärenz koexistieren,[55] neue oder revidierte Überzeugungen werden entweder kohärent in das Überzeugungssystem integriert, oder das System selbst wird angepasst[56] und trägt so zur Sicherung personaler Identität bei.

Überzeugungen können für Revisionen[57] offen sein, müssen es aber nicht. Überzeugungen können kollektive und individuelle soziale und/oder epistemische Krisen überstehen und unter veränderten Rahmenbedingungen stabil bleiben oder aber instabil werden, weil sie sich als Mittel der Lebensführung nicht bewährt haben. Jede Kultur, jede Subkultur, jede Gesellschaft und jede homogene Gruppe entwickelt einen *Set* von Einstellungen und Überzeugungen, der die ihr eigene Normalität prägt. In dieser Normalität gehen kollektive Optionen und Gegenoptionen in individuelle Überzeugungen und in Handeln über – in Formen der Assimilation, Affirmation, Verweigerung oder Widerstand. Sowohl die Anpassung an ein kollektives Überzeugungssystem (etwa einer Religion, einer sozialen Bewegung, einer Partei,[58] aber auch eines bestimmten Teils des Wissenschaftssystems) als auch die Teilhabe an den riskanten Überzeugungen einer widerständigen Gruppe können die Funktion der Orientierungssicherung in einer epistemischen ‚Heimat' erfüllen.

In Krisen können sich Überzeugungen auf besondere Weise ändern: Nur Überzeugungsinhalte verändern sich, nicht aber die Funktion und Wirkungsweise; strukturell bleibt der Habitus des Überzeugtseins gleich. Welcher Set von Überzeugungen auch immer – er verschafft dadurch Sicherheit der Orientierung,

---

[53] Esfeld 1997, 153; vgl. zum Zusammenhang von sozialem Holismus und Überzeugungs-Holismus Esfeld 2000.

[54] Zur Kohärenztheorie der Überzeugung vgl. BonJour 1985, Lehrer 1990, Rott 2000a und 2000b, Bartelborth 2000, Thagard 2000.

[55] So kann z.B. die Überzeugung, das Gebot der Nächstenliebe sei der Kern des Christentums, mit der Überzeugung koexistieren, der Staat sei zur Armutsvorsorge nicht verpflichtet. Oder die Überzeugung, „Hitler" habe den Krieg konsequent vorbereitet, koexistiert mit der Überzeugung, der Grund des Baus der Reichsautobahnen sei die Behebung der Arbeitslosigkeit gewesen.

[56] Vgl. Williams/Rott 2001.

[57] Zur Revision von Überzeugungssystemen und Theorien vgl. Haas 2005.

[58] Kollektive Überzeugungssysteme sind u.a. durch die Überzeugung gekennzeichnet, zu wissen, worin ‚richtige Überzeugungen' bestehen; die Abweichung wird als Häresie, Verrat, Renegatentum etc. verurteilt.

dass in ihm mögliche Überzeugungsalternativen gefiltert, unerwünschte oder nicht kohärent in ein Überzeugungsensemble einbeziehbare Überzeugungen aus den gegenwärtig für relevant gehaltenen Einstellungen ausgeschlossen oder auch aus der Erinnerung verdrängt werden.[59] Nicht als Einzelne, sondern nur im Set erfüllen Überzeugungen ihre *domänenübergreifende Funktion*: So ermöglicht etwa die naturalistische Grundüberzeugung des Neurowissenschaftlers von der physischen Einheit und naturgesetzlichen Ordnung der ‚Realität' in Verbindung mit der Überzeugung der Reduzierbarkeit von ‚Geist' auf neurale Aktivitäten des Gehirns bzw. der Überzeugung der experimentellen Feststellbarkeit der Identität neuraler und ‚geistiger' Hirnzustände und -prozesse domänen*übergreifend* eine Überzeugung zur Nichtexistenz von Willensfreiheit. Vergleichbares gilt für naturalistische Grundüberzeugungen bezüglich der Geltung von Naturgesetzen außerhalb der Natur: Die Unterstellung der Übertragbarkeit biologischer Erklärungen auf gesellschaftliche Prozesse gehört zu einem Überzeugungs-Set.

Überzeugungen sind zwar mentale ‚Zustände', aber sie bewegen sich und operieren als *Prozesse*: Jemand (*S*) ist zum Zeitpunkt *t1* von *p1* überzeugt, und diese Überzeugung *ü1* kann als begründet und wahr gerechtfertigt werden; er hat das Wissen *w1*. *S* ‚meint' aber zum Zeitpunkt *t2* von *p1* nicht länger überzeugt sein zu können und ‚glaubt', *ü1* ändern zu müssen; *S* gelangt durch neue Informationen, geänderte Hypothesen, plausibel erscheinende Vorurteile etc. zu einer Überzeugung *ü2* und gewinnt ein Wissen *w2* über *p2* usf. In diesem Prozess gibt es zwischen *ü1* und *ü2* bzw. zwischen *w1* und *w2* über *p1* und *p2* fließende *Übergänge* und Zustände *zwischen* Meinen, Glauben, Überzeugungen und Wissen.

Äußerungen von *S*, „dass *p1*" oder „dass *p2*" haben überzeugungsabhängige Bedeutungen. *S* können keine Überzeugungen zugeschrieben werden, wenn wir die *Bedeutung* seiner Aussagen nicht kennen, und den Aussagen keine Bedeutungen, wenn wir die *Überzeugungen* von *S* nicht kennen. D. Davidsons Vorschlag zur Auflösung dieses Zirkels lautet: „Überzeugungen [...] und Bedeutungen spielen eine komplementäre Rolle in der Interpretation von sprachlichen Äußerungen."[60] Er verbindet die Problemlösung mit einer minimal-externalistischen Epistemologie, die auf die Idee einer Korrespondenz zwischen einer Aussage und einem externen Korrelat verzichtet. Er setzt vielmehr bei seiner antirelativistischen Strategie auf die öffentliche, erlernbare und intersubjektiv kommunizierbare Existenz von Sachverhalten in der Wirklichkeit. Von einer Wahrheitstheorie braucht mit Bezug auf eine natürliche Sprache nicht mehr erwartet zu

---

[59] Dies zeigt sich vor allem bei historischen Brüchen: Nach 1945 blieben viele überzeugte Nationalsozialisten, nach 1989 zumindest einige überzeugte Marxisten; nicht wenige andere wollten nach 1945 nie Nationalsozialisten, nach 1989 nie Marxisten gewesen sein; Biographien werden oft nach Überzeugungswechseln revidiert.

[60] So referiert Hinzen 2001, 21, Davidsons Auffassung; zur Kritik vgl. ebd.

werden als eine „empirische Erklärung der kausalen Beziehung zwischen Merk-
malen der Umwelt und dem Für-wahr-Halten von Sätzen". Damit ist für Davidson das Mit-der-Welt-in-Beziehung-Stehen gesichert: „Denn wir können uns
[...] nie willkürlicher verhalten, als die Welt es uns gestattet."[61]
Überzeugungen gehören zur *conditio humana*. Das epistemologische Problem
besteht nicht darin, dass die Erkenntnis ‚eigentlich' darauf gerichtet wäre, die
Realität zu repräsentieren, und Überzeugungen diese Art von Repräsentation
unterliefen, weil sie die propositionalen Gehalte infizierten und so ein mentaler
Zugang zur *Wirklichkeit*[62] unmöglich wäre. Überzeugungen betreffen nicht die
Realität, und ihr Inhalt hängt nicht davon ab, ‚wie es sich in der Realität nun einmal verhält'. Überzeugungen sind Einstellungen *in* der phänomenalen Wirklichkeit *zur* Wirklichkeit. Man kann sich in seinen Überzeugungen nur deshalb täu-
schen, weil die Realität keine Überzeugungsinhalte erzwingt und es mögliche
Wirklichkeits-Versionen gibt. „Irren ist menschlich".[63]

Die Feststellbarkeit der Richtigkeit oder Falschheit von Überzeugungen
nimmt mit der Reichweite der Überzeugungen zu bzw. ab. Überzeugungen zur
nahen Umwelt erweisen sich als wahr oder falsch: Der Satz „Ich weiß, dass dies
mein Haus ist" ist insofern unproblematisch, als es mein Haus ist oder nicht ist;
er ist eindeutig begründet oder nicht begründet. Der mit Überzeugungen verbundenen Relativität von Wissen sind insofern durch Tatsächliches Grenzen gesetzt.
Der Satz kann aber problematisch werden, wenn ein komplexes Überzeugungssystem verhindert, dass eine bestimmte vom System abhängige Überzeugung
zutrifft.

Überzeugungen sind stichhaltig begründet, wenn das Vorgehen bei der Überzeugungsbildung den erkenntnistheoretischen Kriterien genügt. Eine Beschreibung, auf welche Weise die Wahrheitskriterien bzw. Akzeptabilitätsbedingungen
für eine These ‚p' erfüllt sind, ist eine epistemische Begründung für ‚p'. Eine
(stichhaltig) begründete Überzeugung zusammen mit dem Glauben an die ihn
motivierende, triftige epistemische Begründung (d.h., zusammen mit seiner trif-
tigen subjektiven Begründung) ist dasselbe wie eine *Erkenntnis*. Umstritten ist,
ob eine wahre Erkenntnis schon Wissen ist bzw. welche Bedingungen zusätzlich
noch erfüllt sein müssen.[64]

Das Problem besteht darin, ob Überzeugungen mit großer Reichweite, mit denen Nahbereichsüberzeugungen mehr oder weniger kohärent verknüpft sind, in
diesem Sinne epistemisch begründet werden können. Zumindest nicht alle Über-

---

[61] So Rorty 1994, 23, in seiner Verteidigung Davidsons. Vgl. Davidson 1991; zu Davidson vgl. Dellantonio 2007; zu einer Auseinandersetzung mit Quine und Davidson vgl.
Dellantonio 2002.
[62] Zum „Weltbezug von Überzeugungen" vgl. Willaschek 2003, Kap. V.
[63] Vgl. Lueken 1999.
[64] Lumer 1999, 151.

zeugungen sind so geartet, dass sie reflexiv einer Kritik unterzogen und kontrolliert werden können. Anders gesagt: Kann die im Gedanken oder im Satz „Ich weiß, dass es so ist und nicht anders" ausgedrückte Überzeugung auch dann gerechtfertigt werden, wenn es sich nicht um *offensichtliche* Tatsachen, sondern um intendierte, gedachte, geträumte oder phantasierte, um abstrakte und theoretische, kurz: ohne konkretes empirisches Korrelat behauptete ‚Tatsachen' handelt? Sind derartige ‚Tatsachen' in einem objektiven Sinne wahrheitsfähig? Th. Nagel behauptet, Objektivität sei ein „Verfahren des Verstandes. Es sind Überzeugungen und Einstellungen, die im primären Sinne objektiv sind; die Wahrheiten, die man auf diesem Wege gewinnt, nennen wir nur in einem derivativen Sinne objektiv".[65] Wäre dies so, dann bliebe die Frage offen, worin die Objektivität (subjektiver) Überzeugungen gründet und wie sie feststellbar ist. H. Putnams intern-realistische, pragmatische Konzeption erweist sich im Kontext des Überzeugungsproblems als hilfreicher als Nagels Annahmen:

‚Wahrheit' ist nach internalistischer Auffassung so etwas wie (idealisierte) rationale Akzeptierbarkeit – so etwas wie ideale Kohärenz unserer Überzeugungen untereinander und in Bezug auf unsere Erfahrungen *entsprechend der Darstellung dieser Erfahrungen in unserem Überzeugungssystem* – und nicht Übereinstimmung mit geistesunabhängigen oder redeunabhängigen ‚Sachverhalten'.[66]

Die Problemlösung, die sich hier abzeichnet, besteht in einer *Kritik* der Überzeugungen, die von der theoretischen Philosophie im Sinne einer *transzendentalen,* also nach den epistemischen Möglichkeitsbedingungen fragenden Analyse geleistet werden kann. Diese muss allerdings von empirischen Untersuchungen der sozialen und kulturellen Genese und Geltung von Überzeugungen begleitet werden, wie sie die (Sozio-)Psychologie und die (Wissens-)Soziologie leisten können. Eine solche Kritik ist weder vom Alltagsverstand noch – in der Regel – im Rahmen wissenschaftlicher Tätigkeit (z.B. im Labor) zu erwarten. Beide sind aus pragmatischen Gründen von der starken Metaüberzeugung geleitet, dass Überzeugungen, richtiges Erkennen vorausgesetzt, den ‚Tatsachen' entsprechen und aufgrund direkten Bezugs auf die ‚Tatsachen' entweder eine Form objektiven Wissens sind oder – etwa im Fall von Hypothesen – zu objektivem Wissen führen. Epistemologische Skrupel dringen nur schwer vor zu den Evidenzen und Intuitionen des *common sense*; auch der empirisch arbeitende Wissenschaftler sieht sich durch sie eher bedroht als gefordert.

Erkenntnis-, Wissens- und Wissenschaftstheorien gehen häufig davon aus oder fordern, Aussagen „dass *p*" seien durch direkte (oder gar kausale) Bezüge auf Wahrgenommenes bzw. Beobachtetes zu rechtfertigen: Eine Überzeugung ist

---

[65] Nagel 1992, 12; vgl. auch Nagel 1991. Zu Objektivitäts-Theorien vgl. Heßbrüggen-Walter 1999. Zu Objektivität als intersubjektive Übereinstimmung in Wissensgemeinschaften vgl. Chevally 1995.

[66] Putnam 1990, 75 f.

dann gerechtfertigt, wenn *p* eine empirisch festgestellte Tatsache ist. Doch es ist nicht offensichtlich, was die ‚Tatsachen' sind, deren unbezweifelbare Existenz der *common sense* und positivistische Auffassungen unterstellen.

Um empirische Rechtfertigung theoretisch begründen zu können, müssten vier Fallen vermeidbar sein: (i) die Rechtfertigung einer Überzeugung beruht auf Überzeugungen, und der Regress in immer weitere Überzeugungen ist endlos; (ii) die Kette der Überzeugungen bildet einen Zirkel; (iii) die Rechtfertigungskette endet in einer ungerechtfertigten Überzeugung; (iv) Überzeugungen können nicht gerechtfertigt werden. Es scheint nur ein Weg der empirischen Rechtfertigung offenzustehen; P.K. Moser nennt ihn „Epistemic Intuitionism".[67] Doch epistemische *Intuitionen* darüber, was ‚gegebene', Rechtfertigungen ermöglichende Tatsachen sind, sind letztlich auch nichts anderes als Überzeugungen, die in Wissensgemeinschaften anerkannt und geteilt werden, solange sie sich bei empirischen Rechtfertigungen bewähren.

5. Plädoyer für bescheidene Wahrheitsansprüche

Die Definition „Wissen ist gerechtfertigte wahre Überzeugung" stellt sich in dem Maße als problematische These heraus, wie die Rechtfertigung einer Überzeugung als ‚wahr' problematisch ist, weil eine Rechtfertigung *aus Tatsachen* problematisch ist.

Zumindest bezogen auf nicht-beobachtbare Entitäten gibt es offensichtlich keinen Unterschied zwischen Überzeugung und Wissen.[68] Das Wissen ist in allen derartigen Fällen eine Form des ‚Wahrglaubens', und das ‚Wahrmachen' (die Verifikation) ist in einem (ontologisch) metaphysisch-realistischen und in einem (epistemologisch/methodologisch) empiristischen Sinne aus Gründen der wissenskulturellen Verhaftung und der Überzeugungs- und Theoriegeladenheit dessen, was verifiziert werden soll, nicht möglich.

Sind rechtfertigungs*transzendente* Überzeugungen,[69] Überzeugungen jenseits der Möglichkeit, gerechtfertigt zu werden, die Ausnahme? Dieser Typus von Überzeugungen ist weit verbreiteter und in Wissenskulturen folgenreicher als Beobachtungsüberzeugungen. Er gehorcht anderen Maßstäben der Rechtfertigung. Im alltäglichen, auch wissenschaftlichen Leben sind *de facto* andere Normen anerkannt, und rechtfertigungs*transzendente* Überzeugungen gelten keineswegs als „unbegründete Überzeugungen".[70] Es sind Überzeugungen, die – in

---

[67] Vgl. zur Erläuterung dieses Konzepts Moser 1984 und Moser 1985, Kap. 5.

[68] Zu Theorien, die strikt zwischen Überzeugung und Wissen (*belief* und *knowledge*) unterscheiden, und solchen, die diese Unterscheidung nicht für möglich halten, vgl. Sayre 1997, 121-128.

[69] Vgl. zu diesem Typus von Überzeugungen Willaschek 2003, 250-253.

[70] So Willaschek ebd., 251.

paradoxer Übereinstimmung mit dem im Alltag und im Labor verbreiteten *common-sense*-Realismus – schwächere als die von Verteidigern des metaphysischen Realismus und harten Empiristen geforderten Begründungen akzeptieren. Der Alltagsverstand kann sich aus pragmatischen Gründen durchaus in den Grenzen von Überzeugungen bewegen, ohne eine ontische Gewähr für die mit ihnen verbundenen Propositionen zu verlangen. Dies trifft vor allem auf religiöse, weltanschauliche und ideologische Überzeugungen[71] und Diskurse zu, in denen die Differenz zwischen ‚existierend/nichtexistierend' als Grundlage der Bewertung ‚wahr/nicht wahr' verschwindet. An die Stelle der Forderung nach der tatsächlichen Gegebenheit von *p* treten Kriterien epistemischer *Anerkennung*, dass *p*. Sie kommen mit weit schwächeren Begründungen aus als epistemische *Rechtfertigungen*. Die Anerkennung eines Sachverhalts setzt nicht voraus, dass es Gründe für seine Rechtfertigung gibt. Anerkennung hat Quellen in Überzeugungen, die in sozialen, politischen, wissenschaftlichen, philosophischen etc. Überzeugungsgemeinschaften geteilt werden – in ‚immer schon bewährten' Erfahrungen, in Treu-und-Glauben-Gewohnheiten, in der Glaubhaftigkeit von Autoritäten, in als richtig unterstellten Kriterien von Nutzen – und der Erfolg: *S* weiß sich in seinem Glauben/Wissen „dass *p*" dann berechtigt, wenn die Erfahrung es ‚lehrt', wenn Autoritäten dasselbe glauben bzw. zu wissen behaupten, wenn es für *S* oder einzelne Dritte oder ‚das Volk' oder ‚die Menschheit' nützlich ist/zum gewünschten Erfolg führt.

Die Art von Wissen, das in rechtfertigungs*transzendenten* Überzeugungen in Anspruch genommen wird, ist zum Zeitpunkt des Überzeugtseins von der Tatsächlichkeit von *p* gegenüber Revisionen immun; sie ist *intrinsisch* infallibel: „S weiß, dass P, genau dann, wenn S' Beleg für P jede Möglichkeit, in der P falsch ist, ausschließt."[72] Unter der Voraussetzung, dass die Wahr/falsch-Alternative pragmatisch so umgedeutet worden ist, dass nicht mehr die Tatsächlichkeit von *p*, sondern die *Anerkennbarkeit der Behauptung*, „dass *p*", der Bewertungsmaßstab ist, werden faktisch nicht begründbare (religiöse, fiktionale, ideologische, irrationale) Aussagen in der Wissenskultur einer Gesellschaft akzeptierbar; sie sind gegen die Falsifizierung durch den Nachweis, „dass nicht *p*", solange immun, wie sie als evident angenommen werden können und mit einem kollektiven und/oder individuellen Überzeugungssystem *kohärent* sind. Ihre empirische Falsifizierung bedeutet nicht zwingend die Entwertung ihrer Funktion als etwas, das als ‚Wissen' geglaubt werden kann und eine Orientierungsfunktion erfüllt. Denn die als Rechtfertigung verstandene Anerkennung einer Überzeugung ergibt sich

---

[71] Zu Rechtfertigungsanforderungen an ideologische Diskurse vgl. Coquet 1983, 64ff.
[72] Williams 2001, 175. Ich verwende die Formel in anderem Kontext als Williams.

aus der (Grund-)Überzeugung, dass ein ganzes Überzeugungssystem kohärent und im Gesamt seiner Evidenzen gerechtfertigt ist.[73]

Bei der mit dem Satz „Wissen ist gerechtfertigte wahre Überzeugung" geforderten Rechtfertigung ist deshalb zwischen zwei Strategien zu unterscheiden:

– Die *starke Strategie der Rechtfertigung* formuliert die Erfüllungsbedingungen für die Wahrheit von Sätzen im Ausgang von Ontologien der Tatsächlichkeit von Sachverhalten und fordert in skepsis- und relativismuskritischer Absicht *Korrespondenz*; sie ist *substanziell* begründet und will die *kausale Erklärung* von Überzeugungen und ihnen entsprechender Aussagen ermöglichen; das Prädikat ‚wahr' bezeichnet eine Relation zwischen Aussage und Welt:[74] *S ist in seinem Glauben, dass p, gerechtfertigt gdw. p.*

– Die *schwache Strategie der Anerkennung* ist auf Evidenzen gestützt und ontologisch neutral; sie begnügt sich mit der Unterstellung von Korrespondenz, erwartet aber *de facto* nicht mehr als Kohärenz; sie ist *funktional und pragmatisch* begründet und ermöglicht das *Verstehen* von Überzeugungen und entsprechender Aussagen; sie trivialisiert bzw. minimiert normative Wahrheitsansprüche: Das Überzeugungssystem entscheidet darüber, wie der Prädikator ‚wahr' verwandt wird; ‚wahr' muss keine Relation zwischen den zu einem Überzeugungssystem gehörenden Aussagen und ‚Tatsachen' in der ‚realen Welt' bezeichnen; eine Überzeugung wird als wahr anerkannt, wenn sie evidentiell nichtwiderlegt ist: *S's Überzeugung ist anerkannt gdw. S hinreichend evidente Gründe für seine Überzeugung ‚dass p' hat.*

Diese Strategie unterläuft die starke Theorie epistemischer Rechtfertigung und das Gebot, nichts zu meinen, nichts zu glauben und von nichts zu behaupten, man *wisse* es, das nicht als ‚wahr' gerechtfertigt ist. Sie ist kontextualistisch und kann aufgrund des Pluralismus miteinander konkurrierender, jeweils kohärenter und für wahr gehaltener Überzeugungen Relativismus nach sich ziehen. Die Frage ist nicht, ob es diese Strategie gibt, sondern mit welcher Reichweite es sie gibt; es ist offensichtlich, dass Meinungen, Glaubenssätze und Überzeugungen auf diese Weise Anerkennung finden. Das Problem besteht darin, ob diese Strategie auf den Bereich von Jedermanns-Meinungen und religiöse, weltanschauliche und ideologische Überzeugungen begrenzt ist. Mit anderen Worten: Gibt es Bereiche, für die eine epistemische Rechtfertigung nicht nur gefordert werden muss, sondern in denen sie auch leistbar ist? Gehört die Philosophie, gehören die

---

[73] Von Propositionen, die zu einem kohärenten Überzeugungssystem gehören, ist weder verlangt, dass sie *kausal*, noch dass sie *deduktiv* auseinander abgeleitet und begründet sind.

[74] Diese Strategie wird in Epistemologien mit wenigen hyperrealistischen Ausnahmen nicht vertreten. Sie prägt aber die spontan-realistischen Unterstellungen des Alltagsverstandes und des gruppeninternen wissenschaftlichen *common sense*, die mit der schwachen Anerkennungsstrategie koexistieren.

Wissenschaften zu diesem Bereich? Oder ist diese Fragestellung im legitimatorischen Interesse der Sicherung größerer Wahrheitsnähe von Philosophie und Wissenschaften suggestiv? Würde man sie für die Künste zulassen? Falls nein, ist zu fragen, warum ungeachtet des faktischen Pluralismus von Problemstellungen und Problemlösungen, von Hypothesen, Prüfnormen und -verfahren sowie Theorien gerade für die Philosophie und die Wissenschaften eine besondere Art der Rechtfertigung von Überzeugungen als wahr, eine besondere Art des Wahr-Machens zu fordern ist.

Am normativen Konzept 'Wahrheit' festzuhalten ist durchaus kein Anachronismus. Ohne es sind weder Alltagsdiskurse noch Philosophie noch Wissenschaften denkbar. Die häufig geäußerte Unterstellung, der interne Realismus führe als epistemologischer Pluralismus zum Verzicht auf Wahrheitsansprüche, ist nicht berechtigt. Internalisten stellen lediglich den *faktischen* epistemischen Pluralismus in Rechnung und sagen, dass Wahrheit nur innerhalb von Überzeugungssystemen als Wahrheit$_s$ mit der Signatur des Systems$_s$ behauptet werden kann. Hieraus ergeben sich bescheidenere Wahrheitsansprüche, gepaart mit einem Mehr an Anforderungen, zwischen richtigen und verkehrten Welt-Versionen zu unterscheiden: Eine Version wird „dann für wahr gehalten, wenn sie keinen hartnäckigen Überzeugungen widerspricht und keine ihrer eigenen Vorschriften verletzt".[75] Diese Voraussetzungen werden *de facto* auch in der Philosophie, in impliziten Wissenschaftsphilosophien[76] und in einer 'liberalisierten' Wissenschaftstheorie akzeptiert, die ontologische Gründe der Wahrheitsrechtfertigung durch geteilte *Akzeptanzstandards* ersetzt: Es gibt in Wissensgemeinschaften normative Intuitionen darüber, welche Erkenntnisziele und welche Verfahren zum Erreichen der Ziele anerkannt werden sollen.[77]

Interne Realisten wollen und können nicht mehr fordern als *formale Konsistenz* (innere Widerspruchsfreiheit), *Kohärenz* und – dies die epistemisch-ethische Seite – *Wahrhaftigkeit*. Die von der Korrespondenztheorie und allen Formen der Abbildtheorie gestellten Forderungen sind nicht nur nicht erfüllbar, sondern auch hinsichtlich eines großen Teils unserer Aussagen nicht alltagstauglich. Was, so werden manche vielleicht fragen, bleibt, wenn man für eine wahrheitstheoretisch bescheidene Philosophie plädiert? Die Frage ist falsch gestellt. Zu fragen ist nach dem Gewinn an lebensweltlicher Sicherheit, wenn Wahrheitsansprüchen Grenzen gesetzt werden.

---

[75] Goodman/Elgin 1993, 31.

[76] Dass vor allem in Natur- und Technikwissenschaften *in praxi* (etwa im Labor oder in der Konstruktionshalle) starke realistische Selbstverständnisse vom 'Gegebensein' von Dingen, Gesetzen etc. vorherrschen, schließt die erkenntniskritische Reflexion der eigenen Tätigkeit nicht aus.

[77] Vgl. Carrier 2007.

Ein Fazit: Aus guten Gründen und nach Regeln anerkennbare, kommunizierbare, öffentlich begründete und von Dritten verstehbare Überzeugungen können gegenüber absolutistischen Wahrheitsansprüchen Anerkennung beanspruchen. Sie *sind* für uns – epistemische Subjekte und Zeichen- und Bedeutungsgemeinschaften in Wissenskulturen – ‚wahre' Überzeugungen und deshalb *Wissen* nach dem uns möglichen Menschenmaß. Mit diesem bescheidenen Wahrheitsanspruch trägt die theoretische Philosophie – in der Erkenntnis ihrer möglichen Selbstgefährdung und weit über ihre analytische Funktion hinaus – in praktischer Absicht dazu bei, das im Rechtsstaat unveräußerliche Recht auf Dissens und den für die Demokratie konstitutiven Verzicht auf Wahrheits- und Herrschaftsmonopole zu verteidigen. Philosophie, wozu? Genau hierzu.

Literatur

AA   *Kant's gesammelte Schriften*, hg. v. der Königlich Preußischen Akademie der Wissenschaften, Berlin 1900-1955, 1966 ff.

ECW   E. Cassirer. *Gesammelte Werke*. Hamburger Ausgabe. Hg. v. B. Recki, Hamburg 1998 ff.

EPh   *Enzyklopädie Philosophie*, hg. v. H. J. Sandkühler, 1. Aufl. in 2 Bde., Hamburg 1999, 2. Aufl. in 3 Bde., Hamburg 2010.

EPhW Enzyklopädie Philosophie und Wissenschaftstheorie, hg. v. J. Mittelstraß, Bde. 1-2, Mannheim et al. 1980, 1984; Bde. 3-4, Stuttgart/Weimar 1995, 1996.

HWbPh *Historisches Wörterbuch der Philosophie*, hg. v. J. Ritter/K. Gründer, 12 Bde., Basel/Stuttgart 1971-2004.

Abel, G., 1993, *Interpretationswelten. Gegenwartsphilosophie jenseits von Essentialismus und Relativismus*, Frankfurt/M.

Abel, G., 1996, „Interne Pluralität. Sprach- und zeichenphilosophische Grundlagen des theoretischen Pluralismus". In: Abel/Sandkühler 1996.

Abel, G./H. J. Sandkühler (Hg.), 1996, *Pluralismus – Erkenntnistheorie, Ethik und Politik*, Dialektik 3/1996, Hamburg.

Arnold, M./G. Dressel, 2004, *Wissenschaftskulturen – Experimentalkulturen - Gelehrtenkulturen*, Wien.

Bachelard, G., [14]1978 [1934], *Le nouvel esprit scientifique*, Paris.

Bartelborth, Th., 1996, *Begründungsstrategien. Ein Weg durch die analytische Erkenntnistheorie*, Berlin.

Bartelborth, Th., 2000, „Kohärenz – ein überflüssiger Begriff? Wie entsteht ein System von Überzeugungen?". In: J. Nida-Rümelin (Hg.), *Rationality – Realism – Revision/Rationalität – Realismus – Revision (Proceedings of the 3rd International Congress of the Society for Analytical Philosophy)*, Berlin/New York.

Bayertz, K./M. Gerhard/W. Jaeschke (Hg.), 2007, *Weltanschauung, Philosophie und Naturwissenschaft im 19. Jahrhundert. Bd. 3: Der Ignorabimus-Streit*, Hamburg.

BonJour, L., 1985, *The Structure of Empirical Knowledge*, Cambridge/Mass.

Braun, Ch. v./I. Stephan, 2005, *Gender&Wissen. Ein Handbuch der Gender-Theorien*, Köln/Weimar/Wien.

Carnap, R., ²1956 [1947], *Meaning and Necessity. A Study in Semantics and Modal Logic*, Chicago/London.

Carrier, M., 2007, „Wege der Wissenschaftsphilosophie im 20. Jahrhundert". In: M. Stöckler/A. Bartels (Hg.), *Wissenschaftstheorie. Texte zur Einführung*, Paderborn.

Chevally, C., 1995, „On Objectivity as Intersubjective Agreement". In: L. Krüger/B. Falkenburg (Hg.), *Physik, Philosophie und die Einheit der Wissenschaften*, Heidelberg/Berlin/Oxford.

Coquet, J. C., 1983, „Les discours de la véridiction". In: Parret, H. (ed.), 1983, *On Believing. Epistemological and Semiotic Approaches. De la croyance. Approches epistémologiques et sémiotiques*, Berlin/New York.

Davidson, D., 1990, „The Structure and Content of Thruth". In: *The Journal of Philosophy* 6 (June 1990).

Davidson, D., 1991, „Epistemology Externalized". In: *Dialectica* 45.

Davidson, D., 2001 [1965], „Theories of Meaning and Learnable Languages". In: Ders., *Inquiries into Truth and Interpretation*, Oxford.

Dellantonio, S., 2002, „Sinneswahrnehmung und Überzeugungen. Die Frage nach dem empirischen Fundament". In: *Argument & Analyse*, hg. v. A. Beckermann/Ch. Nimtz, Paderborn.

Dellantonio, S., 2007, *Die interne Dimension der Bedeutung. Externalismus, Internalismus und semantische Kompetenz*, Frankfurt/M.

Dennett, D. C., 2003, „True Believers: The Intentional Strategy and Why It Works". In: T. O'Connor/D. Robb (Hg.), 2003, *Philosophy of Mind. Contemporary Readings*, London/New York.

Detel, W., 2003, „Wissenskulturen und epistemische Praktiken". In: J. Fried/Th. Kailer 2003.

Detel, W., 2007, *Erkenntnis- und Wissenschaftstheorie*, Stuttgart.

Detel, W./C. Zittel (Hg.), 2002, *Wissensideale und Wissenskulturen in der frühen Neuzeit/Ideals and Cultures of Knowledge in Early Modern Europe* (Wissenskulturen und gesellschaftlicher Wandel 2), Berlin.

Douven, I., 2005, „A Contextualist Solution to the Gettier Problem". In: *Grazer Philosophische Studien* 69.

Esfeld, M., 1997, „Holismus und Verbindungen zwischen der Philosophie des Geistes und der Philosophie der Physik". In: *Conceptus* 31, H. 79.

Esfeld, M., 2000, „Ein Argument für sozialen Holismus und Überzeugungs-Holismus". In: *Zeitschrift f. philosophische Forschung* 54, H. 3.

Freudenberger, S., 2004, *Erkenntniswelten. Semiotik, analytische Philosophie, feministische Erkenntnistheorie*, Paderborn.

Freudenberger, S., 2006, „Autorité et faculté de juger". In: J. Poulain/H. J. Sandkühler/F. Triki (Hg.), 2006, *L'agir philosophique dans le dialogue transculturel*, Paris.

Fried, J./Th. Kailer (Hg.), 2003, *Wissenskulturen. Beiträge zu einem forschungsstrategischen Konzept*, Berlin.

Goodman, N., 1990 [1978], *Weisen der Welterzeugung*, Frankfurt/M.

Goodman, N./C. Elgin, 1993 [1989], *Revisionen. Philosophie und andere Künste und Wissenschaften.* Übers. v. B. Philippi, Frankfurt/M.

Haas G., 2005, *Revision und Rechtfertigung. Eine Theorie der Theorieänderung,* Heidelberg.

Halbfass, W./K. Held, 1972, „Evidenz". In: *HWbPh,* Bd. 2.

Henrich, D., 2006, *Die Philosophie im Prozess der Kultur,* Frankfurt/M.

Heßbrüggen-Walter, S., 2010, „Objektivität". In: *EPh,* Bd. 2.

Hinzen, W., 2001, „Überzeugungen und Bedeutungen". In: *Information Philosophie* 2001, H. 4.

Kamp, H., 2003, „Einstellungszustände und Einstellungszuschreibungen in der Diskursrepräsentationstheorie". In: U. Haas-Spohn (Hg.), *Intentionalität zwischen Subjektivität und Weltbezug,* Paderborn.

Kemmerling, A., 2003, „Was mit Glaubenssätzen gesagt wird". In: U. Haas-Spohn (Hg.), *Intentionalität zwischen Subjektivität und Weltbezug,* Paderborn.

Knorr Cetina, K. 2002, *Wissenskulturen. Ein Vergleich naturwissenschaftlicher Wissensformen,* Frankfurt/M.

Kreiser, L./P. Stekeler-Weithofer, 2010, „Wahrheit/Wahrheitstheorie". In: *EPh,* Bd. 3.

Kutschera, F. v., 1989, „Bemerkungen zur gegenwärtigen Realismus-Diskussion". In: *Traditionen und Perspektiven der analytischen Philosophie. Festschrift für R. Haller,* hg. v. W. L. Gombocz u.a., Wien.

Lehrer, K., 1990, *Theory of Knowledge,* London.

Lenk, H., 1998, *Einführung in die Erkenntnistheorie. Interpretation – Interaktion – Intervention,* München.

Lipmann, O./P. Plaut, 1927, *Die Lüge in psychologischer, philosophischer, juristischer, pädagogischer, historischer, soziologischer, sprach- und literaturwissenschaftlicher und entwicklungsgeschichtlicher Betrachtung,* Leipzig.

Lueken, G.-L., 2010, „Irrtum". In: *EPh,* Bd. 2.

Lumer, Ch., 2010, „Begründung". In: *EPh,* Bd. 1.

Meskini, F., 2006, „Résistance et responsabilité. Essai phénoménologique sur le martyr". In: J. Poulain/H. J. Sandkühler/F. Triki (Hg.), *L'agir philosophique dans le dialogue transculturel,* Paris.

Meyer, Th., 2002, *Identitätspolitik. Vom Missbrauch kultureller Unterschiede,* Frankfurt/M.

Moser, P. K., 1984, „A Defense of Epistemic Intuitionism". In: *Metaphilosophy* 15, No 3.

Moser, P. K., 1985, *Empirical Justification,* Dordrecht.

Musgrave, A., 1993, *Alltagswissen, Wissenschaft und Skeptizismus. Eine historische Einführung in die Erkenntnistheorie,* Tübingen.

Nagel, Th., 1991, *Die Grenzen der Objektivität. Philosophische Vorlesungen.* Übers. u. hg. v. M. Gebauer, Stuttgart.

Nagel, Th., 1992, *Der Blick von nirgendwo,* Frankfurt/M.

Nietzsche, F., 1931, *Die Unschuld des Werdens. Der Nachlaß,* Bd. 1, Ausgew. und geordnet v. A. Bäumler, Leipzig.

Piaget, J., 1974, *Weisheit und Illusionen der Philosophie,* Frankfurt/M.

Putnam, H., 1990 [1981], *Vernunft, Wahrheit und Geschichte.* Übers. v. Joachim Schulte, Frankfurt/M.

Rescher, N., 1996, *Studien zur naturwissenschaftlichen Erkenntnislehre*, hg. v. A. Wüstehube, Würzburg.

Rorty, R., 1994, „Wahrheit ohne Realitätsentsprechung". In: Ders., *Hoffnung statt Erkenntnis. Eine Einführung in die pragmatische Philosophie.* Aus d. Amerikanischen v. J. Schulte, Wien.

Rott, H., 2000a, „Drei Kohärenzbegriffe in der Dynamik kognitiver Systeme". In: J. Nida-Rümelin (Hg.), *Rationality – Realism – Revision/Rationalität – Realismus – Revision (Proceedings of the 3rd International Congress of the Society for Analytical Philosophy)*, Berlin/New York.

Rott, H., 2000b, „Two Dogmas of Belief Revision". In: *Journal of Philosophy* 97.

Russell, B., 1951, *Philosophie des Abendlandes*, Darmstadt.

Russell, B., 1967, *Probleme der Philosophie*, Frankfurt/M.

Sandkühler, H. J., 2010a, „Realismus". In: *EPh*, Bd. 3.

Sandkühler, H. J., 2010b, „Pluralismus". In: *EPh*, Bd. 2.

Sandkühler, H. J., 2002, *Natur und Wissenskulturen. Sorbonne-Vorlesungen über Pluralismus und Epistemologie*, Stuttgart/Weimar.

Sayre, K.M., 1997, *Belief and Knowledge. Mapping the Cognitive Landscape*, Lanham/Md.

Schäfer, L., 1993, *Das Bacon-Projekt. Von der Erkenntnis, Nutzung und Schonung der Natur*, Frankfurt/M.

Siegwart, G., 1997, *Vorfragen zur Wahrheit. Ein Traktat über kognitive Sprachen*, München.

Simon, J., 1994, „Vorwort". In: Ders. (Hg.), *Zeichen und Interpretation*, Frankfurt/M.

Stegmüller, W., 1969, *Metaphysik, Skepsis, Wissenschaft*, Berlin.

Stegmüller, W., [7]1989, *Hauptströmungen der Gegenwartsphilosophie. Eine kritische Einführung*, Bd. 1, Stuttgart.

Sukale, M./K. Rehkämper/M. Plümacher, 1999, „Perspektive/Perspektivismus". In: *EPh*, Bd. 2.

Thagard, P., 2000, *Coherence in Thought and Action*, Cambridge/Mass.

Weingart, P., 2003, *Wissenschaftssoziologie*, Bielefeld.

Willaschek, M. (Hg.), 2000, *Realismus*, Paderborn/München/Wien.

Willaschek, M., 2003, *Der mentale Zugang zur Welt. Realismus, Skeptizismus und Intentionalität*, Frankfurt/M.

Williams, M., 2001, „Kontextualismus, Externalismus und epistemische Maßstäbe". In: T. Grundmann, (Hg.), *Erkenntnistheorie*, Paderborn.

Williams, M.-A./H. Rott (Hg.), 2001, *Frontiers in Belief Revision*, Amsterdam.

Wiredu, K., 1997, „The Need for Conceptual Decolonization in African Philosophy". In: H. Kimmerle/F. M. Wimmer (Hg.), *Philosophy and Democracy in Intercultural Perspective. Philosophie et démocratie en perspective interculturelle*, Amsterdam/Atlanta.

Wittgenstein, L., 1989, *Über Gewißheit*, Werkausgabe Bd. 8, hg. v. G. E. M. Anscombe u. G. H. von Wright, Frankfurt./M.

Mensch und Kultur

Byung-Seok Son

Is a Human Being a Naturally Political Animal?[1]

Focusing on Protagoras' View of *Aidos* and *Dike*

1.

The *Protagoras* of Plato's dialogue portrays a dramatic confrontation between Socrates and Protagoras. The subject matter of the dialogue is the nature of virtue (arete) and its relationship to knowledge (sophia or episteme) and its teachability. I think that Protagoras' Great Speech (320c-328d) has an important philosophical significance for investigating the question of *humanness*, i.e., the human nature as human, especially for the teachability of virtue. Therefore, focusing on the two forms, *Myth* (320c-322d) and *Logos* (322d-328d), of Protagoras' Great Speech, I try to detail and analyze the explicit and implicit nature of two political (or civic) virtues (politike arete), *Aidos* (shame) and *Dike* (justice), from the perspective of human nature as a political animal (politikon zoon).

In order to achieve this end, I firstly investigate the central problem on the nature of Aidos and Dike: whether they are innate or learned. Next, I examine Protagoras' view of punishment (kolasis), which will demonstrate the teachability of political virtue from the perspective of moral education. Finally, I explore Protagoras' Great Speech in order to find some useful meaning of the issue of 'being human.'

2.

During Socrates' discussion with Protagoras (309a-320c), Socrates poses the question of what exactly does Protagoras teach. Protagoras' response is that he offers instruction in precisely what his students want to learn: good judgment (euboulia), both about one's private affairs and about the affairs of the polis (318e5-319a2). Nevertheless, Socrates is skeptical of Protagoras' claim to teach *arete*. Socrates provides two pieces of evidence to support his claim that virtue is not teachable. (1) On subjects which are taught and learned, such as a building project or ship construction, the Athenians in public assemblies accept only the advice of experts, i.e., builders or ship engineers, whereas on general affairs of

---

[1] This paper has been originally published at the Korea Journal *DAEDONG CHULHAK* (Journal of the DAEDONG Philosophical Association) vol. 38, 2007, 163-176.

the polis, they allow anyone, i.e., rich or poor, the noblemen as well as the vulgar to give advice (319d-e). Evidently, this is because they do not think of political affairs as a technical subject calling for training. Therefore, it is clear for Socrates that the Athenians do not believe that political virtue is teachable. In short, Protagoras' pedagogical claims are inconsistent with the basic assumptions of Athenian democracy, since the political practices and institutions of the democracy seem to deny the legitimacy of any specialized expertise in political virtue education. (2) This is also supported by another argument that the wisest and best citizens are unable to impart their excellent political virtue to others, even their own sons (319e-320b). Thus, Pericles has not transfused his own virtue into his children, nor have their children learned it from others. Based on these two facts, Socrates concluded that virtue is not teachable.

Now Protagoras is on the horns of a dilemma. He is faced with the following choice: either virtue cannot be taught and his profession is fraud, or the theory for Athenian democracy is determined to be false in favor of his educational role as a teacher of virtue. This implies that if he admitted, in the defense of Athenian democracy, that virtue is a natural endowment of the whole human race rather than something acquired by teaching, he would argue himself out of his job, for he has claimed training in virtue as his profession. To this Socratic challenge, Protagoras is forced to justify his claims to teach political virtue in a way that is consistent with Athenian democratic principles. That is, he has to prove that the virtue recognized in a democracy is teachable and hence that there is a place for his profession as a sophist[2]. In reply to Socrates, Protagoras seeks to offer his views by means of either the form of Myth (320c-322d) or a Logos, i.e., a reasoned argument (322d-328d).

In the description of Myth, Protagoras provides knowledge about the theory of human origins. According to myth, when the different species of mortal creatures came into existence, the gods charged Prometheus and Epimetheus with distributing to each the equipment of proper powers (dynameis). At first, Epimetheus dispensed the power among them in order to secure their protection. However, owing to Epimetheus' carelessness, he exhausted the complete supply of gifts among other creatures at his disposal, with the result that nothing was left for human beings, who remained „naked, unshod, unbedded and unarmed" (321c). As human beings in order to survive had to obtain such things as food, shelter and clothing, Prometheus stole „technical wisdom (entechnos sophia) together with fire" for human beings from the gods, Hephaestus and Athena (321c-d).

However, in this first stage of humans' development, they lived in isolation and did not yet live in a state of polis (322a-b). They were in a pre-political state, i.e., a natural state. They had not yet become a political animal (politikon zoon).

---

[2] W.K.C. Guthrie, *A History of Greek Philosophy*, Cambridge Univ. Press, 1969, vol. 3, 65.

Thus, though human beings developed religion, speech, and the general attributes of civilization, they realized that the *techne* was not adequate to secure protection against wild beasts. The human being was still disadvantaged in his war against the beasts, despite his endowment with *techne* for food and shelter. Accordingly, the necessity of defense against wild beasts drove human beings to establish polis, which was the second stage of human survival. By founding polis, human beings sought to live together because the war against wild animals required cooperative group effort (322b). However, the attempts to band together in polis were not successful. For human beings injured or committed injustices against each other. Thus, human beings were soon scattered again and began to perish. This inadequacy was not a technical problem but rather a result of man's inability to cooperate and refrain from doing injustice to his fellow man. Thus, human beings required some additional skill to be able to live together in a harmonious way.

Having thus reached the third and final stage of human being's development (322c-d), Zeus sent Hermes to bring *Aidos* and *Dike* to humans, so that there would be order (kosmos) within polis and bonds of friendship (philia) to unite them, as shown in the following dialogue between Hermes and Zeus:

> Then Hermes asked Zeus how he should distribute Aidos and Dike to humans. 'Should I distribute them as the other arts were? That dealing was done in such ways that one person possessing medical art is able to treat many ordinary people, and so with the other craftsman. Should I establish Aidos and Dike among humans in this way also, or distribute it to all?' 'To all' replied Zeus. 'and let all have a share. For polis cannot be formed if only a few possessed these, as is the case with the other arts. And establish thereto this law as coming from me: Death to him who cannot partake of Aidos and Dike, for he is a pest to the polis. (322c-d)

This passage indicates that in his fear that the human race was in danger of utter destruction, Zeus commanded Hermes to give to all humans, indiscriminately, Aidos and Dike, so that all men shared in them, unlike some specialized skills such as the medical art that had been distributed among some men only. In this context, as Aidos can mean shame or respect, which could form the basis for a sense of moderation, it can also mean fear before the opinions of others[3]. Dike can mean justice, law, or right. Accordingly, to Protagoras, since these two virtues are the basic principles of order and bonds of union in polis, without wide-

---

[3] See Plato, *Laws* 646e10-647b1, *Euthyphron* 12b4-c8. Cf. Papades, D., „He ennoia tes demokratias ston Protagora kai ton Aristotele", *Philosophia*, 19-20, Athena, 1989-1990, 181. S.R. Hemmenway, „Sophistry Exposed: Socrates on the Unity of Virtue in the Protagoras", *Ancient Philosophy* 16 (1996), 9. W.K.C.Guthrie (1969), 66.

spread acknowledgement of these virtues human beings cannot live together within the polis[4].

To summarize the discussion thus far, the pre-political stage can be seen as a kind of natural state. The picture on this level is a state of war of all against all, i.e., both human beings and beasts. On the contrary, in the stage of polis, human beings can live peacefully together thanks to the possession of *Aidos* and *Dike*. This political *techne* solves the problem of avoiding man's extinction and makes polis possible by controlling human being's inclination to commit injustice. Consequently, it is surely due to *Aidos and Dike* that apolitical humans could be transformed into political humans.

I now pose the central question of this paper: 'is a human being a naturally political animal (physei)? This question can be answered only by interpreting in detail the exact nature and role of Aidos and Dike. When we consider Aristotle's statement that „a human being is naturally a political animal", it might be said that for Protagoras, Aidos and Dike exist naturally. Considering the previously discussed Myth of Zeus explaining how all human beings came to possess these qualities, and how any unable to do so are to be put to death, the conclusion is reached that all those currently alive possess them naturally. Therefore, the Athenians allowed all citizens to advise them on political questions. Accordingly, some commentators have argued that Aidos and Dike are innate moral instincts that existed in all men before polis was ever formed[5].

This interpretation, however, is open to the following objections. Firstly, the fact that all men are regarded as participating in Aidos and Dike is not in itself sufficient to show that they do so naturally. Furthermore, if Aidos and Dike are regarded as elements of natural virtue, Zeus' provision for those who can't share in them is death. Logically, this means that Zeus was unable to alter human nature itself[6]. Instead, he set out to control natural human impulses by means of these two virtues. Secondly, if Aidos and Dike exist naturally, they cannot be equivalent to *politike techne* or *arete*. According to Protagoras, „teaching needs nature and practice", i.e., teaching requires a natural disposition[7]. Furthermore,

---

[4] See K. Michaelides, „ho mythos tou Protagora kai he anthropoligike semasia*", He archaia sophistike*, Athena 1982, 88-94.

[5] F.M. Cornford, *Plato's Theory of Knowledge*, Routledge, London, 1979, 82 n.2. J.P. Maguire, "Protagoras ... or Plato? II. The Protagoras", *Phronesis* 22 (1977), 111, note.24. M. Koutlouka, „Yparchei to stoicheio tou kata syntheken sten politike skepse tou Protagora", *He archaia sophistike*, Athenaike philosophike bibliotheke, 1982, 211. C. Farrar, *The origins of democratic thinking*, Cambridge Univ. Press, 1988, 94. cf. G.B. Kerferd, „Protagoras' Doctrine of Justice and Virtue in the Protagoras of Plato", *The Journal of Hellenic Studies*, vol. 73 (1953), 43.

[6] G.B.Kerferd (1953), 43.

[7] Diels, 80B3.

Protagoras mentioned such natural capacity in the part of *Logos*. However, as Kerferd rightly noted[8], this natural disposition cannot be identified with Aidos and Dike. Attentive reading of the text from 322d5 to 323c8 confirms that Protagoras did not say that Aidos and Dike develop into political virtue, because Aidos and Dike are for Protagoras the same as political virtue. In other words, Aidos and Dike are virtues themselves. That is why Protagoras regards Aidos and Dike as equivalent to political *techne* (*sophia*323a-b) or to justice (dikaiosyne) and moderation (sophrosyne), which paraphrases Dike and Aidos at 323a, or to human virtue (andros arete) at 325a.

In addition, the strongest possible objection is found in 323c3-8 of the *Protagoras,* where after the explanation of Myth, Protagoras continues to say that „they have good reason for admitting everybody as advisers on this (political) virtue, owing to their belief that everyone has some of it, *but that they consider it not as natural or spontaneous, but rather as something taught (didakton) and acquired after careful practice (ex epimeleias)* in those in whom it is developed, this I will next endeavor to demonstrate". These reasons indicate that Protagoras regards Aidos and Dike as political virtues which are not innate, but which are in some way learned.

However, it is still not clear whether Aidos and Dike have to be considered as conventional virtues or as natural inclinations. Owing to this problem, Gomperz claimed that there is an insurmountable contradiction between the statement that, for the existence of polis, everyone must be endowed with *Aidos and Dike* and the assertion that political virtue is not a spontaneous gift of nature, but rather the result of diligent study and tuition[9]. Some scholars have tried to solve this problem by means of an evolutionary interpretation, according to which humans' originally apolitical nature evolved into a political nature as a means of providing for their survival as a species[10]. In their claims, Protagoras thought that human being has a kind of self-evolved designer within himself and thus can evolve his progress upward and develop better himself and his surroundings. However, the passage on Protagoras' Myth suggests that the scholars' argument is not free from conjecture for we cannot confirm that Protagoras spoke of such a moral evolution. On the contrary, Protagoras claimed that we could find, in uncivilized regions of the world, human beings without political virtue and with a natural selfishness (327c-e). Such a claim would be impossible if human beings had evolved into moral and political animals.

---

[8] G.B.Kerferd (1953), 43.

[9] T. Gomperz, *Griechische Denker,* Berin-Lepzig, 1925, 246. cf. A. Levi, „The Ethical and Social Thought of Protagoras", *Mind,* vol. 49/195 (1940), 293.

[10] E. Havelock, *The Liberal Temper in Greek Politics,* London 1957, 30-33, 87-92. L. Versenyi, *Socratic Humanism,* Yale Univ. Press, 1963, 23-25. W.K.C. Guthrie (1969), 67-68. M. Nussbaum, *The fragility of goodness,* Cambridge Univ. Press, 1986, 102.

In order to understand the nature of humans as a political animal, it must first be recognized that human beings are not naturally political animals in Protagoras' view. As already aforementioned, „in the beginning", according to Protagoras, „human beings lived scattered about and there was no polis" and „when they did gather together, they committed injustices against one another" (322a8-b8). Therefore, humans are naturally selfish and apolitical beings, i.e., social co habitation is not an expression of human nature, but rather, a means for self-preservation. Accordingly, there is a basic difference between the rationale for Protagoras' social co-living expressed in the Great Speech and that for Aristotle's statement of humanity as a „political animal". It is a well-known fact that according to Aristotle's expression, humans are naturally political because they possess the natural impulse to live in polis to attain a self-sufficient and happy life. Contrary to Aristotle, Protagoras' human is not naturally political. Human beings for Protagoras do not possess a natural internal principle by which they could live in polis and share the unifying bonds of friendship. These bonds can be realized by Aidos and Dike, which are extrinsic to human being's nature. In Protagoras' belief, human beings can control their natural selfishness and injustice and save themselves with the help of these political virtues. But how do human beings acquire Aidos and Dike, so that they become political animals?

3.

I now examine Protagoras' views of punishment (kolasis), which may provide possible answers to this question. The following quote introduces the issue.

> no one punishes a wrong-doer in consideration of the simple fact that he has done wrong, unless one takes unreasoning vengeance like a wild beast. Reasonable punishment is not vengeance for a past wrong, for one cannot undo what has been done, but is undertaken with a view to the future, to deter both the wrong-doer and whoever sees him being punished from doing wrong again. (324a-b)

The above-cited passage indicated that Protagoras had a deterrent view of punishment, i.e., the purpose of punishment is to prevent future crime. Additionally, it is remarkable that Protagoras attacked the ideas of punishment as vengeance. In other words, in distinguishing punishment from revenge, he criticized bestial and irrational retaliation[11]. Protagoras believed that a rational man must not pun-

---

[11] Vlastos claimed that „the distinction between punishment and revenge as one of the most momentous of the conceptual discoveries ever made by humanity in the course of its slow, tortuous, precarious, emergence from barbaric tribalism" (G. Vlastos, *Socrates*, Cambridge Univ. Press, 1991, 187). cf. T.J. Saunders, „Protagoras and Plato on Punishment", in *The Sophists and their Legacy*, G.B. Kerferd (ed), Wiesbaden, 1981, 140-141.

ish for the sake of the past crimes. Nevertheless, Protagoras' view of punishment seems to have been „lop-sided" because any punishment that makes human beings avoid wrongdoing in the future can be justified.[12] However, in order to realize fairly the justice from the perspective of Greek traditional mentality of punishment, Vlastos insists that it must be recognized that „pace Protagoras we do and should punish a wrongdoer for the sake of what he did"[13]. This means, accordingly, that Protagoras excessively stressed future utility and disregarded the past wrong-doing. Consequently, Vlastos' criticism that „Protagoras' theory of the social function of punishment is unacceptable"[14] makes us doubt the coherence of Protagoras' view of punishment.

With regards to this problem, it is necessary to try to understand Protagoras' view of punishment within the context of virtue education. Protagoras' view on punishment is part of his claim that the Athenians do not regard virtue as something that comes naturally, but rather as something developed by teaching and careful attention. As Stalley rightly said[15], Protagoras wants to use the practice of punishment as evidence for the teachability of virtue. Therefore, he has likened punishment to a form of teaching. In this context, Protagoras' intention was to minimize the fact that punishment is normally seen as referring to the past[16].

This is clearly demonstrated in 323c-324a of *Protagoras* when Protagoras distinguishes between faults, such as ugliness, shortness and physical weakness, which are the effects of nature or chance (tyche) and those, such as injustice and impiety, which stem from a lack of careful attention (epimeleia), practice (askesis) or teaching (didache). Protagoras is surely right to argue that we cannot reasonably blame and punish people for being ugly, short or weak, attributes arising from nature or chance, because, if given the choice, they would not choose to possess these attributes (323d3). Thus, Protagoras claimed that pity, not indignation, is the reasonable response to such people.

On the contrary, Protagoras thought that we can only reasonably be angry at and punish people for consequences which result from an absence of diligence, practice and teaching because the virtue of the citizen is something which is acquired by careful attention and learning (323d). It is at this point that Protagoras introduces his account of punishment, by which he implies, not just that punishment prevents crime, but that virtue is instilled by education. Thus, I con-

---

W.K.C. Guthrie, *The Sophists*, Cambridge, 1971, 67. R.F. Stalley, „Punishment in Plato's Protagoras", *Phronesis* XL/1 (1994), pp, 2-11.

[12] G.Vlastos (1991), 188.

[13] *Ibid.*

[14] *Ibid.*

[15] R.F. Stalley (1994), 10-12.

[16] This is the point of the two phrases << pros touto ton noun echon >> and << toutou heneka >>, which preclude any kind of backward-looking account of punishment.

sider, contrary to Vlastos' opinion, that Protagoras knew well that we are blinded by anger and seek vendettas against people with the intention of hurting them in irrational ways. Protagoras, however, thought that such punitive actions are irrational, and thus are not designed to be educational. In Protagoras opinion, if a certain punishment were justified, a wrongdoer's action had to be based on his voluntary choice. That is, if our justice and injustice are by nature or by chance, and not by choice, we deserve no praise or blame for them, just as those who are ugly, short, or weak. Hence, since the Athenians, whether in private or in public do punish the unjust, Protagoras seems to have concluded that moral faults are remediable, and thus that our justice and injustice are something that can be produced by teaching. The effect of this part of the Great Speech is thus to associate punishment with ideas of teaching and reprimand and to present it as having an educational role. Therefore, before Protagoras proceeds with his *Logos*, he sums up his main conclusion once again: 'virtue is the product of teaching ' (324c5-d1).

In the part of *Logos*, Protagoras goes on to explain how it is that all human beings get their share of virtue, if not naturally: they obtain their share through the process of moral education from children to young adulthood. According to this description, parents, nurses and school teachers seek to teach „the just" (to dikaion), „the good" (to agathon), or „the holy" (to hosion) to children. At this stage, the child does not know instinctively the distinction between the just (to dikaion) and the unjust (to adikon), and so teachers aim to instill these qualities. However, if a child does not willingly follow, they straighten him out with threats and blows, like a bent and twisted piece of wood (325c-d). Additionally, virtue is taught by the laws (nomoi) of polis. The polis compels them to learn the laws and to live by them. Anyone who does not obey these laws is punished and the corrective purpose of this punishment in Athens and elsewhere is „correction" (euthynai). Hence, through the process of socialization, Protagoras believed strongly that the political virtues of Aidos and Dike could be produced by teaching.

The final strong indication that Aidos and Dike are not natural qualities is well clarified in Protagoras' response to Socrates' second objection, i.e., why excellent citizens such as Pericles fail to teach it to their own children. With regards to this question, Protagoras replied that the innate capability differed between parents and sons. As demonstrated by the example of flute-players, nature is more important than nurture, which implies that human beings differ in *Aidos and Dike* according to their *physis*. However, the essence of Protagoras' argument is that as all flute-players are flute players, *per se,* as compared to non-flute players, though within the category of flute players there may be a wide range of natural aptitude, so all citizens are still just when compared to those who do not live in a civilized life in polis. Accordingly, Protagoras stressed that the most unjust citizen would appear to be experts in justice compared with human beings who had no contact with the civic life. Although innate ability could be acknowledged as coming naturally, and thus invokes difficulties in its exact identification, we can say certainly that for Protagoras, *Aidos and Dike* are not innate but acquired in the socializing process within the polis. For innate ability is antecedent to Aidos and Dike, and thus must not be considered as Adios and Dike in itself.

4.

Based on the above examinations concerned with the most fundamental question regarding the nature of the human race, i.e., whether the human being is a political animal by nature (physis), or by convention (nomos), we present the following summary.

Firstly, contrary to Aristotle, Protagoras' human is not naturally a political animal. In the pre-political stage, Protagoras' apolitical humans are not yet human. In order to become a human being, *per se*, they require the political virtues of Aidos and Dike, which humanize apolitical humans into political humans. This means that Protagoras' Great Speech identifies 'being human' with 'being a member of polis', i.e., a citizen.

Secondly, in order for a human being to be rational, in Protagoras' view, punishment must be less punitive and more humane. Protagoras wished to humanize and rationalize the human being's excessive desire to seek vengeance.

Finally, a conjunction of laws and moral education must be achieved in order for humans to become human beings. Without the conformation of *nomoi* of polis, human beings could not have been brought up justly, and would have instead learnt to accept the prevailing customs and opinions of the polis concerning shame, justice, and holiness. In Protagoras' belief, laws ensure that human beings develop strong moral characters and become more humane. Such values justify the naming of Protagoras' story as the Great Speech.

Bibliography

Platonis Opera I-IV, Oxford Classical Texts, J. Burnet (ed.), Oxford Clarendon Press, 1900-1907.
Diels, H – Kranz. W., *Die Fragmente der Vorsokratiker*, Weidmann, Berlin 1974.
Cornford, F.M., *Plato's Theory of Knowledge*, Routledge, London 1979.
Farrar, C., *The origins of democratic thinking*, Cambridge Univ. Press, 1988.
Gomperz, T., *Griechische Denker*, Berlin – Leipzig 1925.
Guthrie, W.K.C., *A History of Greek Philosophy*, Cambridge Univ. Press, 1969, vol. 3.
_____ , *The Sophists*, Cambridge, 1971.
Havelock, E., *The Liberal Temper in Greek Politics*, London 1957.
Hemmenway, S.R., „Sophistry Exposed: Socrates on the Unity of Virtue in the Protagoras", *Ancient Philosophy* 16 (1996), 1-23.

Kerferd, G.B., „Protagoras' Doctrine of Justice and Virtue in the Protagoras of Plato", *The Journal of Hellenic Studies,* vol. 73 (1953), 42-45.

Koutlouka, M., „ Hyparchei to stoicheio tou kata syntheken sten politike skepse tou Protagora ", *He archaia sophistike,* Athenaike philosophike bibliotheke, 1982, 205-213.

Levi, A., „The Ethical and Social Thought of Protagoras", *Mind,* vol. 49/195 (1940), 284-302.

Maguire, J.P., „Protagoras ... or Plato? II. The Protagoras", *Phronesis* 22 (1977), 103-123.

Michaelides, K., „ho mythos tou Protagora kai he anthropoligike semasia ", *He archaia sophistike,* Athena 1982, 88-94.

Nussbaum, M., *The fragility of goodness,* Cambridge Univ. Press, 1986.

Papades, D., „ He ennoia tes demokratias ston Protagora kai ton Aristotele", *Philosophia,* 19-20, Athena, 1989-1990, 170-195.

Stalley, R.F., „Punishment in Plato's Protagoras", *Phronesis* XL/1 (1994), pp, 1-19.

Versenyi, L., *Socratic Humanism,* Yale Univ. Press, 1963.

Vlastos, G., *Socrates,* Cambridge Univ. Press, 1991.

Sangmu Oh

Two Perspectives on Human Beings: Xunzi and Zhuangzi[1]

Examining the perspectives on human beings in the ancient Chinese philosophical texts *Xunzi* (荀子) and *Zhuangzi* (莊子) is problematic: neither text systematically explains a theory of human beings. In the case of *Xunzi*, the issue of human nature is dealt with in the *xing'e* (性惡) chapter, but the chapter does not entirely evince a theory of human beings. In the case of *Zhuangzi*, the problem is more serious, because none of its 33 chapters independently deals with the theory of human beings. This does not mean, however, that the authors of these texts are not interested in human beings, nor does it mean that notions about human beings are not integral to both texts. The fact that remarks about human beings are scattered throughout almost every chapter in both texts implies that the notions on human beings are tightly connected with the chapters' philosophical issues.

In this paper, I will systematically analyze and synthesize the snippets of statements on human beings that are dispersed here and there in *Xunzi* and *Zhuangzi*. I will use those textual moments to elucidate coherent theories of human beings whose constituent elements are present in both texts, focusing on three aspects of man: man in his natural state, man socialized and man in self-cultivation. My goal in this paper is to show that the perspectives these texts espouse on human beings with respect to those three aspects run entirely contrary to one another; and finally, to provide you two opposite views on human beings.[2]

---

[1] This article is a revised version of the paper that I presented in the „6th Symposium of the Cooperation between Korea University and University of Bremen" on July, 2007. The Korean version of this paper was published in *Ch'ŏrak yŏn'gu* (Philosophical Studies) 36 (Seoul, 2008) 509-531.

[2] As I doubt that *Zhuangzi* was written by only one person and on specific time, I would like to make the following two points clear. First, a number of inconsistent or contradictory perspectives on human beings can be found in *Zhuangzi*, but I will focus on the most distinguished one, especially because it is contrary to perspective that springs from *Xunzi*. Second, the expression of „the authors of *Zhuangzi*" is clearly more accurate than that of „Zhuangzi," but I choose to use the latter for convenience in description.

1. Man in His Natural State

„Man in his natural state" in this essay refers to the man who has not been trans-formed by institutionalized social norms. Neither Xunzi nor Zhuangzi employ this concept, but I would like to begin with it, because it is the logical starting point of their theories on human beings.

The following passage delivers copious information about the view of Xunzi on „man in his natural state."

> Human nature is bad; goodness is the result of conscious activity. Human na-ture is such that he is born with a fondness for profit. If he indulges this fondness, it will lead him into wrangling and strife, and all sense of courtesy and humility will disappear. He is born with feelings of envy and hate, and if he indulges these, they will lead him into violence and crime, and all sense of loyalty and good faith will disappear. Human is born with the desires of the eyes and ears, with a fondness for beautiful sights and sounds. If he indulges these, they will lead him into license and wantonness, and all ritual principles and correct forms will be lost. Hence, any human who follows his nature and indulges his emotions will inevitably become involved in wrangling and strife, will violate the forms and rules of society, and will end as a criminal. … It is obvious from this, then, that human nature is bad.[3]

Xunzi believes that „human nature (xing, 性)" „is the consequence of Narure";[4] is, in other words, that which artificial deliberation has not yet influenced. Hence, here human nature is synonymous with the nature of man in natural state. According to the above passage, man in his natural state has the following char-acteristics.

First, man in his natural state loves profit and pursues sensory desires. Ac-cording to Xunzi, „even a lowly gatekeeper cannot keep from having desires,"[5] for these desires are innate. „On the other hand, even the Son of Heaven cannot completely satisfy all his desires,"[6] for these desires are unlimited.

Second, man in his natural state does not know social norms. He will eat be-fore others when he is hungry and he will rest when he is weary – even if his

---

[3] *Xunzi* (荀子): *Xing'e* (性惡), Burton Watson, *Hsün Tzu: Basic Writings* (New York: Columbia Univ. Press, 1963) 157. I adopt Burton Watson's translations of the *Xunzi* and *Zhuangzi* for almost all the citations, sometimes modifying them.

[4] *Xunzi* (荀子): *Zhengming* (正名), John Knoblock, *Xunzi – A Translation and Study of the Complete Works* Vol. 3 (Stanford: Stanford Univ. Press, 1994) [136].

[5] *Xunzi* (荀子): *Zhengming* (正名), Watson 152.

[6] *Xunzi* (荀子): *Zhengming* (正名), Watson 152.

parents or old people are with him – because he is unfamiliar with social norms and thus cannot suppress his innate desires.[7]

Third, having these qualities, man should be in a state of strife and conflict. According to Xunzi, human beings gather to defeat other animals[8] and pursue their desires, causing them to struggle everyone else. This situation is quite similar to the natural state of man as described by Hobbes.

On the other hand, Zhuangzi's view of man in his natural state is entirely different from Xunzi's.

> In a time of Perfect Virtue the gait of men is slow and ambling; their gaze is steady and mild ... Men live the same as birds and beasts, group themselves side by side with the ten thousand things. Who then knows anything about „gentleman" or „petty man"? Dull and unwitting, men have no knowledge; thus their Virtue does not depart from them. Dull and unwitting, they have no desires; this is called uncarved simplicity. In uncarved simplicity the people attain their true nature.[9]

Here, „in a time of Perfect Virtue" indicates man's natural state. The first characteristic of man that Zhuangzi describes is having „no desires." It is important to note that the concept of „no desires" doesn't mean a ceasing of all desires, including basic desires for maintaining one's existence. If someone has no basic desires, it will be impossible to maintain his life. Recognizing the basic desires, Zhuangzi calls the nature of man in his natural state „simplicity," or „few desires."[10] Basic desires are limited and unable to be uprooted, as the desire to eat shows. Man in his natural state has basic desires, but not „surplus desires." The purpose of having „surplus desires" is not to maintain one's existence but to get more money, more honor, and much higher social positions. „Surplus desires" originate from the comparison and competition of oneself with others and thus can never be fulfilled, because they will always lead one to more increasingly superfluous desires.[11]

Zhuangzi's second characteristic of man in his natural state is having „no wisdom." The knowledge that Zhuangzi refuses is not that which man needs for his

---

[7] *Xunzi* (荀子): *Xing'e* (性惡)

[8] *Xunzi* (荀子): *Wangzhi* (王制).

[9] *Zhuangzi* (莊子): *Mati* (馬蹄), ^Watson, *The Complete Works of Chuang tzu* (New York and London: Columbia Univ. Press, 1968) [105].

[10] *Zhuangzi* (莊子): *Mati* (馬蹄)/ *Zhuangzi* (莊子): *Shanmu* (山木).

[11] The concept of „surplus desires" is quite similar to the concept of „self-interest" that Jagyoung Han uses when she describes the thought of Hobbes. Jagyoung Han, Hobbes'ŭi ingan ihaewa gukga (Human Being and Nation in Hobbes), *Ch'ŏrak* (Philosophy) 36 (1991), 77-79.

existence[12] but rather that which is necessary to fulfill his „surplus desires."
According to Zhuangzi, the knowledge to generate „surplus desires" refers to the
knowledge of institutionalized social norms such as benevolence, righteousness,
ritual, etc.[13] Man in his natural state has no knowledge of such social norms.[14]

Peace and comfort constitute Zhuangzi's third characteristic of man in his
natural state. These human beings are the precise opposite of the men struggling
with each other in *Xunzi*.

Man in his natural state in *Xunzi* struggles with other people to fulfill his own
desires, but in *Zhuangzi*, he lives peacefully and comfortably without „surplus
desires" or „surplus knowledge," the knowledge of institutionalized social
norms. But how is man in his natural state socialized? What do Xunzi and
Zhuangzi have to say about the socialized man? I will discuss these questions
now.

2. Man socialized

According to Xunzi and Zhuangzi, man in his natural state is changed into socialized man through institutionalized social norms. However, their opinions of
the transformation from man in his natural state into socialized man are largely
different, because the ways in which each of them conceptualizes man before
that transformation – that is, man in his natural state – are in contrast. Xunzi
regards the human in his natural state as bad, but also recognizes the possibility
for man to become good, asserting that „Human nature is bad, and that goodness
is the result of conscious activity."[15] According to Xunzi, the transformation of
man in his natural state into socialized man is a journey from badness to goodness. This transformation is accomplished by artificial activity, and the institutionalization of social norms.[16]

Yet the following questions could be posed. If human nature is bad, then how
can he become good? If man can become good, then isn't his inborn nature neutral, neither good nor bad? If man can become good, then might he not be born
with a germ of goodness? And if so, doesn't this contradict to the statement,
„human nature is bad?"

The above questions seem to have been amplified by the unclear understanding of the concepts of *xing* (性) and *e* (bad, 惡) in *Xunzi*. We have to bear in mind
that *xing* in *Xunzi* indicates human „inborn nature," „original human nature," or
„opening stage human nature" rather than „fixed" human nature – rather, that is,

---

[12] *Zhuangzi* (莊子): *Mati* (馬蹄).
[13] *Zhuangzi* (莊子): *Mati* (馬蹄).
[14] *Zhuangzi* (莊子): *Shanmu* (山木).
[15] *Xunzi* (荀子): *Xing'e* (性惡) Watson 157.
[16] *Xunzi* (荀子): *Xing'e* (性惡)

than an essential characteristic of man that remains „unchanged."[17] According to Xunzi, human inborn nature can be changed by conscious activity. This change is not quantitative but qualitative; in other words, it is the change from *e* (bad, 惡) to *shan* (good, 善). In the case of Mengzi, in contrast, becoming a moral human being is a quantitative change because it is a process of enlarging innate „sprouts (*duan*, 端) of morality."

The characteristic of the Xunzi's concept of *xing* becomes clearer when we understand the meaning of *e* and *shan* in *Xunzi*. The *e* that Xunzi refers is not fixed but changeable. Xunzi's explanation of *shan* and *e* shows how the qualitative change from *e* to *shan* is possible. Xunzi defines *shan* as that which is orderly and upright, and *e* as that which is chaotic and prejudiced.[18] An untidy room can become tidy if someone arranges it; a warped piece of wood can become straight through the use of a straightening board. In the same manner, man in his natural state is bad, but he can become good. This does not mean that man necessarily has a neutral nature or a germ of goodness when he is born because the state of correcting a bad nature is what makes one good.[19] In the logic of Xunzi's thought, there is not contradiction between the two statements, „Human nature is bad," and „Human can become good."[20]

According to Xunzi, the institutionalization of social norms properly regulates the desires of men in their natural state according to their social positions. Where do these social norms come from? Xunzi repeats that social norms „are produced by the conscious activity of the sages; essentially they are not products of human nature."[21] In this passage, Xunzi criticizes the Mengzi's assertion that social norms are the result of the development of human innate good nature and insists that social norms are artificially produced by sages in order to pacify struggle of men in their natural state.

Unlike Xunzi, Zhuangzi believes that the transformation from man in his natural state into socialized man is the process of the degradation of human nature. He criticizes the process very severely in the following passage.

---

[17] Joel J. Kupperman, „Xunzi: Morality as Psychological Constraint," in Virtue, Nature, and Moral Agency in the Xunzi, ed. T. C. Kline III and Philip J. Ivanhoe, (Indianapolis: Hackett Publishing Company, 2000), 93.

[18] *Xunzi* (荀子): *Xing'e* (性惡).

[19] The statement „human nature is bad" contains a value judgment. In this respect, the *xing* of Xunzi is not the same as that of Gaozi, which is neutral.

[20] Jang-Hee Lee also argues that the two propositions of Xunzi above do not contradict each other, although Lee's reasons are not entirely same as mine. Jang-Hee Lee, „Suncha sŭng'aksŭlŭi ŭimi" (Xunzi's concepts of Xing (性) and E (惡)). *Sahoiwa ch'ŏrak* (Society and Philsophy) 9 (2005), 211-239.

[21] *Xunzi* (荀子): *Xing'e* (性惡) Watson 160.

In the days of He Xu, people stayed home but didn't know what they were doing, walked around but didn't know where they were going. Their mouths crammed with food, they were merry; drumming on their bellies, they passed the time. This was as much as they were able to do. Then the sage came along with the crouchings and bending of rites and music, which were intended to reform the behaviors of the world; with the reaching-for-a-dangled-prized of benevolence and righteousness, which was intended to comfort the hearts of the world. Then for the first time people learned to stand on tiptoe and covet knowledge, to fight to the death over profit, and there was no stopping them. This in the end was the fault of the sage.[22]

Man in his natural state had been naïve, but became bad by the institutionalization of social norms. In the ideas of Zhuangzi, when the sage created social norms, forced people to follow them, and held wise men in high esteem, people became bad. This ensured that only wise men, only those who had mastered the knowledge of social norms, could become government officials, only they could live comfortable lives of affluence and prestige. Then, people started to compete with one another for becoming wise men, and surplus desires were produced.

Zhuangzi regards the process of human socialization by the institutionalization of social norms as one that alienates human nature, and he criticizes it by comparing it to the process of the handling of horses.

Horses' hoofs are made for treading frost and snow, their coats for keeping out wind and cold. To munch grass, drink from the stream, lift up their feet and gallop – this is the true nature of horses. Though they might possess great terraces and find halls, they would have no use for them. Then along comes Bo Le. „I'm good at handling horses!" he announces, and proceeds to singe them, shave them, pare them, brand them, bind them with martingale and crupper, tie them up in stable and stall. By this time two or three out of ten horses have died. He goes on to starve them, make them go thirsty, race them, prance them, pull them into line, force them to run side by side, in front of them the worry of bit and rein, behind them the terror of whip and crop. By this time over half the horses have died. … Yet generation after generation sings out in praise, saying, „Bo Le is good at handling horses!"[23]

For Zhuangzi, the nature of the horse, which provides a horse with hoofs that can tread frost and snow and coats that protect from wind and cold, is a proxy for human nature. The tamer of horses symbolizes a sage; the means of taming, such as bits and reins, social norms; the process of taming, socialization. This process of socialization is a process of alienating human nature. Man becomes violent

---

[22] *Zhuangzi* (莊子): *Mati* (馬蹄), Watson 106.
[23] *Zhuangzi* (莊子): *Mati* (馬蹄), Watson 104.

thorough this process, just as the horse that has formerly eaten grass and drunk from streams, „champ[s] the bit and chew[s] the reins."[24] through taming. Thus, the violence of human beings is not bred from human innate nature but from the institutionalization of social norms.

Zhuangzi also criticizes the purpose of institutionalized social norms. While Xunzi believes that social norms were produced in order to regulate people's unlimited desires and to pacify their struggle against one another, Zhuangzi insists that social norms are no more than a means by which rulers maintain their government's power.

> He who steals a belt buckle pays with his life; he who steals a state gets to be a feudal lord – and we all know that benevolence and righteousness are to be found at the gates of the feudal lords. Is this not a case of stealing benevolence and righteousness and the wisdom of the sages?[25]

In Zhuangzi's view, social norms made by sages are the means for keeping the profit of a usurping ruler and his family, and so constructing social norms is comparable to piling up goods to give to great thieves. „Until the sage is dead," says Zhuangzi, „great thieves will never cease to appear."[26]

Whereas Xunzi believes that a bad man in his natural state is transformed into a good man by social norms, Zhuangzi asserts that a naïve man in his natural state is changed into a corrupt man by the institutionalization of social norms. While Xunzi regards social norms as a means of properly controlling people's unlimited desires, Zhuangzi regards them as a means of safeguarding the profit of a ruler. Each advocates or criticizes social norms based on his unique views of human beings. And as with other ancient Chinese thinkers, their theories of human beings are closely connected to their social-political thought.

3. Man in self-cultivation

In *Xunzi*, a perfect man is formed by social norms, but in *Zhuangzi* a perfect man is formed by discarding institutionalized social norms and restoring oneself to one's natural state. Although their philosophies concerning the perfect man oppose one another, both Xunzi and Zhuangzi recognize that everyone can become a perfect man. In this respect, they stand on the mainstream traditions in the history of Chinese thought. However, as Xunzi indicates, we should distinguish the possibility of becoming a perfect man from actually becoming a perfect

---

[24] Zhuangzi (莊子): Mati (馬蹄), Watson 106.
[25] Zhuangzi (莊子): Quqie (胠篋), Watson 110.
[26] Zhuangzi (莊子): Quqie (胠篋), Watson 109.

man.[27] Although everyone has the potential to become a perfect man, not everyone actually will. What sort of man becomes a perfect man, and what sort of man does not?

Both Xunzi and Zhuangzi believe that whether or not one becomes a perfect man depends on the posterior activity of man. Xunzi believes that knowledge of social norms is an essential factor in becoming a perfect man. How then can we acquire the knowledge of social norms? According to Xunzi, we do so with „mind" (*xin*, 心). The character of *xin* is formed resembling the shape of the heart. Xunzi believes that this „mind (*xin*, 心)" has the ability to receive, judge and select the content that is transmitted by the sensory organs, and that it orders the sensory organs to respond to external stimuli. „Mind" is often compared to a ruler because it is the controller of the sensory organs. „Mind" is the agent that acquires the knowledge of social norms.[28]

However, because „mind" has various functions and thus various motives – it sometimes pursues its own profit and often is influenced by the external environment – it does not always recognize facts correctly.[29] Therefore, „mind" must be specially cultivated in order for it to recognize facts correctly. For both Zhuangzi and Xunzi, the surest way to cultivation is to maintain emptiness of „mind," as Xunzi explains.

> The mind is constantly storing up things. ... Man is born with an intellect, and where there is intellect there is memory. Memory is what is stored up in the mind. Yet the mind is said to be empty because what has already been stored up in it does not hinder the reception of new impressions. Therefore it is said to be empty.[30]

Because „mind" is an agent by which man stores memories and knowledge, one might think that „emptying mind" entails the removal of the acquired memories and knowledge. If that were the case, it would contradict Xunzi's basic attitude, because it would stress the acquisition of knowledge. „Emptying mind" does not mean getting rid of all of acquired knowledge, but maintaining a state of „mind" that allows one to receive new knowledge without any interference from acquired knowledge. The goal of cultivation is not to remove knowledge, but to accumulate it efficiently.

By contrast, the perfect man in *Zhuangzi* is one who recovers his natural state of „no knowledge" and „no desires." The sole way to reach this goal is to remove knowledge and desires. Removing knowledge and removing desires are

---

[27] *Xunzi* (荀子): *Xing'e* (性惡)
[28] *Xunzi* (荀子): *Jiebi* (解蔽).
[29] *Xunzi* (荀子): *Jiebi* (解蔽)
[30] *Xunzi* (荀子): *Jiebi* (解蔽), Watson 127-128.

connected very tightly to one other. In *Zhuangzi*, the knowledge that one should deny is analytic knowledge, especially the knowledge of social norms; and the desires that one should deny are „surplus desires." As I mentioned above, surplus desires are produced and amplified by the institutionalization of social norms, and thus ensure the perpetual struggle of man against man. In Zhuangzi's view, institutionalized social norms must be discarded in order to recover an essentially naïve human nature.[31]

Because he attacks institutionalized social norms, Zhuangzi is often incorrectly thought to promote a hermitic lifestyle. On the contrary, he often tries to show how to realize perfect man in the worldly realm. *Renjianshi* (人間世), an essential chapter in *Zhuangzi*, describes the way to live in the world in detail. But how, then, do we recover our nature? Zhuangzi explains it with a fable about a conversation between Confucius and his disciple Yan Hui.

Yan Hui said, „I'm improving!"
Confucius said, „What do you mean by that?"
„I've forgotten 〔rites and music〕[32]!"
„That's good. But you still haven't got it."
Another day, the two met again and Yen Hui said, „I'm improving!"
„What do you mean by that?"
„I've forgotten 〔benevolence and righteousness〕!"
„That's good. But you still haven't got it."
Another day, the two met again and Yen Hui said, „I'm improving!"
„What do you mean by that?"
„I've 'forgotten myself (*zuowang*, 坐忘)'!"

Confucius looked very startled and said, „What do you mean, 'forgetting yourself'?"

Yan Hui said, „I smash up my limbs and body, drive out perception and intellect, cast off form, do away with understanding, and make myself identical with the Great Thoroughfare. This is what I mean by 'forgetting myself.'"[33]

This conversation captures, for Zhuangzi, the deepening process of cultivation. Yan Hui discarded ritual and music first, for they were farthest from himself. He

---

[31] *Zhuangzi* (莊子): *Quqie* (胠篋).

[32] According to Wangshumin's bibliographical study, the places of „benevolence and righteousness" in the received text of *Zhuangzi* should be changed with „rites and music" in the next fourth line in this paragraph. Wangshumin (王叔岷), *Zhuangzi jiaoquan-shang* (莊子校銓-上) (Taibei: Zhongyang yanjiuyuan lishi yuyan yanjiusuo 中央研究院歷史言語研究所, 1988) 268.

[33] *Zhuangzi* (莊子): *Dazongshi* (大宗師), Watson 90.

forgot benevolence and righteousness next, because they were closer to himself than ritual and music, but were not quite essential parts of himself. However, the process of cultivation did not stop at this step, because the fundamental factor that produces social norms is the „self." The „self" consists of limbs, body, sensory organs and „mind," etc. It feels with sensory organs, acquires knowledge with „mind." „Zuowang (forgetting myself)" is the state of losing the „self." When we reach this state, the root of the production of social norms has been removed.

Like Xunzi, Zhuangzi also stresses the cultivation of „mind." „Zuowang" can be accomplished only through „mind." As Zhuangzi's concept of „mind" has several different functions, including desiring, recognizing and judging, the essential point of cultivation is to maintain the state of emptiness of „mind" – to forcefully obviate the demands of those functions from one's thought. Zhuangzi describes the state in the following passage.

> Confucius said, „Make your will one! Don't listen with your ears, listen with your mind. No, don't listen with your mind, but listen with your qi (氣). Listening stops with the ears, the mind stops with recognition, but qi is empty and waits on all things. The Dao (道) gathers in emptiness alone. Emptiness is the 'fasting of the mind (xinzhai, 心齋).'[34]

According to Zhuangzi, the best attitude of a cultivator is „fasting of the mind (xinzhai)." This „fasting of the mind" may sound same as the „emptiness of the mind" (xuxin, 虛心) of Xunzi, but is in fact quite different, and the difference stems from Zhuangzi's and Xunzi's divergent views on human beings. Xunzi's „emptiness of the mind" is a way to accumulate knowledge, whereas Zhuangzi's „fasting of the mind" is a way to uproot knowledge. Unlike Xunzi, Zhuangzi is incredulous about the function of „mind," because „mind" inclines towards the accumulation of knowledge. Zhuangzi believes, rather, that we can get to the state of „fasting of the mind" by completely removing accumulated knowledge, including the knowledge of social norms.

Zhuangzi believes that we will be harmonious with the Dao in the state of „fasting of the mind." We are unable to recognize the Dao with an analytical knowledge, because Zhuangzi defines the Dao as the origin of all things, including Heaven and Earth, and the chaos before dividing into different things. The appearance of the Dao unveils itself only in the state in which analytical knowledge is completely removed. The goal of denying analytical knowledge is to acquire this true knowledge of Dao.

In the „fasting of the mind" of Zhuangzi, both the subject and the object of „fasting" is the „mind." However, the „mind" as the subject of „fasting" is com-

---

[34] *Zhuangzi* (莊子): *Renjianshi* (人間世), Watson 57-58.

pletely different from the „mind" as the object of fasting, as the latter participates in the activities of emotion and the acquiring of knowledge. A cultivator reaches an ideal state of mind when he uproots all analytic knowledge and self-consciousness. Zhuangzi calls the ideal state of cultivation *shen* (神), and describes vividly how we can experience the Dao in the state of the *shen* with a fable of cook Ding in the *yangshengzhu* (養生主)" chapter.

4. Conclusion

I have discussed the characteristics of man in *Xunzi* and *Zhuangzi* in three respects, namely, man in his natural state, socialized man and man in self-cultivation. As this study shows, these three aspects are inseparable, so we are unable to describe the characteristics of these texts' theories on human beings without discussing all three. However, a lot of works of the views on human beings in *Xunzi* and *Zhuangzi* erroneously focus only on the first aspect, man in his natural state. Various opinions surrounding the understanding of human nature and the interpretation of some concepts in *Xunzi*, and the excessive stress on sameness between human beings and all things, including animals, in the study of the thought of Zhuangzi, seem to be connected to this tendency. In spite of the differences between Xunzi and Zhuangzi with regard to the transformation from man in his natural state into socialized man by the institutionalization of social norms, both of them recognize that the ability to institutionalize social norms is one of the traits of human beings. They also both regard one's individual ability to participate in self-cultivation toward an ideal of the perfect man as another important characteristic of human beings.

Both Xunzi and Zhuangzi believe that everyone can become a perfect man thorough the cultivation of „mind," which places them within the tradition of East Asian philosophy. However, they advance entirely opposite viewpoints about what a perfect man is and what we should do to become a perfect man. Xunzi describes men in their natural state as struggling with each other to fulfill their unlimited desires, and asserts that social norms are indispensable for transforming them into true men. Zhuangzi's view is opposite to Xunzi's: man in his natural state is without surplus desires or knowledge and becomes corrupt through the institutionalization of social norms. Both describe a state of emptiness of the mind, but their understandings of this concept are entirely different. While Xunzi believes that emptiness of the mind is needed to expand knowledge of social norms because knowledge is the means to becoming a perfect man, Zhuangzi thinks that analytical knowledge must be vanquished from mind to prevent it from corrupting the naïve human nature.

Based on this conclusion, the perspectives of Xunzi and Zhuangzi on human beings are full of suggestions about several ideological questions. What kind of man is desirable – he who strives to accumulate knowledge of social norms, or one who endeavors to get rid of it? Is the institutionalization of social norms a remedy to control human unlimited desires or a poison that causes man to exceed his limited desires? Should education stress infusing social norms into man, or should it stress removing the obstacles that prevent the development of human nature? The answers to these questions depend on one's perspectives on human beings.

Bärbel Frischmann

Die Metapher des „Weges" bei Heidegger und Dschuang Dsi

Dschuang Dsi[1] gilt neben Lao-tse[2] als der wichtigste Begründer des Daoismus[3]. „Dao" (ins Deutsche oft mit „Weg" übersetzt, aber auch mit „Sinn", „Prinzip", „Vernunft" oder „Gott") spielt im Denken des Daoismus die zentrale Rolle. Der „Rechte Weg" ist Sinnbild für die Ordnung der Welt und die richtige Lebensführung. Bei Heidegger wird die Metapher des Weges, wie sie in Werk-Titeln wie *Holzwege*, *Unterwegs zur Sprache*, *Feldweg*, *Denkwege*, *Wegmarken* zu finden ist, zum Ausdruck des Selbstverständnisses seiner Philosophie. Philosophie, Denken, ist das Ausloten von Möglichkeiten des Denkens, d.h. von Denkwegen, ein Gang in eine bestimmte Richtung, der sich irgendwann als fruchtbar erweist oder eben ein Holzweg oder ein Irrweg ist.

Obwohl Dschuang Dsi und Heidegger verschiedenen Kulturen entstammen und in unterschiedlichen historischen Konstellationen gewirkt haben, gibt es doch interessante inhaltliche Parallelen in ihrer Philosophie, die in diesem Beitrag etwas näher verfolgt werden sollen, wobei insbesondere Heideggers Ausdeutung von „Weg" besondere Berücksichtigung findet.

1. Daoismus

Das *Buch der Wandlungen* (I Ging), das als der älteste der klassischen chinesischen Texte[4] gilt, spricht von der Harmonie von Himmel und Erde. Diese Harmonie, die sich aus der Einheit von Yin and Yang, Himmel und Erde, Sonne und Mond herstellt, geht zurück auf das Dao. Dieses Dao gilt als das Ewig Eine, der Urgrund von allem, die Gesamtordnung der Welt und so auch als das orientierende Prinzip für den Menschen. Das rechte Leben besteht entsprechend darin, eine Harmonie mit der Welt und sich selbst zu erreichen. Wer dies vermag, gilt

---

[1] Die Übersetzungen aus dem Chinesischen sind nicht einheitlich, so finden sich als weitere Varianten z.B. auch Dschuang-Dse, Tschuang-Tse, Chuang-Tsu, Zhuangzi. Ich übernehme Dschuang Dsi nach Wilhelm.

[2] Auch: Laozi, Lao-Tzu, Lau-Dse.

[3] Auch: Taoismus, entsprechend Dao auch Tao.

[4] Eine klare Chronologie ist aufgrund nicht ganz sicherer Quellenlage nicht möglich. Die wichtigsten Autoren und Texte lassen sich folgendermaßen historisch einordnen: *Buch der Wandlungen* (ca. 1000 v.u.Z.), Kung Fu-Dse, Konfuzius (551-479 v.u.Z.), Lao-tse (6. oder 4. Jh. v.u.Z.), Dschuang Dsi (368-282 v.u.Z.).

als weise, er ist derjenige, der sich nicht von den konkreten Geschehnissen in der Welt beeindrucken lässt, sondern dahinter die Gesamtordnung sieht und auf sie vertraut. Ihm eröffnet sich der rechte Weg des Dao. Auf dieses Urprinzip des Dao gründet sich der Daoismus.

Dieser Lehre zufolge ist das Dao vor den Menschen und vor allen Dingen, die in ihrer Vielheit aus der Polarität von Yin und Yang, Himmel und Erde, hervorgehen. Alles Existierende ist endlich und beschränkt, das Dao ist unendlich und unbeschränkt. Es ist ewig, tonlos, raumlos, namenlos, nur auf sich selbst bezogen, ununterschieden. Es ist niemals positiv auszusagen, sondern nur behelfsmäßig mit einer Chiffre zu belegen. Explizit heißt es dazu im *Tao-Tê-King*[5]:

> Ein Wesen gibt es chaotischer Art,
> Das noch vor Himmel und Erde ward,
> So tonlos, so raumlos.
> Unverändert, auf sich nur gestellt,
> Ungefährdet wandelt es im Kreise.
> Du kannst es ansehn als die Mutter der Welt.
> Ich kenne seinen Namen nicht.
> Ich sage *Weg*, damit es ein Beiwort erhält. (§ 58)

Das Dao ist es selbst, es ist das Einfache, Ungeteilte, Selbstidentische; nur die Dinge in ihren Erscheinungsformen ändern sich. Vom Dao gibt es kein Wissen, es hat keinen Namen. Für den Menschen bedeutet das, dass er die Wahrheit des Dao nie mit Mitteln der Sprache und der Erkenntnis erfassen kann. Das Dao ist nicht benennbar, da Benennung, das Geben von Namen, immer Verendlichung ist.

> Könnten wir weisen den *Weg*,
> Es wäre kein ewiger Weg.
> Könnten wir nennen den Namen,
> Es wäre kein ewiger Name. (§ 1)

Für den Menschen als endlichem Wesen existiert auch nur Endliches, denn nur dieses kann er denken und sagen. Die Zuordnung von Namen bedeutet immer schon eine Trennung und Unterscheidung. Sprachliche Benennung wird zum Ursprung der Vielfalt der Dinge, denn sie werden so erst unterscheidbar. Begriffliche Erkenntnis gibt immer das, was der Mensch selbst schon den Dingen zugeschrieben hat und erreicht niemals das Dao. Das Dao selbst ist „ohne Namen", weil es aller möglichen Begrifflichkeit voraus liegt.

---

[5] Auch: Daodejing, Taoteching.

Was ohne Namen,
Ist Anfang von Himmel und Erde;
Was Namen hat,
Ist Mutter der zehntausend Wesen. (§ 2)

Dao steht für die Einheit, aus der die Pluralität erst entspringt, er ist Uranfang, der alles Leben und alle Veränderung bewirkt. Alles ist letztlich Eins, die Ausbreitung der Welt in der Vielfalt der konkreten Dinge, hier bezeichnet als die „Zehntausend Wesen", ist nur relativ. Zugleich ist hier angedeutet, dass die Dinge für den Menschen erst mit ihrer sprachlichen Bestimmung gegeben sind. Dies wird noch pointierter bei Dschuang Dsi ausgesagt: „die Dinge erhalten ihr So-Sein dadurch, daß sie benannt werden". (Buch II, 4, S. 64)

Namen werden den Dingen vom Menschen zugewiesen. Dadurch werden sie für den Menschen zu bestimmten Dingen, die charakteristische Merkmale, ihr jeweiliges So-sein, haben. Die dichotomischen Unterscheidungen in richtig und falsch, gut und böse, groß und klein etc. kommen erst durch die Sprache in die Welt. Sie sind nicht den Dingen eigen, sondern sind abhängig von den relationalen Bezügen, in die sie vom Menschen gestellt werden.

Die festgelegten Bedeutungen sind nicht ursprünglich den Worten eigentümlich. Die Unterscheidungen entstammen erst der subjektiven Betrachtungsweise. (Ebd., 7, 68)

Die Schwierigkeit nun besteht darin, über den Urgrund selbst Auskunft zu geben, was bedeutet, ihn sprachlich zu fassen. Im Verhältnis zum Dao ist der Mensch immer unwissend, weil endlich und beschränkt. Daraus resultiert ein erkenntnistheoretischer Skeptizismus und Relativismus, verbunden mit der Forderung der Urteilsenthaltung über das Dao. Die Betonung des Nichtwissens impliziert, dass dem Menschen ein auf Wissen begründetes, rationales Entscheiden und zweckhaftes Handeln nicht möglich ist. Sich dem Dao annähern, den richtigen Weg zu beschreiten, kann so nur heißen, sich von allen Beschränkungen der Erkenntnis, der Sprache, des Wollens zu befreien und sich selbstvergessen hineinziehen zu lassen in den Weltenlauf. Der Heilige Mensch „setzt zurück sein Selbst – Und es wird vorne sein" (§ 18). Nur derjenige, der sein Selbst zurückzustellen vermag, gelangt zur wahren Einsicht, die aber kein rationales, begriffliches Wissen ist. Der Daoismus fordert vom Menschen, sich in seinem Wissen und auch in seinem Handeln so zu verstehen, dass er damit nicht beansprucht, die Welt zu formen, sondern so wenig wie möglich in den Gang der Dinge einzugreifen, sich immer zu beschränken im eigenen Anspruch. Handeln sollte deshalb besser ein Zurückhalten, ein Nicht-Handeln, ein Nicht-Tun (wu-wei) sein. Wer dies vermag, ist der Weise, der Heilige. (§ 7)

Wer ewig ohne Begehren,
Wird das Geheimste schaun. (§ 3)

Erst diese Entleerung des Bewusstseins, die Gleichmut gegenüber dem Schicksal, eröffnet dem Menschen die wahre Dimension des Dao. Erst der Mensch, der sein Ich vergisst, der auf alle intellektuelle Begehrlichkeit verzichtet, kann Teil des Ganzen sein. Die Betonung des Nichtwissens impliziert, dass dem Menschen ein auf Wissen begründetes, rationales Entscheiden und zweckhaftes Handeln nicht möglich ist.

Wollte man den Daoismus mit abendländischen Charakteristika belegt, könnte man ihn vielleicht als mystisch, agnostisch und monistisch bezeichnen.

2. Dschuang Dsi

Die allgemeinen Bestimmungen, die hier für den Daoismus gegeben wurden, sollen nun an einigen Beispielen aus der Lehre des Dschuang Dsi illustriert werden. Den Rahmen dieser Lehre des Dschuang Dsi bildet das daoistische Urprinzip, das Ureine, allem zugrunde Liegende, aus dem dann erst die Vielfalt der weltlichen Dinge hervorgeht. In *Das wahre Buch vom südlichen Blütenland* des Dschuang Dsi steht häufig die Darstellung der Endlichkeit und beschränkten Weltsicht des Menschen im Mittelpunkt. Mir geht es im Folgenden vorrangig um die Textstellen, in denen erkenntnis- und sprachphilosophische Überlegungen vorgetragen werden.

> Unser Leben ist endlich; das Wissen ist unendlich. Mit dem Endlichen etwas Unendlichem nachzugehen ist gefährlich. Darum bringt man sich nur in Gefahr, wenn man sein Selbst einsetzt, um die Erkenntnis zu erreichen. (Buch III, 1, 76)[6]

Für den Menschen sind die Dinge nur unter dem Aspekt ihrer Gegensätzlichkeit und Wandelbarkeit zugänglich. Die prinzipielle Relativität des menschlichen Wissens, die Erkenntnisunsicherheit, wird in vielen Kapiteln vorgeführt, vor allem aber im II. Buch. Hier deutet sich ein Wahrheitsrelativismus an: Niemand vermag zu sagen, was richtig und falsch oder was das Wesen der Dinge ist, denn man kann sie von verschiedenen Perspektiven aus ansehen. Je nachdem, auf welchen Standpunkt man sich stellt, welche Position man vertritt, welche Sichtweise man für die Richtige hält, unser Blick bleibt immer einseitig.

> So zeigt sich, daß von zwei entgegengesetzten Betrachtungsweisen jede in gewissem Sinne Recht und in gewissem Sinne Unrecht hat. (Buch II, 3, 63f.)

Wie Dschuang Dsi zeigt, sind die Gegensätze je nur relativ. Fragen wie: Was ist groß, was ist klein, was ist Wahrheit, was ist Traum, was ist wahr oder falsch, konfrontieren mit diesem Problem des Relativismus. Ein berühmtes Textstück

---

[6] Zhuangzi wird zitiert nach der Übersetzung von Wilhelm.

dazu ist der Schmetterlingstraum am Ende des II. Buches (Kap. 12, 74), in dem die Wandlung der Dinge darauf zurückgeführt wird, dass verschiedene Perspektiven möglich sind. So kann der Traum von Dschuang Dschou, ein Schmetterling zu sein, auch umgekehrt werden, dass ein Schmetterling träumt, Dschuang Dschou zu sein.

Wie hier angedeutet wird, sind die Dinge immer in Relation zu anderen Dingen gesetzt, sie sind in diesen Relationen aufeinander bezogen und voneinander abhängig. Denn diese Relationen entspringen der menschlichen Weltsicht. Es ist der Mensch, der die Dinge benennt und damit unterscheidet und bestimmt. Diese begriffliche Bestimmung beruht auf der Bildung von Differenzen: Leben und Tod, Subjekt und Objekt, Dies und Das, Hier und Dort. Diese Differenzen fixieren Eigenschaften in der jeweils gesetzten Abgrenzung zwischen Gegebenheiten. Sie konstituieren die endliche Weltsicht des Menschen, die Werden und Veränderung zugrunde legt, also zeitlich ist, im Unterschied zum Vorzeitlichen, Ewigen (Dao), in dem es keine Unterschiedenheit gibt.

> So wird vom Menschen behauptet, daß das Nicht-Ich aus dem Ich hervorgehe und daß das Ich seinerseits vom Nicht-Ich bedingt werde. Das ist die Theorie von der gegenseitigen Erzeugung dieser Gegensätze in der Zeit. (Buch II, 3, 63)

Wer bei den einseitigen Betrachtungen verharrt, erreicht keinen Zugang zum Dao. Das Dao „wird verdunkelt, wenn man zu einseitigen Ergebnissen kommt" (Buch I, 2, 49). Erst da, wo die Dinge ihre Gegensätzlichkeit verlieren, da liegt der „Angelpunkt" des Dao.

> Der Zustand, wo Ich und Nicht-Ich keinen Gegensatz mehr bilden, heißt der Angelpunkt des SINNS (Dao). Das ist der Mittelpunkt, um den sich nun die Gegensätze drehen können, so daß jeder seine Berechtigung im Unendlichen findet. Auf diese Weise hat sowohl das Ja als das Nein unendliche Bedeutung. (Buch II, 3, 63f.)[7]

Nur der Weise steht über den Gegensätzen. Er macht sich frei von der relativistischen Betrachtungsweise „und sieht die Dinge im Lichte der Ewigkeit" (II, 3, 63). Das Dao steht für die unterschiedslose Einheit von allem, der Blick auf die konkreten Dinge vermag keine Einheit zu denken, sondern sieht immer nur die jeweilige Spezifik und das heißt die Differenz: „im SINN sind diese Gegensätze aufgehoben in der Einheit. In ihrer Geschiedenheit haben sie ihr Bestehen" (Buch II, 4, 65).

---

[7] Wilhelm übersetzt Dao durchgehend mit SINN.

Aus der Sicht des Dao sind die Dinge Teil einer umgreifenden Harmonie und Ordnung. Vom Dao aus gesehen „kommt den Dingen nicht Wert oder Unwert zu" (Buch XVII, 4, 230), gibt es weder „Ende noch Anfang" (ebd., 5, 232). Der Weise vermag diese Einheit aller Dinge zu verstehen und zwar durch eine intuitive Schau, nicht aber durch ein methodisches Erkennen. Denn jede Methodik, jedes begriffliche Erkennen, setzt die Spaltungen in Subjekt und Objekt, in Mensch und Welt, voraus. Jede Argumentation, jede inhaltliche Bestimmung, ist immer schon eine Vereinseitigung und kann das Dao so nicht erreichen.

> Der große SINN bedarf nicht der Bezeichnung; großer Beweis bedarf nicht der Worte. (Buch II, 7, 68f.)

> Darum: mit seinem Erkennen haltmachen an der Grenze des Unerforschlichen ist das Höchste. Wer vermag zu erkennen den unaussprechlichen Beweis, den unsagbaren SINN? (Buch II, 8, 69)

Um die Endlichkeit und Beschränktheit des menschlichen Erkennens vorzuführen, treibt Dschuang Dsi die Sätze häufig in Paradoxien und Tautologien. Die Aussage muss sich durch ihre Widersprüchlichkeit selbst überwinden. Wenn die Dinge nicht direkt sprachlich gefasst werden können, bedarf es des Umweges, der Umschreibung: Bilder, Metaphern, Gleichnisse. Damit erhält die Sprache eine poetische Dimension.

Der im *Buch vom südlichen Blütenland* vorgeführte Relativismus und Perspektivismus ist verbunden mit der Kritik an der Unfreiheit der Menschen, wenn sie sich von den Dingen und Vorurteilen gefangen nehmen lassen. Wirkliche Freiheit gibt es nur in Übereinstimmung mit dem Dao.

Zugleich wird vor dem Hintergrund des Relativismus Toleranz angemahnt, denn niemand ist im Besitz der Wahrheit, niemand hat das Recht, andere aufgrund eigener Vorurteile zu bewerten. Vielmehr geht es darum, auf eigenes Urteilen und intentionales, zweckgerichtetes Handeln zu verzichten. Denn das zielgerichtete Eingreifen in die Welt, das immer einer beschränkten Weltsicht entspringt, kann niemals dem Dao gerecht werden.

> Ich weiß davon, daß man die Welt leben und gewähren lassen soll. Ich weiß nichts davon, daß man die Welt ordnen soll. (Buch XI, 1, 152)

Damit ist angesprochen das „wu wei", das Nicht-Handeln, an dessen Stelle eher ein reflexionsloses Einfügen in die Weltordnung treten sollte. Eine auf Zweckhaftigkeit oder Nützlichkeit abzielende Lebenseinstellung ist damit unverträglich.

> Jedermann weiß, wie nützlich es ist, nützlich zu sein, und niemand weiß, wie nützlich es ist, nutzlos zu sein. (Buch IV, 8, 97)

Dinge haben ihren Wert nicht aufgrund ihres Nutzens für den Menschen, sondern als Teil des Dao. Und auch für den Menschen geht es darum, sich dem Dao selbstzwecklos einzufügen. Der individuelle Lebensweg ist dabei nicht teleologisch vorbestimmt. Und er ist nicht planbar, nicht wählbar oder gar erzwingbar. Den Weg auf die richtige Weise gehen heißt vielmehr: Sich-Gehen-Lassen, Geführt-Werden. Das Dao ist der Weg, den man immer schon beschreitet, aber nicht wollen kann. Sieht sich der Mensch als immer schon in die Gesamtheit der Welt (des Dao) integriert, besteht seine Lebensmaxime sinnvollerweise darin, sein Leben durch diese Gesamtharmonie bestimmen zu lassen. Die Aufgabe des Menschen wäre es dann, seinen Platz in dieser Ordnung zu erfassen. Das daoistische Ideal ist verkörpert im Bild des Weisen bzw. Heiligen, des höchsten Menschen: „... der höchste Mensch ist frei vom Ich, der geistige Mensch ist frei von Werken; der berufene Heilige ist frei vom Namen" (Buch I, 2, 49).

Für die westliche Welt der Moderne gilt eher, dass der Mensch seinen Platz in der Welt durch eigenes Handeln und Entscheiden bestimmen und behaupten muss. Hinzu kommt ein nichtteleologisches Weltverständnis. Der Mensch schafft sich seine Lebensumstände selbst, seine Kultur, seine Gesellschaft, politische Strukturen und rechtliche Institutionen. Der Mensch als Subjekt ist für sein Handeln verantwortlich. Die daoistisch geforderte Handlungsenthaltung, das heißt der Verzicht auf geplantes, zweckhaftes Tun in der Welt, das immer den Menschen als Maß hat, ist mit dem westlichen aktivistischen und subjektzentrierten Weltbild schwerlich vereinbar. Wenn Heidegger diese Subjektorientierung als Form der Metaphysik bewertet, ihre Mechanismen aufdecken möchte, um Denkansätze jenseits dieses Weltbildes zu eröffnen, dann rückt seine Philosophie in manchen Zügen in die Nähe der ostasiatischen Philosophie des Daoismus.

3. Heidegger

Heidegger hat sich intensiv mit ostasiatischem Denken[8], dem Daoismus[9] und speziell auch mit Dschuang Dsi[10] beschäftigt. In seiner Philosophie finden wir verschiedene Parallelen zum Daoismus:

- die Suche nach einer hinter die Spaltung von Subjekt und Objekt zurück-reichenden Einheitsperspektive,
- die Beschreibung des menschlichen Weltverstehens als „Weg",
- eine Vorsicht hinsichtlich des Anspruchs des Menschen auf Eingreifen in die Welt (Technik- und Rationalitätskritik), die Heidegger z.b. als „Lassen" oder „Gelassenheit" fasst,
- die Betonung der Eingebundenheit des Menschen in die Geschichte und ihr Geschick,
- ein Verständnis von Philosophie, die nicht systematisch-argumentativ, sondern begrifflich-narrativ vorgeht.

Ein wesentlicher Punkt, worin sich Heideggers Philosophie jedoch vom Daoismus unterscheidet, ist die Auffassung von der Relevanz der Sprache für die Welterschließung. Bei Lao-tse heißt es: „Ein Wissender redet nicht" (§ 129). Auch für Dschuang Dsi ist Sprache dasjenige, was vom Dao, vom Weg, abbringt, weil sie immer schon verendlicht und vereinseitigt. Der Weise ist sich dessen bewusst, er bemüht sich um ein Weltverhältnis „frei vom Namen" (I, 259). Heidegger hingegen betont die Bindung unserer Weltsicht an die Sprache. Ein Verstehen von Welt gibt es für den Menschen nur insofern, als sie sprachlich gefasst wird.

> Sprache gewährt überhaupt erst die Möglichkeit, inmitten der Offenheit von Seiendem zu stehen. Nur wo Sprache, da ist Welt (HD, 38).

---

[8] Vgl. „Aus einem Gespräch von der Sprache. Zwischen einem Japaner und einem Fragenden" (US).

[9] Z.B. in „Das Wesen der Sprache" (US). Heidegger hat auch, zusammen mit dem Sinologen Paul Shih-Yi Hsiao, an einer eigenen Übersetzung von Lao-tses *Tao-Tê-King* gearbeitet (vgl. Lee, 14).

[10] Heinrich Wiegand Petzet berichtet darüber, dass Heidegger 1930 während einer geselligen Abendrunde in Bremen seinen Gastgeber um eine Ausgabe von Dschuang Dsi bat, um daraus die Legende von der Freude der Fische vorzulesen und diese auszulegen (Petzet, 24). Diese kurze Passage lautet folgendermaßen: „Dschuang Dsi ging einst mit Hua Dsi spazieren am Ufer eines Flusses. Dschuang Dsi sprach: ‚Wie lustig die Forellen aus dem Wasser herausspringen! Das ist die Freude der Fische.' Hua Dsi sprach: ‚Ihr seid kein Fisch, wie wollt ihr denn die Freude der Fische kennen?' Dschuang Dsi sprach: ‚Ihr seid nicht ich, wie könnt ihr da wissen, daß ich die Freude der Fische nicht kenne?' Hua Dsi sprach: ‚Ich bin nicht Ihr, so kann ich Euch allerdings nicht erkennen. Nun seid Ihr aber sicher kein Fisch, und so ist es klar, daß Ihr nicht die Freude der Fische erkennt.' Dschuang Dsi sprach: ‚Bitte laßt uns zum Ausgangspunkt zurückkehren! Ihr habt gesagt: Wie könnt Ihr denn die Freude der Fische erkennen? Dabei wußtet Ihr ganz gut, daß ich sie kenne, und fragtet mich dennoch. Ich erkenne die Freude der Fische ans meiner Freude beim Wandern am Fluß'" (Buch XVII, 12, 240).

Eine daoistische „Leerung" des Geistes wäre gleichbedeutend mit dem Verlust jeglichen sinnhaften Weltbezugs und damit ein Verlust des Menschlichen überhaupt. Doch auch Heideggers Philosophie kann als der Versuch angesehen werden, das Verhältnis Mensch – Welt, in späterer Formulierung dann Mensch – Sein, so zu fassen, dass hinter die Dichotomien des metaphysischen Weltbildes rekurriert wird auf eine Form von Einheit, in der Mensch und Sein als sich gegenseitig bedingende Momente einer unauflöslichen Korrelation gedacht sind. Das Sein ist immer schon Sein für den Menschen, der Mensch hingegen nur dadurch Mensch, dass er sich auf das Sein bezieht und den Sinn von Sein in der Sprache stiftet. Dabei ist der Terminus „Sein" erklärungsbedürftig, geht es doch nicht um den metaphysischen Seinsbegriff der traditionellen Ontologie.

Für Heidegger ist Sein stets Sein eines Seienden. Sein ist nicht das bloße leere Abstraktum, dass alles „ist". Vielmehr hebt Heidegger hervor, dass dieses „ist" gerade darin zu sehen ist, dass es verstanden wird, gedeutet wird, mit ihm imgegangen wird. Seins ist immer als Sein *für* den Menschen. Wenn der Mensch nach dem Sein fragt, so Heidegger in *Sein und Zeit*, dann fragt er nach dem *Sinn* von Sein. Dieser Sinn des Seins ist der Sinn des Seienden selbst. Sein bezeichnet das Sinnhafte des Seienden für den Menschen. Und dieses Sinnhafte wird konstituiert in der Korrelation von menschlicher Deutung in der Sprache einerseits, der spezifischen kulturgeschichtlichen Beschaffenheit des Seienden andererseits. Wenn Heidegger von Sein spricht, kann man an dieser Stelle vielleicht immer „Sinn" einsetzen. Sein (Sinn) ist das, was das Seiende erst zu einem Seienden für den Menschen macht. Ein Seiendes ist nur insofern, als es sinnhaft gegeben ist und verstanden wird. Verstanden und gedeutet wird es aber durch den Menschen in dessen sprachlichen Vollzügen. Sein des Seienden und Mensch sind so durch Sprache unauflöslich aufeinander bezogen.

> Mensch und Sein sind einander übereignet. Sie gehören einander. (ID, 19)

Wenn Heidegger solche metaphysisch anmutenden Formulierungen verwendet wie: das Sein lichtet sich, schenkt sich, schickt sich, verbirgt sich, das Sein spricht den Menschen an, dann korrespondiert dem die Aktivität auf Seiten des Menschen, nämlich die Lichtung des Seins zu sehen, das Schenken anzunehmen, den Anspruch zu hören.

> Sein west und währt nur, indem es durch seinen Anspruch den Menschen angeht. Denn erst der Mensch, offen für das Sein, läßt dieses als Anwesen ankommen. Solches An-wesen braucht das Offene einer Lichtung und bleibt so durch dieses Brauchen dem Menschenwesen übereignet. (ID, 19)

Worauf Heidegger hierbei zielt, ist die Betonung einer unauflöslichen Verschränkung derjenigen Grundaspekte, die traditionell als Subjekt und Objekt, Bewusstsein und Realität, Theorie und Gegenstand, Logos und Welt ontologisch oder analytisch isoliert wurden. Dieser von vornherein trennende Zugriff macht es aber, so Heidegger, unmöglich, ihre einheitliche Leistung zu zeigen. Der Dualismus ist auf diese Weise prinzipiell nicht überwindbar, weil er den jeweiligen Konzepten zugrunde liegt. Also muss hinter diesen Dualismus zurückgegangen werden. Dies versucht Heidegger dadurch, dass er aufzeigt, dass in der Sprache Mensch und Sein immer schon eine Einheit bilden. Nur so ist zu verstehen, wenn Heidegger davon spricht, dass das Sein den Menschen in Anspruch nimmt, die Wahrheit zu sagen.

> Der Mensch ist [...] vom Sein selbst in die Wahrheit des Seins 'geworfen'",
> und er ist derjenige, der „die Wahrheit des Seins hüte, damit im Lichte des
> Seins das Seiende als/ das Seiende, das es ist, erscheine. (Hum, 22)

Umgekehrt ist der Mensch derjenige, für den das Seiende überhaupt sinnhaft *ist* und in diesem „ist" das *Sein* des Seienden realisiert. Der Mensch ist der Schöpfer und Interpret des Seins. Der Mensch lässt sich dabei in Anspruch nehmen oder verwehrt sich dem. Der Mensch denkt das Sein, das Sein ist die Sinndimension, die der Mensch dem Seienden zuspricht bzw. die sich dem Menschen im kulturgeschichtlich immer schon geformten Umgang mit den Dingen öffnet. Der Sinn von Seiendem ist vielschichtig und historisch vielfach überlagert. Er ist immer neu zu erarbeiten, ohne dabei alle mögliche Sinnkapazität endgültig erschließen zu können. Dass Sein = Sinn gedeutet werden muss, deutungsoffen ist, macht Sein zur Möglichkeit, die immer neu zu realisieren ist.

> Das Sein als das Vermögend-Mögende ist das 'Mög-liche'. Das Sein als das
> Element ist die 'stille Kraft' des mögenden Vermögens, das heißt des Mögli-
> chen. (Hum, 7f.)

Umgekehrt gilt: „Im Menschen waltet ein Gehören zum Sein, welches Gehören auf das Sein hört, weil es diesem übereignet ist." (ID, 18) Der Mensch ist „eingelassen" „in das Gehören zum Sein. Das Sein selbst aber gehört zu uns; denn nur bei uns kann es als Sein wesen, d.h. an-wesen." (ID, 20)
    Dabei ist für Heidegger wichtig, und hierin entspricht er dem Daoismus, dass der Mensch nicht über die Erkenntnis verfügt wie über ein technisches Geschehen, das geplant und durchgeführt wird.

> Das Wissenwollen und die Gier nach Erklärungen bringen uns niemals in ein
> denkendes Fragen. Wissenwollen ist stets schon die versteckte Anmaßung ei-
> nes Selbstbewußtseins, das sich auf eine selbsterfundene Vernunft und deren
> Vernünftigkeit beruft. (US, 100)

Gerade das „Wissen*wollen*" ist das Problem, denn es verwehrt dem Menschen die Offenheit für das, was ihm vom Sein selbst geschenkt werden könnte. So wird die Korrelation zu einer einseitigen Beziehung, zu einer Dominanz verfälscht, die sich aber letztlich gegen den Menschen selbst richtet, denn sie bringt die Relation Mensch – Sein aus dem Gleichgewicht und birgt das Inhumane.

Demgegenüber geht es darum, dass der Mensch auch auf das Sein hört, sich von ihm in Anspruch nehmen lässt, die Wahrheit des Seins zu sagen. Das Sagen, die Sprache, ist die Weise, in der der Mensch das Sein erschließt. Wenn Heidegger in der Behandlung der Relation Mensch – Sein, die hier im Zusammenhang der Sprache verfolgt wird, die Dichotomien der traditionellen Metaphysik hinter sich lassen will, dann wirkt sich dies auch aus auf das Verständnis von „Sprache" aus. Sie ist weder vom Subjekt her zu denken als Form des Ausdrucks oder vom Seienden her zu denken als Abbildung der Dinge. Noch ist sie angemessen verstanden als Instrument oder Medium der Kommunikation, als eine intersubjektive Vermittlungsleistung. Vielmehr ist Sprache die Weise, in der Mensch und Sein aufeinander bezogen und verwiesen sind. In der Sprache und *nur* in der Sprache ereignet sich „Sinn", so dass Sein verstanden werden kann.

Sprache ist lichtend-verbergende Ankunft des Seins selbst. (Hum, 18)

Das Wesen der Sprache ist, „daß sie das Haus der Wahrheit des Seins ist". (Hum, 10) Erst durch Sprache erhält das Seiende sein Sein. (US, 164) Sie steht nicht in der Willkür des Menschen. Sie ist nicht sein Werkzeug, nicht „das bloße Gemächte unserer Sprechtätigkeit" (US, 256), sondern die Weise, in der die Beziehung Mensch – Sein realisiert wird.

Die Sprache ist so die Sprache des Seins, wie die Wolken die Wolken des Himmels sind. (Hum, 54)

In der Sprache geht es um „die höchste Möglichkeit des Menschseins" (HD, 38).

Das Sein des Menschen gründet in der Sprache (HD, 38).

Sie kündet im Wort das Wesen des Menschlichen. Alles, was von ihr gesagt werden kann, ist, dass sie ein Sagen und Zeigen ist, das das Seiende zum Erscheinen bringt bzw. „verscheinen läßt" (US, 255). Als dieses Sagen und Zeigen offenbart sie das Seiende dem Menschen. (HD, 37) Sprache als Ermöglichung des Seienden, als An-wesen des Seins und Wohnen des Menschen hat vor allem zwei ausgezeichnete Weisen des Sagens: das Dichten und das Denken. Seit den 30er Jahren geht Heidegger der Beziehung zwischen Dichten und Denken explizit nach. Sie sind für ihn die beiden Weisen der Annäherung an die Wahrheit des Seins und der Eröffnung dieser Wahrheit für den Menschen. Denken und Dichten sind beide gleichermaßen qualifiziert durch ihre Nähe zum Sein. Den Zusammenhang Sein-Mensch-Sprache-Denken-Dichten formuliert Heidegger z.B. in dem berühmen Anfang des Humanismusbriefes:

„Die Sprache ist das Haus des Seins. In ihrer Behausung wohnt der Mensch. ie Denkenden und Dichtenden sind die Wächter dieser Behausung. Ihr Wa-chen ist das Vollbringen der Offenbarkeit des Seins, insofern sie diese durch ihr Sagen zur Sprache bringen und in der Sprache aufbewahren. (Hum, 5)

In diesem Zitat wird Denken und Dichten die gleiche Funktion zugesprochen, nämlich die Sprache als die Behausung des Menschen zu bewachen. Leistung von Denken und Dichten ist „das Vollbringen der Offenbarkeit des Seins". Dichten und Denken sind die Weisen, in denen der sprachliche Bezug Mensch – Sein bzw. Sein – Mensch auf eine hervorragende Weise realisiert wird. Dichten und Denken stehen auf je spezifische und ausgezeichnete Weise „im Dienst der Sprache" (WP, 30). Sie sind die Instanzen der sprachlichen Sinnkonstitution und Sinnvermittlung.

Beide, Dichten und Denken, sind ein ausgezeichnetes Sagen, insofern sie dem Geheimnis des Wortes als ihrem Denkwürdigsten überantwortet und dadurch seit je in die Verwandtschaft miteinander verfugt bleiben. (US, 238)

Denken und Dichten sind die Weisen des Ent-sprechens zum Sein des Seienden. Sie sind die Vermögen, die Sinn, also Sein, konstituieren. Sie ermöglichen die Annäherung an die Wahrheit des Seins und die Eröffnung dieser Wahrheit für den Menschen. Dichter und Denker sind diejenigen, die Wege spuren, auf denen der Mensch sich Welt erschließt. (H, 268), also Wege „in das Offene" (ebd., 289).

Die Metapher des „Weges"

Die unauflösliche Doppelbewegung vom Sein zum Menschen und vom Menschen zum Sein ist es, die von Heidegger immer und immer wieder zu umschreiben versucht wird, unter anderem auch durch die Metapher des „Weges". Der Weg ist nicht nur das, was wir beschreiten, erwandern, von dem wir abkommen können, sondern auch das, was uns führt, belangt, anlangt, nach uns langt. Der Weg eröffnet uns Richtungen des Denkens und Verstehens. Er ist für uns von Belang, er ist das, was uns wichtig ist. Be-langen umschreibt Heidegger so:

be-langen, be-rufen, be-hüten, be-halten. Der Be-lang: das, was, nach unserem Wesen auslangend, es verlangt und so gelangen läßt in das, wohin es gehört. Der Weg ist solches, was uns in das gelangen läßt, was uns be-langt. (US, 197)

Wenn uns der Weg belangt, betrifft er uns. Die Entscheidung über den zu gehenden Weg prägt unsere Zukunft, er prägt und als das, was wir sein werden, wenn wir diesen Weg gehen. Der Weg sind wir selbst als Teil der Welt, in der wir uns bewegen. Aus der Welt her, aus unserem Weltverständnis heraus, suchen wir unseren Weg, der damit immer auch mitbestimmt ist durch die Bedingungen, in

denen wir leben. Heidegger nennt dieses Umfeld die „Gegend". Der Weg ist
Weg in einer Gegend. Die Gegend erst ermöglicht den Weg.

Die Gegend ergibt als Gegend erst Wege. Sie be-wëgt. (US, 197)

Die eigentümliche Schreibweise Be-wëgen dient der Abgrenzung vom bloßen
Bewegen und soll das Schaffen von Wegen ausdrücken. Be-wëgen heißt: „die
Gegend mit Wegen versehen", „einen Weg bahnen". (US, 198) Wenn der Weg
also sowohl das Be-wëgen als das Stiften des Weges meint als auch das Gelan-
gen-Lassen und Belangen, dann sind hier die beiden Seiten der Beziehung
Mensch – Sein miteinander verwoben: zum einen die Aktivität des Menschen im
Schaffen und Gehen des Weges, zum anderen die Einbindung in die Weltgegend,
die durch ihre Bedingungen die Möglichkeiten des Weges vorgibt, so dass ein
Weg, der schon da ist, auch gefunden werden muss. Beide Dimensionen sind
untrennbar, denn weder Sein noch Mensch sind vorgängig, sondern zwei Seiten
desselben. Diese doppelsinnige Einheit, die allem Menschlichen eignet, weil der
Mensch als Da-sein immer schon In-der-Welt ist, versucht Heidegger in der
Metapher des Weges zu beschreiben, denn „Weg" ist für ihn ein „Urwort der
Sprache, das sich dem sinnenden Menschen zuspricht" (US, 198). Als Urwort
markiert es ein Denken, das der Spaltung von Subjekt und Objekt voraus liegt.

In diesem Zusammenhang ordnet Heidegger nun den Daoismus ein. Er schlägt
vor, Tao (Dao) könnte „der alles be-wëgende Weg sein, dasjenige, woraus wir
erst zu denken vermögen, was Vernunft, Geist, Sinn, Logos eigentlich, d.h. aus
ihrem eigenen Wesen her sagen möchten" (US, 198). Als Metapher ist diese
Formulierung des auf sich selbst bezogenen, sich selbst und alle Dinge hervor-
bringenden Dao gut gewählt. Dao wäre dann das, was allen Wegen, allem Gang
der Dinge, zugrunde liegt, selbst aber auch Weg ist und durch das Beschreiten
auch wieder gebahnt wird. Es gibt nichts, was sich dieser Be-wëgung entzieht.
„Alles ist Weg." (US, 198)

Für Heidegger nun, und hier zeigt sich die entscheidende Differenz zum Daoismus, ist jedoch das Hervorbringen und Gehen des Weges, das Be-wëgen, nur
sprachlich möglich.

Das All-Bewëgende be-wëgt, indem es spricht. (US, 201)

Für den Daoismus jedoch gilt die Sprachkritik, die Abweisung der Möglichkeit,
das Wahre sprachlich zu fassen. Doch auch hier versucht Heidegger noch einmal
eine Parallele zu ziehen, indem er darauf verweist, dass dem konkreten Sagen
etwas zugrunde liegt, was das Sagen selbst nicht mehr einzuholen vermag, nämlich die Bedingungen der Sprache selbst, die ungesprochen bleiben und das Sagen wie ein „Geheimnis" umgeben.

Vielleicht verbirgt sich im Wort ‚Weg', Tao, das Geheimnis aller Geheimnisse des denkenden Sagens, falls wir diese Namen in ihr Ungesprochenes zurückkehren lassen und dieses Lassen vermögen." (US, 198)

Das jeweilige Gehen des Weges, das Be-wëgen ist bei Heidegger die Bewegung in der Gegend, in der Wege gebahnt werden. Es ist „Weg-bereiten" und zugleich einem Weg folgen, denn der Weg ist auch ein „Gelangenlassen". (US, 198) Die „Gegend", in der Wege verlaufen und gebahnt werden, könnte gedeutet werden als Denkraum oder Sprachhorizont oder Verstehensperspektive.

Andeutend gesagt, ist die Gegend als das Gegnende die freigebende Lichtung, in der das Gelichtete zugleich mit dem Sichverbergenden in das Freie gelangt. Das Freigebend-Bergende der Gegend ist jene Be-wëgung, in der sich die Wege ergeben, die der Gegend gehören. (US, 197)

Das Denken, dem es um den Sinn von Sein geht, also das sinnende Denken, wird des Seins nie habhaft, weil das Sein selbst noch nicht da ist, sondern erst konstituiert wird durch die Sprache, der sich das Denken bedient. Das Denken steckt eine Gegend ab, in der sich der Sinnraum aufspannt.

Sein und Mensch stehen sich in der Gegend „Gegen-einander-über". Sie stehen einander gegenüber, aber indem sie einander verbunden sind. Das Verhältnis Mensch – Sein ist Einheit und Differenz zugleich. Das „einander" steht als Vermittelndes zwischen dem Gegen-…-über. Dieses Gegenüber und Einander heißt bezogen auf Sprache auch, dass sie zugleich Annäherung und Verhüllung ist. Sagen, Sprache ist „lichtend-verbergend-freigebend Darreichen von Welt" (US, 214).

Das sagende „Wëgen" und „Be-wëgen" ist vor allem ein „Wagen", eine Wagnis. Die Wagenderen müssen es „mit der Sprache wagen. Die Wagenderen wagen das Sagen." (H, 307f.) Diese Wagenderen sind vor allem die Dichter. Sie haben eine besondere Funktion für das Wëgen/Spuren des Weges. Dichtung meint hier nicht einfach Poesie, sondern es ist ein Hervorbringen (poiesis, VA, 13). Dichtung ist das Vermögen, neue sprachliche Möglichkeiten zu erschließen und damit neue Sinnhorizonte für den Menschen zu eröffnen.

Dichtung ist worthafte Stiftung des Seins. (HD, 38)

Denken stiftet nicht, aber es hat gleichwohl einen Bezug zum Sein. Es ist „Denken des Seins". Es ist ein Denken, das vom Sein geschickt und auf das Sein gerichtet ist. Es wird vom Menschen vollzogen, weil er im Sein steht und weil sich ihm das Sein sinnhaft öffnet. Dichtung ist „entwerfendes Sagen" (H, 60). Sie ist die „Weise des lichtenden Entwerfens der Wahrheit" (H, 59).

Der dichtende Entwurf kommt aus dem Nichts in der Hinsicht, daß er sein Geschenk nie aus dem Geläufigen und Bisherigen nimmt. Er kommt jedoch nie aus dem Nichts, insofern das durch ihn Zugeworfene nur die vorenthalte-ne Bestimmung des geschichtlichen Daseins selbst ist. (H, 62)

Das Denken ruht auf der Sprache auf und formt innerhalb der Sprache Möglich-keiten des Verstehens. Das Denken schafft Denkwege, die „Furchen in die Spra-che" (Hum, 54) und damit in das Sein ziehen.

Mit der Metapher des „Weges", wie Heidegger sie immer wieder in verschie-denen Kombinationen benutzt, sehe ich nach meiner Lesart seiner Philosophie zum Ausdruck gebracht, dass Mensch-sein immer ein offener Prozess der Welt- und Selbstdeutung ist. Es ist die Aufgabe des Menschen, sich den Sinnhorizont seiner Welt selbst zu erschließen, aus dem heraus sein Leben zu gestalten ist. Dabei werden Wege versucht und Wege verworfen, dies aber immer im Verste-hen durch Sprache, deren Sinnfülle jedoch nie auszuschöpfen ist und die deshalb immer auch „Geheimnisse" bereit hält. Alles menschliche Tun und Verstehen ist deshalb nicht nur bewusste Aktivität, sondern auch ein Geführtwerden auf Pfa-den, die in die menschliche Kultur schon eingelassen sind.

Die daoistische Philosophie hat Heidegger affiziert und herausgefordert, seine eigene Philosophie zu ihr in Beziehung zu setzen. Im klassischen ostasiatischen Denken hat er ein Gegengewicht gegenüber der Verwissenschaftlichung und Technisierung der modernen Welt gefunden, in der die Sinnkapazität des Men-schen vereinseitigt und entmachtet wird, in der die Erschließung des Seins unter die „Herrschaft der Methode" (US, 198) gestellt ist. Im ostasiatischen Denken sieht Heidegger eine Parallele zur Ursprünglichkeit und Wirkungsmächtigkeit des griechischen Denkens, das Wege für die europäische Denkweise gebahnt hat:

Das „Gespräch mit den griechischen Denkern und deren Sprache [...] ist kaum erst vorbereitet und bleibt selbst wieder für uns die Vorbedingung für das unausweichliche Gespräch mit der ostasiatischen Welt" (VA, 43).

Es sind die alten Texte, die Heidegger wertschätzt und die ihm ein Gegenge-wicht gegen das Denken in Kategorien von Nutzen, Technologie, Methode, Ge-winn, Beherrschung bieten. Seine Modernitätskritik als Kritik an der Verwahrlo-sung und Gefährdung des Menschlichen betrifft dabei nicht nur Europa, sondern die globalen Prozesse insgesamt.

Literatur

Originalliteratur/ Übersetzungen:

Martin Heidegger

SuZ *Sein und Zeit*, Tübingen 1986 (16. Aufl.)
H   *Holzwege*, Klostermann, Frankfurt/M. 1980 (6. Aufl.)
     1946: Wozu Dichter
Hum 1947: *Über den Humanismus*, Frankfurt/M. 1991 (9. Aufl.)
ID   *Identität und Differenz*, Pfullingen 1996 (10. Aufl.)
     darin: 1957: Der Satz der Identität (S. 9-30)
US   *Unterwegs zur Sprache*, Pfullingen 1993 (10. Aufl.)
     darin: 1953/54: Aus einem Gespräch von der Sprache (S. 83-155)
     1957/58: Das Wesen der Sprache (S. 157-216)
     1959: Der Weg zur Sprache (S. 239-268)
VA   *Vorträge und Aufsätze*, Pfullingen 1990 (6. Auflage)
     darin: 1953: Wissenschaft und Besinnung (S. 41-66)

Dschuang Dsi: Deutsche Übersetzungen
Dschuang Dsi, *Das wahre Buch vom südlichen Blütenland*, übers. und erl. von Richard Wilhelm, München 2004 (zuerst 1923).
Zhuangzi, *Auswahl*, hg. mit einer Einl. von Günter Wohlfahrt, Übersetzung von Stephan Schumacher, Stuttgart 2003.

Englische Übersetzungen
Graham, A. C., *Chuang-Tzu. The Inner Chapters*, Indianapolis/ Cambridge 1981.
Watson, Burton, *The Complete Works of Chuang Tzu*, New York 1968.

Lao-tse
Lao-tse, *Tao-Tê-King*, übers., eingeleitet und mit Anmerkungen von Günther Deborn, Stuttgart 2001 (zuerst 1961)

Weitere Literatur

Allinson, Robert E., *Chuang-Tzu for Spiritual Transformation. An Analysis of the Inner Chapters*, Albany 1989.
Béky, Gellért, *Die Welt des Tao*, Freiburg/ München 1972.
Cho, Kah Kyung, „Heidegger und die Rückkehr in den Ursprung. Nachforschungen über seine Begegnungsmotive mit Laotse". In: *Zur philosophischen Aktualität Heideggers*, hg. von D. Papenfuss und O. Pöggeler, Frankfurt/M. 1989.
Jaspers, Karl, *Die großen Philosophen*, München 1957.
Kenichi, Mishima, „Über einer vermeintliche Affinität zwischen Heidegger und dem ostasiatischen Denken. Geschehen im politischen Kontext der faschistischen und nachfaschistischen Zeit". In: *Zur philosophischen Aktualität Heideggers*, hg. von D. Papenfuss und O. Pöggeler, Frankfurt/M. 1989.

Lee, Yen-Hui, Gelassenheit und Wu wei – Nähe und Ferne zwischen dem späten Heidegger und dem Taoismus, Freiburg 2002 (Diss., elektronisch).

May, Reinhard, *Ex oriente lux. Heideggers Werk unter ostasiatischem Einfluß*, Stuttgart 1989.

Möller, Hans-Georg, *Daoistisches Denken*, Frankfurt/M. 2001.

Wohlfahrt, Günter, *Der philosophische Daoismus*, Köln 2001.

Wohlfahrt, Günter, *Zhuangzi*, Freiburg im Breisgau 2002.

Petzet, Heinrich Wiegand, 1983, *Auf einen Stern zugehen. Begegnungen und Gespräche mit Martin Heidegger 1929-1976*, Frankfurt/M.

Changrae Kim

Bild und Bildung.

Grundbegriffe einer philosophischen Anthropologie

1. Zwischen paradigmatischer und ikonischer Wende

Vor 2500 Jahren hat Platon die Menschen in der Höhle zu einer merkwürdigen, für die ganze spätere Philosophiegeschichte richtungbestimmenden „Wende"[1] aufgefordert, nämlich eine Wende von den *sichtbaren* Schattenbildern auf den Höhlenwänden zu dem Licht, das alles, was *zu sehen ist, sehen lässt,* und selbst doch *nicht zu sehen ist,* und weiter zur Sonne als zur Quelle desselben (vgl. Pol. 507e, 509b, 515ef. u. 517c). Seitdem lässt sich die Hauptströmung der europäischen Philosophie durch einen ständigen Versuch charakterisieren, über die sichtbare Welt (*ho horatos topos*) hinaus in die denkbare (*ho noetos topos*) zu transzendieren, d.h. eine *paradigmatische* Wende von den Bildern zu deren Urbild als ontologischem Grund vorzunehmen. Es ist bemerkenswert, dass trotz der ständigen Wiederholung dieses Versuchs – durch die ganze Philosophiegeschichte hindurch – das Urbild als unsichtbarer Ursprung der sichtbaren Bilder nicht aufgedeckt worden ist. Angesichts der prinzipiellen Unerreichbarkeit des Urbildes macht G. Boehm, Repräsentant einer Philosophie des Bildes, klar, dass alles, was ist und etwas ist, nur Bild ist, und dass das Urbild, von dem man meinte, es stünde hinter den sichtbaren Bildern, nichts als ein metaphysisches Artefakt sei. So fordert er eine andere Wende als die paradigmatische, nämlich „a *iconic* Turn"[2] vom vergeblich gesuchten Urbild zu den Bildern, die wir sehen können.

Diese beiden Wendungen führen in diametral entgegengesetzte Richtungen einer Linie, deren eines Extrem den Zugang zur unsichtbaren Welt von den Paradigmen und deren anderes Extrem den Zugang zur sichtbaren von den Ikonen bedeutet. Die heutige Philosophie scheint gezwungen zu sein, sich für eines der beiden Extreme zu entscheiden, und kein Philosoph kommt umhin, *entweder* ein Substanzontologe *oder* ein Philosoph des Bildes zu sein, ohne dabei einen Mittelweg finden zu können. Denn er versagt allem Anschein nach. Es ist dieser scheinbar unauflösbare Gegensatz der paradigmatischen und ikonischen Wende, von dem die vorliegende Arbeit ausgeht und auf dessen Auflösung sie abzielt.

---

[1] Plato, *Politeia*, 518c u. d (abgekürzt als Pol.).
[2] G. Boehm, Die Wiederkehr der Bilder. In: Ders., *Was ist ein Bild?*, München ²1995, 13.

Dies hat jedoch mit der zauberhaften Versöhnungskraft einer mystischen Dialektik nichts zu tun. Es kommt hier nur darauf an aufzuzeigen, dass das Paradigma und das Ikon zwei Extreme der *einen* Linie sind, die man, in der vertrauten Terminologie die *Philosophie*, die menschliche Suche nach der göttlichen Weisheit bzw. die menschliche *Bildung* nennen kann. Diese Linie geht von ihrem einen Extrem aus, d.h. davon, was wir *sind*, und richtet sich auf ihr anderes Extrem, d.h., darauf, was wir sein *sollen*. Jedes der beiden Extreme dieser Linie entspricht dem Sein und Sollen des Menschen. So hat die Bildung des Menschen ihren Ausgangspunkt in seiner Faktizität, nur Bilder sehen zu können, und setzt ihren Zielpunkt in ihrer Aufgabe, mehr als Bilder sehen zu sollen. Gerade darin, dass diese zwei Punkte *noch nicht* identisch sind, liegt das Bedürfnis des Philosophierens und des Sich-Bildens von Menschen. So besehen besteht zwischen der paradigmatischen und ikonischen Wende gar keine Entgegensetzung. Denn die letztere sagt nur, dass wir als *endliche* Seiende nicht in der Lage seien, mehr als Bilder zu sehen, und auch die erstere behauptet nur, dass es gleichwohl für uns als *suchende* Seiende eine unvermeidliche Pflicht sei, mehr als Bilder zu sehen. Ist die ikonische Wende in dieser Weise als Ausdruck der ontologischen Faktizität und die paradigmatische als ein Postulat der praktischen Philosophie zu bestimmen, so hebt sich der scheinbare Gegensatz bald auf. Denn sie sind nichts als zwei Seiten des einen Lebens, des Lebens des Menschen, der aufgrund dessen, was er *ist*, das sucht und sich danach bildet, was er sein *soll*. In dieser Suche und Bildung liegt für mich das Menschliche des Menschen, des *Being Human*.

Es wird im Folgenden veresucht, das hier in skizzenhafter Form erläuterte Verhältnis von Bild und Urbild im Rahmen einer philosophischen Anthropologie zu erforschen. Abzulehnen ist in erste Linie die substanzontologische Denkweise, nach der „das Urbild des Menschen" zuerst für sich selbst bestünde und „der Mensch in dieser Welt" nichts als ein unvollkommenes Bild desselben wäre. Denn ich bin einerseits – seitens der Philosophie des Bildes – dagegen, den Menschen für ein Bild von etwas zu halten, das selbst nicht ein Bild ist. Dies impliziert jedoch nicht, dass es zu verbieten sei, über so etwas wie ein Urbild des Menschen zu denken und zu sprechen. Denn ich halte es andererseits – aus der Sicht einer praktischen Philosophie – für eine unabwendbare Pflicht des Menschen, nach dem Urbildlichen seiner selbst zu fragen und sich selbst sein Ur-*Bild* einzu*bilden*. Ich suche damit jedoch nicht einen Kompromiss durch beiderseitige Zugeständnisse. Gesucht wird eher eine Möglichkeit, die zugleich die Anforderungen sowohl der ikonischen als auch der paradigmatischen Wende erfüllt. Ich habe sie darin gefunden, nicht die Substanzontologie selbst, sondern ihre *Sprache und Begriffssysteme* zu destruieren, noch genauer, „das substanzontologische Verhältnis von Urbild und Bild als von Grund und Begründetem" aus der Sicht einer praktischen Philosophie umzukehren. Dann träte an die Stelle des *Ur-*

Bildes das Bild und das erstere erwiese sich auch als ein Ur-*Bild*, d.h. als ein als paradigmatisch gesetztes Ikon.

2. Urbild des Menschen und Menschen als Bilder

Die von Kant genannten drei Grundprobleme der Philosophie – Was kann ich wissen? Was soll ich tun? Was darf ich hoffen?– lassen sich bekanntlich auf eine Frage zurückführen: Was ist der Mensch?[3] So gesehen muss sich jede Philosophie schließlich als eine Anthropologie bestimmen und daher ist ihre erste und letzte Frage nichts anderes als dies: Was ist der Mensch? Auch die vorliegende Arbeit geht hiervon aus, zielt jedoch nicht darauf ab, selbst auf die Frage zu antworten. Denn sie versteht sich nicht als anthropologische Forschung, sondern als philosophische zur *Sprache* der Anthropologie. Hier ist von daher nicht vom Menschen selbst, sondern vom Begriffssystem der Anthropologie allein die Rede, mit dem sie den Menschen und sein Wesen beschreibt. Diese Arbeit setzt sich also aus dem Gesichtspunkt der Philosophie des Bildes mit dem im Grunde substanzmetaphysischen Begriffssystem der traditionellen Anthropologie auseinander. Von daher wird die Frage, was der Mensch ist, zunächst beiseite gelegt. Zu beantworten ist nur, wie die Philosophie auf die Frage, was der Mensch ist, zu antworten hat, genauer: Mit welchen Sprachen und Begriffen hat die „Philosophie nach der ikonischen Wende" diese Frage zu beantworten?

Was ist der Mensch? Wie hat die traditionelle Anthropologie diese Frage beantwortet? Welchen Begriffssystems hat sie sich bedient, um das Wesen (Urbild) und das Phänomen (Bild) des Menschen zu erklären? Es ist ohne Zweifel ein substanzmetaphysisches bzw. paradigmatisches Schema, aus dem sie das Problem des Menschen gedacht hat. So lag der traditionellen philosophischen Menschenforschung ein Konzept zugrunde, nach dem zuerst das Paradigma des Menschen für sich selbst bestehe und der Mensch in der sichtbaren Welt nur als sein unvollkommenes Bild, d.h. als an ihm teilhabend, bestehen könne. Aber aus dem anthropologischen Gesichtspunkt nach der ikonischen Wende ist diese Betrachtungsweise genau umgekehrt. Denn es gibt in Wahrheit nur die Phänomene (Bilder) des Menschen und hinter ihnen steht nichts[4]. Was *ist*, ist nur der in der sichtbaren Welt *werdende* Mensch, ist der Mensch als *Bild*. Dieser Mensch, der zunächst hier und jetzt besteht, unterzieht sich dann aus irgendeinem – praktischen[5]

---

[3] Vgl. I. Kant, *Logik*, Akademieausgabe: *Gesammelte Schriften*, hg. v. Königlich Preußische Akademie der Wissenschaften, Berlin 1900ff., Bd. IX, 25.

[4] Diese Ansicht teilen auch ein Phänomenologe (vgl. M. Heidegger, *Sein und Zeit*, 35f.) und ein Philosoph des Zeichens (vgl. J. Simon, *Philosophie des Zeichens*, Berlin 1989, 20-27), und fast alle gegenwärtigen Philosophen.

[5] Ein praktischer Grund liegt z.B. dann vor, wenn Plato vom Staat der Wirklichkeit ausgehend einen idealen Staat als die Idee des Staates setzte.

oder theoretischem[6] – Grunde einem abstrahierenden Denken über sich selbst und setzt dadurch ein ideales Bild seiner selbst als sein Ur*bild*, und zwar als ein zweites Bild des Bildes. Denn der Mensch als suchendes (philosophierendes und sich bildendes) Seiendes sieht sich selbst mit einem negativen Blick und bildet ein schönes Bild seiner selbst, das die unschöne Welt übersteigt und gerade deshalb erstrebenswert ist. Dieses als *ideal* phantasierte Bild meiner selbst als ein Resultat des negativen Abstrahierens vom *realen* Menschen ist gerade das, was in der traditionellen Substanzontologie das *Ur*bild des Menschen genannt wurde.

Dies aufzuzeigen, ist das primäre Ziel der vorliegenden Arbeit. Sie wird aber auch zeigen, dass dieses Urbild als Bild des Bildes, *wenngleich*, besser: *weil* es ein Bild ist, die Rolle einer Zielscheibe für die Bewegung des suchenden und sich bildenden Menschen spielen kann. Denn es ist eben die Idee der menschlichen Selbstbildung, das jetzige Ich zu negieren und dem durch dieses Negieren als ein vollkommenes gesetztes Ich nahe zu kommen. So ist eine neue Anthropologie, die durch die ikonische Wende und die Umkehrung des substanzontologischen Begriffssystems zustande kommt, in der Lage, trotz des Verzichts auf das Paradigma des Menschen das Leben und die Suche des Menschen vor der Gefahr zu bewahren, ins ordnungslose Chaos oder in richtungsloses Herumirren zu verfallen. Ein möglicher Vorwurf des Nihilismus kommt hier also kaum zum Tragen. Dennoch ist dieses eingebildete Urbild des Menschen durchaus keine metaphysische Substanz. Denn es ist niemand anderes als *wir*, die wir es uns einbilden.

3. Die Unhaltbarkeit der traditionellen Begriffe des Urbildes von Menschen

In beiden Hauptquellen der abendländischen Zivilisation, nämlich sowohl in der christlich-jüdischen, als auch in der griechischen, wird der Mensch in einer analogen Weise definiert. Nach der ersteren sind es zwei Momente, die für das Wesen des Menschen bestimmend sind: Schöpfung gemäß dem *imago Dei* und *imago deformis* durch Erbsünde[7]. So ist der Mensch nach dieser Tradition nichts als ein Zwischen zwischen Ähnlichkeit und Unähnlichkeit (*similitudo et dissimilitudo*) mit Gott[8]. Auch Platon als Repräsentant der griechischen Philosophie verortet den Menschen in der Mitte zwischen Göttern, für die das Philosophieren wegen ihrer Allwissenheit unnötig ist, und Massen, für die es wegen ihrer Un-

---

[6] Ein theoretischer Grund besteht z.B., wenn Kant, nachdem er den Gegenstand konstruiert hat, das Ding an sich als sein ideelles Correlatum postulierte.

[7] Vgl. A. Augustin, *De trinitate*, übers. v. M. Schmaus, München 1935, IX, 12, XII, 16, XIII, 16, XIV, 6XV, 15f., 19; vgl. ferner A. Schindler, *Wort und Analogie in Augustins Trinitätslehre*, Tübingen 1965, 179f. u. 190.

[8] Vgl. A. Augustin, *op. cit.*, XIV, 11, 22: vgl. ders., *Confessiones*, übers. v. J. Bernhart, München 1955, VII, 17.

wissenheit unmöglich ist[9]. In jeder der beiden Traditionen wird der Mensch für ein janusköpfiges Seiendes gehalten und sein Wesen daher in der Rückkehr zum *imago Dei*[10] oder in der Suche nach der göttlichen Weisheit (*sophia*) gefunden[11]. In beiden Fällen ist die Frage „Was ist der Mensch?" leicht zu beantworten. Denn das Urbild des Menschen geht dem Menschen als Bild voraus und der letztere bestimmt sich von dem ersteren aus, und zwar als Bild.

Schon am Anfang des 20. Jahrhunderts, eines unmetaphysischen Zeitalters, hat M. Scheler die eigenartige Lage der modernen Anthropologie wohl deutlich gezeigt, in der keines der vor der Erfahrung gesetzten Urbilder des Menschen den Angriff der empirischen Menschenforschung seit dem 18. Jahrhundert standhalten konnte.

In keinem Zeitalter sind die Ansichten über *Wesen und Ursprung des Menschen* unsicherer, unbestimmter und mannigfaltiger gewesen als in dem unsrigen [...] Wir sind in der ungefähr zehntausendjährigen Geschichte das erste Zeitalter, in dem sich der Mensch völlig und restlos „problematisch" geworden ist; in dem er nicht mehr weiß, was er ist, zugleich aber auch *weiß, daß* er es nicht weiß.[12]

Trotz, genauer: wegen des Reichtums an den empirischen Kenntnissen vom Menschen „*besitzen wir eine einheitliche Idee vom Menschen aber nicht*". Denn eher „verdeckt [sie] das Wesen des Menschen, als daß sie es erleuchtet"[13]. Das traditionelle metaphysische Urbild des Menschen ist schon destruiert worden, und wir sind daher nicht mehr in der Lage zu sagen, „was" der Mensch ist. Der Überfluss an positiven Kenntnissen vom Menschen, Kenntnissen vom Bild, bedeutet zugleich Armut an philosophischen Kenntnissen vom Urbild des Menschen. Dies machte die Ironie aus, auf die die damalige philosophische Anthropologie stieß, und den Hintergrund der Entstehung dieser neuen Wissenschaft[14]. Einerseits steht uns eine Fülle von empirisch getesteten Kenntnissen vom Menschen zur Verfügung, aber es fehlt uns andererseits gerade an einer einheitlichen Idee des Menschen, unter die jene mannigfaltigen Informationen zu vereinigen wären. Dementsprechend erweist sich die in den letzten 2500 Jahren wiederholend gestellte und beantwortete Frage „Was ist der Mensch?" letztlich als unbe-

---

[9] Vgl. Plato, *Symposion*, 202a, d, 203b, c, e, 204a: Pol. 494a.

[10] Vgl. A. Augustin, *De trinitate*, XIV, 21, 23, 26, XV, 14, 21: Ders., *De vera religione liber unus*, übers. v. C. J. Perrl, Paderborn 1957, 72; *Confessiones*, VII, 16.

[11] Vgl. Plato, *Symposion*, 206e-207a:.500c, 515e-516b, 517c.

[12] M. Scheler, Mensch und Geschichte. In: Ders., *Philosophische Weltanschauung*, München 1954, 62.

[13] M. Scheler, *Die Stellung des Menschen im Kosmos*, Bern 1975, 9: vgl. 6; vgl. auch M.. Heidegger, *Kant und das Problem der Metaphysik*, Frankfurt/M. [12]1951, 189.

[14] Vgl. M. Scheler, *op. cit.*, 6.

antwortet. Sie ist von daher wieder zu stellen und zu beantworten, und zwar mit Dringlichkeit. Dabei dürfen wir jedoch nicht danach fragen, wo das Urbild des Menschen liegt. Denn entsprechend dem philosophischen Denken nach der ikonischen Wende ist der Begriff jenes Urbildes nicht mehr haltbar, das irgendwo in der intelligiblen Welt bestünde und uns dann ‚gegeben' wäre. Wir müssen unsere Frage eher so formulieren: *Wie* können *wir* es konstruieren? Denn es wird uns „nicht gegeben", sondern „aufgegeben", und zwar „als Problem"[15].

Hierfür gibt es m.E. zwei Wege. Der eine, der von Scheler und Gehlen beschritten wird, besteht darin, dass man vermittels einer induktiven Verallgemeinerung der verschiedenen Ergebnisse der empirischen Menschenforschung auf das philosophische Wesen des Menschen schließt. Der andere ist jener, auf dem man sich durch das negative Abstrahieren des Menschen als Bildes in der sichtbaren Welt ein erstrebenswertes Urbild des Menschen ein*bildet*. Der erste kommt mir jedoch als nicht gangbar vor. Denn das Wesen des Menschen wird „nie nachträglich" aus den Fakten der empirischen Menschenforschung, aus Induktion, abgeleitet. Es muss vielmehr, wie Heidegger gezeigt hat, „immer schon „da" sein", wenn die Fakten „auch nur *gesammelt* werden"[16]. Der zweite ist der umgekehrte Weg Platons[17] und daher allein gangbar für die Anthropologie nach der ikonischen Wende, die die Sprache der Substanzontologie umzukehren und selber das Urbild des Menschen zu konstruieren sucht. Bevor wir diesen Weg gehen, haben wir zuerst den Sinn der Frage „Was ist der Mensch?" klarzustellen, denn wir suchen jetzt gerade das „*Was*" des Menschen zu konstruieren.

4. Warum haben wir auf die Frage „Was ist der Mensch?" mehrere richtige Antworten, aber nicht die eine richtige Antwort?

Was ist der Mensch? Diese Frage ist in wahrstem Sinne des Wortes eine *philosophische* Frage. Das heißt, sie ist keine positiv-wissenschaftliche Frage und daher nicht empirisch zu beantworten. Denn sie fragt nach dem „Was" des Menschen, genauer nach seinem Wesensunterschied zu seiner nächsten Spezies. So ist diese Frage in der Regel dadurch beantwortet worden, den Gattungsbegriff „Tier" und einen spezifischen, für wesentlich gehaltenen Unterschied zu kombinieren: z.B. *zoon logon echon, zoon politikon* oder *homo erectus* etc. Jede ist eine gute Antwort, denn jede hält nicht ohne Grund den Besitz des Logos, die Geselligkeit oder den aufrechten Gang für das Wesen des Menschen. Achtzugeben ist hier vor allem darauf, dass jedoch keine dieser Bestimmungen die einzig richtige ist

---

[15] Vgl. I. Kant, *Kritik der reinen Vernunft*, B 536 u. 526.

[16] M. Heidegger, *Sein und Zeit*, 50, vgl. 48.

[17] In Wahrheit ging auch Plato diesen Weg, wenngleich die Sprache seiner Ontologie den Weg, den er gegangen ist, in umgekehrter Weise ausdrückt. Dies wird am Ende der Arbeit noch klarer zu zeigen sein.

und alle andere zu widerlegen vermag. Gerade hierin, dass es auf diese Frage *mehrere richtige* Antworten, und *nicht eine einzige richtige* gibt, besteht ihre philosophische Merkwürdigkeit. Eine derartige Frage ist in der Geschichte der Philosophie „Problem" (*problema*), d.h. offene Frage, genannt worden. Das Problem ist jene Frage, auf die man sowohl auf eine bestimmte Weise als auch auf die genau gegensätzliche antworten kann, ohne dadurch auf einen Widerspruch zu stoßen. Für Aristoteles ist eine Frage insofern *problema*, als für sie zwei entgegengesetzte Antworten existieren, zwischen denen es „keinen Widerspruch gibt", weil „es für beides glaubwürdige Gründe gibt"[18], und daher letztlich nicht zu beantworten ist. Denn die Antworten auf eine problematische Frage sind die annehmbaren oder unannehmbaren „Alternativen"[19], deren jede eine richtige Antwort ist, aber dennoch nicht die einzige und daher letzte sein kann. Dies ist gerade das Problematische des letztlich „unlösbaren"[20] Problems.

In dieser Hinsicht zeigt sich die Frage „Was ist der Mensch?" als ein typisches Problem. Denn es kann auf sie zwei gegensätzliche Antworten geben, z.B. *zoon logon echon* und *homo libidinosus*. Die Antworten Platon und Freud stehen sich diametral entgegen, aber sie sind dennoch zwei richtige Antworten. Falls sie nur Tatsachenurteile wären, sollte eine von ihnen falsch sein, denn ein und derselbe Mensch kann nicht gleichzeitig vernünftig und triebhaft sein. Aber als Antworten auf eine philosophische Frage sind sie zugleich richtig, und zugleich nicht vollkommen richtig. Dies ist gerade das Problematische unserer philosophischen Frage „Was ist der Mensch?". Es gibt in der Tat sehr viele Wesensunterschiede zwischen Menschen und seiner nächsten Spezies – so viele wie philosophische Anthropologen. Und es ist auch empirisch feststellbar, ob der jeweils behauptete Unterschied in Wirklichkeit besteht. Aber zur Beantwortung der folgenden Frage kann uns die Erfahrung nicht verhelfen: Welchen *willst du* unter den so vielen Unterschieden für wesentlich *halten*? Denn jedes Philosophiesystem würde sie, wie es bei Platon und Freud der Fall war, mit einer anderen Alternative beantworten. Platon hat mit gutem Grunde den Besitz des Logos für das Wesen des

---

[18] Aristoteles, *Topik*, übers. v. E. Rolfes, Hamburg 1995, 104b. Die Beispiele, die Aristoteles gibt, sind, „ob die Lust begehrenswert ist oder nicht"; „ob die Welt ewig ist oder nicht" (ebd.). Die erstere Frage ist insofern problematisch, als es bei ihr auf die willkürliche Wahl von Individuen ankommt, und die letztere insofern, als es sich bei ihr um einen über die Grenzen unserer Erfahrung übersteigenden, unerkennbaren Bereich handelt und daher unmöglich ist, sie zu beantworten (vgl. ebd.). Auf die Frage in dieser Art kann man sowohl bejahend als auch verneinend antworten, denn es besteht zwischen beiden, wie Aristoteles zeigte, kein Widerspruch. Auch Kant definiert das problematische Urteil „als solches, wo man das Bejahen oder Verneinen als bloß möglich (belibig) annimmt" (I. Kant, *Kritik der reinen Vernunft*, B 100, vgl. B 310).

[19] H.-G. Gadamer, *Gesammelte Werke*, 10 Bde, Tübingen 1985-95, hier Bd. I, 382.

[20] Ebd., Bd. II, 81.

Menschen gehalten und Freud den der Libido. Aber keine der beiden Alternativen könnte in dem Sinne die einzig richtige sein, dass die andere als falsch zu beurteilen wäre.

Es wäre hier hilfreich, das Verhältnis von Platon und Freud mit dem von Parmenides und Heraklit zu vergleichen, das Aristoteles als ein problematisches von Thesis und Antithesis illustriert hat[21]. Es wäre dann möglich, zwischen beiden Verhältnissen eine Analogie zu finden, d.h., beides als eine problematische Antinomie zu erklären. Einerseits setzt Parmenides seine Thesis „Sein ist Eines", andererseits Heraklit seine Antithesis *„phanta rheī"*. Dennoch besteht hier kein Widerspruch. Zwischen beiden Thesen, deren jeder ihre Plausibilität hat, findet sich eher eine „paradoxe"[22] Parallele. Denn es kommt hier schon mit der Fragestellung selbst nicht auf diese oder jene Seinsweise eines empirisch beobachtbaren Seienden an, sondern auf das Wesen des Seins überhaupt, das die Grenze der Erfahrung übersteigt. Insofern waren sowohl die Thesis als auch die Antithesis Antworten auf eine problematische, d.h. unbeantwortbare Frage. Ähnlich setzt Platon seine Thesis vom Wesen des Menschen, indem er sagt: Der Mensch ist *zoon logon echon*. Dagegen setzt Freud seine Antithesis, indem er sagt: *Nein!* Der Mensch ist *homo libidinosus*. Trotz des scheinbaren Gegensatzes beider Thesen besteht hier ebenso wenig ein Widerspruch, wie es oben der Fall war. Denn es kommt auch hier nicht auf diese oder jene empirische Eigenschaft des Menschen an, sondern auf das Wesen des Menschen.

Hervorzuheben ist hier, dass der Besitz des Logos für Platon keine beobachtete Eigenschaft des realen Menschen ist, sondern das *gesetzte* Wesen der Mitgliedern eines *idealen* Staates, den es in der realen Welt nicht gibt. Ebenso wenig ist der Besitz der Libido ein aus der Erfahrung ermitteltes Faktum. Dagegen ist er die Antithesis, die Freud gegen die logozentrische Thesis Platons einwendet. Hierbei *setzt* er diese in Anlehnung an die Hypo*thesis* vom Unbewusstsein, das für unsere Erfahrung nicht zugänglich ist. Auf eine und dieselbe Frage antworten Platon und Freud also anders, d.h. mit gegensätzlichen Alternativen. Aber wenigstens darin stimmen sie überein, dass sie nicht auf Grund von Erfahrung, sondern *metaphysisch*[23] antworten. Da hier der „Probierstein der Erfahrung"[24] fehlt, der die Richtigkeit der gegenüberstehenden Thesen entscheiden könnte, besteht zwischen beiden ein paralleles Para-doxon, d.h. eine Antinomie[25]. So-

---

[21] Vgl. Aristoteles, *Topik*, 104b.

[22] Ebd.

[23] Nicht im Sinne der griechischen Substanzmetaphysik, sondern nur im Sinne von „die Grenze der Erfahrung überschreitend".

[24] I. Kant, *Kritik der reinen Vernunft*, A VIII.

[25] Es ist interessant, dass ein typisches Beispiel für „Problem" bei Aristoteles die Frage nach der Grenze der Welt war und dass diese das Thema der Kantischen Antinomielehre ist.

wohl die Thesis Platons als auch die Antithesis Freuds dürfen daher „weder Be-stätigung hoffen, noch Widerlegung fürchten"[26], denn keine von beiden ist im-stande, ihren letztendlichen Vorrang vor der anderen zu beweisen[27]. Dabei deutet sich schon an, dass beide nicht Urteile (*logos apophantikos*) sind, die einen em-pirischen Sachverhalt zeigen und daher wahr oder falsch sein können[28], sondern Produkte einer metaphysischen Entscheidung über überempirische Sachverhalte.

Zu betonen ist hier, dass hinter jeder philosophischen Antwort auf die proble-matische Frage nach dem Wesen des Menschen unvermeidlich eine philosophi-sche Entscheidung oder metaphysische Wahl steht. Denn die Frage, was der Mensch ist, verlangt nicht danach, einen der vielen Unterschiede des Menschen zu seiner nächsten Spezies nach Belieben zu behaupten, sondern eine Herausfor-derung, die besagt: „Entscheide, welcher Unterschied unter den vielen für we-sentlich zu halten sei!" Dies ist jene Frage, die ein auf sich selbst reflektierender Mensch auf sich selbst zurückwirft: „Wer bin ich und was soll ich sein?" Von daher ist sie nicht diejenige, die einmal gestellt, beantwortet und auf ewig für gelöst gehalten werden darf, sondern jene, die immer wieder gestellt und neu beantwortet wird und deren jeweilige Beantwortung eine philosophische Ent-scheidung über sich selbst bedeutet. Deswegen ist sie am Anfang der Philoso-phiegeschichte und seitdem ständig wieder gestellt worden, und trotz der vielen Antworten auf wird sie auch jetzt wieder gestellt und wird weiter gestellt wer-den. Es gibt keine letzte Antwort auf sie und daher keine Aufhebung der Frage, es sei denn, der Mensch hört auf, auf sich selbst zu reflektieren.

Wir haben bislang die Frage nach dem Wesen des Menschen als eine offene Frage bestimmt und die Unendlichkeit des Fragens festgestellt. Davon können wir in folgenden zwei Punkten profitieren: Erstens wird dadurch nachgewiesen, dass es so etwas wie die einzig richtige Antwort auf die Frage nach dem Wesen des Menschen nicht gibt (Destruktion des substanzmetaphysischen Glaubens an ein *Ur*bild des Menschen); zweitens erhellt so, dass der Mensch trotzdem nie aufhört, sie zu beantworten, und zwar mit Antworten, die weder vollständig richtig noch vollständig falsch sind. Darin deutet sich schon an, dass unsere Antwort nicht das Wesen des Menschen letztendlich bestimmt, sondern lediglich unser jeweiliges Für-wesentlich-Halten ist (Ur*bild* des Menschen, das wir für wesentlich halten). Das Wesen bzw. Urbild des Menschen ist weder ein Faktum, das in der sichtbaren Welt zu erfahren ist, noch eine Substanz, die irgendwo in der denkbaren Welt *a se* bestünde; sondern es ist ein ideales *Bild* eines suchenden und sich bildenden Menschen, der es sich – auf sich selbst zurückblickend – selbst offeriert, und zwar als ein zu verwirklichendes Ziel seiner Bildung. Inso-fern sind wir, die Menschen, Herren dieses Bildes, und wir haben das Recht und

---

[26] Ebd., B 449, vgl. B 619.
[27] Ebd., B 448.
[28] Vgl. Aristoteles, *De interpretatione*, übers. v. E. Rolfes, Hamburg 1974, 17a

die Pflicht, es zu konstruieren. Es bedarf jetzt einer genetischen bzw. anatomischen Erklärung dessen, wie diese Konstruktion des Urbildes durchzuführen ist.

5. Die Einbildung des Urbildes vom Menschen

5.1 Wie wurde die Substanz in die Geschichte der Philosophie eingeführt?

Bevor vom Problem der Konstruktion des Urbildes vom Menschen zu sprechen ist, ist zuerst der Weg des Denkens zu verfolgen, auf dem sich die Philosophen der Substanz zu begegnen meinten. Die Geschichte der europäischen Philosophie hat uns zahlreiche Definitionen der Substanz geliefert, z.b. das *Anhypotheton* (Platon), den unbewegten Beweger (Aristoteles), die *Causa sui* (Spinoza) oder das Unbedingte (Kant). Eine nähere Betrachtung würde uns ungeachtet ihrer scheinbaren Verschiedenheit davon überzeugen, dass in ihnen allen eine interessante Isomorphie zu finden ist. Die allen diesen Definitionen gemeinsame formale Struktur formuliere ich folgendermaßen: Sie ist das, was alles, was *so und so ist, so und so sein lässt* und dabei selbst *nicht so und so ist*. Wenn man an die Stelle dieses „So-und-so" einen bestimmten Inhalt, z.b. Hypothesis, Bewegung, Ursache und Bedingung, treten ließe, dann fände man ohne Schwierigkeit die oben formulierte Struktur: Das *Anhypotheton*, das die *Hypothesis aller Thesen* ist und selbst *keine Hypothesis mehr hat*; der unbewegte Beweger, der *alles, was sich bewegt, bewegen lässt*, und sich *selbst nicht bewegt*; die *causa sui*, die die *Ursache aller Wirkungen* ist und selbst *keine Ursache außer sich selbst hat*; das Unbedingte, das die *Bedingung von allem Bedingten ist* und selbst *nicht bedingt ist*. Allen diesen Substanzen liegt trotz ihrer inhaltlichen Verschiedenheit eine formal gleiche Struktur zugrunde. Diese bemerkenswerte Isomorphie hat ihren Ursprung nicht in den Substanzen selbst, sondern in der *Weise* ihres Postuliertwerdens; sie ist nicht die formale Struktur der Substanzen, sondern die der Arten und Weisen, mit denen Philosophen die Substanzen bilden.

Philosophien orientieren sich vor allem daran, sich selbst zu negieren und sich selbst zu transzendieren. Nehmen wir als Beispiel die Ursache. Der Philosoph geht zunächst von einem empirischen Sachverhalt aus, den er in der phänomenalen Welt erfährt. Er denkt, dass es für alle Sachverhalte Ursachen gibt und für diese ebenso weitere. Also steigt er, indem er nach der Ursache des Sachverhaltes und weiter nach der von jener fragt usw., die Reihe der Ursachen regressiv hinauf, selbstverständlich in der Hoffnung, am Ende seines Aufstiegs die Substanz als letzte oder erste Ursache anzutreffen. Beim Aufstieg hat der Philosoph zumindest folgende zwei *Voraus*-setzungen. Die erste ist, dass der empirische Sachverhalt, von dem er ausgeht, nicht aus Nichts entstanden sein kann, denn kein Sein kann, denkt er, aus Nichts entstehen[29]. Aus der Existenz des von ihm beobachteten Sachverhalts folgt, dass dieser eine Ursache haben müsse. Die zweite *Voraus*setzung ist, dass sein Aufstieg keinesfalls zu einem unendlichen Regress führen darf. Denn es ist für ihn unvorstellbar, dass es den Anfang der Reihe nicht gibt. Der zunächst von diesen beiden Voraussetzungen ermutigte Philosoph beginnt seinen Aufstieg. Aber er hört plötzlich auf, weil er gewahr wird, dass dieser in Wirklichkeit doch nie zu Ende kommen wird. Und sein metaphysisches Vermögen fragt: „Was wäre denn das, was am Ende dieser Reihe stünde?" Der prinzipiellen Unwissenheit über Substanz zum Trotz hat der Philosoph wenigstens zwei Kenntnisse von ihr. Erstens muss die Substanz, wenn sie wirklich am Ende der Reihe steht, selbst „außerhalb"[30] der Welt der Erfahrung liegen. Denn andernfalls könnte und müsste weiter nach *ihrer* Ursache gefragt werden, und das würde bedeuteten, dass sie noch nicht der Gipfel der Reihe ist. Daraus folgt, dass sie keine weitere Ursache über sich selbst hat, d.h. ihre Ursache in sich selbst haben *muss*. Denn von ihr als von der letzten Ursache wird vernünftigerweise verlangt, auf die Reihe der Ursachen einen Schlusspunkt setzen zu können. Die zweite Kenntnis besteht darin, dass die Substanz als Ausgangspunkt einer umgekehrten, absteigenden Reihe der Wirkungen dasjenige Seiende sein muss, das allen Wirkungen als deren Ursache zugrunde liegt. Aus dem Kombination beider Kenntnisse[31] wird das *Bild* der „Ursache seiner selbst"entworfen, die die *Ursache von allem (oder „allen", wenn es sich auf „Bild" bezieht) ist* und selbst *keine Ursache außer sich hat*.

Nicht anders verhält es ist beim unbewegten Beweger – aber auch beim *Anhypotheton* und Unbedingten. Als Ausgangspunkt der Reihe der Bewegungen muss er alles, was sich bewegt, sich bewegen lassen und als Endpunkt der regressiven Reihe darf er sich selbst nicht mehr bewegen. Am Ende der Reihe von Hypothesen, Ursachen, Bewegungen und Bedingungen liegt die *Negation* derselben. Denn allein in dieser Negation kann die Reihe zu Ende kommen. Der Gedanke des Philosophen also, dass es in jeder Reihe einen Anfangspunkt und daher auch im regressiven Aufstieg derselben einen Endpunkt geben müsse, ist gerade das, was die in allen Definitionen der Substanz enthaltene Negation „Nicht-so-und-so" bedeutet.

Aus all dem ergibt sich, dass die Substanz, von der der Philosoph zu reden pflegt – als hätte er sie nach seinem langen und mühseligen Aufstieg endlich gesehen und gefunden –, in der Tat nichts als ein Konstrukt, das er, ohne sie

---

[29] Vgl. H. Diels (Hg.), *Die Fragmente der Vorsokratiker*, Parmenides, Berlin 1922, Fragment 8.5.

[30] I. Kant, KrV, B 705.

[31] Es handelt sich bei diesen Aussagen aber eigentlich nicht um neuartige Erkenntnisse über die Substanz Denn sie wurden schon vorausgesetzt, als wir die Substanz als Ende der Reihe der Ursachen und zugleich als Beginn der Wirkungen dachten.

selbst sinnlich wahrzunehmen, nur denkend, genauer: dem, was er perzipiert hat, hinzudenkend voraussetzt. Denn seine phantasievolle Vernunft verführt ihn, eher auf diese unendliche Reihe von Ursachen einen *imaginären* Schlusspunkt zu setzen, als sich einem in Wirklichkeit nie endenden Aufstiegsversuch hinzugeben. Dieses *gedachte* Seiende, das die regressiv aufsteigende Reihe zu Ende zu bringen vermag, ist gerade das, was die traditionelle Metaphysik „Substanz" genannt hat. Sie ist kein am Ende der Reihe Gefundenes, sondern ein in Vorstellungsbildern des Philosophen gesetzter Schlusspunkt der Reihe. In dieser Weise wurde die Substanz in die Geschichte der Philosophie etabliert. Zu sagen, dass die Substanz zunächst in einer *nicht so und so seienden* Welt ihren eigenständigen Bestand habe und nachher der *so und so seienden* Welt gegeben werde, ist daher nicht korrekt. Eher ist hier genau das Gegenteil festzustellen: Sie ist nichts anderes als ein *Bild* dessen, was der Philosoph, der nie mit seinem So-und-so zufrieden ist, von diesem negativ abstrahiert und dadurch über das Nicht-so-und-so phantasierend hinzudenkt. Es existiert also zwischen der denkbaren Welt des Nicht-so-und-so und der sichtbaren Welt des So-und-so ein „Durchgang", nämlich die Einbildungskraft des Philosophen, durch die er sich nach der Substanz sehnt, die er *nicht* ist, und die er zu sich kommen lässt, weil sie *noch nicht* bei ihm ist. Es ist nichts als diese Idee der Negation und der Transzendenz, welche die Einbildungskraft des Philosophen, ja die ganze Geschichte der europäischen Substanzontologie beherrscht hat. Diese Idee sagt jedem suchenden und sich bildenden Menschen: Du bist nur so und so; dein Grund ist aber nicht so und so. Negiere dich selbst und werde das, was du noch *nicht* bist!

Unfraglich ist dieser Geistt der Negation und Transzendenz philosophisch fruchtbar, denn er ist gerade die Triebkraft aller Suche und Bildung des Menschen. Problematisch ist nur, dass die Sprache der traditionellen Substanzontologie dieses gesunde Verhältnis des Postulierens in einer umgekehrten Weise zum Ausdruck bringt. Das heißt, obwohl das als nicht so und so seiend gedachte Ur*bild* aus der Negation des so und so seienden Bildes gefolgert wurde, erklärt sie das erstere als Grund und das letztere als Begründetes. So sagt Platon in dieser Sprache, dass das *Ur*bild zuerst und allein besteht und die Bilder nur an ihm teilhaben oder es nachahmen, denn er denkt, dass die Ursache der Wirkung und der Grund dem Begründeten sowohl zeitlich als auch ontologisch vorausgehen muss. So behauptet er, dass er eine Wende von den sichtbaren Schattenbildern in der Höhle zum Licht, das alles, was *zu sehen ist, sehen lässt* und selbst doch *nicht zu sehen ist,* durchgeführt habe. Auch zur Sonne vollziehe sich diese Wende, die allem, was zu sehen ist, *das Licht verleiht*, ohne das es nie zu sehen wäre, und deren Licht *nirgends als aus ihrer selbst* entsteht, wenngleich er diese Reihe des Sehens doch nie – oder „nur" in seiner Phantasie – gegangen ist. Auf diese Weise bildete sich ein umgekehrtes Verhältnis vom nicht so und so seienden Urbild zum nur so und so seienden Bild. Der Philosoph aber, der jenes Verhältnis des negativen Postulierens umgekehrt beschreibt, ist kein anderer als derjenige, dessen Einbildungskraft die Bilder, das Ur*bild* hierbei negierend, gebildet hat.

5.2 Wie hat Platon das Urbild des Menschen entworfen?

Hinsichtlich des Urbildes des Menschen findet sich eine vergleichbare Umkehrung. Obwohl auch Platon durch eine Negation des Menschen in der Wirklichkeit (Menschen als Bilder) ein Urbild desselben entwirft, drückt er dieses Verhältnis in umgekehrten Weise aus. Das Urbild des Menschen ist für ihn ein Tier, das über den Fähigkeiten des Logos verfügt (*zoon logon echon*). Und der Mensch als Bild desselben besitzt nicht nur *logos*, sondern auch *tymos* (Wollen bzw. Mut) und *epithymia* (Begierde), da er als eine *noch* unvollkommene Nachahmung seines Urbildes gedacht wird[32]. Das Verhältnis von Urbild und Bild des Menschen stellt sich hier als ein *einseitiges* dar, nach dem das Bild das Urbild nachahmt und an ihm teilhat, und nicht umgekehrt. Denn das Urbild als ontologischer Grund des Bildes soll ja dem letzteren vorausgehen und vor diesem einen ontologischen Vorrang haben[33]. Aber wie wir schon sahen, gilt genau das Gegenteil. Es wäre also richtiger zu sagen, dass das Urbild erst als ein Ur*bild des Bildes* vorausgesetzt wird, als dass das Bild das *Bild des Ur*bildes sei. Ich behaupte, dass auch Platon – wie jeder die Substanz postulierende Philosoph –, die Menschen als Bilder negierend und über sie transzendierend, ein als ursprünglich gedachtes Bild, das Ur*bild* des Menschen, gebildet hat. Dies wusste auch Platon selbst. Und zwar war er sich auch bewusst, dass der Mensch als Bild doch nicht die Nachahmung der Idee des Menschen, sondern umgekehrt diese das gesetzte Ziel unserer Suche und Bildungsei. Dennoch bringen Platon als Schriftsteller und die Sprache des Platonismus dieses Verhältnis auf umgekehrte Weise zur Sprache. Gerade hierin liegt der Grund, weshalb die umgekehrte Ausdrucksweise der Substanzontologie wiederum umgekehrt werden muss[34].

Rekonstruieren wir den gesamten Vorgang der Konstruktion des Urbildes des Menschen bei Platon. Als er den Menschen als ein Logos besitzendes Tier definierte, war dieser Besitz durchaus nicht ein empirisch beobachtetes Faktum. Die

---

[32] Vgl. *Politeia* 436a, 437b-d, 439b-441a, *Timaios*, 69c-71ª, *Phaidros*, 246a-c.

[33] Vgl. *Timaios*, 52c.

[34] Ich unterscheide Platon als Philosophen von Platon als Schriftsteller. Der erste ist jener Platon, der, von den sichtbaren Bildern ausgehend, vermittels seiner Methode von Negation und Transzendenz so etwas wie ein Urbild denkt. Letzterer ist jener, der diesen Denkgehalt mit einer der überredendsten Sprachen seiner Zeit, d.h. mit der Sprache der Substanzontologie zur Darstellung bringt. Und diejenigen, die an der *Rhetorik* Platons rücksichtslos festhalten, sind die Platoniker, welche nur die Zweiweltenlehre kennen und lehren. Aber wie Gadamer einmal eindruckvoll geschrieben hat, „war Plato kein Platoniker, der Zweiweltenlehre lehrte" (H-G. Gadamer, *Gesammelte Werke*, Bd. VII, 331).

Erfahrung drückte eher das Gegenteil aus. Das heißt, die „Alltagsmenschen" im Athen der damaligen Zeit waren diejenigen, die von den Sophisten „aufgezogen" (Pol. 493a) wurden, oft die Philosophen zu verleumden suchten (cf. Pol. 488a-489d, 494a, 495b-c u. 535c) und schließlich Sokrates ermordeten. Es war nicht der Besitz des Logos, sondern der Mangel an ihm, der die Menschen in ihrer Wirklichkeit bestimmte. Und Platon, der diese negative Wirklichkeit mit einem negativen Blick schaute, schrieb auf dieser Basis seine *Politeia*. Der in ihr beschriebene Staat ist jedoch kein realer, sondern ein idealer Staat (die Idee der *Polis*), dessen Bild Platons Einbildungskraft, d.h. das Vermögen, das Bild von einem Gegenstand in seiner Abwesenheit einzubilden,[35] durch die negative Abstraktion von der Polis in der Realität gebildet hat. Erst in diesem idealen Staat, „der sein Dasein nur im Reiche der Gedanken hat" (Pol. 592b, cf. 497a-b), würde die Herrschaft des Philosophen möglich (vgl. Pol. 499b u. 474b) und erst dann träte der Mensch als *zoon logon echon*, d.h. als ein ideales Bild des Menschen auf, dessen Seele unter der Herrschaft des Logos zur Harmonie ihrer Teile gelangt (vgl. Pol. 441d-e, 439b-d u. 440a-b). Die Konstruktion dieses idealen Staates und des idealen Menschen war eine negative Abstraktion vom realen Staat und Menschen. Platon ging tatsächlich einerseits von der kritischen Frage aus, warum der reale Staat mangelhaft sei und icht so verwaltet werde, wie es im idealen der Fall sein würde (Pol. 473b)[36]. Andererseits ging er von der Einsicht aus, dass der Logos als wahres Wesen des Menschen aufgrund dessen körperlicher Verfasstheit zunächst entstellt bleibe (vgl. Pol. 611b-c). Platon schreibt:

> So betrachten auch wir die Seele in einem Zustand, der die Folge von tausenderlei Übeln ist. Allein, mein Glaukon, dorthin müssen wir unsern Blick richten [Negation und Wende]. [...] Auf ihre Liebe zur wissenschaftlichen Erkenntnis, und müssen darauf achten, was sie, als dem Göttlichen, Unsterblichen und ewig Seienden verwandt, zu erfassen trachtet und welchen Verkehr sie sucht und welche Beschaffenheit sie zeigen würde, wenn sie sich diesem inneren Drange ganz hingeben wollte und durch ihn herausgehoben würde aus dem Meeresdunkel, in dem sie sich *jetzt* befindet, und all das Gestein und Muschelwerk von sich abgestoßen haben würde [Transzendenz]. [...] Und *dann* würde man ihre *wahre* Natur erschauen. (Pol. 611e – 612a: Hervorh. u. Zusätze v. Vf.).

---

[35] Vgl. Aristoteles, *De anima*, 428a; I. Kant, *Kritik der reinen Vernunft*, B 151.

[36] Auf die Frage von Adeimantos: „Welche unter den jetzigen Staatsverfassungen wäre denn deiner Meinung nach diejenige, die der Philosophie genugtut?" antwortet Sokrates: „Keine einzige, eben das ist ja meine Klage, dass unter den Staaten in ihrer jetzigen Verfassung sich keiner findet, der den Forderungen einer philosophischen Natur entspräche." (Pol. 497a-b).

Das Urbild, das wahre Wesen des Menschen, ist für Platon, wie hier deutlich zu sehen ist, keine Realität, sondern eine Idealität, die erst nach der Vollendung der notwendigen Wende (Negation und Transzendenz) und Reinigung (*katharsis*) zu erfahren wäre, und zwar in Vorstellungsbildern. Diese Reinigung des Unreinen und das negative Transzendieren des jetzigen Ich – dies ist für Platon gerade Philosophie im eigentlichen Sinne[37]. Die Philosophie bestünde also darin, am realen Menschen – der Mischung von Seele und Körper – die unreinen Teile (z.B. Begierde und Körper) abstrahierend zu beseitigen und damit ein reines und ideales Bild des Menschen zu schaffen, sofern dieses für eigentlich und daher für wesentlich gehalten werden kann. Diesen Vorgang beschreibt Platon dramatisch:

„[E]in Staat könne nun und nimmermehr zur Glückseligkeit gelangen, wenn nicht diese dem göttlichen Musterbild folgenden Maler den Entwurf zu ihm gemalt haben. [...] Sie [die Philosophen als Maler] nehmen zunächst den Staat und das Menschenleben nach seinen Eigentümlichkeiten wie eine Tafel zur Hand und machen sie rein, was gar nicht so leicht ist. Denn sie, die Philosophen, stehen ja [...] gleich von vornherein in starkem Gegensatz zu den andern Staatsmännern, da sie weder mit den Einzelnen noch mit dem Staate [...] sich befassen wollen, wenn nicht der Staat zuvor gereinigt ihnen in die Hand gegeben ist oder sie selbst ihn gereinigt haben. [...] Wenn sie dann an die Ausführung gehen, lassen sie ihr Auge fleißig abwechselnd bald auf der einen bald auf der anderen Seite verweilen, also einmal auf dem wahrhaft Gerechten, Schönen, Besonnenen und was sonst dahin gehört, und dann wieder auf demjenigen, das unter den Menschen ausgebildet worden ist und Geltung erlangt hat, und stellen durch Mengen und Mischen aus den Zielen menschlichen Strebens das Menschenideal her, in dessen Auffassung sie sich leiten lassen von dem, was Homer, wenn es unter den Menschen in die Erscheinung tritt, „göttlich" und „göttergleich" nannte. [...] Und manches werden sie wieder auslöschen, manches anderseits neu auftragen, bis sie nach Kräften das

---

[37] Ein radikales Beispiel für die Philosophie als Reinigung findet man im Dialog *Phaidon*. Hier wird die Reinigung als Sterben, d.h. als Befreiung der Seele vom Körper verstanden. Wegen der „Gemeinschaft der Seele mit dem Körper" (*Phaidon*, 65a) ist der reale Mensch, bildlich ausgedrückt, eine im Gefängnis des Körpers verhaftete Seele. Hingegen könne ein wahrer Mensch (Urbild oder Idee des Menschen) erst nach dem Sterben, nach der „Lösung und Trennung (Chorismos) der Seele vom Körper" (ebd., 67d, vgl. 64c, 66a, c, 67c) existieren. Die Philosophie ist dann ein Vorgang, in dem durch die Eliminierung der körperlichen Faktoren des realen Menschen nach dem wahren, vom Körper gereinigten Menschen gesucht wird. So ist das Philosophieren natürlich „Sterbenlernen" (ebd., 67e) und das Sterben die Reinigung der Seele vom Körper, die Vollendung der Philosophie, in der der uneigentliche Sokrates zu einem eigentlichen wird.

Menschentum soweit wie möglich gottwohlgefällig gemacht haben." (Pol. 500e-501c).

An dieser Passage ist deutlich zu sehen, dass Platon anders denkt, als er in der Regel seine Gedanken ausdrückt. Das bedeutet, dass seine substanzontologische Ausdrucksweise – das Urbild des Menschen geht dem realen Menschen voraus und der letztere ist nur ein Bild *jenes* Urbildes – eine Verkehrung darstellt: Im Gegenteil hierzu existiert zuerst der reale Mensch und sein Urbild wird erst durch die Negation des realen Menschen ausgebildet, und zwar als ein ideales Menschenbild. Platon nennt den durch ein negierendes Transzendieren entworfenen Staat einen „schönen Staat" (*kallipolis*) (Pol. 527c) und die Mitglieder desselben „den schönsten Menschen" (*ho kallistos anthropos*) (Pol. 472d). Staat und Menschen sind insofern schön, als sie von allen negativen Teilen durch Abstraktion gereinigt sind. Die Elimination des Negativen und der Vorrang der Transzendenz vor dem Realen machen eben den philosophischer Vorgang aus, mit dem Platons Einbildungskraft die Idee des Staates und die Idee des Menschen entwirft. So ist der Mensch als Bild in Wirklichkeit doch keine Nachahmung seines Urbildes, sondern umgekehrt ist dieses Urbild (ein Tier, das Logos besitzt) ein anderes Bild, das durch abstrahierendes Denken imaginiert wird und hierbei die Begierde, den schlechteren Teil der Seele schwächt und den besseren, aber immer noch unvollkommenen Logos stärkt. Das Urbild des Menschen ist damit nichts anderes als ein als ideal postuliertes Menschen*bild*, das die Einbildungskraft des Philosophen[38], die Realität negierend und über sie transzendierend, in einer idealen Welt „gegründet" hat (vgl. Pol. 472e, cf. 428c, 427e, 519c). Daher ist das Urbild kein ontologischer Grund des Menschen als Bild, sondern ganz im Gegenteil macht sich der letztere als genetischer Ursprung des ersteren geltend.

6. Das Urbild des Menschen als Muster der menschlichen Bildung

Wenn wir das Urbild des Menschen nicht mehr als unseren ontologischen Ursprung denken wollen, was für einen Sinn kann es dann für unser Leben haben? Als Denker der menschlichen Endlichkeit macht Platon zunächst klar, dass die-

---

[38] Der Philosoph unterscheidet sich, soweit ich ihn verstehe, von Einzelwissenschaftlern, die lediglich die gegebene Realität wiedergeben, darin, dass er die Idealität zu betrachten und zu beschreiben sucht, die es noch nicht in der Wirklichkeit gibt, aber geben soll. Das heißt, seine Aufgabe besteht nicht in der Reproduktion des *Ur*bildes, sondern in dessen Produktion. So ist die Methode der Philosophie die Negation und die Transzendenz, und ihre Waffe die Einbildungskraft. Gewiss ist das Ergebnis solchen Philosophierens auch nur ein Bild. Aber darin, dass dieses kein Bild *von* etwas, sondern ein Bild *zu* etwas ist, liegt ihre Auszeichnung.

ses Urbild in der Wirklichkeit nicht existieren kann[39]. Er macht auch klar, dass sein langes Gespräch über den idealen Staat und Menschen nicht beabsichtigt, deren Realisierbarkeit nachzuweisen (vgl. Pol. 472d). Wofür sind die philosophischen Diskussionen über das, was in der Wirklichkeit nicht vorhanden ist und vorhanden sein kann, dann noch relevant? Die Antwort Platons ist schlicht: „zugunsten des Paradigmas" (Pol. 472b).

> Auf Erden findet er [der ideale Staat] sich nirgends. Aber im Himmel ist er vielleicht als Muster (paradeigma) hingestellt für den, der ihn anschauen und gemäß dem Erschauten sein eigenes Innere gestalten will. Ob er irgendwo sich wirklich vorfindet oder vorfinden wird, darauf kommt es nicht an. (Pol. 592b).

Das Urbild des Menschen ist demnach kein ontologischer Begriff, mit dem man den Grund und Ursprung des Menschen erklärt, sondern ein praktischer bzw. moralischer, der dem Leben des suchenden und sich bildenden Menschen eine Richtung weist. Der Mensch, der seiner Meinung nach noch nicht schön genug ist, soll und will stets dem „ähnlich" (Pol. 613a) werden, was noch schöner ist als er, und sich einem Ort zuwenden, der schöner ist als der jetzige. Das Urbild des Menschen als des schönsten Menschen überhaupt wäre dann eben das, was der Mensch zu seiner Bewegung zum „Ähnlichwerden" und zu seiner Wende voraussetzt. Hier ist das ontologische Verhältnis von Urbild (Grund) und Bildern (Begründeten) des Menschen aus der Sicht einer praktischen Philosophie umgekehrt worden: Wir als Bilder sind nicht *die Nachahmungen des Paradigmas*, sondern das Urbild des Menschen ist gerade *das Paradigma unserer Nachahmungen*. Dies ist nicht bloß eine ontologische Lehre vom Grund des Menschen, sondern eigentlich eine Ermahnung zu einem gerechten Leben, die uns Platon mit seiner Rede über das Urbild des Staates sowie des Menschen geben wollte. Als praktischer Philosoph sagt er herausfordernd: Ihr *solltet* in euch dem Para-

---

[39] Gewiss schreibt auch Platon selbst, dass dies doch „nicht unmöglich ist" und er „auch nichts Unmögliches behauptet", wenngleich es selbstverständlich „schwierig" sei (Pol. 499d). Es liegt jedoch nahe, dass er tatsächlich das Gegenteil denkt. An einer anderen Stelle schreibt er: „Glaubst du nun, der sei ein minder guter Maler, der ein Musterbild gemalt hat von dem denkbar schönsten Menschen (ho kallistos anthropos) und seinem Gemälde alle dazu passenden Züge geliehen hat, und dann nicht nachzuweisen vermag, dass es einen solchen Menschen auch wirklich geben könne? [...] Haben nicht auch wir – so sagen wir – in Gedanken ein Musterbild (paradeigma) eines guten Staates entworfen? [...] Glaubst du nun also, dass uns darum unsere Darstellung minder gelungen sei, wenn wir nicht nachweisen können, dass ein dieser Darstellung in seinen Einrichtungen entsprechendes Gemeinwesen möglich sei? [...] Nötige mich also nicht zu zeigen, dass, was wir in Worten dargestellt haben, in jeder Beziehung auch in der Wirklichkeit sich erfüllen müsste." (Pol. 472d-473a).

digma ähnlich werdent und ihm durch Teilhabe „so nah wie möglich" (472c) kommen, denn ihr *seid* diesem immer noch nicht ähnlich genug. Die Nachahmung ist für uns philosophierende Seiende kein abgeschlossenes Geschehen, sondern ein stets durchzuführendes und sich wiederholendes Tun, ein in der Praxis letztlich unvollendbares Tun, es sei denn, der Mensch würde Gott werden. Von daher erweist sich die Philosophie Platons doch nicht als eine Ontologie, die an der hartnäckigen Trennung von zwei Welten festhält, sondern als eine im Grunde praktische Philosophie, die uns auffordert, die im Himmel als ein Paradigma entworfene, schönste Welt zu verwirklichen, und zwar gerade hier, in *dieser* Welt.

In seinem Dialog *Gorgias* formuliert Platon das letzte Problem seiner Philosophie folgendermaßen: „Wie müssen wir unser Leben gestalten?"[40] Dies ist keine theoretische Frage nach dem „Was" der idealen Lebensweise, sondern eine herausfordernde Frage, die sich an jeden Menschen stellt und diesen dabei nötigt, das Ziel und die Richtung seines Lebens zu wählen. Sie fragt uns also: Welches Leben willst du leben? Ein absteigendes Leben in Richtung der dunklen Schattenbilder in der Höhle oder ein aufsteigendes Leben in Richtung der im Himmel bestehenden schönen Urbilder? Dies ist die Frage der Götter, die sie jedem Menschen stellen, der sein Leben anfängt. Laut dem Bericht vom Demiurgen als Schöpfer des Kosmos[41], der nach seinem Tod das Jenseits erfuhr und wieder in das Diesseits zurück kam, haben die Götter jedem Menschen vor Beginn seines Lebens die Freiheit, sein eigenes Leben zu wählen, und die Verantwortung für dieses gegeben. Jeder muss selbst sein Leben wählen und Verantwortung für es tragen[42]. Es ist nach Platon gerade der Sinn und die Pflicht der Bildung (*plattein*) und Erziehung (*paideia*), jedem Menschen bei dieser offenen Wahlsituation zur gerechten Alternative zu verhelfen.

> Für uns Gründer des Staates ergibt sich daraus also die Aufgabe, den besten Köpfen die Beschäftigung mit derjenigen Wissenschaft zur Pflicht zu machen, die wir im Vorhergehenden für die wichtigste erklärten, nämlich dass sie sich der Betrachtung des höchsten Gutes widmen und jenen Anstieg nach der Höhe vollziehen. (519c-d, cf. auch 423e -424a u. 500d).

Der letzte Schluss, den Platon, uns zur Wende zum Licht und zum Aufstieg in die Sonne auffordernd und nach dem Wesen des Menschen fragend erreicht, ist ein *Bild des schönsten Menschen*. Es ist die Idee der Menschenerziehung in der attischer Philosophie, die Menschen dieses Bild lieben, suchen und sich so bilden

---

[40] *Gorgias*, 492b: vgl. Pol. 472a, 592b, 613a.

[41] Vgl. *Timaios*, 42b.

[42] So übermittelt Er die Worte von Göttern: „Die Tugend aber ist herrenlos; je nachdem er sie ehrt oder missachtet, wird ein jeder mehr oder weniger von ihr empfangen. Die Schuld liegt bei dem Wählenden; Gott ist schuldlos." (Pol. 617e).

zu lassen, dass sie sich ihm so weit wie möglich ähneln. Die Erziehung ist für Platon kein bloßes Übermitteln theoretischen Wissens (vgl. Pol. 518b), sondern eine Ermutigung bzw. Ermahnung zur Wende von der realen Dunkelheit zur idealen Helligkeit. Dies ist der Grund, warum Sokrates, der die Wahrheit der Sonne gefunden zu haben meint, wieder in die Höhle zurückkam (vgl. Pol. 516e-517a). So ist das gerechte Leben für Platon im Grunde die *Bildung des Bildes*: Es ist eine Bewegung des Menschen, der von den realen Bildern ausgeht und ein ideales Menschenbild voraussetzt, sofern seine Einbildungskraft dorthin strebt. Auch ist es eine Bewegung dahin, sich diesem als Ziel unseres Tuns und Lebens – und nicht als unseren ontologischen Ursprung – gesetzten Ur-*Bild* gemäß zu bilden.

Es hat sich damit herausgestellt, dass wir das wahre Wesen des Menschen, nämlich ein Bild des schönsten Menschen, doch nicht als Realität, sondern als Idealität, nicht als Wirklichkeit, sondern als Möglichkeit in Besitz haben. Es ist das Gesuchte der Suche des Suchenden und das Ur*bild* des sich bildenden Bildes, nämlich das *Sollen* des suchenden und sich bildenden Menschen. Platons Menschenbestimmung *zoon logon echon* war also eine Antwort – aber nicht auf die Frage „Was *ist* der Mensch?", sondern auf die Frage „Was *soll* der Mensch sein?" Damit haben wir auch unsere Leitfrage beantwortet: „Wie hat die Philosophie auf die Frage danach zu antworten, was der Mensch ist?". Unsere Antwort lautet: Philosophie darf sie nicht mit: „Der Mensch *sei* ein Was", sondern muss sie mit: „Der Mensch *soll* ein Was sein" beantworten. Denn in dem Was des Menschen als Antwort auf die philosophische und problematische Frage nach dem Wesen des Menschen sind sowohl die Realität als auch die Idealität des Menschen, sowohl sein Sein als auch sein Sollen und seine Hoffnung konstitutiv mit einzubeziehen. Dieses Bild des Sollens, das der Mensch vor sich selbst als Ziel seiner Bildung stellt, ist eben das, was die traditionelle Ontologie das Urbild, die Idee des Menschen *genannt* hat.

So etwas wie ein Ur*bild* des Menschen existiert aber nicht. Denn hinter den Menschen als Bildern steht tatsächlich nichts. Was ist, sind nur die *Menschen als Bilder*, die *Bildung dieser Bilder* und die *als Vorbild dieser Bildung ausgebildeten* Ur*bilder*. So meldet sich hier nun scheinbar zu Recht der Vorwurf des Nihilismus, nach dem das Wesen des Menschen verschwunden und sein Leben ein richtungsloses Herumirren wäre. Vergebens herumgeirrt ist z.B. M. Scheler, der – indem er sich viele Gedanken über den Verlust des einen Wesens des Menschen machte – innerhalb seiner positiv-wissenschaftlich dekorierten, (*un*)philosophischen Anthropologie den Versuch unternahm, jenes Wesen zu finden. Ein gutes Rezept gegen den Vorwurf des Nihilismus und die unnötige Sorge Schelers wäre: Keine Sorge, wir haben immerhin ein phantasiertes Ur-*Bild* des Menschen, das, wenngleich es nicht ontologisch ist, doch in unserem Tun und Leben wirkt.

Es erscheint als Ironie, dass dieses modern anmutende Rezept gerade von dem Philosophen stammt, der uns vor 2500 Jahren zu einer paradigmatischen Wende aufgefordert hat. Aber für diese Ironie ist nicht Platon selbst, sondern die entstellende Geschichte der Platondeutung verantwortlich[43]. Denn die *platonische* Substanzontologie ist nichts als ein umgekehrter Ausdruck der praktischen Philosophie *Platons*. Eine Anthropologie, die sich auf die Umkehrung dieses Ausdrucks und auf die Philosophie des Bildes gründet, würde auf die Sorge um das Nichtwissen vom Wesen des Menschen so replizieren: Wir wissen vielleicht nicht, was der Mensch ist; wir wissen jedoch zumindest, was er *noch nicht* ist, und damit auch, was er *sein soll*, denn er bildet, sich negierend und sich übersteigend, sein Ur*bild* aus, um sich nach dem zu bilden.

Es besteht vermutlich keine Gewähr dafür, dass dieses ideale, aber im Grunde von den Bildern imaginierte Urbild die letzte Wahrheit ist; aber der Mensch muss gerade diese Ungewissheit lieben, denn nichts anderes als sie schafft ihm, diesem „noch nicht festgestellten Thier"[44], einen offenen Raum für seine Bildung und Fortbildung. Furchtbar ist nicht der Verlust des *Ur*-bildes, das es nicht gibt und nie gegeben hat, sondern der Verzicht auf das Entwerfen des Ur-*bildes*, das seine Erfüllung noch nicht erlangt hat und wahrscheinlich nie erlangen wird. Falls Erfüllung erlangt würde, dann würde unsere werdende Bilderwelt von der geschlossenen Finsternis des Nihilismus verdeckt und die Bildung des Bildes, welches das hiesige und jetzige Ich zu negieren und zu einem unerreichbaren U-topos zu transzendieren sucht, letztendlich am Hier-und-Jetzt festgestellt werden.

---

[43] Gemeint ist damit vor allem das von Aristoteles fixierte Bild Platons als Zwei-Welten-Lehrer. In Anlehnung an Gadamer, den unverbesserlichen Platoniker, halte ich Platon nicht für einen Metaphysiker, sondern für einen Dialektiker des Einen und Vielen, dessen Hauptinteresse immer das wechselseitige Verhältnis von Einem und Vielem gewesen ist. Mit dieser Problematik, dem neuen Platonbild, hat sich Gadamer im siebten Band seiner Werke intensiv beschäftigt (vgl. H.-G. Gadamer, *Plato im Dialog*. Gesammelte Werke, Bd. VII; vgl. auch J. Grondin, Jenseits der Wirkungsgeschichte: Gadamers sokratische Destruktion der griechischen Philosophie. In: *Internationale Zeitschrift für Philosophie*, H. 1, 1992, 38-49; vgl. vom Vf., *Sprache als Vermittlerin von Sein und Seiendem*, Aachen 1999, 93-96).

[44] F. Nietzsche, *Kritische Gesamtausgabe*, hg. v. G. Colli u. M. Montinari, Berlin/N.Y. 1974, Bd. VII$_2$, 25 [428].

Bärbel Frischmann

Mensch-Sein als Möglichkeit.
Bildung, Existenz, Politik

Wenn wir im Kontext der abendländischen Kulturgeschichte zurückblicken auf das philosophische Denken der Antike und des Mittelalters in Europa, scheint der Mensch, obwohl immer auch mit einem Freiheitsvermögen ausgestattet, doch eher aus seinem vorbestimmten Platz in einem wohlgeordneten Kosmos bzw. durch sein aus göttlichem Beschluss vorgegebenes Schicksal gedacht worden zu sein.

Es markiert den Übergang zur Neuzeit, dass sich antimetaphysische Denkweisen verstärken. Descartes führte mit seinem radikalen methodischen Zweifel vor, dass alle Voraussetzungen unseres Weltbildes einer Prüfung zu unterziehen sind. Hobbes und Locke zeigten, dass die Ideen von Recht und Staat ohne Zuhilfenahme religiöser Interpretamente begründet werden können. Es wird dann aber bis zur Zeit der Aufklärung dauern, bis die Selbstbestimmung des eigenen Lebens gänzlich ohne Rückbezug auf eine göttliche Wertordnung gedacht werden kann.

Im Zuge der historischen Entwicklung scheint sich dabei die Tendenz verstärkt zu haben, alle kulturellen Leistungen des Menschen, Moral, Recht, Kunst, Wissenschaft, Religion, Politik, aus der freien und schöpferischen Aktivität des Menschen zu erklären und immer weniger durch Rückbindung an eine vorgegebene göttliche oder metaphysische Instanz. Diese Betonung der Freiheit, Autonomie und Selbsttätigkeit verstärkt sich in der historischen Konstellation, die wir als „Moderne" klassifizieren. Der Terminus „modern" wird so zu einem Identifizierungsmerkmal für bestimmte historische Entwicklungen. Folgende Tendenzen scheinen mir prägnant für die Bestimmung von Modernität:

- Säkularisierung (der Verlust einer absoluten normativen Instanz: Gott ist tot),
- Antiessentialismus (antimetaphysische, relativierende, historisierende Weltdeutung),
- Pluralisierung (Gleichberechtigung verschiedener Perspektiven, Ablehnung von Letztbegründungsstrategien),
- Demokratisierung und Egalisierung im Bereich des Sozialen und Politischen.

Gestützt auf diese Kriterien möchte ich im Folgenden aufzeigen, inwiefern die Moderne bestimmte Aspekte des Menschenbildes deutlicher konturiert, die vor allem mit der Betonung der Freiheit und Gestaltungsoffenheit des Menschen zusammenhängen. Dessen Spezifik zeigt sich darin, dass nicht mehr von einem festen „Wesen" des Menschen ausgegangen wird, sondern dass offen gehalten wird, was „der Mensch" ist und sein kann. Eine solche Auffassung sehe ich insbesondere darin zum Ausdruck gebracht, dass Mensch-sein im Begriff der *Möglichkeit* gefasst wird. Möglichkeit soll hier heißen, dass sich ein Begriff von „Mensch" nicht verbindlich definieren lässt, sondern vielmehr anzusehen ist als normative Leitidee und Aufgabe immer neuer Interpretation.

Wenn ich diese Facette des modernen Menschenbildes betone, soll nicht ignoriert werden, dass es hierzu auch gegenläufige Bewegungen gibt: ein neues Bedürfnis nach Religion, neue Metaphysiken, weltanschaulichen Dogmatismus und politischen Totalitarismus.

Da ich für die Behandlung meiner These nur einen kursorischen Ausschnitt geben kann, widme ich mich in einem Streifzug durch die Moderne drei Theoriesträngen. Dies sind, wie im Untertitel markiert, die Bildungstheorie Ende 18./ Anfang 19. Jahrhundert, die Existenzphilosophie (Kierkegaard, Heidegger, Sartre) und die Bedeutung der Dekonstruktion bzw. Postmoderne für ein Verständnis von Politik und Demokratie.

1. Bildungstheorie

In der Aufklärung verdichtet sich die am Anfang der Neuzeit schon formulierte Auffassung, dass der Mensch durch seine Vernunft, Autonomie und Freiheit bestimmt ist. Hier tritt jedoch der Gedanke der „perfektibilité" hinzu, der unerschöpflichen Entwicklungsfähigkeit sowohl des Menschen als Individuum als auch der Menschheit als Gattung. Friedrich Schlegel, der sich intensiv mit den Bildungskonzepten beschäftigt hat, schreibt: „Die Perfectibilität ist mehr als Cultur. Es ist die allumfassende Fähigkeit dazu; es ist die Freyheit." (KA XVIII, 349, 344)

Der im Deutschen mit „Bildsamkeit" übersetzte Terminus korreliert der Idee von Bildung als dem Prozess der Selbstkonstitution des Subjekts. Dieser Gedanke spielt eine zentrale Rolle in der Philosophie und Bildungstheorie seit Kant. Am Ende seiner *Anthropologie in pragmatischer Hinsicht* bestimmt Kant als Gattungscharakter des Menschen: „daß er einen Charakter hat, den er sich selbst schafft; indem er vermögend ist, sich nach seinen von ihm selbst genommenen Zwecken zu perfektionieren" (B 313).

Noch pointierter bringt Fichte diesen Gedanken auf den Punkt:

> Jedes Thier *ist*, was es ist: der Mensch allein ist ursprünglich gar nichts. Was er seyn soll, muss er werden: und da er doch ein Wesen für sich seyn soll,

durch sich selbst werden. Die Natur hat alle ihre Werke vollendet, nur von dem Menschen zog sie die Hand ab, und übergab ihn gerade dadurch an sich selbst. Bildsamkeit, als solche, ist der Charakter der Menschheit. (SW III, 80) Diese Bildsamkeit wird fruchtbar im Prozess der Erziehung. Der junge Mensch braucht die Unterstützung bei der Entwicklung der eigenen Fähigkeiten. Er braucht eine Einwirkung von außen. Aber diese darf nicht so vonstatten gehen, dass er dabei seine Freiheit verliert, sie darf kein Zwang und keine Konditionierung sein. Also ist diese Einwirkung von außen lediglich zu denken als eine Motivierung, als „eine Aufforderung zum freien Handeln" (SW III, 39), zur freien Selbsttätigkeit.

Allen diesen bildungstheoretischen Überlegungen liegt ein Verständnis zugrunde, das den Menschen vor allem unter zwei Perspektiven stellt: als Vernunftwesen ist er unendlich in seinen möglichen Handlungen, d.h. in seiner Freiheit, zugleich ist er endlich, insofern es sich in seinem Vorstellen und Wollen auf Objekte bezieht. Unendlichkeit und Endlichkeit sind nicht zu trennen. Diese Doppelstruktur ist es, die Möglichkeit stiftet. Das heißt, das Denken der Möglichkeit ist als *Freiheit von* [...] die Transzendierung aller endlichen Bindungen, sie impliziert aber als *Freiheit zu* [...] zugleich, dass unser Wollen und Handeln immer auf ein Objekt gerichtet ist und damit zurückgebunden an die Endlichkeit.

Hinter der Idee der Bildsamkeit steht nicht nur die Intention, den essentialistischen Ballast der traditionellen Anthropologie abzuwerfen, sondern auch ein dezidiert moralisches Interesse. Der Mensch ist demnach „von Natur" gar nichts, weder gut noch böse, weder egoistisch, noch mitfühlend. Seine moralische Ausstattung und seine kulturellen Fähigkeiten sind nicht angeboren, sondern erworben. Dies berechtigt zu der Hoffnung, dass es der Menschheit gelingen könnte, eine friedliche, prosperierende, alle Menschen fördernde Gesellschaft zu schaffen. Doch ist auch die Entwicklung zu dieser emanzipierten Gesellschaft kein spontaner Mechanismus, sondern selbst Menschenwerk.

Der Bildungsbegriff nimmt die Spannung zwischen kultureller Bedingtheit einerseits und Potentialität der Bildsamkeit in sich auf: Bildung geschieht im Rahmen gegebener Umstände, die den Möglichkeitsbereich abstecken, aber sie ist in diesem Rahmen und über ihn hinausweisend freie Selbstbestimmung.

Die im klassischen Bildungsdenken formulierten Ideale des Menschseins sind aber immer auch begleitet von einer Vervollkommnungsskepsis. Begriffsgeschichtlich löst der Bildungsbegriff den traditionell dominanten Begriff der Vervollkommnung ab. Vervollkommnung würde heißen, einer gedachten Vollkommenheit approximativ zuzustreben. Bildung jedoch kennt keine Vollkommenheit mehr, sondern nur noch den nie endenden, nie zu erschöpfenden Prozess der Selbstformung. Bildung ist deshalb vor allem negativ zu bestimmen:

–   Sie ist *nicht* als Entfaltung bestimmter Wesenseigenschaften des Menschen zu fassen.

- Sie ist *nicht* von einem dem Menschen von außen vorgegebenen Ziel her zu denken.
- Sie ist *nicht* aus gegebenen gesellschaftlichen Bedingungen herzuleiten oder auf diese zu verpflichten.
- Sie ist *nicht* auf bestimmte Kulturinhalte eingeschworen oder festzulegen.

Eine gelingende Bildung ist das, was immer noch aussteht und nie vollkommen zu realisieren ist. Bildung schiebt quasi ihre Realisierung vor sich her, sie bleibt immerwährendes Projekt, weil das Menschliche selbst als Möglichkeit niemals auszuschöpfen ist, sondern bei jedem Erreichten über dieses hinausweist. Mensch-sein im Sinne von Bildung ist nicht Wirklichkeit, sondern bleibt als Möglichkeit unsere Aufgabe.

Dieses Verständnis des Menschen als Möglichkeit wird dann vor allem durch die Existenzphilosophie weitergeführt. Ich werde dies an Kierkegaard, Heidegger und Sartre verfolgen.

2. Existenzphilosophie

Die Existenzphilosophie ist eine individualisierte und radikalisierte Subjektphilosophie, für die vor allem die Innenperspektive des Subjekts (Innerlichkeit, Eigentlichkeit, Jemeinigkeit, Selbst) im Zentrum steht.

Sören Kierkegaard entwickelt ein Modell vom Menschen aus der spezifischen Konstellation Körper-Seele-Geist. Entscheidend für Kierkegaard ist der Begriff des Geistes. Die Funktion des Geistes besteht darin, dass er ein Verhältnis konstituiert, das sich auf das Verhältnis Seele-Körper bezieht. Geist ist die selbstbewusste Beziehung zu sich selbst. Diese zusätzliche Dimension des Geistes, die den Menschen vom Tier unterscheidet, bildet die Voraussetzung für alle spezifisch menschlichen Leistungen. Mit dem Geist ist das existentielle Selbstverständnis des Menschen in seinen Möglichkeiten verbunden, das Kierkegaard am existentiellen Phänomen der „Angst" erörtert. Angst ist hier nicht psychologisch als Angst vor bestimmten Geschehnissen oder Gegebenheiten gemeint, sondern markiert eine grundlegende Weise des Mensch-Welt-Verhältnisses, in der dem Menschen bewusst wird, dass er selbst ein unbestimmtes und für seine eigenen Entscheidungen verantwortliches Wesen ist. Die Angst des Menschen ist die „ängstigende Möglichkeit zu *können*" (BA, 53). Einen eigentlichen Anlass der Angst gibt es nicht, denn die Angst ist immer schon als konstitutive existentielle Befindlichkeit des Menschen (ob er es weiß oder nicht) präsent. „In der Angst liegt die selbstische Unendlichkeit der Möglichkeit" (BA, 73).

Angst hat also keinen konkreten Gegenstand, kein Wovor. Sondern Angst kennzeichnet das, was gerade *nicht* bestimmt ist, nämlich der eigene Lebensweg, die eigenen zukünftigen Entscheidungen und ihre Folgen. Dieses Nicht-Bestimmtsein, das Ungewisse im Leben ist es, das Angst bereitet. Es ist das Bewusstsein der eigenen Freiheit, das den Menschen ängstigt. Kierkegaard hat ein sehr eindringliches Bild für diese existentielle Angst gefunden:

> Man kann die Angst mit einem Schwindel vergleichen. Wer in eine gähnende Tiefe hinunterschauen muß, dem wird schwindlig. Doch was ist die Ursache dafür? Es ist in gleicher Weise sein Auge wie der Abgrund – denn was wäre, wenn er nicht hinuntergestarrt hätte? (BA, 72)

Der Abgrund der eigenen Möglichkeit wird erst dann zum angstvollen Schwindel, wenn man sich des Abgrunds bewusst wird, wenn das Auge ihn schaut. Und erst dann ist die Angst als Indikator der Freiheit gesetzt. Diese Freiheit, die Angst des Möglichen, bezieht sich vor allem auf die Zukunft, denn ihre Gestaltung ist die Herausforderung für den Menschen:

> Das Mögliche entspringt vollkommen dem Zukünftigen. Das Mögliche ist für die Freiheit das Zukünftige, und das/ Zukünftige für die Zeit das Mögliche. Beiden entspricht im individuellen Leben Angst. (BA, 107f.)

Wenn Kierkegaard über die Angst auch sagt, sie sei „die Wirklichkeit der Freiheit als Möglichkeit für die Möglichkeit" (BA, 50), dann verweist er darauf, dass der Mensch nicht einfach abstrakt gedacht wird als bestimmt durch Möglichkeit, sondern dass er sich konkret zu dieser seiner Möglichkeitsstruktur verhalten muss, er muss das Mögliche im Feld der Möglichkeiten für sich selbst ergreifen. Erst dann gewinnt Möglichkeit eine existentielle Dimension, wie sie im Phänomen der Angst aufbricht, erst dann ist sie „Möglichkeit für die Möglichkeit".

Die Herausforderung des Menschen durch seine eigene Möglichkeit ist jedoch immer auch eine Gefährdung der eigenen Existenz und zwar nach beiden Seiten. Man kann sich einerseits in die Möglichkeiten hineinphantasieren und damit den Wirklichkeitsbezug, die Bodenhaftung, die Realisierung des Möglichen aus den Augen verlieren: „Dieses Selbst wird eine abstrakte Möglichkeit, es strampelt sich müde in der Möglichkeit, aber es kommt nicht von der Stelle und auch nicht an eine Stelle" (KT, 34).

Oder man kann die Möglichkeiten beständig zu verringern trachten und ihre Herausforderung fliehen, z.B. durch eine fatalistische Lebensauffassung oder in der vermeintlichen Behaglichkeit des Immergleichen, wie sie der Spießbürger in seiner trivialen Lebenseintönigkeit liebt. (KT, 38)

Kierkegaard hebt hervor, dass es darum geht, bewusst mit den eigenen Möglichkeiten umzugehen und sich selbst dabei als ein immer wieder neues Selbstfinden und Selbstbewähren zu verstehen. Diese Bestimmung der menschlichen Spezifik durch die Idee der „Möglichkeit" und dann auch durch die damit verbundene „Angst" finden wir sowohl bei Heidegger als auch bei Sartre wieder.

In *Sein und Zeit* führt uns Martin Heidegger vor, wie die Spezifik des Menschlichen ohne Rückgriff auf das tradierte Subjekt-Objekt-Vokabular beschrieben werden kann. Sein Vorschlag besteht in der grundlegenden Orientierung darauf, dass der Mensch nur bestimmt werden kann aus seiner Relation zur Welt, in der er immer schon steht und zu der er sich immer schon verhält. Diese Grundrelation ist das In-der-Welt-Sein, der Mensch interessiert in dieser Perspektive nur hinsichtlich seines Welt- und Selbstverhältnisses, das Heidegger als Da-Sein ausweist. Heidegger unternimmt nun in *Sein und Zeit* eine Analyse der wesentlichen Strukturen (Existenzialien) dieses *In*-Seins des Da-Seins. Er führt diese Analyse auf zwei Ebenen durch: auf der Ebene der Alltäglichkeit und auf der Ebene des eigentlichen Selbstseins. Beide Ebenen sind konstitutiv für das Dasein, aber erst auf der Ebene der Eigentlichkeit wird sichtbar, worin die Spezifik des Daseins besteht. Da-sein ist Möglichkeit. Es steht immer bevor als die Aufgabe, die es selbst zu bewältigen hat. Diese Möglichkeits-Struktur des Daseins nennt Heidegger „Existenz". „Dasein [...] ist primär Möglichsein. Dasein ist je das, was es sein kann und wie es seine Möglichkeit ist." (SuZ, 143)

Der Fokus der Analyse ist die Zeitlichkeit. Was das Dasein als zeitliches auszeichnet, ist die Offenheit seiner Struktur. Sie wird umschrieben mit Formulierungen wie Sein-zu, Vorlaufen, Möglich-sein, Sich-vorweg-sein, Frei-sein für die eigensten Möglichkeiten, Noch-nicht, Ausstehen. Vor allem ist das Dasein bestimmt als „die Möglichkeit des Freiseins *für* das eigenste Seinkönnen" (SuZ, 144). Das Dasein ist frei für das, was es selbst entwirft und entscheidet.

Alle existenzialen Bestimmungen, die Heidegger dem Dasein zuspricht, sind mit diesem Denken des Möglichen verbunden. Die Erschließungsfunktionen der *Stimmungen*, *Befindlichkeiten* und des *verstehenden Auslegens* eröffnen dem Dasein sein In-der-Welt-sein als eine unbestimmte Vielzahl von Möglichkeiten, die es selbst zu bestimmen, zu ergreifen und zu realisieren hat. Das Dasein muss sich selbst als Möglichkeit erschließen. Eine wesentliche Weise des Erschließens ist die *Angst*. Angst erschließt das Dasein „*als Möglichsein*" (SuZ, 188).

> Die Angst offenbart im Dasein das *Sein zum* eigensten Seinkönnen, das heißt das *Freisein für* die Freiheit des Sich-selbst-wählens und -ergreifens. Die Angst bringt das Dasein vor sein *Freisein für* [...] die Eigentlichkeit seines Seins als Möglichkeit, die es immer schon ist. (SuZ, 188)

Die Angst sensibilisiert das in die Alltäglichkeit verstrickte Dasein für die Ahnung der eigenen Unbestimmtheit (das nicht-zu-Hause der Unheimlichkeit). Das Dasein erfährt in der Angst, dass es selbst niemals eine endgültige Sicherheit für die Belange seines Lebens erreichen kann, da alles Menschliche aufgrund seiner Zeitlichkeit der Veränderung unterliegt. Dennoch muss das Dasein handeln und sich jeden Tag neu in der Welt seinen Platz bestimmen. Diejenige Funktion, die dem Dasein das Ergreifen der eigenen Möglichkeiten anmahnt, die es auffordert, aus der Geworfenheit heraus die eigene Lebensgestaltung zu übernehmen, ist das *Gewissen*.

Was das menschliche Leben bringt, wie es weiter geht, kann niemand mit Sicherheit wissen. Dasein ist so damit konfrontiert, dass stets etwas Neues bevorsteht und aussteht. Seine Grundverfassung ist „eine ständige Unabgeschlossenheit" und „Unganzheit" (SuZ, 236), ein Noch-Ausstehen an Möglichkeiten des Seinkönnens. Dabei hat das Dasein ein Bewusstsein davon, dass die Möglichkeit des Todes von Anfang an mitschwingt und damit gegenüber jeder Wahl, jedem Entwurf, jedem Entschluss immer eine weitere Option offen hält: die Möglichkeit des Todes. Das *Sein zum Tode,* das *Vorlaufen in den Tod,* die Möglichkeit des Todes eröffnet dem Dasein überhaupt erst das Verständnis von der „Möglichkeit als Möglichkeit." (SuZ, 306).

Das Dasein hat die Aufgabe, sich im Feld der eigenen Möglichkeiten zu orientieren und sich selbst darin immer neu zu platzieren, indem es Lebenspläne und Ziele seines Handelns entwirft. Das Entwerfen ist ein Ausloten der eigenen Möglichkeiten. Der Entwurf besteht darin, dass er „die Möglichkeit als Möglichkeit sich vorwirft" (SuZ, 145). Dasein ist so das „verstehende *Sein zu Möglichkeiten"* (SuZ, 148). Diese Seinsstruktur des Dasein, die auf die mögliche Zukunft, die zukünftige Möglichkeiten gerichtet ist, nennt Heidegger auch „das *Sich-vorweg-sein* des Daseins" (SuZ, 192).

Im Sich-vorweg-sein als Sein zum eigensten Seinkönnen liegt die existenzial-ontologische Bedingung der Möglichkeit des *Freiseins für* eigentliche existenzielle Möglichkeiten. (SuZ, 193)

Um dieses Entwerfen zu leisten, muss das Dasein aber seine eigene Situation verstehen und auf ihre Möglichkeiten hin auslegen. Verstehen und Auslegen sind diejenigen Funktionen, die dem Dasein die eigenen Möglichkeiten erschließen.

Auch in der Analyse von Verstehen findet sich der Zeitlichkeits- bzw. Möglichkeitsaspekt: Verstehen hat Vor-struktur, es ist gekennzeichnet durch Vorhabe, Vor-sicht und Vor-griff. Dieses „vor" macht den Entwurf auf eigene Möglichkeiten hin erst möglich. Das Verstehen erfasst aber im Entwurf die Möglichkeiten nicht inhaltlich, d.h. so, dass es sie erkennt, fixiert und in Distanz zu sich bringt. Damit wäre der Möglichkeitscharakter gerade nicht erfasst. „Das Verstehen ist, als Entwerfen, die Seinsart des Daseins, in der es seine Möglichkeiten als Möglichkeiten *ist.*" (SuZ, 145)

Im Verstehen und Entwerfen zeigt sich aber auch, dass das Dasein selbst es ist, dem die Selbstgestaltung obliegt. Weil das Dasein eigentliches ist, sich selbst zu eigen ist und damit die Verantwortung für sich selbst trägt, muss es selbst wählen, kann es die Verantwortung für sein Leben nicht an das Man, die Öffentlichkeit, die Anderen delegieren, sondern hat es selbst zu wählen. Diese Selbstverantwortung ist eine *Schuld* des Daseins, die es hat und nicht abwerfen kann. Dasein existiert je um willen seiner selbst. Dasein ist sich selbst überantwortet, es ist sein eigener Grund. (SuZ, 284) Dieses Grund-sein zu übernehmen und auszufüllen heißt aber, dass das Dasein sich seiner Zeitlichkeit, seinem Freisein für Möglichkeiten, stellen muss. Diese Möglichkeiten haben den Charakter der Nichtigkeit, oder des Nicht, denn sie sind niemals alle zugleich zu ergreifen, sondern jedes Ergreifen ist ein Vernichten der nicht ergriffenen Möglichkeiten. Freiheit ist somit immer bezogen auf Möglichkeit und Nicht-heit. So kann Heidegger sagen: Dasein ist „*Grund-sein einer Nichtigkeit*" (SuZ, 283). Zu dieser Bestimmung des Grund-Seins gehört aber auch, dass das Dasein immer schon integriert ist in eine Kultur, in bestimmte Lebensumstände. Heidegger nennt dies die „Geworfenheit".

> Grund-seiend, d.h. als geworfenes existierend, bleibt das Dasein ständig hinter seinen Möglichkeiten zurück. Es ist nie existent *vor* seinem Grunde, sondern je nur *aus ihm* und *als dieser.* (SuZ, 284)

Die Nichtigkeit, von der hier die Rede ist, liegt sowohl im Entwurf als in der Geworfenheit. (SuZ, 285) Aus der Geworfenheit heraus ist das Dasein aufgerufen zu einer Wahl aus den Seinsmöglichkeiten.

> *Wählen dieser Wahl*, Sichentscheidenkönnen für ein Seinkönnen aus dem eigenen Selbst. Im Wählen der Wahl *ermöglicht* sich das Dasein allererst sein eigentliches Seinkönnen. (SuZ, 268)

Die Wahl ist ein Entschluss.

> *Der Entschluß ist gerade erst das erschließende Entwerfen und Bestimmen der jeweiligen faktischen Möglichkeit.* Zur Entschlossenheit *gehört* notwendig die *Unbestimmtheit,* die jedes faktisch-geworfene Seinkönnen des Daseins charakterisiert. Ihrer selbst sicher ist die Entschlossenheit nur im Entschluß. (SuZ, 298)

Existieren heißt auszuhalten, dass die Zukunft offen ist. Das Dasein als Existenz ist dasjenige Seiende, das „in seiner eigensten Möglichkeit auf sich zukommen *kann* und die Möglichkeit in diesem Sich-auf-sich-zukommenlassen als Möglichkeit aushält" (SuZ, 325). Hierin erweist es sich als gestellt in die Dimension der Zukunft.

Diese Existenzialien, die das Dasein strukturell prägen, Angst, Gewissen, Sein zum Tode, Entschlossenheit, Schuld, werden von Heidegger im Begriff der *Sorge* als der Grundbestimmung des Daseins aufeinander bezogen. Weil sich das Dasein um sein Sein in der Welt sorgt, hat es Angst, kann die Stimme des Gewissens in ihm etwas bewirken, kann es schuldig werden, kann es sich mit seinen Möglichkeiten auseinandersetzen, auch mit der Möglichkeit des Todes, und sich für etwas entschließen. In der Sorge sorgt sich das Dasein um es selbst, weil es nicht festgelegt ist, sondern offen für Möglichkeiten. Das Dasein selbst hat für sein eigenes Sein Sorge zu tragen. Heidegger beschreibt mit dem Existenzial „Sorge" die Grundkonstellation des Daseins, dass alle seine Bezüge, Prägungen, Orientierungen und Möglichkeiten je nur Bestimmungen seines In-der-Welt-seins sind. Sorge hat die Perspektive der Möglichkeit und des Entwurfs, in dem sich das Dasein sein „Sich-vorweg", seine Zukunft, erschließt.

Im Sich-vorweg-sein als Sein zum eigensten Seinkönnen liegt die existenzial-ontologische Bedingung der Möglichkeit des *Freiseins für* eigentliche existenzielle Möglichkeiten. (SuZ, 193)

Die existenziellen Möglichkeiten sind immer eingebunden in konkrete innerweltliche Konstellationen und Bedingungen. Sorge ist so als Struktur des Daseins ein Sein-in-der Welt und ein Sein-bei-innerweltlich-Zuhandenem. Dasein ist deshalb ein sich-Sorgendes, weil es selbst Möglichkeit ist. Das Da-sein als in-der-Welt ist unter dem Blickwinkel der Sorge zu beschreiben als die Weise, wie es seine Möglichkeiten hat, wählt und realisiert.

Jean-Paul Sartre greift in seinem philosophischen Hauptwerk *Das Sein und das Nichts* die Charakterisierung des Menschen durch seine Freiheit, und das heißt auch hier durch Möglichkeit, auf. Wie der Titel besagt, spielt dabei, wie bei Heidegger, das Nichten, das Nichts, eine besondere Rolle. Nach Sartre ist der Mensch dasjenige Sein, „durch das das Nichts in die Welt kommt". Und dieses Sein, *„durch das das Nichts zur Welt kommt, muß sein eigenes Nichts sein"*. (SuN, 81)

Dass der Mensch sein eigenes Nichts ist, soll heißen, dass er gekennzeichnet ist durch Möglichkeit, denn dies bedeutet, dass der Mensch *nicht* festgelegt ist, sondern frei sein eigenes Wesen zu gestalten hat. Die menschliche Existenz *ist* nicht, sondern *wird*, sie entzieht sich jeder Möglichkeit einer Wesensbestimmung oder Definition. (SuN, 761)

Diese Dimension des Möglichseins zeichnet den Menschen gegenüber allem anderen Sein aus. Um dies deutlich zu machen, unterscheidet Sartre terminologisch zwischen Für-sich (Mensch) und An-sich (alles, was nicht Mensch ist). Alles an-sich-Sein ist gekennzeichnet durch Identität, durch die Einheit von Essenz (Wesen) und Existenz. Was ein Ding wesensmäßig ist, ist mit seinem Existieren schon festgelegt. Aus einem Sonnenblumenkern wird sich eine Sonnenblume entwickeln, aus einer Eichel eine Eiche, und nichts anderes. Beim Menschen hingegen fallen Essenz und Existenz auseinander, denn mit der bloßen Existenz ist nicht schon mitgegeben, was der Mensch wird. Diese Differenz ist die Bedingung für Freiheit und Distanz zu sich selbst ist. Der Mensch ist das Wesen, das nie mit sich selbst identisch ist. „Konkret ist jedes *Für-sich* Mangel an einer bestimmten Koinzidenz mit sich." (SuN, 208)

Diese Nichtidentität und Selbstdistanz eröffnet den Spielraum der Möglichkeit. Das Mögliche ist eine Weise, „in Distanz zu sich das zu sein, was man ist" (SuN, 201). Da der Mensch in seinem Wesen nicht schon durch die Existenz gesetzt ist, muss es sich sein Wesen selbst geben, muss er sich auf das hin, was er sein will, entwerfen und so sein eigenes Leben definieren.

Uns wählen heißt uns nichten, das heißt machen, daß eine Zukunft uns das anzeigt, was wir sind, indem sie unserer Vergangenheit einen Sinn verleiht. (SuN, 806)

So sind Freiheit, Wahl, Nichtung, Verzeitlichung ein und dasselbe. (SuN, 806)

Diese Selbstbestimmung geschieht immer aus dem Horizont der Zukunft, denn sie ist das noch Unbestimmte, das unendliche Feld der Möglichkeit, das als Zukünftiges noch nicht realisiert ist und damit immer möglich bleibt.

> Die Zukunft ist nicht, sondern vermöglicht sich. Die Zukunft ist die dauernde Vermöglichung der Möglichkeiten als der Sinn des gegenwärtigen Für-sich, insofern dieser Sinn problematisch ist und dem gegenwärtigen Für-sich radikal entgeht. (SuN, 253)

Da die Dimension des Nichts, der Diskrepanz zwischen Essenz und Existenz, konstitutiv ist, der Mensch also durch Freiheit bestimmt ist, bleibt die aus der Zeitlichkeit (Zukünftigkeit) her gedachte Möglichkeit immer offen. Das Erfassen der Freiheit, das existentielle Bewusstsein der eigenen Nichtigkeit (Möglichkeit) geschieht in der Angst. „Die Angst ist reflexives Erfassen der Freiheit durch sie selbst" (SuN, 108). Die Angst bezeugt die „fortwährende Modifizierbarkeit unseres Initialentwurfs" (SuN, 805), die Angst enthüllt uns, dass es keine Konstanz, keine letzte Verbindlichkeit für unser Leben gibt. Alles lässt sich aus Freiheit umgestalten, umdeuten, alles, was wir tun, hätten wir auch anders tun können. In der Angst zeigt sich das Bewusstsein von der Kontingenz des menschlichen Daseins.

> In der Angst erfassen wir nicht bloß die Tatsache, daß die Möglichkeiten, die wir entwerfen, durch unsere künftige Freiheit fortwährend untergraben werden, wir nehmen außerdem unsere Wahl, das heißt uns selbst, als *nicht zu rechtfertigen* wahr, das heißt, wir erfassen unsere Wahl als nicht von irgendeiner vorherigen Realität herrührend, sondern im Gegenteil als etwas, was der Gesamtheit der Bedeutungen, die die Realität konstituieren, als Grundlage dienen muß. Das Nicht-rechtfertigen-Können ist nicht nur die subjektive Anerkennung der absoluten Kontingenz unseres Seins, sondern auch die der Verinnerung und der Übernahme dieser Kontingenz. (SuN, 805)

Aus der Perspektive der Möglichkeit gibt es keine letzte Sicherheit, nicht einmal eine Grundlage der Rechtfertigung. Denn jede Rechtfertigung beruht auf der freien Entscheidung für Kriterien und für Prämissen, die wir auch ändern können. Wir können auch anders entscheiden, andere Kriterien ins Spiel bringen.

> So sind wir fortwährend in unsere Wahl engagiert und uns fortwährend dessen bewußt, daß wir selbst diese Wahl unversehens umkehren und das Steuer herumreißen können. (SuN, 405)

Die Wahl ist immer die Entscheidung für das Eine und gegen das Andere, immer mit Blick auf eine Zukunft, die wir nicht kennen und die dadurch den Bereich der Möglichkeiten immer wieder neu setzt. Die Zukunft bildet den Horizont, auf den hin wir unser Leben, unser Selbst, gestalten, „denn wir entwerfen die Zukunft durch unser Sein-selbst und untergraben sie fortwährend durch unsere existentielle Freiheit: wir zeigen uns selbst durch die Zukunft an, was wir sind, und ohne Einfluß auf diese Zukunft, die immer *möglich* bleibt, ohne jemals in den Rang von *Realem* zu gelangen". (SuN, 405)

Jede Entscheidung, die wir treffen, jede Wahl eines Weges, grenzt die Zukunft ein. Durch unsere Wahl konturieren wir die Zukunft, ohne sie jedoch jemals bestimmen zu können. Doch bleibt die Zukunft Möglichkeit, bleibt die jeweilige Entscheidung fragil und kontingent, denn sie hätte auch anders ausfallen können und sie lässt sich jederzeit durch eine andere Wahl destruieren.

So sind wir fortwährend von der Nichtung unserer aktuellen Wahl *bedroht*, fortwährend bedroht, uns als andere, als wir sind, zu wählen – und folglich so zu werden. Allein dadurch, daß unsere Wahl absolut ist, ist sie *fragil*, das heißt, indem wir durch sie unsere Freiheit setzen, setzen wir gleichzeitig ihre fortwährende Möglichkeit, für ein Jenseits, das ich sein werde, ein zu Vergangenem gemachtes *Diesseits* zu werden. (SuN, 805)

Der Mensch bleibt in dieser Spannung von Realisierung, Verendlichung, Vergangenheit, Wahl einerseits und zukünftigen Möglichkeiten, Freiheit, Anderssein andererseits. Entscheidend für Sartre in dieser Darstellung ist dabei, dass der Mensch sich durch seine Wahl, seine Entscheidungen immer erst als der, der er ist, bestimmt. Der Mensch hat kein Wesen, sondern schafft sich dieses in jedem Akt der Wahl, die zugleich eine Nichtung im Feld der Möglichkeiten ist. Die Fähigkeit der Nichtung ist die menschliche Freiheit. Sie ist das entscheidende Bestimmungsmerkmal des Menschen.

Wenn ich mich als Verständnis eines Möglichen als *meines* Möglichen konstituiere, muß ich seine Existenz am Ziel meines Entwurfs anerkennen und es erfassen als Ich-selbst, dort hinten, der ich mich in der Zukunft erwarte, durch ein Nichts von mir getrennt. In diesem Sinn erfasse ich mich als ersten Ursprung meines Möglichen, und das nennt man gewöhnlich Freiheitsbewußtsein. (SuN, 111)

Freiheit selbst ist aber auch nicht wesenhaft zu bestimmen. Freiheit hat kein Wesen, sondern ist das, was jeder Mensch aus ihr macht. Sie ist die Fähigkeit der Nichtung des An-sich, die Verhinderung der Festlegung eines Wesens.

Durch sie entgeht das Für-sich seinem Sein als seinem Wesen; durch sie ist es immer etwas anderes als das, was man von ihm *sagen* kann, denn zumindest ist es das, was eben dieser Benennung entgeht, was schon jenseits des Namens ist, den man ihm gibt, der Eigenschaft, die man ihm zuerkennt. (SuN, 763)

Diese Bestimmung durch Möglichkeit hat Sartre also direkt auf die Bestimmung des Menschen durch Freiheit bezogen. Freiheit bedeutet, dass es keine Determinierung des Für-sich gibt, dass das Sein des Menschen wesentlich „Nichts" ist. Es gibt für die Freiheit selbst keinen sie bedingenden oder fundierenden Grund. (SuN, 829) Dennoch ist die Freiheit nicht abzulegen, sie macht das Menschsein aus, ob man sich dem stellt oder nicht: „ich bin verurteilt, frei zu sein" (SuN, 764). Die Schwierigkeit, das Absurde der menschlichen Freiheit, besteht nun darin, dass der Mensch, der seine Freiheit selbst nicht wählen kann, doch verantwortlich ist für das, was er aus Freiheit tut, was er aus sich selbst macht und vor allem, welche Auswirkungen sein Handeln für andere hat. Er muss sich den Konsequenzen seiner Freiheit stellen. Denn es obliegt jedem Menschen selbst, aus den Möglichkeiten, die sein eigenes Sein frei eröffnet, zu wählen. Diese Entscheidung liegt allein in seiner eigenen Verantwortung.

3. *„Demokratie" in der politischen Philosophie von Ernesto Laclau, Chantal Mouffe und Jacques Derrida*

In diesem dritten Teil möchte ich nun zeigen, dass es in der Beschreibung des Menschen als Möglichkeit nicht nur um so etwas wie eine „Anthropologie er Möglichkeit" geht, sondern dass diesem Menschenbild auch bestimmte Auffassungen von Gesellschaft und Politik korrespondieren. Als These formuliert: Ein offenes Menschenbild erfordert eine Vorstellung von Politik, die von der Gestaltbarkeit und Offenheit der Gesellschaft ausgeht, deren Ziele und Funktionen immer neu zu bestimmen und kommunikativ auszuhandeln sind. Das politische Modell einer solchen Gesellschaft ist die Demokratie.

Es ist wohl eine der entscheidenden Ideen von Demokratie, dass sie selbst inhaltlich und strukturell nicht endgültig festgelegt ist, sondern durch freie Wahlen, Mitbestimmungsmöglichkeiten, liberale Freiheiten stets in ihren Möglichkeiten neu auszuformen ist. Grundlage von Demokratie ist die Autonomie der Bürger, die sich selbst das Gesetz ihres Zusammenlebens geben wollen und müssen, die zu Gestaltern ihrer eigenen Welt werden. Dies können sie nur, weil die politische Struktur selbst als Möglichkeit anzusehen ist, die auf verschiedenste Weise formbar ist, ohne dabei eine optimale oder endgültige Realisierung zu erreichen. Im Sinne der Idee der Möglichkeit müssen auch Gesellschaft, Recht, Politik, Kultur antiessentialistisch und in permanentem Werden gedacht werden. Wie ein solches Modell von Demokratie aussehen kann, haben im Anschluss an eine Philosophie der Dekonstruktion zum Beispiel Ernesto Laclau/ Chantal Mouffe und Jacques Derrida zu konzipieren versucht.

Ernesto Laclau und Chantal Mouffe sehen die gegenwärtige Politik noch von einem Menschenbild beherrscht, in dem von bestimmten Wesenseigenschaften ausgegangen wird, wie beispielsweise einer unhintergehbaren Freiheit, einem Trieb zur Selbsterhaltung, Mitleidsfähigkeit, Streben nach Glück, Nutzenmaximierung, rational choice oder auch einem essentialistischen Verständnis von sozialen Klassen. Eine solche anthropologische Fundierung macht es ihrer Meinung unmöglich, ein Modell von Demokratie zu entwickeln, das alle relevanten Interessen zu integrieren vermag.

Um also das Demokratiekonzept zu stärken, ist ihrer Meinung nach das gesamte traditionelle Denksystem zu verlassen und eine neue Sichtweise, ein neues methodisches Herangehen erforderlich. Ein solches neue Paradigma bietet ihnen die Dekonstruktion bzw. poststrukturalistische Diskursanalyse. Die Dekonstruktion untersucht Sprache als Relationsgefüge von Differenzen zwischen verschiedenen Zeichen und Wörtern. Diesem Modell zufolge kann kein Wort für sich selbst stehen, hat kein Wort isoliert einen intrinsischen Gehalt, sondern es erhält seinen Gehalt nur in der Differenz zu anderen Wörtern. Diese Logik der Differenz wird von Laclau und Mouffe zu einer Diskurstheorie erweitert, die den Rahmen ihres Konzeptes von Politik und Demokratie bereitstellt. „Diskurs" umfasst dabei nicht nur sprachliche Äußerungen, sondern die Gesamtheit von Handlungen.

Laclau und Mouffe gehen davon aus, dass Menschen unterschiedlichste Interessen haben, die sie realisieren möchten. (Elemente) Wenn sie ihre Interessen artikulieren, konstituieren sich zum einen aufgrund der Abgrenzung gegenüber anderen Interessen, zum anderen aufgrund inhaltlicher Äquivalenzen und artikulatorischer Überschneidungen Diskurse, die zusammengehalten werden durch so genannte „Knotenpunkte". Dabei gibt es keine von vornherein festgelegten Regeln oder Prinzipien, die die Ausbildung von Diskursen bzw. die Herstellung von diskursiven Identitäten bedingen oder steuern. Diese Diskurse generieren in ihrem Wechselspiel den öffentlichen, politisch-sozialen Raum, der durch die jeweiligen Artikulationen immer neu hergestellt wird. Solche diskursiven Einheiten wären zum Beispiel politische Parteien, die Friedensbewegung, die Frauenbewegung, Interessenverbände, Vereine oder kulturelle Gruppen.

Immer geht es hierbei politisch gesehen darum, dass Diskurse nach Hegemonie (Macht) streben, dass sie sich in der Gesellschaft Geltung und Einfluss verschaffen wollen. Ein hegemonialer Diskurs wäre dann ein solcher, der sich im sozialen Raum durchzusetzen vermag und so seinen Akteuren die Möglichkeiten bietet, die eigenen Interessen zu realisieren.

Erst innerhalb eines Diskurses und in Abgrenzung von anderen Diskursen erhalten Artikulationen ihre fixierte Bedeutung, die jedoch in der prinzipiellen Offenheit des Sozialen immer auch wieder aufgelöst werden kann. (L/M, 151) Es gibt keine endgültige Identität des Diskurses und keine dauerhafte „Naht", die eine Einheit aller Diskurse erzeugt. Die Offenheit durchdringt das gesamte Modell: Weder sind die Elemente selbst endgültig fixiert, noch die sich konstituierenden Diskurse, noch ihr Verhältnis untereinander. Eine Gesellschaft kann so „niemals mit sich identisch sein", da jeder Knotenpunkt selbst beweglich und veränderlich ist und sein Gehalt nur vorübergehend stabil gehalten wird. Was

Gesellschaft ausmacht ist der offene Prozess „der Konstruktion neuer Differenzen" (ebd.).

Genau diese Offenheit ist nach Laclau/ Mouffe das Kennzeichen einer Demokratie. Eine Demokratie ist plural, weil sie eine unbestimmte Vielheit von Diskursen entwickelt und zulässt, die alle die gleichen Chancen auf Hegemonie haben. Sie ist dadurch geprägt, dass jede Artikulation möglich ist und dass kein Diskurs endgültig ist. Vor allem lehnen die Autoren die normative Idee ab, Ziel von Politik sei das Erreichen von Konsens. Vielmehr bestehe die liberale Demokratie gerade „in der Legitimierung des Konflikts und der Weigerung, ihn durch die Auferlegung einer autoritären Ordnung zu unterbinden" (Mouffe 1999, 26). Die Diskurse in einer Demokratie sind in ihrer Heterogenität und ihrem Widerstreit anzuerkennen.

> Diese Dissense sollten auch nicht allein als temporäre Hindernisse auf dem Weg zum Konsens angesehen werden, da mit ihrem Ausbleiben die Demokratie aufhörte, eine pluralistische zu sein. Aus diesem Grund kann eine demokratische Politik nicht auf Harmonie und Versöhnung abzielen. (Mouffe 1999, 27)

Die Radikalität dieses Demokratiemodells besteht darin, dass auf jegliche Vorstellung eines Zentrums, eines letzten Grundes oder eines einheitlichen Bewertungsprinzips verzichtet wird, was bedeutet, dass damit die diskursiven Praktiken selbst als kontingent angesehen werden. Diskurse konstituieren je ihr eigenes Prinzip und ihre Legitimität selbst und sind deshalb nicht untereinander nach einem allgemeinen, universalen Prinzip zu bewerten oder hierarchisieren, so „daß kein begrenzter sozialer Akteur sich selbst die Repräsentation der Totalität zuschreiben" (L/M, 25) kann.

In der Sprache der Dekonstruktion heißt das: Die Signifikanten, die die Artikulation tragen, sind nicht mehr an ein transzendentes oder transzendentales Signifikat gebunden. Dies bedeutet, dass es keinen transdiskursiven Garanten „der substantiellen Einheit von Gesellschaft" (L/M, 231) gibt. Damit ist insbesondere für die Politik eine prinzipielle „Nicht-Fixiertheit" (L/M, 168), „Undurchsichtigkeit und Nicht-Repräsentierbarkeit" (L/M, 27) konstitutiv und genau dies ist nach Laclau/ Mouffe das Kennzeichen von Demokratie.

> Die Dekonstruktion warnt uns vor der Illusion, daß Gerechtigkeit jemals unmittelbar in den Institutionen irgendeiner Gesellschaft hergestellt werden kann; sie zwingt uns dazu, den demokratischen Widerstreit aufrechtzuerhalten. (Mouffe 1999, 29)

Wenn es keine Repräsentierbarkeit des Politischen geben kann, ist der Platz der Macht „imaginär", er kann nicht besetzt werden, ohne die Demokratie zu verraten. Der Platz der Macht ist deshalb in der Demokratie, wie die Autoren im Anschluss an Claude Lefort sagen: „eine Leerstelle" (L/M, 231), die nur vorübergehend mit Quasi-Platzhaltern besetzt wird. Auch Habermas greift in *Faktizität und Geltung* diese Idee von Lefort positiv auf: „Im demokratischen Rechtsstaat als der Behausung einer sich selbst organisierenden Rechtsgemeinschaft, bleibt nämlich der symbolische Ort der diskursiv verflüssigten Macht *leer*" (534). Wenn der Ort der Macht „leer" ist, wenn es keinen dafür prädestinierten Machthaber gibt, kann er von ganz verschiedenen Kräften beansprucht werden. Jeder Diskurs hat die Chance, eine hegemoniale Funktion einzunehmen, doch kein Diskurs kann jemals der Platzhalter für alle anderen werden.

Das von Laclau/ Mouffe entwickelte Verständnis von Politik als offene und durchaus auch widersprüchliche Bewegung zwischen Diskursen ist nur möglich, wenn auf ein essentialistisches Menschenbild verzichtet wird. Die Vorstellung „Mensch" ist selbst nichts anderes als ein diskursiver Knotenpunkt, als eine im Diskurs sich erzeugende Identität, die immer wieder auflösbar ist und deshalb eine offene Möglichkeit bleibt.

Jacques Derrida verbindet mit Demokratie in seinem dekonstruierenden Verständnis ebenfalls den Aspekt der Offenheit, wenn er sie fasst in der Metapher von der nie erreichten, immer nur als Möglichkeit auf uns zukommenden Demokratie: „democratie à venir". Die Unbestimmtheit des Kommens bezieht sich zunächst auf das Wort selbst, auf die Bedeutung des Wortes „Demokratie":

> Weder das Wort noch die Sache 'Demokratie' sind bereits vorweisbar [présentable]. Wir wissen noch nicht, was wir da geerbt haben, wir, die Erben des griechischen Wortes und dessen, was es uns zuschreibt, vorschreibt, vermacht oder auf uns überträgt. (Sch, 24)

Zwar können wir heute auf eine mehr als zweitausendjährige Begriffsgeschichte verweisen, gibt es empirische und normative Demokratietheorien, nehmen wir die Charakterisierung „Demokratie" durchaus in Anspruch, um die politischen Strukturen vergangener und heutiger Gesellschaften zu kennzeichnen. Dennoch bleibt in dem, was Demokratie ist und sein kann, eine Unbestimmtheit, die konstitutiv für die Demokratie selbst ist. Diese Unbestimmtheit hat etwas mit der Vorstellung von Freiheit zu tun und zwar, wie Derrida erörtert, in zweifacher Hinsicht.

Die eine Komponente betrifft den Begriff der Demokratie, der der Freiheit ständig neuer Deutung offen steht, da er selbst nicht gefüllt ist. Derrida bezeichnet dies als „*Freilauf* [roue libre]", das heißt „die semantische Leere oder Vagheit, die im Mittelpunkt des Begriffs der Demokratie dessen Geschichte in Gang hält [fait tourner]" (Sch, 45). Demokratie ist „das ein/zige Nomen, das für historische Transformationen nahezu beliebig offen und flexibel ist, das seine innere Formbarkeit und Fähigkeit zu unendlicher Selbstkritik, man könnte sogar sagen: zur unendlichen Begriffsanalyse, bereitwillig akzeptiert". (Sch, 45f.)

Die zweite Komponente zielt auf die Geschichte der politischen Freiheit, die Erfahrung der Freiheit. Im Begriff der Demokratie ist die Freiheit vorausgesetzt, nämlich „das Recht und die Fähigkeit, zu tun, was einem gut dünkt, die Entscheidungsbefugnis, über sich selbst zu bestimmen, aber auch die Erlaubnis, Möglichkeiten durchzuspielen" (Sch, 45).

Die stets nur kommende Demokratie betrifft aber nicht nur unsere Theorie, sondern die politische Praxis selbst. Denn die Demokratie als eine Weise politischer Gestaltung hat keine Identität, kein Selbst, keine verbindliche Essenz, sie ist das, was Menschen aus ihr machen. Dieser Mangel wird von der Demokratie selbst hervorgebracht, das Fehlen eines eigentlichen Wesens, einer eigentlichen Idee von Demokratie ist ihr Charakteristikum, ihr Wesen. (Sch, 60) Und gerade dieser Mangel an Sein, an Identität, an Präsenz, ist der Vorzug der Demokratie.

Was der Demokratie fehlt, ist eben genau der eigentliche Sinn, der Sinn des Selben selbst [...], das, was sie selbst ist, das Selbe, das wahrhaft Selbe ihrer selbst [...]. Dieser Sinn definiert die Demokratie und selbst das Ideal der Demokratie durch diesen Mangel des Eigenen und/ Selben. (Sch, 59f.)

Doch damit ist die Demokratie selbst in einer aporetischen Situation. Sie ist geboten und doch noch nicht realisiert. Sie wird ausgeübt und damit stets schon überschritten. Sie übt Gewalt aus, obwohl das Gremium der Gewaltausübung immer neu zu legitimieren ist. Sie kann auf demokratische Weise diejenigen Kräfte an die Macht bringen, die die Demokratie zerstören. Sie braucht eine kritische Öffentlichkeit, die Öffentlichkeit ist manipulierbar. Diese Aporien sind nicht aufzulösen. Sie machen deutlich, wie es um die Demokratie bestellt ist, nämlich dass sie keine essentielle Identität, kein Wesen hat.

Die Demokratie *selbst* bleibt begriffslos, ihr Begriff befindet sich „im freien Spiel seiner Unbestimmtheit", Demokratie ist niemals das, was sie ist, sie ist niemals sie selbst. (Sch, 59) Dieser Mangel wird von der Demokratie selbst hervorgebracht, das Fehlen eines eigentlichen Wesens, einer eigentlichen Idee von Demokratie ist das Wesen der Demokratie. (Sch, 60) Damit entspricht die Demokratie aber dem, was das eigentlich Politische ist, nämlich die Selbstgestaltung des Zusammenlebens der Menschen.

Das Politische – das/ heißt in der Offenheit, im freien Spielraum und im gesamten Umfang, in der bestimmten Unbestimmtheit seiner Bedeutung, das Demokratische. (Sch, 49f.)

Dieses Denken von Demokratie verknüpft Derrida mit einem bestimmten Menschenbild, nämlich dem Verständnis von Menschsein als einem Selbst, das sich auf sich selbst zu beziehen vermag und der Souverän seiner Auto-nomie ist, seiner Selbst-gesetzgebung. (Sch, 27) Dieses Selbst ist ebenso offen und immer neu zu erringen, wie das Politische, wie die Demokratie. Es gehört für Derrida zum Menschlichen, dass diese Prozesse der individuellen und politischen Selbstgestaltung niemals an ein Ende kommen, denn dieses Ende wäre der Totalitarismus: „Die Politisierung etwa ist ein endloser Prozeß, sie kann und darf niemals zu einem Abschluß kommen, eine totale Politisierung sein." (Gesetzeskraft, 58)

Die Idee der „kommenden Demokratie" enthält die Verpflichtung zur aktiven Gestaltung, denn das Kommende, das auf uns Zu-kommende, das Zu-künftige ist das Mögliche, das stets neu gewählt und geschaffen werden muss, weil im Bereich des Möglichen auch das Entgleiten ins Undemokratische, der Verlust der politischen Autonomie, liegt. Auch deshalb ist die Demokratie immer eine noch kommende, eine noch ausstehende, weil sie stets auch die gefährdete bleibt. Die Kategorie der Möglichkeit beinhaltet immer auch den Hinweis auf die Fragilität des Menschlichen, auf die Möglichkeit des Verlustes und der Zerstörung. Deshalb ist das Betonen der Offenheit des Politischen wie des Menschseins überhaupt rückgebunden an die kritische Vernunft und die Normativität der Verantwortung.

Literatur

KA   Schlegel, Friedrich, *Kritische Friedrich Schlegel Ausgabe*, hg. von Ernst Behler u.a., Paderborn 1958ff.

SW   Fichte, Johann Gottlieb, *Grundlage des Naturrechts nach Principien der Wissenschaftslehre*. In: *Sämmtliche Werke*, Bd. III, Berlin 1971

BA   Kierkegaard, Sören, *Der Begriff Angst*, Stuttgart 1992

KT   Kierkegaard, Sören, *Die Krankheit zum Tode*, Hamburg 1991

SuZ   Heidegger, Martin, *Sein und Zeit*, Tübingen 1986

SuN   Sartre, Jean-Paul, *Das Sein und das Nichts*, Reinbek bei Hamburg 1993

L/M   Laclau, Ernesto/ Mouffe, Chantal, *Hegemonie und radikale Demokratie. Zur Dekonstruktion des Marxismus*, Wien 2000 (2. Aufl.)

Sch   Derrida, Jacques, *Schurken. Zwei Essays über die Vernunft*, Frankfurt/ Main 2003

Derrida, Jacques, *Gesetzeskraft. Der „mystische Grund der Autorität"*, Frankfurt/M. 1996.

Habermas, Jürgen, *Faktizität und Geltung. Beiträge zu einer Diskurstheorie des Rechts und des demokratischen Rechtsstaats*, Frankfurt/M. 1994 (4. erw. Auf.).

Kant, Immanuel, *Anthropologie in pragmatischer Hinsicht*. In: *Werke*, hg. von W. Weischedel, Bd. 10, Darmstadt 1983.

Mouffe, Chantal (Hg.), *Dekonstruktion und Pragmatismus. Demokratie, Wahrheit, Vernunft*, Wien 1999.

Seung-Hwan Lee

The Confucian View of Authentic Body and Embodied Virtue

1. Introduction: Linguistic Minimalism and Body Language in Confucian Tradition

Linguistic minimalism is a prominent characteristic of the linguistic tradition in the Confucian culture zone. As is the case with all semiotic systems, language is used to tell lies as much as to communicate truth, i.e., it can be a curse as much as a blessing. Perhaps it is for this reason, then, that linguistic minimalism is preferred in the Confucian tradition to convey the greatest extent of truth with the fewest words.

Confucius (孔子) himself said, „Specious words confound virtue,"[1] and „In language it is simply required that it conveyed the meaning."[2] Confucius placed more emphasis on the full communication of meaning than on the subtlety of language. Linguistic minimalism, which seeks the highest level of truthful communication with the fewest possible words, is also found in Mencius (孟子), who stated, „In explaining an ode, one should not allow the words „to obscure the sentence, nor the sentence to obscure the intended meaning". The right way is to meet the intention of the poet with sympathetic understanding."[3] In other words, one should try to understand the intention of the speaker rather than become distracted by characters and words floating on the surface. *The Book of Changes* 易經, another Confucian scripture, borrows Confucius' words and states that, „Written characters are not the full exponent of speech, and speech is not the full expression of ideas."[4] The Confucian viewpoint, then, insists that the relative importance of language can be expressed in the order of meaning, spoken language, and written language.

Distrust of language leads people to adopt body language, such as eye and facial expressions and body gestures, as alternative means of communication because it is more truthful than spoken language.[5] Body language, which is possi-

---

[1] *Anelects of Confucius, Weilinggong* chapter.

[2] *Anelects of Confucius, Weilinggong* chapter.

[3] *Book of Mencius, Wanzhang* chapter.

[4] *Book of Changes, the Great Appendix.*

[5] Timothy Hegstrom, in the following article, wonderfully shows that nonlinguistic signs are more trust-worthy than linguistic ones. See his „Message Impact: What Percentage Is Nonverbal?," *Western Journal of Speech Communication*, 43 (1979), 134-142.

ble only when the speaker and listener are face-to-face, is more effective for sharing representations of commonly held beliefs than for communicating information, for creating a stronger sense of cohesion in the community, and for confirming existing value and belief systems than for transmitting new information. Ritual actions (禮) in the Confucian tradition such as coming of age, marriage and funeral ceremonies, and ancestral offering are prominent examples of 'communication of sharing.'

This paper attempts to examine the relationship between inner virtues and the semiotic significance of bodily expression in the Confucian tradition. A proper comprehension of the meaning system of the Confucian culture zone, which prefers linguistic minimalism, calls for an understanding of the kinetic signs of body language, as well as the more explicit signs of written and spoken languages. Because the body is an everyday action point in which communicative meanings are exchanged, studying body signs will help us attain a better understanding of traditional Confucian culture and society.

2. Shen 身 as Union of Body 形 and Mind 神

Confucianism emphasizes self-cultivation, whose Chinese characters are translated to mean 'cultivation of the body' (xiu-shen, 修身). But, why is it cultivation of the body, rather than cultivation of the mind? What is the significance of the body in the Confucian tradition? In order to understand the Confucian meaning of the body, we need to investigate how the body is understood in the intellectual tradition outside the East.

In the dualistic tradition of modern Western philosophy, the self is divided into mind and body. This tendency is closely associated with metaphysical dualism, in which the existential world is divided into the mental/spiritual and the physical/material worlds. Metaphysical dualism divides human intellectual ability into 'reason' and 'sense', corresponding to mind and body, respectively, and divides the self further into the self as a thinking being and the self as a material being. Under this dichotomy, the body is degraded into an object of a natural scientist's experiment while the mind is fixated as the subject of psychological investigation.

In this dualistic tradition, the body is conceived as something transient, accidental or inferior, while the mind (*reason*, soul, or spirit) is viewed as infinite, essential, and valuable. Accordingly, *pure reason* separated from the body ensures true knowledge, whereas the body stripped of *reason* is nothing but a collection of organs absorbing uncertain, temporal, and relative sensory data. The body, therefore, remains outside the philosophical concern, is ignored or implicitly set aside. Insofar as the self as a thinking being and the self as a physical being are viewed separately, the equation of „self = thinking being = Reason" is formed and, consequently, an unbridgeable rift between the self and the body is created.

How is the mind connected with the body? Is the mind, as the thinking being, the true self? Is the body merely 'a horse carrying a jockey,' or 'a boat boarding a captain,' or 'a prison entrapping the soul'? Is the body a mass of corpus, serving only as an object of physical and chemical experiments?

The mind-body dualism does not exist in Confucianism. In the Confucian tradition, both the mind and body are temporal entities coming from the same origin, *ch'i* 氣. The mind is a functional property emerging from the activity of the life force, namely the *ch'i*. Ghosts (*gwei* 鬼) and deities (*shen* 神), like the soul and spirit, are also considered temporal entities arising from the activity of *ch'i*. In the Confucian understanding of the mind and body, there may be some traces of phenomenological 'property dualism'; however, 'substance dualism' has never existed as shown in the Western tradition.

Confucianism deals with the everyday world or experiential world as its main subject. Moreover, the Confucian way of thinking warns against metaphysicalization or excessive abstract speculation, which tries to separate human experience from the living world. The body/mind and physical/mental dualisms do not appear in everyday life. From the Confucian standpoint, consciousness devoid of the body, reason detached from sense, and the self separated from the body are nothing more than an insane rationalist's monologue.

In the Confucian tradition, the self is the body in which the corporeal and the spiritual are inseparable. The oldest semantic dictionary in ancient China, *Er ya* 爾雅, states that „the body refers to the self." The teachings on moral cultivation in the Great Learning (*Da xue* 大學) emphasize cultivation of the body, not the mind. Confucius asked, „If a minister makes his own conduct correct, what difficulty will he have in assisting in government? If he cannot rectify himself, what has he to do with rectifying others."[6] Mencius lamented:

Anybody who wishes to cultivate the tung 桐 or the zi 梓 tree, which may be grasped with both hands, perhaps with one, knows by what means to nourish them. In the case of their own persons, men do not know by what means to nourish them. Is it to be supposed that their regard of their own persons is inferior to their regard for a tung or zi tree?[7]

As shown in this passages, the self is the body and the body is the self in Confucianism.

---

[6] *Anelects of Confucius, Zilu* chapter.
[7] *Book of Mencius, Gaozi* chapter.

3. The Body as a Sign

Does the self exist? How can the fact that the self exists be confirmed? Descartes said, „I think, therefore I am." However, Confucians would have said, „I am manifested, therefore I am." In the Confucian tradition, existence is confirmed not by a pure consciousness separated from the body but by the inter-subjective gaze of the community. *The Great Learning* explains:

> There is no evil to which the mean person [xiaoren 小人], dwelling retired, will not proceed, but when he sees an exemplary person [junzi 君子], he instantly tries to disguise himself, concealing his evil, and displaying what is good. The other beholds him, as if he saw his heart and reins; of what use is his disguise? This is an instance of the saying „What truly is within will be manifested without." Therefore, the exemplary person is always watchful over himself, even when he is alone.

Confucius' disciple *Zengzi* also said, „What ten eyes behold, what ten hands point."[8] That is, the essence of existence that defines a 'self' is not in 'thinking' but in 'manifesting.' *Mencius* said:

> What belongs by his nature to the exemplary person are benevolence [ren 仁], righteousness [yi 義], propriety [li 禮], and knowledge [zhi 智]. These are rooted in his heart; their growth and manifestation are a mild harmony appearing in the countenance, a rich fullness in the back, and the character imparted to the four limbs. Those limbs understand to arrange themselves, without being told.[9]

In Confucianism, pure consciousness alone does not guarantee truth. There is no such thing as pure internal virtue hidden deep in the soul that is not revealed through actions or expressions. One's virtue, emotions and will confirm their existence only when they are exposed through action and expression to the inter-subjective gaze of the community.[10] In this sense, not only the body but also the mind is exposed to the inter-subjective gaze of the community. The body is the signifie (signified), waiting to be decoded by the community members, while inner virtue and emotions are the signifiant (signifier), corresponding to the signifie. According to the Confucian tradition, private language outside the grammar of the community cannot exist in any circumstances and has no meaning.

---

[8] Great Learning

[9] Book of Mencius, Jinxin chapter.

[10] In this sense, the Confucian concept of 'interbodiness' can be compared to Parret's *sensus communis*. According to Parret, *sensus communis* is established by the dual tension between 'socialization of sense' and 'sensitization of the social.' See Parret (1995, 127-129).

The language of bodily movement is determined by the code system of the community in the same way that the meaning of individual language is defined by the grammar of the community.

In the Confucian tradition, which defines the body as the unity of corpus and spirit, the body is an „incarnation of consciousness." Consciousness reveals itself through the body. In the *Great Learning*, *Zengzi* said, „The inferior man (*xiaoren*) feels shame when ten eyes watch him and ten fingers point to him." This is because his body and his consciousness are exposed as signs. According to Descartes, the self (as a thinking being) can be separated from the body, so it can be invisible and hidden from the gaze of others. However, in Confucianism, the body and the mind are inseparable, so the self cannot hide. Mencius said:

> Of all the parts of a man's body, there is none more excellent than the pupil of the eye. The pupil cannot be used to hide a man's wickedness. If within the breast all be correct, the pupil is bright. If within the breast all be not correct, the pupil is dull. Listen to a man's words and look at the pupil of his eye. How can a man conceal his character?[11]

The above passage from the *Book of Mencius* cannot be read as an old man's folk psychology sermon. His statements on the relationship of the mind and the pupil raise doubt in the minds of people accustomed to dualistic thinking. What is the relationship between the good and evil mind, which are mental events, and the brightness of the pupil of the eye, which is a physical phenomenon? Dualistic thinkers might try to find the answer in the pineal glands, a type of a currency exchange counter where the tenders of mind and material are exchanged, or in the pre-established harmony between the body clock and the mind clock set right by a repair clerk called God. Or they might convert to monism and explain the dilemma based on the materialism that reduces mental events into physical ones. But how much do the two solutions fit reality, judging from our life experience? Do people really consist of two clocks keeping time without any trace of error? Or are people just lumps of matter repeating inputs and outputs according to electrochemical pulses?

In the everyday world, these difficult questions are not raised. Even Descartes, who claimed that the body and the mind are two different entities, confessed to the inter-penetrability of the two in the sense that one feels pain and thinks about it when one is hurt. Also, a monist who tries to explain the eye expression as a physical event (e.g., brain waves flowing to the nerve center resulting in dilation of the pupils) may notice that lovers' strong emotions are clearly reflected in their eyes.

---

[11] *Book of Mencius, Lilou* chapter.

Mencius's proposition on the pupil and the mind can neither be proved nor refuted based on physical causation. He did not attempt to explain the causal relationship between the two, but tried to say that one's mind could be understood only through one's body, whether it be communicated through a glance, a facial expression, or a body gesture. Understanding here refers to direct, sensory experience that occurs before causal speculation such as analogical inference. Ontologically, one's internal state (such as emotion and will) may precede one's external front (such as eye and facial expressions), but understanding of the internal state starts with the images revealed outwardly, or what is primarily given like eye or facial expressions. That is why *Mencius* said that the self cannot be revealed without the body and the internal state cannot be understood unless it is through the body. As there cannot be signifie without signifiant, the mind cannot be understood without the body. In Confucianism, as reflected in *the Book of Mencius,* the body is a medium of communication connecting the self with the world.

4. Facial Expression as Revelation (Ausdruck) and Action (Handlung)

If emotions and will are revealed to the outside through the body, how can this revelation be differentiated from physiological symptoms or feigned pretense? That is, how can the bright pupil of a right-minded person be distinguished from the bright pupil of a feigned, right-minded gaze from an evil witch?

Helmuth Plessner classifies bodily expressions into three groups: 1) physiological or psychosomatic response without involvement of consciousness (e.g., blushing, paleness, coughing, sneezing, sweat, and nausea); 2) facial expressions and bodily movements that involve consciousness and are controllable, like words and action (*Handlung*); and 3) facial expressions and bodily movements that involve consciousness and are not controllable, like laughing and crying (*Ausdruck*) (1970, 33). Going back to Mencius, the bright eyes of a righteous person are a natural external revelation of one's inner feeling and will, i.e., *ausdruck*. The eye expression is neither an unintentional physiological symptom, nor an intended voluntary action. This results when one's emotion and will for goodness grows as fully as possible, breaks the shell encasing one's inner world and becomes exposed to the outside. Emotion and will, which remain simply as a process of intentional consciousness, are externalized or embodied through facial expression and bodily movement that are visible to and thus perceivable by others. In this sense, the body is a field of expressiveness, and the eye a window to the soul. Plessner also uses the term „window to the soul" for the face in the same manner that Confucianism refers to the face (1970, 45).

As with *Ausdruck,* the bright pupil mentioned by Mencius is differentiated from a physiological symptom; it is a natural manifestation of feeling that is involuntarily exposed. The *Liji* (Book of Rites) states the following on the natural manifestation of virtue, feeling, and will through the body:

> What the sacrifice of a filial son should be can be known. While he is standing (waiting for the service to commence), he should be reverent, with his body somewhat bent; while he is engaged in carrying forward the service, he should be reverent, with an expression of pleasure; when he is presenting the offerings, he should be reverent, with an expression of desire. He should then retire and stand, as if he were about to receive orders; when he has removed the offerings and (finally) retires, the expression of reverent gravity should continue to be worn on his face. Such is the sacrifice of a filial son.[12]

The facial expression of the filial son mentioned above is clearly not a physiological symptom. It is not intentional, but a natural manifestation of internal feeling. The Book of Rites describes seven basic emotions that are revealed naturally via the body, even unintentionally: happiness, anger, grief, fear, love, hatred, and desire.[13] Because these seven emotions presume such things as the object of feeling, the situation in which the feeling erupts, and the „state of affairs," they are different from mood or sentimentality, which is unintentional. These emotions are a form of judgment. For example, anger includes the judgment „worthy of blame", love and desire involve an estimation of high and low values, fear arises from a prediction of danger and damage, reason is composed of concept and judgment, and feeling has rational elements (Solomon 1992, 610).

In comparison to the seven basic emotions in the Book of Rites, the four fundamental moral sentiments in the Book of Mencius that compose human nature are more active and value-oriented. The four fundamental moral sentiments — compassion, shame, modesty, and the discernment of right and wrong— involve value evaluation for reference or rejection. Thus, the four beginnings (*si-duan*) of Mencius should be viewed as rational sentiments that impregnate reason, not as irrational feelings, in that conception and judgment of high and low values are present in them. Moral sentiments are exposed to the outside, embodied in the eye and face, and are visible and audible to members of the community.

5. The Social Significance of Eye and Facial Expressions and Bodily Movements

Eye and facial expressions and bodily movements are not only signs revealing one's internal state but also mediums of communication equal to a per-

---

[12] *Book of Rites, Jiyi* chapter.
[13] *Book of Rites, Liyun* chapter.

locutionary act. In the Confucian tradition of linguistic minimalism,[14] which shuns the loquacious, smooth talker, a facial expression is more often appropriate than the spoken word, according to the situation. Silence and facial expressions are as much signs as per-locutionary acts. The Confucian tradition places more trust in nonlinguistic signs than in linguistic signs, and this tradition is not confined to the East Asian culture zone. Timothy Hegstrom claims that nonlinguistic signs are trusted more than linguistic signs in the West, as well.[15] In linguistic signs, the relationship between expression and the content of the signs is arbitrary. Meanwhile, bodily signs such as facial expressions approximate the truth more than linguistic signs because they are unconscious codes that reveal the inner state of the mind through the body.

As Hegstrom argues, body gestures expressed for the purpose of communication like yawning and arm stretching are symbolic movements exchangeable with words. Symbolic body gestures in everyday life are communicative tools and at the same time represent power relations of domination/subordination. Expressions in the eye, face, and body movements reveal deeply hidden emotions on the one hand, and disclose „a microphysics of power" in political power relations on the other. Particularly in power relations of domination and subordination, the subordinates express their submission by making macro-movements like bending or lowering the body. More importantly, however, the inferior can also use micro-expressions like eye or facial expressions for the same purpose. The fact that *Song Si-yeol*, a renowned Confucian scholar of the *Joseon* dynasty, implored King *Sukjong* to allow him a chance to look up to him in his audience demonstrates succinctly the importance of micro-expressions like eye expression in power relations.[16]

Facial expressions and body gestures have two social functions: a phatic function in horizontal relations and a social control function in vertical relations. Actions such as looking at a superior eye-to-eye or pointing at the carriage of the king can be interpreted as disrespectful of dominant power. The superior, however, has the privilege to look in the eyes of his subordinates or point fingers at them. The „microphysics of power" exists in the social structure that defines the context of human relations and helps maintain it. The „microphysics of power" is concealed in the trivialities of everyday life that are easily overlooked. The body is the most concrete place where the micro-power structure is embedded.

Regarding the proper facial looks of a commander at war, the Book of Rites states:

[14] The most representative expression for the linguistic minimalism in Confucian tradition is seen in the Xueer (to learn) chapter of Analects, „Fine words and an insinuating appearance are seldom associated with true virtue."

[15] See note5 above (Hegestrom 1979, 134-142).

[16] Sukjong sillok (Annals of the king Sukjong), book 10, 10th lunar month of 1680.

When (the superior man) goes to war leading the army, he must wear a courageous look with firm determination. His command should be strict, his face solemn, and his eyes clear and sharp [author's translation].[17]

The function of the facial look as a signifier of status is also mentioned in *the Book of Documents,* which was written prior to *the Book of Rites.* Of the five qualities a king must attain to rule the state, appearance is first.[18] Also, *Yi I* wrote in his diary that *Jeong In-hong,* an official at the Office of the Inspector General during the reign of King *Seonjo,* looked as stern as autumn frost, raising fear among the lower-ranking officials and local magistrates (Yi, 1983).

Power is not only exercised through explicit verbal behavior such as order, and obedience is not only carried out through the explicit language of submission. Unforced, implicit forms of domination/subordination relations such as eye and facial expressions are more common and more frequent than forced, explicit ones. Yet, when Confucianism talks about facial expressions of the dominant and the subordinate, it is not implying the formal or pretentious facial expressions created in consideration of physical power. Those in dominant positions must acquire internal virtue suitable for their positions before wearing solemn looks. When they fully develop internal virtue, it is naturally exposed externally through facial expressions. In addition, people in subordinate positions should not invent flattering looks; when their inner state is sincerely respectful, it is naturally reflected in their face. The *Daxue* (Great Learning) notes that, „Their hearts being rectified, their persons were cultivated,"[19] and Confucius states, „Fine words and an insinuating appearance are seldom associated with true virtue."[20] The B*ook of Rites* states that when the superior man's internal virtue is manifested in his face, people see it, are admonished by it, and voluntarily submit to it:

Therefore the sphere in which music acts is the interior of man, and that of ceremonies [li 禮] is his exterior. The result of music is a perfect harmony [he 和], and that of ceremonies a perfect observance (of propriety). When one's inner man is (thus) harmonious, and his outer man thus docile, the people behold his countenance and do not strive with him; they look to his demeanor, and no feeling of indifference or rudeness arises in them. Thus it is that when virtue shines and acts within (a superior), the people are sure to accept (his rule), and hearken to him; and when the principles (of propriety) are displayed in his conduct, the people are sure (in the same way) to accept and

---

[17] Book of Rites, Yuzao (The Jade-Bead Pendants of the Royal Cap) chapter.
[18] Book of Documents, Hongfan (The Great Plan) chapter.
[19] The Great Learning.
[20] Analects of Confucius, Xueer (To Learn) chapter.

obey him. Hence it is said, „Carry out perfectly ceremonies and music, and give them their outward manifestation and application, and under heaven nothing difficult to manage will appear."[21]

The superior man, then, should cultivate not just his macro-actions but also minor eye and facial expressions, bodily movements, and even clothes and accent. These bodily expressions are tools to move others.

> Hence the sage, in laying down rules for conduct, does not make himself the rule, but gives them, his instructions so that they shall be able to stimulate themselves to endeavor, and have the feeling of shame if they do not put them in practice. (He enjoins) the rules of ceremony to regulate the conduct; good faith to bind it on them; right demeanor to set it off; costume to distinguish it; and friendship to perfect it: He desires in this way to produce a uniformity of the people … Therefore, when a superior man puts on the dress (of his rank), he sets it off by the demeanor of a superior man. That demeanor he sets off with the language of a superior man; and that language he makes good by the virtues of a superior man. Hence the superior man is ashamed to wear the robes, and not have the demeanor; ashamed to have the demeanor, and not the style of speech; ashamed to have the style of speech, and not the virtues; ashamed to have the virtues, and not the conduct proper to them.[22]

According to the *Book of Rites*, clothes, as well as eye and facial expressions, reveal one's mental spirit. From the Confucian viewpoint, clothes are not just for protection and warmth, but are signs that reveal one's status, emotions and will. Furthermore, the *Book of Rites* warns of wearing clothes merely for superficial appearance without moral spirit. When one wears certain clothes, one must have internal virtue to fit those clothes. Confucius describes the unity between the exterior and the interior as a „unity between form and matter."

In Confucianism, eye and facial expressions, bodily movements, and clothes are a system of social codes. Social codes are composed of various nonverbal elements, including body language. Nonverbal codes include signs ranging from markers revealing one's social standing, rank, or rules of human relations that determine how to interact with others (manners, behavior, and clothes suitable for class and status) to means of social communication such as ceremonies and festivals that foster a sense of belonging and solidarity among community members (Guiraud 1975, pp.82-98)

Eye and facial expressions and bodily movements in Confucian tradition are complex sign systems that represent both moral and power relations. The Book of Rites provides concrete examples for how people should conduct themselves

---

[21] Book of Rites, Yueji (The Record of Music) chapter.
[22] Book of Rites, Biaoji (The Record on Example) chapter.

with appropriate eye and facial expressions and bodily movements in various moral situations in the community. The numerous accounts on facial expressions and bodily movements in the Book of Rites cannot be understood beyond the „systems of codes" according to which the facial expressions and bodily movements are given meaning. *Li* (禮) exists both as customary law, which defines the system and organization of a state at the macro level, and as a guideline outlining proper behavior, bodily movements, and facial expressions suitable for various situations in everyday, micro-level life. This is why James Legge translates the Chinese word *li* to mean „propriety," which encompasses the meanings of situational appropriateness and good manners at the same time (Legge, 1885). When the body learns appropriate motion signs and expresses them skillfully in every situation, facial expressions become not intentional actions (handlung) but natural expressions (ausdruck). That is, artificial signs become familiar to the body like natural signs. When the internal experiencing of proper emotions in each situation and their external expression become unified, with voluntary actions becoming as natural as unintentional expressions, this can be defined as „naturalized artificial signs." The ultimate state of Confucian morality is not when action is tailored to fit the rule, but when the model guide of behavior is spontaneously exposed through the body. Culture is formed through a customization of signs. The better the customization and digestion of signs, the more spontaneous and natural their use becomes. In this sense, the body of the superior man is a moral paragon to others. The *Zhongyong* (Doctrine of the Mean) notes how one's body can become a moral paragon:

> Next to the above is he who cultivates to the utmost the shoots of goodness in him. From those he can attain to the possession of sincerity. This sincerity becomes apparent. From being apparent, it becomes manifest. From being manifest, it becomes brilliant. Brilliant, it affects others. Affecting others, they are changed by it. Changed by it, they are transformed. It is only he who is possessed of the most complete sincerity that can exist under heaven who can transform.[23]

In order for an emotion or will to be naturally manifested, as opposed to intentionally shown, the emotion needs to be embodied through enormous efforts of cultivation. Thus, as well as the internal mind and sincerity, the eye and facial expressions, gait, hand position, and even breathing are also objects of Confucian cultivation.

> The carriage of a man of rank was easy, but somewhat slow, grave, and reserved, when he saw any one whom he wished to honor. He did not move his feet lightly, nor his hands irreverently. His eyes looked straightforward, and

---

[23] Doctrine of the Mean.

his mouth was kept quiet and composed. No sound from him broke the still-
ness, and his head was carried upright. His breath came without panting or
stoppage, and his standing gave (the beholder) an impression of virtue. His
looks were grave, and he sat like a personator of the dead. When at leisure
and at ease, and in conversation, he looked mild and bland.[24]

The nine bodily expressions of the superior man in the Book of Rites, known as
the „nine expressions" (*jiu-rong*), are the guidelines of self-cultivation in Confucianism. While people today are occupied with grooming their bodies through
skin care and body building, ancient people focused on grooming the body as the
site of unity of mind and body.

*6.   Eye and Facial Expressions, Body Movements, and Recognizing the Man of
       Virtue*

In traditional society, recognizing a virtuous man was not just a matter of moral
concern, but one of great importance in politics and personnel administration,
especially in hiring and appointing public officials. *Shujing* (Book of Documents) comments on the importance of the ability to judge character: „When (the
sovereign) knows men, he is wise, and can put every one into the office for
which he is fit."[25] When *Fanchi* asked what wisdom is, Confucius replied that it
is the ability to „know people properly."[26] Confucius also said, „I will not be
afflicted at men's not knowing me; I will be afflicted that I do not know men."[27]

These examples display the importance of being able to recognize the virtuous
man in the Confucian tradition of *rule of virtue* (de-zhi). How can one recognize
the virtuous man? Does one with bright pupils really have a bright mind, as
Mencius said? How can we tell one with dull pupils and a bright mind from one
with bright pupils and a dull mind? Should we really think that one with dull
pupils has a dull mind and one with bright pupils has a bright mind?

Understanding others' emotions with sensitive intuition has limitations. This
is because people may hide or feign their true emotions and because they can be
biased or prejudiced toward others' emotions. Even Confucius was once prejudiced in his judgment of character – he did not distinguish physiognomic looks
from facial characteristics as expressions of the internal mind. According to the
„*Zhong-ni di-zi lie-zhuan*" (Biographies of Confucius'Disciples) in the *Shiji*
(Historical Records), Confucius did not like *Dan-tai Mie-ming*, who wanted to

[24] Book of Rites, Yuzao (The Jade-Bead Pendants of the Royal Cap) chapter.

[25] Book of Documents, Gaoyaomo chapter.

[26] Shiji (Historical Documents), Zhongni dizi liezhuan (Biographies of Confucius' Disciples).

[27] Analects, zueer (To Learn) chapter.

be his student, because of his ugly looks. But *Dan-tai Mie-ming* cultivated virtue diligently after school and always conducted himself in a morally upright fashion. After graduation, 300 students adored and followed him and his virtue became widely known among the lords. Regretting his mistake, Confucius confessed, „I judged people based on their looks and made a mistake with *Dan-tai Mie-ming!*"[28] Confucius's confession teaches us that we must not evaluate people by their innate, fixed appearances, but rather must know intuitively their emotions and will from their facial expressions, which are the expressions of their internal minds. In this regard, the Confucian recognition of the virtuous man is clearly distinct from physiognomy. The physiognomist judges people's fortune and happiness by their innate, fixed appearance. The Confucian reads one's internal mind (virtue, emotion, and will) through one's real eye and facial expressions, or bodily expressions. But how can we read one's real mind if one covers up or feigns one's facial looks? Confucius admits that there are cases where facial expressions and internal virtue do not go hand in hand.

There are cases where it flowers but no fruit is subsequently produced.[29]

He who puts on an appearance of stern firmness, while inwardly he is weak, is like one of the small, mean people; yea, is he not like the thief who breaks through, or climbs over, a wall.[30]

Therefore, single intuitive assessments of micro-motion signs such as eye and facial expression are insufficient to understand one's inner mind, and it must be supplemented with continuous introspective experience of macro-actions. Confucius notes:

See what a man does. Mark his motives. Examine in what things he rests. How can a man conceal his character?[31] (Ed- the deleted section has been repeated. Also note that the same sentence has already been quoted above as the last sentence of reference #12, in the section: „The Body as a Sign"

The actions, intentions, and desires mentioned in the passage are essential in the formation of one's character. The consistency between one's action and will is called one's disposition. If one is inconsistent in one's action and will, one's disposition is not identifiable and further, one's self-identity is doubtful. While pretentious behavior or hypocritical expressions may fool people at first, one's true character is eventually exposed through the continuous observation of one's

---

[28] Shiji (Historical Documents), Zhongni dizi liezhuan (Biographies of Confucius' Disciples).
[29] Analects, Zihan chapter.
[30] Analects, Yanghuo chapter
[31] Analects, Weizheng (Government) chapter.

disposition. Confucius tells us to assess character by continuous observation of disposition, rather than by cursorily observing eye or facial expressions. People cannot live their whole lives concealing their inner mind. That is why Confucius states, „How can one hide one's character?"

The conditions necessary to recognize the virtuous man in Confucianism can be summarized as follows: 1) one's emotions and will must be expressed externally through the body to be understood by others; 2) both the carrier of expression and the reader should be truthful; 3) continuous and reflective experience of one's disposition is required, and it is hard to understand those whose self-identity is unstable or who hide their emotions and will; and 4) those who have excellent perceptive power should be able to read others' emotions and will better than those who do not.

Exposing one's emotions and will through facial expressions and bodily movements is known as „encoding"; reading one's intentions and emotions from such expressions is known as „decoding." In Confucianism, cultivation is analogous to encoding and recognizing the virtuous man to decoding. However, codes can lie. According to Umberto Eco, semiotics is the study of all things that lie. If something is not used to lying, neither can it be used to speaking the truth. (Eco 1976, 7) Lying can occur in both encoding and decoding. Thus, in Confucianism, truthfulness and an intuitive ability are required of both the encoder and the decoder as a prerequisite to recognizing the virtuous man.

In the intellectual tradition of the East, many attempts have been made to systematically establish the techniques and categories to understand human personality and character. Yet Confucianism has taken little interest in this field as it deals with the more fundamental question of how one can acquire a truthful character, rather than trying to establish a systematic characterology. Behind this effort lies the belief that true virtue can be manifest even if it is not intended when it overflows from within, and is known to others even if not attempted. Also, at the base of this belief lies the lived experience of the mind and body being inseparable. Confucian cultivation of the body is possible on the premise that the body is the unity of corpus and spirit. That is, a refined, solemn body makes the mind sincere, and a sincere mind makes the body and intention appear clean and neat. Character sketches of the deceased officials in the „*Jolgi*" (Obituaries) in the *Joseon wangjo sillok* (Annals of the *Joseon* Dynasty) frequently include descriptions of appearance and stature. This means that one's facial looks and bodily expressions in everyday life as well as in one's macro-actions should be examined to make a fair assessment of one's character, human quality, and virtue. The following presents some examples of the bodily expression as they appear in the Annals of the *Joseon* Dynasty:

> Su [洙] of Yecheon passed away... He had a decent appearance and a dignified face, and was filial to his mother, trying not to disobey her. His posthu-

mous name was *So-hyo*; *so* [昭] meaning reverent, beautiful face and *hyo* [孝] meaning generosity, benevolence, and filial piety...[32]

Choe Hang who served as the Second High State Councilor at the Uijeongbu (State Council) passed away... His posthumous name was *Mun-jeong*; mun [文] meaning high morality and great knowledge, and jeong [靖] meaning politeness and reticence. Choe Hang was modest, discreet, and reticent. Even in the hot summer, he was fully dressed from head to toe and sat down on his knees without the slightest indication of indolence on his face... [33]

Yi Hun, an assistant councilor at the State Council, passed away... His posthumous name was *An-so*; *an*[安] meaning love of harmony and dislike of argument, and *so*[昭] meaning courteous, beautiful face.[34]

As shown in the „Obituaries" in *the Annals of the Joseon Dynasty,* the Confucian belief that „What truly is within will be manifested without"[35] was adhered to as an iron rule of self-cultivation by the literati during the time, and this belief was reflected even in the most trivial elements of daily life, namely, facial expressions and bodily movements.

7. Need for Embodied Virtues

Thus far, we have examined the significance of eye and facial expressions and bodily movements in the Confucian tradition. In the Confucian everyday life, mind and body are inseparable. The self is the body, and a union of the mental and the physical. The self reveals itself externally through the body that is exposed to the inter-subjective gaze of the community, and becomes visible to the community members. Thus, an individual's eye and facial expressions are external manifestations of his or her spirituality. In this sense, the body in the Confucian tradition is a means of communication between the self and the world. Therefore, the eye and facial expressions, body gestures and clothes should be expressed in a moderate fashion, appropriate for the circumstances occurring in the various contexts of life. Eye and facial expressions expressed through „self-cultivation" are external indicators of one's inner state. Through them, people disclose their emotions and feelings, and also experience those of people around

[32] Sejo Sillok (Annals of King Sejo), 9th lunar month of the 1st year of King Sejo's Reign (1455).
[33] Seongjong Sillok (Annals of king Seongjong), 4th lunar month of the 12th year of king Seongjong's reign (1473).
[34] Seongjong Sillok (Annals of king Seongjong), 5th lunar month of the 12th year of king Seongjong's reign (1473).
[35] Doctrine of the Mean.

them. In so doing, people construct their communal life. In this regard, Confucianism is a philosophy of community.

With the introduction of liberalism and capitalism, however, the communal life sought in traditional society has become outdated. In this reality, a distortion of facial expressions in the wave of secularized and materialized liberty has overtaken the community. People exercise bodily movements with no concern for their surroundings, make uninhibited, intemperate expressions of emotions, and carry looks of hostility, precaution, distrust, indifference, and disinterest. The people's gaze is not considered as the inter-subjective gaze of community members, but as the interference of strange invaders or the gaze of dissimilation. These gazes today are the exclusionary gazes that Confucianism warned of. But they remain irreproachable, because individual facial expressions and bodily movements are no longer part of moral obligation, but belong to the realm of self-discretion. Taking issue with these expressions is regarded as infringing on the liberty and rights of individuals.

In our capitalist culture, where all values are converted into monetary value, facial expressions are no longer an expression of one's true mind or inner virtue but an indicator of social status and wealth. For examples, faces undergo plastic surgery for a prettier look, bodies are created in the gym for a sexier contour, and clothes and ornaments are worn to show off wealth. These facial performances, bodily movements, and clothes are masks lacking authenticity, ones criticized by Confucius and Mencius. Nevertheless, although we know that they are deceiving, we do not inquire into their truthfulness. In today's capitalist society, the more possessions the better, and the expression of possessions is not a matter of moral consideration, but of individual preference or personal discretion.

Modern people are liberated from the restraint of communal life due to technological civilization that surges with commercialism. Wife and husband feel empathy mediated by the expressions of movie stars on television instead of seeing each other eye to eye. Children are busy at war on the computer, destroying virtual villains from outer space upon finishing their homework. Students no longer bother to discuss serious matters such as poetry and life with friends, but drift away with live entertainment, dancing and singing in dance clubs or music video restaurants. Girls no longer waver over the choice between desire and self-restraint. They choose partners based on the brand of their clothes and cars. We no longer yearn for the eye and facial expressions lost from our families, friends, and lovers. In a society in which only minimal rules such as those defined by laws can lead us to the rational and efficient path, any mention of virtue or character is regarded as a stale and out-of-date sermonizing.

Is it possible to revive the traditional wisdom of seeking unity between the internal and the external, and between virtue and appearance, in an „appearance is everything" reality (*lookism*) in which the spiritless body without virtue and authenticity overwhelmingly prevail?

References

A. Confucian Classics and Historical Writings

Joseon wangjo sillok 朝鮮王朝實錄 (The Annals of the Joseon Dynasty)

Liji 禮記 (Book of Rites)

Lunyu 論語 (Analects of Confucius)

Menzi 孟子 (Book of Mencius)

Shiji 史記 (Historical Records)

Shujing 書經 (Book of Documents)

Xunzi 荀子 (Book of Xunzi)

Yijing 易經 (Book of Changes)

Zhongyong 中庸 (Doctrine of the Mean)

B. Works Cited

Eco, Umberto. 1976. *A Theory of Semiotics*. Bloomington: Indiana University Press.

Guiraud, Pierre. 1975. *Semiology*. Translated by George Gross. London and Boston: Routledge and Kegan Paul. Originally published as La semiologie (Paris: PUF, 1968).

Hegstrom, Timothy. 1979. „Message Impact: What Percentage Is Nonverbal?" *Western Journal of Speech Communication* 43: 134 – 142.

Kasulius, Thosmas and Dissanayake, Wimal ed., 1993. *Self as Body an Asian Theory and Practice*. Albany, NY: SUNY Press.

Legge, James, trans. 1885. *Book of Ritual (Li Chi): A Collection of Treatises on the Rules of Propriety of Ceremonial Usages*. Oxford: Clarendon Press.

Parret, Herman. 1995. „Gamseongjeok sotong: gihohakgwa mihakui mannam" (*Communication of Sense: Encounter of Semiotics and Aesthetics*), translated by Kim Seongdo. In Munhwawa giho (Culture and Sign), edited by the Korean Association for Semiotic Studies, 108 – 133. Seoul: Moonhak Kwa Jisung Sa.

Plessner, Helmuth. 1970. *Laughing and Crying: A Study of the Limits of Human Behaviour*. Evanston: Northwest University Press.

Roger, Ames, 1987. *Thinking through Confucius*. NY: SUNY Press.

Solomon, Robert. 1992. „Existentialism, Emotions, and the Cultural Limits of Rationality." *Philosophy East and West* 42.4: 597 – 621.

Yi, I. 1983. *Seokdam ilgi (Diary of Yi I)*. Vol. 2. Translated by Yun Sa-soon. Seoul: Samsung Foundation of Arts and Culture.

Glossary (Ch.: Chinese, Kr.: Korean)

Daxue (Ch.)	大學
dezhi (Ch.)	德治
Erya (Ch.)	爾雅
Ch'I (Ch.)	氣
gwei (Ch.)	鬼
he (Ch.)	和
jiurong (Ch.)	九容
Joligi (Kr.)	卒記
Joseon wangjo sillok (Kr.)	朝鮮王朝實錄
li (Ch.)	禮
Liji (Ch.)	禮記
ren (Ch.)	仁
Shigu (Ch.)	釋詁
Shiji (Ch.)	史記
Shujing (Ch.)	書經
siduan (Ch.)	四端
shen (Ch.)	神
Uijeongbu (Kr.)	議政府
xiaoren (Ch.)	小人
xiushen (Ch.)	修身
yi (Ch.)	義
Yijing (Ch.)	易經
zhi (Ch.)	智
Zhongyong (Ch.)	中庸

Jun-Ho Choi

Naturschönheit und Kultur*

I.

Man sieht häufig das Natürliche als das Nicht-Kulturelle und umgekehrt das Kulturelle als das Nicht-Natürliche an.[1] In dieser Hinsicht könnte die Naturschönheit auch als etwas gelten, das der Kultur entgegensteht. Kant zufolge macht aber die Naturschönheit keine Gegenseite von Kultur oder Kulturellem aus. In *der Kritik der Urteilskraft* betont er, dass die Erfahrung der Naturschönheit hoher Kultur bedarf.[2]

Die kantische ästhetische Erfahrung gründet sich auf das interessenlose Wohlgefallen, das sich nicht auf die Existenz des Gegenstandes bezieht. Sie besteht in einem Gefühl, und doch ist der Gegenstand der Begierde gleichgültig, die ihn besitzen will.[3] Wenn man durch einen Gegenstand in der Erfahrung sinnlich affiziert wird, so will man sich gewöhnlich diesen Gegenstand zu eigen machen. Aber in der Erfahrung der Naturschönheit, die auf einem Gefühl beruht und dementsprechend ästhetisch ist, spielt diese Neigung keine Rolle. Und keine Naturschönheit lässt sich ohne Kultivierung erfahren.

Anderseits kann man durch eine solche Erfahrung zum Übersinnlichen, nämlich zur Idee der Sittlichkeit hinaufsteigen. Dies drückt Kant wie folgt aus: „das Schöne ist das Symbol des Sittlich-Guten".[4] Durch die Erfahrung der Naturschönheit kann man das Übersinnliche zwar nicht beweisen, Kant zufolge aber auf es hinaussehen. Daraus wird deutlich, dass die kantische Erfahrung von Na-

---

* Dieser Beitrag wurde im Juli 2005 an der Universität Bremen referiert. Danach habe ich ihn ins Koreanische übersetzt und dabei zum Teil korrigiert. Diese Fassung wurde in der koreanischen Zeitschrift *Chul-Hak*, Bd. 86, Febr. 2006, veröffentlicht.

[1] Diese Beziehung zwischen Kultur und Natur ist jedoch unsymmetrisch. Keine Kultur kann ohne Natur sein, aber Natur kann ohne Kultur bestehen. Vgl. F. Jäger und B. Liebsch (Hg.), *Handbuch der Kulturwissenschaften*, Stuttgart 2004, 60ff.

[2] Vgl. I. Kant, *Kritik der Urteilskraft* [KU], Hamburg 2002, B 111-112, 262-264.

[3] An der Existenz eines Gegenstands interessiert zu sein, lässt sich auf zwei Arten interpretieren. Einerseits bezieht sich das Interesse auf den Gegenstand unmittelbar, anderseits auf ihn mittelbar durch eine begriffliche Vorstellung. Bei jenem richtet sich das Interesse auf die Lust, welche durch die Materialität von Gegenstand hervorgebracht wird, bei diesem auf die Lust, die sich aufgrund der begrifflichen Vorstellung antizipieren lässt.

[4] KU, B 258.

turschönheit unter der Voraussetzung hoher Kultur gehabt und durch sie das Gebiet der Sittlichkeit „geschaut" werden kann.

Im Folgenden wird zunächstt die Bedeutung jener Kultur behandelt, die sich auf Kants Konzepts der Naturschönheit bezieht. Im Weiteren wird die Überlegung angestellt, ob dieses Konzept heutzutage noch Aktualität besitzt. Hierzu soll auch das Erhabene bei Adorno betrachtet werden. Wahrscheinlich verweist dies darauf, wie groß der Abstand zwischen Kant und uns heute ist.

2.

Der Schwerpunkt der kantischen Begründung von Erfahrung überhaupt richtet sich auf die Analytik der Subjektleistungen. Im Grunde genommen verhält es sich auch mit der ästhetischen Erfahrung so. Aber in diesem Falle zieht Kant nicht nur die Subjektleistung in Betracht, sondern auch eine andere wichtige Bedingung, die das Subjekt für diese Erfahrung voraussetzen muss; er analysiert dies allerdings nicht im Detail. Es handelt sich um die Kultur, auf die es uns hier ankommt.

Was er unter Kultur in *der Kritik der Urteilskraft* versteht, zeigt sich am deutlichsten da, wo die teleologische Urteilskraft erläutert wird. ,Kultur' bedeutet Tauglichkeit für die zweckmäßige Produktion der Menschen. Diese unterteilt Kant in zwei Arten: Erstens ist Kultur das Bearbeiten der Natur durch Technik; zweitens bedeutet Kultur Zucht und schließt den Übergang zur Sittlichkeit mit ein. Der Kern der kantischen Kulturkonzeption liegt weniger darin, die Natur zu bearbeiten, als in der Idee der Sittlichkeit durch Zucht.[5] „[D]ie Idee der Sittlichkeit gehört zur Kultur".[6] Unter Kultur versteht er vor allem den Prozess des Übergangs vom instinktiven zum sittlichen Menschen durch Disziplin bzw. Zucht.[7]

---

[5] Vgl. KU, B 391ff.

[6] Vgl. I. Kant, Idee zu einer allgemeinen Geschichte in weltbürgerlicher Absicht. In: *Kant Werke*, hg. von W. Weischedel, Darmstadt 1983, Bd. 9, 44.

[7] Kant sieht den Prozess der Kultur optimistisch. Er denkt, dass sich die menschliche Existenz mit der Reifung von Geistesvermögen und Sittlichkeit im Fortschritt zum Besseren befindet. Dieser Prozess ist für ihn kein Verfallsprozess. Allerdings kommt er zur Einsicht, dass es bei der Entwicklung der Kultur eine Grenze gibt. Dies zeigt sich vor allem da, wo Kant die Antinomie der Vernunft erörtert. Vgl. G. Schneider, *Naturschönheit und Kritik*, Würzburg 1994, 29.

Dieser Kulturbegriff ist auch für die Naturschönheit relevant: Auch hier schließt Kultur die Steigerung unseres Geistesvermögens durch Humanität[8] und ferner den Übergang zur Sittlichkeit ein.[9]

Bei der Betrachtung der Kultur in Bezug auf Kants Verständnis der Erfahrung von Naturschönheit ist freilich noch etwas anderes zu berücksichtigen: Beim Blick auf das Gebiet der Sittlichkeit handelt es sich in der Erfahrung von Naturschönheit nicht so sehr um einen theoretischen oder praktischen, sondern um einen einen ästhetischen Gesichtspunkt. Wenn dem so ist, dann sollten vor allem die ästhetische Erfahrung bzw. das Ästhetische bei Kant im Zentrum des Interesses stehen.

Wenn man ein Naturding ästhetisch erfährt, dann wird dadurch Kant zufolge keine objektive Beschaffenheit des Dinges bestimmt. Wenn man sagt: „diese Rose ist schön", dann ist „schön" kein universales Prädikat, sondern ein Wort, durch das man sein Gefühl ausdrückt.[10] Diese Selbstbezogenheit, die keinen Bezug zur objektiven Bestimmung des Objekts hat, ist das wichtigste Element des Ästhetischen bei Kant.[11] Wenn man einen Gegenstand objektiv bestimmen will, dann wird die individuelle Eigentümlichkeit des Gegenstandes zum Teil unvermeidlich zerstört. Ein Goldschmied bearbeitet einen Schmuck, um ihn auf den Markt zu bringen. Die Eigentümlichkeit des Schmucks ist in der Bearbeitung immer schon mehr oder weniger ausgelöscht. Es ist unvermeidlich, dass die Eigentümlichkeit eines Gegenstandes wird zum Teil transformiert und überdies entstellt, wenn man ihn objektiv bestimmt.[12]

Nicht so verhält es sich bei der ästhetischen Erfahrung. Wenn man die Schönheit einer Rose ästhetisch erfährt, dann wird die individuelle Eigentümlichkeit der Rose als solche erfahren. Die ästhetische Erfahrung von Naturschönheit richtet sich nicht auf das Unversale, sondern auf das Individuelle.

Auf diese Weise fasst auch Kant die Beziehung zwischen dem Universellen und dem Individuellen in der objektiven Erkenntnis und der ästhetischen Erfah-

---

[8] Kant zufolge bedeutet Humanität einerseits ein gemeinsames Gefühl, andererseits ein Vermögen, durch das sich das menschliche innere Ich allgemein mitteilen lässt. Aus diesen beiden Seite besteht die Geselligkeit, die der Menschheit angemessen ist und durch die sie sich von der tierischen Eingeschränktheit unterscheidet. Vgl. KU, B 262.

[9] Vgl. KU, B 214, 218, 220, 262, 263, 264.

[10] Zwar ist das Wort „schön" eigentlich ein Ausdruck des Gefühls; Wieland zufolge wird dieses Wort in der Umgangssprache aber als ein Begriff angesehen, der ein universales Prädikat in einem objektiven Erkenntnisurteil bedeutet. Vgl. W. Wieland, *Urteil und Gefühl*, Göttingen 2001.

[11] Vgl. KU, § 9.

[12] Vgl. A. G. Baumgarten, *Ästhetische Theorie. Die grundlegenden Abschnitte aus der „Aesthetica"*, übers. u. hg. von Hans Rudof Schweizer, Hamburg 1998, § 560.

rung auf. Wo er das Genie erläutert, behauptet er zur Beziehung zwischen dem Verstand (dem Universalem) und der Einbildungskraft (dem Individuellen), dass

> [...] im Gebrauch der Einbildungskraft zum Verstand die erstere [Einbildungskraft] unter dem Zwange des Verstandes steht und der Beschränkung unterworfen ist, dem Begriffe desselben angemessen zu sein; in ästhetischer Absicht sie hingegen frei ist, um noch über jene Einstimmung zum Begriffe, doch ungesucht, reichhaltigen unentwickelten Stoff für den Verstand, [...] zu liefern.[13]

Demzufolge könnte man behaupten, dass die kantische Naturschönheit nicht nur den Übergang vom instinktiven zum sittlichen Menschen, sondern auch denjenigen Lebenszustand einschließt, unter dem sich ein Individuelles als nicht unter der Universalität unterworfen und dabei seine Eigentümlichkeit ohne Verstümmelung erfahren lässt. In der ästhetischen Erfahrung wäre so der fortgesetzte Übergang zu von Neigungen freien Lebensverhältnisse zu erreichen und damit ein Individuelles in seiner vollkommenen Eigentümlichkeit zu sehen.

3.

Es mag strittig sein, ob Adornos Betrachtungen zur Kulturindustrie aktuell sind. Aber ist es nicht doch so, dass sich die Aufklärung in Widersprüche verwickelt hat, von denen wir noch keineswegs frei sind? Die Einwirkung instrumenteller Rationalität auf die gegenwärtige Lebenswelt nimmt noch nicht ab. Wir sind von dieser Rationalität längst nicht frei.

Adorno zufolge liegt der einzige Weg zur Überwindung der Dialektik der Aufklärung in der Kunst.[14] Die Ursache dieser Dialektik besteht im begrifflichen Denken bzw. im Identitätsdenken. Dieses Denken überführt das Nicht-Identische ins Identische und vergewaltigt das Nicht-Identische. Es bedeutet Gewalttätigkeit der Menschen gegenüber der Natur und gegenüber Menschen. Mittels des ästhetischen und mimestischen Denkens der Kunst hingegen können wir vom Identitätszwang frei sein und das Nicht-Identische ohne Deformation erfassen.[15] Für Adorno ist die Kunst der einzig mögliche Ausweg aus dem Identitätszwang.

---

[13] KU, B 198. Denselben Sachverhalt deuten auch Kants Beschreibungen des Geschmacksurteils an: „In Ansehung der logischen Qualität sind alle Geschmacksurteile einzelne Urteile." (KU, B 24), „In der Tat wird das Geschmacksurteil durchaus immer als ein einzelnes Urteil vom Objekt gefällt." (KU, B 142)

[14] M. Horkheimer, Th. W. Adorno, *Dialektik der Aufklärung*, Frankfurt/M. 1974, 44; vgl. R. Bubner, *Ästhetische Erfahrung*, Frankfurt/M. 1989, 15-16.

[15] „Kunst ist Zuflucht des mimesistischen Verhaltens." Th. W. Adorno, *Ästhetische Theorie* [Fortan: ÄT], Frankfurt/M. 2002, 86.

Warum formuliert er, dass „Kunst, anstatt Nachahmung der Natur, Nachahmung des Naturschönen" sei?[16] Wenn man das Schöne der Natur erfährt, sieht man die Natur oder die Menschen dabei nicht als ein zu bestimmten Zwecken der Menschen Zahlbares bzw. Austauschbares an.[17] Die Naturschönheit erhält diejenige Eigentümlichkeit der Natur, die durch keine instrumentelle Rationalität ausgelöscht werden kann. In der Erfahrung von Naturschönheit werden wir die schweigende Stimme der Natur hören und uns an sie anpassen. Dies ist der Grund, weshalb für Adorno die Kunst Nachahmung der Naturschönheit ist.

Es ist interressant, dass Adorno zufolge eine solche Erfahrung keine hohe Kultur erfordert. Für ihn steht die Naturschönheit mit der Hochkultur in keiner Beziehung. Im Interesse der Überwindung des Widerspruchs der Aufklärung hebt er zwar die Naturschönheit hervor; anders als bei Kant folgt hieraus aber keine enge Beziehung zur Hochkultur. Vielmehr kann man mit Adorno sagen, dass die Erfahrung von Naturschönheit in der Hochkultur zu einer „wollüstigen" verformt wird. Hochkultur sieht Adorno als Verdinglichungserscheinung. In Adornos Sicht fordert der zerstörerische Prozess der Kultur das ästhetische Denken ein.

Folgte man dieser Auffassung des Ästhetischen bzw. der Kultur, dann könnte man zu dem Ergebnis gelangen, dass Kants Konzept der Naturschönheit längst hinfällig geworden sei: Es wärte der wirklichen Lebenswelt fremd und hätte keine Bedeutung mehr hat.

4.

Das Erhabene ist der hintergründige Begriff in der *Ästhetische Theorie* Adornos und charakterisiert sein Verständnis von Kunst.[18] Für Adorno ist jede Kunst, die

---

[16] ÄT, 111.

[17] Vgl. M. Seel, *Eine Ästhetik der Natur*, Frankfurt/M. 1996, 24; A. Kern, „Ästhetischer und philosophischer Gemeinsinn". In: *Falsche Gegensätze*, Frankfurt/M. 2002, 106-111.

[18] Vgl. W. Welsch, „Adornos Ästhetik: eine implizite Ästhetik des Erhabenen". In: *Das Erhabene*, hg. von Ch. Pries, Weinheim 1989; A. Wellmer, „Adorno, die Moderne und das Erhabene". In: *Ästhetik im Widerstreit*, hg. von W. Welsch und Ch. Pries, Weinheim 1995. Was Adornos Erklärung des Erhabenen betrifft, gibt es einen grundsätzlichen Unterschied zwischen den Positionen von Welsch und Wellmer. Welsch betont die Unmöglichkeit von Versöhnung; dagegen erklärt Wellmer das Erhabene bei Adorno in Bezug auf Versöhnung. Hier kommt es nicht darauf an, welche Interpretation überzeugender ist. Der Grund, hier das Erhabene bei Adorno zu thematisieren, liegt darin, dass eine solche Betrachtung zur Erklärung des Abstands zwischen dem kantischen Begriff der Naturschönheit und der gegenwärtigen Ästhetik beitragen kann. Ich folge der Position Welschs, weil sie diesen Abstand klarer erkennen lässt als Wellmers Interpretation.

dem Verblendungszusammenhang der verwalteten Welt nicht standhält, sinnlos. Kunst muss ein Ort sein, an dem man der Verdinglichung widerstehen kann.[19]

In der Erfahrung des Erhabenen erweisen sich Adorno zufolge die Menschen nicht als Naturbeherrscher, sondern als naturhafte Wesen. In dieser Erfahrung kann man an der Natur teilhaben und sich in ihr frei fühlen. Das Wohlgefallen an dieser Erfahrung folgt aus der Entdeckung der „Naturhaftigkeit" der Menschen. Der Mensch verschwindet als Beherrscher der Natur, und die Natur tritt als „Elementarisches" auf.[20]

Diese Erfahrung umfasst bei Adorno zwei Formen von Befreiung. Einerseits ist das Subjekt vom Zwang der Naturbeherrschung frei. Anderseits lässt sich die Natur damit vom Nexus zwischen tierischer Natürlichkeit und subjektiver Souveränität befreien.[21] Die Lust am Erhabenen folgt aus der Erfüllung einer vom Subjekt untersagten Sehnsucht. Dabei ergibt sich ein ambivalentes Gefühl: mit dem Untergang des Identitätsdenkens verbundene Unlust und Lust. Die Struktur dieser Erfahrung ist der Hintergrund von Adornos Konzept der Kunstschönheit.[22]

Der Begriff „erfolgreiches Kunstwerk" spielt bei Adorno eine wichtige Rolle: Das „erfolgreiche Werk" hat die größten Mängel, denn es sucht nach einem vollkommenen System und zwängt das individuelle Element im System ein. Das erfolgreiche Kunstwerk muss das Gegenteil eines Ausdruck der Beherrschung und Zwang sein.[23]

Das wichtigste Element eines Kunstwerks liegt für Adorno darin, dass es einen Widerspruch in sich selbst enthält. Kunstwerke unterscheiden sich in ihrem Status darin, ob sie in einer Einheit oder in einem Widerstreit bestehen. Vor der Möglichkeit der Versöhnung muss bei einem Kunstwerk die Unmöglichkeit von Einheit anerkannt werden.[24]

Demzufolge wird für Adorno das Ideal, das sich auf die Harmonie und Einheit stützt, in diejenige Idee verwandelt, „in der sich die Differenten als gegeneinander stehend würdigen lassen".[25] Und die authentische Erfahrung der Kunst bedeutet nicht mehr eine Erfahrung von Humanität. Vielmehr ist sie eine Erfahrung von Inhumanität.[26] Nach Ansicht Adornos ist eine solche Erfahrung in der modernen Kunst unentbehrlich geworden. Diese Kunst ist durch die Struktur des Erhabenen gekennzeichnet.[27]

---

[19] W. Welsch, a.a.O., 185.

[20] Vgl. ÄT, 292-295.

[21] Vgl. W. Welsch, a.a.O., 189; ÄT, 293.

[22] Vgl. ebd., 194.

[23] Vgl. ebd., 195-196.

[24] Vgl. ÄT, 283.

[25] Vgl. W. Welsch, a.a.O., 196-197.

[26] Vgl. ebd., 199.; ÄT, 293.

[27] Vgl. W. Welsch, a.a.O., 190, 206.

Dies implizierte, dass von einer Aktualität der kantischen Konzeption der Naturschönheit kaum mehr zu sprechen wäre. Ist das Erhabene die wesentliche Kategorie der Kunst ist, dann wären Kant und die Kultur, unter deren Voraussetzung sie erst erfahren werden kann, nicht mehr für relevant zu halten.

Für Baumgarten, der die philosophische Ästhetik begründet hat, können die Philosophie und die Ästhetik in einen Punkt nicht konvergieren: Das Ästhetische verteidigt seine Eigentümlichkeit gegen das Logische und hat Anspruch auf seine Wahrheit – die ästhetische Wahrheit, mit der eine Unmöglichkeit der Einstimmung verbunden ist.[28] Diese Auffassung hat sich mit Kants *Kritik der Urteilskraft* verändert, und zwar, weil Kant das ästhetische Urteil mittels systematischen Denkens begründet hat. Eine Folge ist, dass Kant die Ästhetik des Erhabenen aus seiner systematischen Ästhetik auszuschließen versucht.[29] Die Ästhetik des Schönen hat Vorrang vor dem Erhabenen.

Auch viele der bedeutenden Philosophen nach Kant haben die Ästhetik vom systematischen Standpunkt aus betrachtet. So konnte die Ästhetik zwar tiefgründige Inhalte haben, hat sich aber fast nie auf die Wirklichkeit der Kunst oder auf das Erhabene bezogen. Man könnte sagen, dass die Geschichte der Ästhetik eine Geschichte des Untergangs des Erhabenen gewesen ist.[30]

Aber diese Tendenz stößt nun auf Widerstand. Die Wiederentdeckung der Ästhetik des Erhabenen, für die J.-F. Lyotard als Leitfigur gilt, bezeichnet diese Situation. Lyotard legt Gewicht auf die Unmöglichkeit der Kommunikation. Allein die Kunst der Kommunikation kann in der verwalteten Welt wahrhafte Kunst sein kann. Ein Kunstwerk muss so beschaffen sein, dass es Widerstand gegen Uniformität leistet. Dies ist genau die Ästhetik des Erhabenen, das auch für Adornos Ästhetik konstitutiv ist.[31]

Man könnte nun einwenden, nicht nur die Bewegung der Kunst, sondern die Tendenz der Ästhetik habe die kantische Naturschönheit der Wirklichkeit entfremdet. Sollte man also zu dem Schluss kommen, die kantische ästhetische Erfahrung der Naturschönheit sei bedeutungslos geworden?

5.

Mit dem Erhabenen ist bei Adorno verbunden, dass eine ästhetische Erfahrung, die keinen Widerstand gegen instrumentelle Rationalität enthält, nicht als authentische Erfahrung anzusehen ist. In dieser Perspektive könnte man sagen, dass sich Kants Naturschönheit exklusiv auf den Bereich des Subjekts gründe, keine Beziehung zur Wirklichkeit habe und deshalb überholt sei. Es erscheint heute als

---

[28] Vgl. W. Welsch, a.a.O., 201.
[29] Vgl. KU, B 78.
[30] Vgl. W. Welsch, a.a.O., 201-203.
[31] Vgl. ebd., 203ff.

zweifelhaft, dass man durch die kantische Erfahrung der Naturschönheit Sittlichkeit erreichen kann und sich in einer solchen Erfahrung die individuelle Eigentümlichkeit des Erfahrungsgegenstandes ohne Verzerrung erfahren lässt. Und doch muss gefragt werden, ob Kants Konzeption als Verteidigung instrumenteller Rationalität nicht missverstanden ist.

Ws die ästhetische Auffassung der Natur betrifft, so ist eine absolute freie oder unfreie Natur bzw. Naturschönheit undenkbar. Die ästhetische Natur ist eine von Menschen bewirkte Natur, ohne allerdings ganz auf das Menschliche reduziert werden zu können.[32] Kants Erörterung über die ästhetische Natur entspricht dem. Der ästhetischen Natur liegt diejenige Selbstbezogenheit des Subjekts zugrunde, die sich auf keine objektive Bestimmung des Gegenstandes bezieht. Sie scheint keinen Gegenstandesbezug zu haben. Aber auf die ihr eigene Weise hat sie eine Beziehung zum Gegenstand: Sie bezieht sich insofern auf ihn, als sie eine objektive Bestimmung des Gegenstandes negiert und auf sich selbst referiert.

Überdies stützt sich die kantische Naturschönheit nicht exklusiv auf Subjektivität. Sie bezieht sich auf die gewöhnlichen anderen Lebensbereiche, indem sie sich von diesen unterscheidet. Der Gegenstand, der in der dritten Kritik Kants behandelt wird, z.B., eine Rose, ist ein wirklicher, dem man alltäglich begegnen kann. Er ist insofern ein besonderer, als er philosophisch analysiert wird und sich auf den transzendentalen Subjektivitätsbereich gründet.[33]

Aus diesem Grunde bin ich der Ansicht, dass die kantische Naturschönheit keineswegs obsolet ist. Sie schließt die Perspektive der Sittlichkeit und die Auffassung des Individuellen in seiner vollkommenen Eigentümlichkeit in der Zeit mit ein. Sie bezieht sich zwar auf instrumentelle Rationalität, aber nur, indem sie sich von ihr unterscheidet gegenübersteht.

Eine ästhetische Erfahrung referiert weder auf das absolute Schöne, noch auf das absolute Erhabene. Die ästhetische Erfahrung von Naturschönheit, zu der Kultur erforderlich ist und die zu einem höheren Zustand der Kultur führt – d.h. die kantische Erfahrung –, ist diejenige, die sich auf unsere Lebenswelt sowohl im Jetzt als auch in der Vergangenheit bezieht und sich von beiden unterscheidet.

Bilanziert man, so ist zu sagen: Kants „ästhetischer Mensch" bleibt in Hinsicht sowohl der modernen Ästhetik als auch der heutigen Anthropologie aktuell und eine Herausforderung der Interpretation.

---

[32] Vgl. M. Seel, a.a.O., 33.
[33] Vgl. A. Kern, „Ästhetischer und philosophischer Gemeinsinn". In: *Falsche Gegensätze*, Frankfurt/M. 2002.

Literatur

Adorno, Th. W., *Dialektik der Aufklärung*, Frankfurt/M. 1974.

Adorno, Th. W., *Ästhetische Theorie*, Frankfurt/M. 2002.

Baumgarten, A. G., *Ästhetische Theorie, Die grundlegenden Abschnitte aus der „Aesthetica"*, übersetzt u. Hg. Von Hans Rudof Schweizer, Hamburg 1998.

Bubner, R., *Ästhetische Erfahrung*, Frankfurt/M. 1989.

Jäger, F. und Liebsch, B. (Hg.), *Handbuch der Kulturwissenschaften*, Stuttgart 2004.

Kant, I., *die Idee zu einer allgemeinen Geschichte in weltbürgerlicher Absicht*, hg. von W. Weischedel, Darmstadt 1983.

Kant, I., *Kritik der Urteilskraft*, Hamburg 2002.

Kern, A., „Ästhetischer und philosophischer Gemeinsinn". In: *Falsche Gegensätze*, Frankfurt/M. 2002.

Schneider, G., *Naturschönheit und Kritik*, Würzburg 1994.

Seel, M., *Eine Ästhetik der Natur*, Frankfurt/M. 1996.

Wellmer, A., „Adorno, die Moderne und das Erhabene". In: *Ästhetik im Widerstreit*, hg. von W. Welsch und Ch. Pries, Weinheim 1995.

Welsch, W., „Adornos Ästhetik: eine implizite Ästhetik des Erhabenen". In: *Das Erhabene*, hg. von Ch. Pries, Weinheim 1989.

Wieland, W., *Urteil und Gefühl*, Göttingen 2001.

Ethik und Moral

Hyoung-Chan Kim

Two Ways to 'Inner Sage and Outer Sovereign'.
Centered on *Li* and *Sangje* in Toegye's Philosophy

1. The Two Ways

In Confucianism, the calling of academics is to lead humanity to live in a harmonious society together with others by becoming wise and ethical. This aim is summarized in the Confucian phrase, 'inner sage and outer sovereign' (內聖外王). To achieve this aim, Confucianism mainly relies upon explanation and rational arguments that humanity, a component of nature, inherently has a talent by which it can realize the state of 'inner sage and outer sovereign,' and that the most desirable life is one of exerting one's capabilities to the maximum extent, in accordance with the principle of nature (天人合一).

Especially, Neo-Confucianism, a metaphysical theoretical system based on the Confucianism of Confucius and Mencius, described the whole world from the creation of the universe to the creation, growth, prosperity and termination of all beings and to human ceremonial occasions, as forming a coherent system. Additionally, Neo-Confucianism even suggested the method for learning and the cultivation of one's mind as well as the method of practice, so that the operative principle of Neo-Confucianism, the laws of physics as well as ethical norms, can be exercised in daily life.

According to Neo-Confucianism, the learning and the cultivation of one's mind to arrive at the state of 'inner sage and outer sovereign' started from a precise understanding of nature. And humans, the product and component of nature, can overcome the private desires with such understanding and realize the ideal of 'inner sage and outer sovereign' by endlessly trying to live in accordance with the universal principle of nature. However, human desire and temptation arising from one's surroundings is too strong to understand and comply with the principle of nature through voluntary efforts alone. It is even more difficult to expect men of great power or wealth, like kings or the rich, to control their desires voluntarily.

There is another way, if achieving 'inner sage and outer sovereign' and 'exertion of one's capabilities to the maximum extent, in accordance with the principle of nature' through voluntary understanding of nature is infeasible in practice. That is to assume a transcendental being who ordinary individuals could not perceive, and to control human desire by promoting respect for and awe of the transcendental being, so that the ideology of 'inner sage and outer sovereign' is practiced. In ancient Confucius texts, such as *The Book of Odes* (詩經) or *The Book of History* (書經), Heaven (天), the Mandate of Heaven (天命), and the Lord on High (*sangje* 上帝)[1] were often mentioned as the transcendental being assuming such a role. If we were to call the method by which 'inner sage and outer sovereign' is achieved through the rational understanding of nature an intellectual method, this method can then be called religious, for it relies on respect and awe toward a transcendental being.[2] The latter method has a disadvantage – when compared to the intellectual method, in that it poses the possibility of decreasing the degree of individual autonomy. However, its strength is that it can make followers put into practice this relatively complex idea without going through the understanding phase.

Throughout history, the two methods coexisted in the development of Confucianism. However, passing through the periods of Confucius and Mencius and, especially after the establishment of Neo-Confucianism, the intellectual method predominated over the religious method, because Heaven (the Mandate of Heaven and *sangje*) which represents the transcendental being had been replaced by the concepts of the Supreme Ultimate (太極), *li* 理 and *tao* 道 which represent the original principle of the universe or which represent the rule commonly ap-

---

* This work was supported by a Korea Research Foundation grant (KRF-2006-332-A00076). An earlier draft of this paper was originally presented at the International Conference on „Philosophical Perspectives on Emotions" at Bremen University in Bremen, Germany, July 9-11, 2007, and this revised paper was published in Korean in *Philosophical Studies* 34 (Seoul: Institute of Philosophical Studies, Korea University, September 2007).

[1] Originally, 'Heaven,' 'the Mandate of Heaven' and '*sangje*' mean 'sky,' 'command from the sky' and 'the supervisor in the sky.' However, Confucianism-related literature uses these concepts commonly to refer to 'a transcendental being' or 'an absolute one,' or, sometimes, even to 'a personified absolute one.' In this paper, the three concepts are all used to refer to the 'a transcendental being,' except in special cases. This is to clarify the point of argument which aims to contrast the 'intellectual method' with the 'religious method.'

[2] Since the concept of 'religion' has a great variety of meanings, it always causes differences in interpretation. Here, the 'religious method' refers to the definition of a somewhat inclusive perspective on 'religion' which states, „religion is constituted by a set of beliefs, actions, and experiences, both personal and corporate, organized around a concept of an Ultimate Reality." (Peterson, 1998, 9). Especially in this paper, it is used as a concept that contrasts with the above-mentioned 'intellectual method.'

plied to all being.[3] Such trends took a firm root as the predominant ideas when Zhu Xi (朱熹; 1130-1200; penname Hui-an 晦庵) integrated Neo-Confucianism during the *Song* 宋 period.[4]

Yi Hwang (李滉; 1501-1570; penname Toegye 退溪), a Joseon Confucian scholar, strengthened the intellectual approach by emphasizing, even more than Zhu Xi, the function of '*li*,' the concept that can replace Heaven (the Mandate of Heaven, *sangje*). However, he did not exclude the religious approach – allowing for respect for and awe of a transcendental being. For Yi Hwang, the two methods co-existed as mutually-supplementing useful paths to ultimately achieve the same goal – 'inner sage and outer sovereign' and 'exertion of one's capabilities to the maximum extent, in accordance with the principle of nature' – instead of one denying or replacing the other.

Yi Hwang's dual approach was inherited by Giho-namin 畿湖南人, one of the branches in his school. As it was passed down to Jeong Yak-yong (丁若鏞; 1762-1836), via such scholars as Huh Mok (許穆; 1295-1682) and Yi Eek (李瀷; 1681-1763), it significantly strengthened its focus on the religious approach by giving

---

[3] Such trend can be said to have been led by Zhou Dun-yi 周惇頤 who was able to illustrate systemically the creation process of all beings from the Great Ultimate in his „Diagram of the Supreme Ultimate Explained" (太極圖說), by Cheng Yi 程頤 who sorted out 'the alternation of *yin* and *yang* (一陰一陽)' and '*tao*', and by Zhu Xi, who systemized *ligi* 理氣 theory by integrating the theories of Five Masters in Northern Song (北宋五子).

[4] Of course, Zhu Xi did not totally exclude the religious method, either. There is also a scholar who argued that „Saying at the risk of misunderstanding, Zhu Xi's metaphysics is a kind of theology." (Han, 2001, 130). However, in the course of development of Confucianism and Neo- Confucianism, the intellectual method can be seen as having emerged as the major trend within intellectual circles in the period of Zhu Xi, who formalized *ligi* theory. Compared to Yi Hwang's philosophy, which could be regarded as „'a creative deviation' from Zhu Xi's conception on *li* and *gi*" (Han, 2001, 137), the theological characteristics of Zhu Xi's philosophy would be remarkably reduced.

less importance to the concept of *li* and establishing a philosophical system centered around *sangje* (the Lord on High).[5]

I wish to explore two questions. Firstly, how could awe of a transcendental being co-exist in the philosophy of Yi Hwang who deepened the intellectual method through the *ligi* theory and who emphasized the function of *li* more than anyone else. And secondly, why couldn't Yi Hwang exclude the religious method from his philosophy. The answers to these questions will help to define the character of Toegye's philosophy and find out how a post-Yi Hwang group of scholars, Giho-namin 畿湖南人, came to re-focus on Heaven (the Mandate of Heaven, *sangje*).

2. Li Supervises[6] Gi

2.1 Li and Gi

There are still disagreements as to how to define the characteristics of Toegye's philosophy. However, there seems to be no special objection in academic circles to the claim that Toegye's philosophy has a strong *li*-centric nature that especially values the function of *li*. Such a claim is based on the fact that Yi Hwang, in regard to *li*, claimed that '*li* issues (理發)', '*li* moves (理動)' and '*li* approaches by itself (理自到)'.[7] When Yi Hwang was alive, and even after his death, Joseon

---

[5] Modern scholars including Yi Woo-sung (1980, 1982), Yi Dong-hwan (1990, 1996), Han Hyeong-jo (2001, 2004) and Yu Kwon-jong (2001, 2004) already have paid attention to such characteristics of Giho-namin 畿湖南人 faction. The studies of the aforementioned scholars were mainly based on the relationship between Yi Hwang and Jeong Yak-yong. I also have focused on this point and compared '*li*' of Ki Jeong-jin 奇正鎭 with '*sangje*' of Jeong Yak-yong (Kim Hyoung-chan, 2005). However, existing findings, including that of my dissertation, did generally focus on the relationship between Yi Hwang and Jeong Yak-yong, but failed to provide a convincing explanation as to how *ligi* theory and sense of *sangje* are related within the philosophical system of Yi Hwang. I have paid attention to this very point in this paper. Evaluation of the related findings was discussed in Kim Hyoung-chan (2005). Thus, it is omitted in this paper.

[6] 'Supervise' shall be used with a broad range of meanings such as control, regulation, management initiative, taking charge, etc.

[7] '*Li* issues,' '*li* moves' and '*li* approaches by itself' are the words Yi Hwang used to explain that *li* is not inactive, like inanimate matter. However, the context of each discussion is different. '*Li* issues,' '*li* moves' and '*li* approaches by itself' were used when discussing *sadan chiljeong* 四端七情 (the Four Beginnings and the Seven Emotions), when explaining the relationship between *li* and *gi,* and when explaining *kyeok-mul* 格物 (investigation of things), respectively. In that sense, Mun Seok-yun (2001, 198) said, „Each of issuance, movement and approach forms the image of activeness in the aspect of the theory of the mind-heart and the nature, cosmism, and epistemology, respectively."

Confucian scholars continued to argue these propositions. The argument still continues even among modern scholars.[8] On one hand, this is because '*li* issues', '*li* moves', and '*li* approaches by itself' violate the principle of how to interpret the concept of *li* in Neo-Confucianism. However, on the other hand, scholars are still arguing even now because such propositions can become the key to determine the essence of Toegye's philosophy in detail.

Ligi theory is a dualistic theoretical system[9] that explains the creation, operation, mutation and termination of all objects in the universe using two elements, *li* and *gi*. Dualism is a familiar way of cogitation in both East and West. People often select duality to explain a world that has an infinite variety and a certain order at the same time.

According to the *ligi* theory of Neo-Confucianism, the existence and operation of all objects in the universe are governed by the combination of *li* and *gi*. *Li*, representing a principle or a law, and *gi*,[10] representing material and energy, are combined through the inseperable (不相離) and unmixable (不相雜) relationship, forming objects with a variety of shapes and commending diverse mental and physical activities. *Li*, a principle or a law, supervises *gi*, but without the help of *gi*, its potential cannot be realized. *Gi*, material and energy, moves and operates by itself, but without the supervision of *li*, its moves and operations will show no consistency. However, whereas *li* is a pure goodness (純善) in an axiological perspective, *gi* has a qualitative variety such as the clearness and turbidity, and the purity and impurity (清濁粹駁). Thus, the cleaner and purer *gi* combines with

---

[8] There are many dissertations related to this issue. However, I have paid special attention to those of Mun Seok-yun (2001) and Kim Gi-hyeon (2004). Mun closely traced the change of Yi Hwang's concept of *li* throughout his life, and Kim investigated the world-view that contained Yi Hwang's concept of *li*. Also, it is necessary to investigate the discussion as to what 'issuance' of *li* means in relation to the discussion as to 'non-issuance'. See Yi Bong-gyu (1999), Kim Hyeon (2002), Mun Seokyun (2003), and Yi Seung-hwan (2004, 2006) for a more detailed discussion of this topic.

[9] Whether *ligi* theory can be seen as a 'dualistic theory' or not still remains to be discussed. Since *li* and *gi* are in the inseperable (不相離) and unmixable (不相雜) relationship, the two cannot be recognized as two completely independent substances, strictly speaking. For that matter, it is difficult to define *ligi* theory as a 'dualistic theory', but I used 'dualistic' as an expression for *ligi* theory, in the sense that *li* and *gi* should be seen as the most basic elements of all beings. See Kim Hyoung-chan (1996, 1-10) for a more detailed discussion on this topic.

[10] The concepts of *li* and *gi* have gone through quite a few changes throughout history. In this paper, the concepts were used in the most common meaning from the perspective of Zhu Xi's philosophy. See Kim Hyoung-chan (1996, 13-33) for a more discussion on the definition and use of *li* and *gi*.

li, the more complete the pure goodness of *li* will become. The more turbid and rough *gi* is, the more distorted the pure goodness of *li* will become.

There can be a significant argument about the meaning, function and relationship of *li* and *gi* in the dualistic *ligi* theory, but *li* and *gi* have their distinct roles. *Gi* tends to move and operate, and while *li* cannot move and operate by itself, it does provide principles and laws by which *gi* moves and operates. If we examine the expressions of Yi Hwang, '*li* issues', '*li* moves' and '*li* approaches by itself' in terms of this explanation, we can realize that they are a clear misuse of the concepts and violate the principle of usage of *li* and *gi* concepts in Neo-Confucianism. Ki Dae-seung (奇大升; 1527-1572) has pointed this out during the debate on *Sadan chiljeong* 四端七情 (the Four Beginnings and the Seven Emotions), and many Joseon Confucian scholars criticized this thereafter. However, it is not easy to say that Yi Hwang, one of the greatest scholars of Joseon Confucianism, had committed such fault out of ignorance of the rules of usage for the most basic concepts of Neo-Confucianism. Thus, we need to pay close attention to the context of his usage of such propositions, which had the potential to be widely misunderstood.

2.2 The issuance of li, the movement of li, and the completion of li

First of all, '*li* issues' is an expression used by Yi Hwang when he explained the operation of emotions (情) called the Four Beginnings and the Seven Emotions. Yi Hwang explained the Four Beginnings and the Seven Emotions to be the 'issuance of *li*' and 'issuance of *gi*,' respectively, or „*li* issues first and *gi* follows" and „*gi* issues first and *li* follows."[11] The primary motivation for him to classify the Four Beginnings and the Seven Emotions as such is that the dualistic *ligi* theory is not only a kind of ontology, but it is also axiological in its nature.[12] Originally, *li* is pure and complete. If *li* is undisturbed in the course of its issu-

---

[11] Yi Hwang initially said, 'the Four Beginnings is the issuance of *li* (理之發), and the Seven Emotions is the issuance of *gi* (氣之發).' However, he suggested a revision that said, 'the Four Beginnings is '*li* issues first and *gi* follows (理發而氣隨之)', and the Seven Emotions is '*gi* issues first and *li* follows (氣發而理乘之)' as Ki Dae-seung objected that 'the Four Beginnings is included in the Seven Emotions, and *li* and *gi* cannot be separated from actual events or physical beings.' (Yi Hwang, „An Answer to Ki Dae-seung: The First Letter about the Debate on the Four Beginnings and the Seven Emotions" (答奇明彦: 論四端七情第一書), *The Collected Works of Yi Hwang* (退溪集), 16:8a-14b/ „An Answer to Ki Dae-seung: The Second Letter about the Debate on the Four Beginnings and the Seven Emotions" (答奇明彦: 論四端七情第二書), *The Collected Works of Yi Hwang*, 16:19a-39a.)

[12] Yun Sa-sun (1986) had stated that the ontology and axiology are closely connected in Yi Hwang's theories of *ligi* and *simseong* 心性 (the mind-heart and the nature).

ance, the purity and the completeness of *li* can manifest completely; if *li* is disturbed by a turbid and rough *gi*, it can manifest as evil. Then, seen from an axiological point of view, since, among the human emotions, the Four Beginnings is pure and the Seven Emotions is neutral (neither good nor bad), the Four Beginnings and the Seven Emotions can be seen separately depending upon the origins of the Four Beginnings's purity and the Seven Emotions's neutrality – it will be safe to say that the Four Beginnings in which *li* issues without the interruption of *gi* is the issuance of *li*, and the Seven Emotions, which is affected by *gi*, can be said to be the issuance of *gi*. Also, Yi Hwang claims that one must separate *li* and *gi* depending upon „what he refers to (所指)" so that one can see the clear difference between the two – one must have a distinct understanding that the origin of the purity of the Four Beginnings is *li*; the origin of instability by which the Seven Emotions can become either good or evil is *gi*.[13] Of course, this has a different meaning from the proposition that *li* performs an 'operation' by which it shows itself as a phenomenon.

Yi Hwang's suggestion that '*li* moves' was made in the context of pointing out that it is not proper to consider *li* as relatively feeble compared to *gi* when comparing the two. Yi Hwang stressed that *li* exists in all aspects of every operation of *gi*.[14] Although *li* has no relative shape or movement when compared to *gi*, if one emphasizes only the proposition that says the phenomenal variety is caused by the clearness and turbidity, and the purity and impurity of *gi*, there is a risk of *li* being considered a meaningless entity. But since *li* supervises in all aspects of every operation of *gi*, it will not be incorrect to say every operation of *gi* is a *de facto* operation of *li*. In that sense, *li* not only includes doing and not-doing, movement and silence, but it also transcends all of those. Seen from such a perspective, it is safe to call a phenomenon manifested by the operation of *gi* the movement of *li*.

Meanwhile, '*li* approaches by itself' is a statement made in the course of explaining the role *li* performs between subject and object when recognizing events and physical objects. When analyzing only the words, the statement, „*li* approaches by itself," violates the rule concerning *li*, which represents a principle or a law. However, when Yi Hwang made the statement, '*li* approaches by itself,' he definitely had a premise – my mind-heart [心] must 'approach'. Yi Hwang's intended statement was that 'as long as one's mind-heart 'approaches' as it should, one need not worry about whether *li* will approach by itself or not' –

---

[13] Yi Hwang, „An Answer to Ki Dae-seung: The First Letter about the Debate on the Four Beginnings and the Seven Emotions (revised edition)", *The Collected Works of Yi Hwang*, 16:19b-23b.

[14] Yi Hwang, „An Answer to Jeong Ja-jung (答鄭子中) (An Annexed Paper)", *The Collected Works of Yi Hwang*, 25:34b-35a.

he did not expect the *li* in the object to really 'come' by itself.[15] This is a statement that explains the communicative relationship between subject and object by using the basic propositions of Neo-Confucianism, *liil bunsu* (理一分殊; *li* is one but its particularizations are diverse) and 'nature is *li*' (性卽理), not a statement that acknowledges the phenomenal movement of *li*.

As argued above, Yi Hwang did understand clearly that both *li*, as a principle or a law, and *gi*, as material and energy, forms a relationship that can be characterized as 'inseparable and unmixable (不相離-不相雜)', and that they have separate roles. Also, his expressions, '*li* issues', '*li* moves' and '*li* approaches by itself' subtly avoids the violation of basic principle while seeming to violate the basic principle. Since omnipresent *li*, which has its unique trait called *liil bunsu* (*li* is one but its particularizations are diverse), supervises every operation of *gi*, one can say, depending on his view, that either *li* is an ideomotor or it is not. However, by suggesting '*li* issues', '*li* moves' and '*li* approaches by itself' propositions, Yi Hwang sought to clarify that *li* is not just a concept that contrasts with *gi*, but the principle of all existing entities and operation, and that it supervises *gi* going beyond such dualistic contrast. Yi Hwang argued that the purity, the characteristics of *li*, can be and must be realized completely in the world by focusing on and emphasizing the role of *li* which is pure and which supervises *gi* within the relationship with *simseong* theory (the theory of the mind-heart and the nature), based on the system of *ligi* theory.

3. Sangje is Here on Earth with You

3.1 Sangje (the Lord on High), The Mandate of Heaven and Heaven

The second paragraph in *Xijing fuzhu* (心經附註; Selected Scriptures on the Mind-heart with Notes), which Yi Hwang highly praised to get abreast of *Four Books*

---

[15] Yi Hwang, „An Answer to Ki Dae-seung (An Annexed Paper)", *The Collected Works of Yi Hwang*, 18:30a-31b. On this comment of Yi Hwang which mentions „*li* approaches by itself (理自到)", Mun Seokyun (2001) says, „the activeness of *li* is being extensively discussed." However, as Mun also acknowledged, „[it] cannot be seen as a complete change in that '[it] acknowledges proactiveness only in function (用).'" „*li* approaches by itself (理自到)" in this case has a limited meaning also from the prospect of recognition. In addition, the limit is too obvious to evaluate „*li* approaches by itself (理自到)" as the „activation of *li*" in the sense that it assumes 'my thorough investigation must precede' in the recognition of subject. See Kim Hyoung-chan (1996, 53-58) for a more detailed discussion on this topic.

(四書) or *Reflections on Things at Hand* (近思錄),[16] reads, „*The Book of Odes* says 'Sangje is here on earth with you. You shall not hesitate.' It goes on to say, 'Thou shall not hesitate or worry. *Sangje* is down on earth with you.'"[17] This second paragraph has the following annotation;

> I think, although the purpose of these odes in *The Book of Odes* is to assert that King Zhou (紂王) should be suppressed, if a student lives his life reciting these words everyday with a fearful mind and lives as if *sangje* is truly with him, it may be a great help in preventing evil and preserving integrity. Also, those whose minds waver because of gains and losses or those who see the presence of righteousness but lack the courage to practice it should appreciate these words and make a decision for themselves.[18]

The quoted two poems appear in *The Book of Odes* and is related to the historical situation in which King Wu (武王) confronted the last king of Shang (商), Zhou (紂). However, the above annotation, rather than focusing on the historical fact, asserts that a man should live in awe of *sangje* and live with an upright thought at all times. In regards to this annotation, Yi Hwang said as follows in his letter to his pupil, Jo Mok (趙穆; 1524-1605; penname Wol-cheon 月川. He was often called Sa-gyeong 士敬).

> I loved this phrase so much that every time I recite and appreciate the words, my heart is deeply moved and my weak thoughts can not help being severely shaken. I believe that there is no one else but Zhu Xi who could say such words.[19]

However, some of Yi Hwang's pupils, including Jo Mok, doubted that this annotation was made by Zhu Xi. Zhu Xi's annotation of this paragraph was, „knowing the inevitability of the Mandate of Heaven, I praised the decision."[20] Yi Hwang regarded the quoted sentences of the footnote '18', which lay next to this Zhu Xi's annotation, as Zhu Xi's, either. But, there is a significant difference between understanding „*sangje* is here on earth with you (上帝臨女)" as „to live with a fearful mind and to live as if he, *sangje* himself, is upon man" and recognizing it as „the inevitability of the Mandate of Heaven." After all, Jo Mok re-

---

[16] Yi Hwang, „A Comment on *Selected Scriptures on the Mind-heart*" (心經後論), *The Collected Works of Yi Hwang*, 41:11b.

[17] Zhen and Cheng (2005, 1:4b). The former poem is a part of „Da-ming" (大明) in *The Book of Odes* (詩經), and the latter is a part of „Bi-gong" (閟宮).

[18] Zhen and Cheng (2005, 1:5a)

[19] Yi Hwang, „An Answer to Jo Sa-gyeong" (答趙士敬), *The Collected Works of Yi Hwang*, 23:31b.

[20] Zhen and Cheng (2005, 1:5a)

ferred to *Simgyeong-balhwi* (心經發揮; Studies on *Selected Scriptures on the Mind-heart*) written by Jeong Gu (鄭逑; 1543-1620; penname Han-gang 寒岡), who was a junior pupil under Toegye's instruction, stating that the annotation was written by Zhen De-xiu (眞德秀; 1178-1235), the compiler of *Scriptures on the Mind-heart* (心經) and pupil of Zhu Xi[21]. This small incident surrounding *Selected Scriptures on the Mind-heart with Notes* (心經附註) was caused by a misunderstanding of Yi Hwang. However, regardless of who was at fault, this is a case which shows clearly Yi Hwang's special interest in *sangje* and the way he understood *sangje*.

Yi Hwang emphasized the role of *li* so eagerly as to suggest propositions such as '*li* issues,' '*li* moves' and '*li* approaches by itself' and deepened the idea of *ligi* theory, the core of which is *li*. However, he still stressed the importance of Heaven (the Mandate of Heaven, *sangje*) as a transcendental being. The ideology of 'inner sage and outer sovereign' that Yi Hwang espoused would have been left incomplete without Heaven (the Mandate of Heaven, *sangje*) – this claim can be supported by the two writings he wrote in his twilight years, „Mujin-yukjoso" (戊辰六條疏; Six Article Memorial of 1568) and „Seonghak-sipdo" (聖學十圖; The Ten Diagrams on Sage Learning).[22]

> The sixth is that [the king] must inherit the love of Heaven by sincerely preparing himself by means of the cultivation of his mind and introspection. ... When these words are followed, [the king] will definitely be able to amend his mind and take a cautious attitude, and his bright respect toward *sangje* with piety and sincerity will serve propriety. Also, in times of disasters and reprimands (from heaven), [the king] will exert to satisfy the mind of the heaven (天意) with extreme cautiousness and honesty, by not forgetting to repent his faults and amending his political affairs. By doing so, his policies will be amended before they become disorderly, and the nation will become

---

[21] Jo Mok (趙穆) said this paragraph 'resembles' the words and contents that appear in *Daxue Yanyi* (大學衍義; Extended Meaning of the Great Learning) by Zhen De-xiu in *Collected Works of Yi Hwang* (5:30a-30b). However, I have found there are 'similar' expressions in *Daxue Yanyi* (28:14a), but there is an 'identical' paragraph in *Xishan Dushuji* (西山讀書記; Zhen Dexiu 's Reflections on Reading Books) (3:11a-11b) by Zhen De-xiu.

[22] I already pointed out that Yi Hwang used Heaven (the Mandate of Heaven, *sangje*) as a method to recommend the practice of ethics in „Six Article Memorial of 1568" and „The Ten Diagrams on Sage Learning". In this paper, I will expand and deepen the discussion as to how the 'method' can be understood in Yi Hwang's *ligi* theory. See Kim Hyoung-chan (2007).

stable and avoid falling into a peril – this is how [the king] can achieve security without failure."[23] („Six Article Memorial of 1568")

Straighten up your clothing, maintain dignity in your appearance, calm your thoughts and pose as if you are in the audience of *sangje*.[24] („Ch.9. Diagram of the Admonition for the Mindfulness Studio", „The Ten Diagrams on Sage Learning")

If an event calls for a swift response, test it with an action. The Mandate of Heaven is ever-bright – thou shall always keep an eye on it.[25] („Ch.10. Diagram of the Admonition on 'Rising Early and Retiring Late' ", „The Ten Diagrams on Sage Learning")

The old scholar Yi Hwang, then he was 68 or 69 years old, wrote „Six Article Memorial of 1568" to suggest a method by which a juvenile king, Seon-Jo (宣祖), can become a sage king. „The Ten Diagrams on Sage Learning" was written to summarize the essence of studies a juvenile king had to learn to become a sage. However, the last item among the six proposed methods in „Six Article Memorial of 1568" and 2 out of 10 illustrations in Chapters 9 and 10 of „The Ten Diagrams on Sage Learning" both emphasize the need for constant study and cultivation of one's mind with respect and awe toward Heaven (the Mandate of Heaven, *sangje*). In Yi Hwang's view, the order by which the universe and nature operate and the order by which a society operates may be studied systemically through *ligi* theory and 'the mind-heart and the nature' theory, but if one is to be well acquainted with them in order to practice them in daily life, he must have thought that respect and awe toward Heaven (the Mandate of Heaven, *sangje*) was absolutely necessary. He closed the two laborious works of his, „Six Article Memorial of 1568" and „The Ten Diagrams on Sage Learning" by emphasizing respect and awe toward Heaven (the Mandate of Heaven, *sangje*) as the last method to complete the ideology of 'inner sage and outer sovereign'.

---

[23] Yi Hwang, „Six Article Memorial of 1568", *Collected Works of Yi Hwang*, 6:53b-55a.
[24] Yi Hwang, „Ch.9. Diagram of the Admonition for the Mindfulness Studio", „The Ten Diagrams on Sage Learning", *Collected Works of Yi Hwang*, 7:31ba. This annotation is a part of „the Admonition for the Mindfulness Studio" (敬齋箴) written by Zhu Xi, and the next annotation is a part of „the Admonition on 'Rising Early and Retiring Late'" (夙興夜寐箴) by Chen Bai (陳伯) of South Song (南宋). Although it is not written by Yi Hwang himself, he did agree to its content, placed the words and diagrams in his „The Ten Diagrams on Sage Learning" and added a note saying that he fully agrees to or glorifies them. It is therefore safe to think that the content reflects Yi Hwang's thoughts.
[25] Yi, Hwang, „Ch.10. Diagram of the Admonition on 'Rising Early and Retiring Late'", „The Ten Diagrams on Sage Learning", *Collected Works of Yi Hwang*, 7:34b-35a.

3.2 Sangje as a Method

From ancient China, Heaven has been interpreted in various ways. The Mandate of Heaven, *sangje, li, tao*, etc. are concepts which represent some characteristics of Heaven. Originally, in the culture using Chinese characters, the concept of 'Heaven' is sometimes designated as a physical indicator such as the blue sky and other times used to refer to nature as a whole, including both the sky and the earth. It sometimes means an absolute personified god or the transcendental being who must be there high up in the sky, the origin that creates all being, and/or is used as a concept that means a principle or a law by which all beings are created and operated.[26] Heaven had been used in different meanings by many sects in different eras. According to the sects and eras, they emphasized a certain definition over the others, weakened the meanings of certain definitions or combined a definition with others to express a new concept.

This paper concerns the definitions of Heaven as a transcendental being and Heaven as a principle or a law. The former has a relatively strong religious nature, heavily used in literature from ancient China, mainly by *The Book of Odes* or *The Book of History*. Such definitions of Heaven are sometimes expressed more clearly by concepts such as *sangje* and the Mandate of Heaven, and sometimes they are interpreted as a personified absolute being[27] which is an subject of respect and awe. Conversely, the latter is a definition which is intellectual in nature. It had been strengthened especially by Zhu Xi's philosophy, and it had also been replaced with such concepts as *li, tao*, the Supreme Ultimate, etc.

Seen from *ligi* theory of Neo-Confucianism, *li* is the transcendental being, a concept that can replace Heaven (the Mandate of Heaven, *sangje*), the subject of respect and awe. It is so because in *ligi* theory, *li* supervises (mediates and commands), so that a variety of creations and changes of individual beings will form a certain order – the same function performed by Heaven (the Mandate of Heaven, *sangje*) acting as transcendental being. Then the various and orderly phenomenon of nature can be explained simply with two elements, *li* and *gi*, thus not assuming Heaven (the Mandate of Heaven, *sangje*). Yi Hwang was careful to

---

[26] See Ge Ron-jin (1987, 163-183), Editorial Department of *A Study on the History of Chinese Philosophy* (1988: 206-214).

[27] There could be some controversies on interpreting Heaven (the Mandate of Heaven, *sangje*) as a personified absolute being. I think that the interpretation is persuasive, because Heaven is the being which is regarded as the subject of respect and awe. Moreover, as I explain in the next section, Yi Hwang understood the relationship between nature and men, the product of nature, as the relationship between parents and their children. Therefore, Heaven (the Mandate of Heaven, *sangje*) can be interpreted as a transcendental being or personified absolute being not only in the ancient Chinese documents but also in the writings of Yi Hwang.

explicate that *li* and *gi* achieve creation, movement, change and termination of all being in the inseparable and unmixable relationship, but *li* is always in a position to supervise and command *gi*. As stated earlier, propositions which emphasize the role of *li* such as '*li* issues', '*li* moves', etc., were propositions made in such context.

It is only natural that the idea of the transcendental being continues fading as the commanding character of *li* is emphasized and *ligi* theory became a more completed theory. However, Yi Hwang, as seen earlier, especially emphasized the respect and awe toward Heaven (the Mandate of Heaven, *sangje*). The purpose is clearly shown in his writings. The annotation quoted from *Selected Scriptures on the Mind-heart with Notes* earlier and the quotations from „Six Article Memorial of 1568" and „The Ten Diagrams on Sage Learning" explain that the purpose is to have men, especially the king, always live watchfully vis-à-vis their behavior. To live „as if *sangje* is upon him" is a method to guard against selfish desire and execute moral principle by employing the concept of Heaven (the Mandate of Heaven, *sangje*) as a transcendental being or a personified absolute being. Through respect and awe toward Heaven (the Mandate of Heaven, *sangje*), he intended to teach men to suppress private desires or attraction to profit and to think and decide in accordance with righteousness or moral duty (□□). However, if one understands this only as a method, he must accept the disadvantage that this will hamper the internal completeness of the system of *ligi* theory. It remains to be studied further whether Yi Hwang recognized that such method harms the conformity of the system of *ligi* theory, or whether he intended to 'use' Heaven (the Mandate of Heaven, *sangje*) simply as a method even if he recognized such disadvantage.

3.3 Sangje as Li

In the case of Yi Hwang who exceptionally emphasized the role of *li*, his explanation for Heaven (the Mandate of Heaven, *sangje*) trod a very fine line. On one hand, he denied the presence of a transcendental being who supervises the flow of the Mandate of Heaven apart from the blue sky.[28] Even so, Heaven itself is to him a subject of respect and awe. Heaven is both father and mother who gave birth to all creation and men.[29] Man in an ontological sense is a product of na-

---

[28] Yi Hwang, „An answer to Yi Dal and Yi Cheon-gi" (答李達李天機), *Collected Works of Yi Hwang*, 13:17a.

[29] Yi Hwang, „Bibliographical Study and Lecture on 'Western Inscription'" (西銘考證講義), *Collected Works of Yi Hwang*, 7:55b-57a. Yi Hwang agreed to the thoughts of Zhang Zai 張載 expressed in his „Western Inscription" (西銘), which explained that the universe and all beings have an organic relationship and described Heaven as a parent. He explained that following the will of a parent is filial piety, and this

ture, and man, as product of nature, has the ethical relationship of child and parent. Thus, humans should treat nature in the same way as they would to their parents.[30] Since the standards humans must comply with in a social relationship are learned from nature, the parental relationship, ethical standards and the laws of physics cannot be separate entities. Within the realm of ethical standards and the laws of physics, man exists as a part of nature, in the realm where the cycle of birth, growth, prosperity, and termination continues indefinitely. In that sense, Heaven that Yi Hwang understood was a blue sky that filled the whole universe to the brim, being nature itself which gave birth to all beings, and the only ethical standard and the laws of physics dominating throughout the whole universe.

Scholars of Neo-Confucianism configured *li* and *gi* as adversaries in order to theoretically explain the operative principle of the universe, but the *li* that we experience and feel in daily life is not the *li* as an opposing concept to *gi*, but as a flow of creation, growth, prosperity and termination that rushes through and as the only principle and rule and standard emanating throughout the whole realms of nature and humanity. This *li* is the *li* that supervises *gi* as it is combined with *gi* in the inseparable and unmixable relationship, and furthermore, it is Heaven itself as nature. Yi Hwang's statements, '*li* issues', '*li* moves' and '*li* approaches by itself' attempted to show such characteristics of *li*. Yi Hwang's words appearing in the last chapters of the „The Ten Diagrams on Sage Learning" shows clearly the relationship of such *li* and Heaven.

> Generally Speaking, the flow of *tao* reaches every aspect of daily life. Since there is no place without *li*, where can one stop his study? Since it does not stop even for a brief moment, there is no moment without *li*. When could one stop study? Thus, Zi-si 子思 said, 'One cannot leave *tao* even for a brief moment. If one can stay away, it is not *tao*. Thus a wise man must be respectful even in a place where he is not seen by others and be fearful even in a place where he cannot be heard'. He also said, 'there is no other place more visible than a covert place, and nothing is more visible than the minute. Thus, a wise man conducts himself prudently even when left alone (愼其獨)'…"[31]

Yi Hwang's „The Ten Diagrams on Sage Learning" starts from „Diagram of the Supreme Ultimate" (太極圖) that explains the process of the universe and all it

---

is as good as following the will of the sky. Such configuration of relationship between Heaven and humanity seem to have been systemized in „Western Inscription" by Zhang Zai and „Illustration and Explanation on the Supreme Ultimate" (太極圖說) by Zhou, Dun-yi (周惇頤).

[30] Yi Hwang, „Bibliographical Study and Lecture on 'Western Inscription'", *Collected Works of Yi Hwang*, 7:55b-57a.

[31] Yi Hwang, „Ch.10. Diagram of the Admonition on 'Rising Early and Retiring Late'", „The Ten Diagrams on Sage Learning", *Collected Works of Yi Hwang*, 7:34b-35a.

encompasses, followed by „Diagram of the Western Inscription" (西銘圖) that explains humanity's place in the universe. Diagrams explaining the posture of study and the manifestation process of the ethical nature are used as examples, and the book closed with „the Admonition for the Mindfulness Studio" (敬齋箴) and „the Admonition on 'Rising Early and Retiring Late" (夙興夜寐箴) sections which suggested the method by which one can cultivate one's mind in order that previous learning could be practiced in daily life. The above quotation is Yi Hwang's statements at the last part of „Diagram of the Admonition on 'Rising Early and Retiring Late'", the last chapter of „The Ten Diagrams on Sage Learning". Here, *tao* and *li*, which „reaches every aspect of daily life," finally correspond to Heaven (the Mandate of Heaven, *sangje*), and one can realize the idea of 'inner sage and outer sovereign' contained within „The Ten Diagrams on Sage Learning" by „conducting oneself prudently when left alone (慎其獨)"[32] with respect and awe to Heaven (the Mandate of Heaven, *sangje*).[33]

Seen from this perspective, Yi Hwang cannot be deemed to have only reduced the domain of a transcendental being by emphasizing the role of *li*. He recalled that *li* as a principle or a law includes the meaning of Heaven (the Mandate of Heaven, *sangje*) that exercises supervision and lords over all beings from a transcendental standpoint. This *li* is not a concept differentiated from Heaven itself, so that he could understand that the *ligi* theory, based on the intellectual method, and the sense of Heaven (the Mandate of Heaven, *sangje*), based on religious method, are actually in accordance.

---

[32] „Conducting oneself prudently when left alone (慎其獨)" in Chapter 1 of *Chung Yung* 中庸 (The Doctrine of the Mean) is usually interpreted as „avoid being alone" or „behave oneself (even more) when alone." Whichever interpretation one chooses to follow, the word teaches us to remember that *do* is everywhere and always live on the watch. In this case, *do* means the same as *li*, natural law, the Mandate of Heaven, or *sangje*, and especially in the early 19th century, Jeong Yak-yong interpreted *do* to be *sangje*, the transcendental absolute one and built his philosophical system with *sangje* at the center.

[33] Such understanding of Heaven by Yi Hwang shows how he understood Zhu Xi's understanding of Heaven and how Yi's understanding of it differed. Zhu Xi's fundamental understanding of Heaven (the Mandate of Heaven, *sangje*) is such that all such concepts can be replaced by *li* as a principle or a law. (See Zhu Xi, 1986, 1:20-22) As can be observed in „the Admonition for the Mindfulness Studio" (敬齋箴), Zhu Xi himself sometimes used Heaven (the Mandate of Heaven, *sangje*) to represent the transcendental being. However, at least in the case of Zhu Xi, Zhu Xi did not entitle Heaven (the Mandate of Heaven, *sangje*) to perform the finishing touch in embodying the ideal of Confucianism's 'inner sage and outer sovereign.'

4. Rationality and Wisdom, or Respect and Awe

The *ligi* theory of Neo-Confucianism is a theory created to explain the operation and structure of nature and all creation with a certain system. However, the function of the theory is not limited to 'explanation' as Confucianism or Neo-Confucianism has the practical 'materialization' of the ideal of 'inner sage and outer sovereign' as its academic purpose. Every theory of Confucianism and Neo-Confucianism must function within a perfect order, in order for humanity to realize the purpose in reality. Thus, *ligi* theory, combined with the theory of the mind-heart and the nature, explains the process by which ethical emotion is manifested, and combined with the theory of moral cultivation, reflects upon the operative process of behavior and ethical decision, and assumes the role of promotion, so that the Confucian ideal can be materialized in individuals, society, and nation. All of the propositions in the history of Joseon Confucianism, including the disputes over the Four Beginnings and the Seven Emotions, human nature and animal nature, and the theory of the mind-heart, arose from discussions over such materialization. However, Heaven does not appear as the main topic anywhere in such discussions.

If logical conformity of a theoretical system, or internal completeness, is considered a priority, it is not easy to find a place for Heaven (the Mandate of Heaven, *sangje*) in Neo-Confucianism based on *ligi* theory. *Ligi* theory is a theoretical system which explains creation, movement, mutation, and termination of all creation within one complete system. However, Heaven as the transcendental being is very likely to be considered as existing outside such system as the concept of Heaven can hamper the conformity of the system of *ligi* theory in discussions based on *ligi* theory. Even Yi Hwang does not mention Heaven when explaining the structure and operative principle of nature and humanity based on *ligi* theory. The importance of Heaven arises only when talking about concrete practice in daily life. It must have been so because Yi Hwang also was aware of such difficulty.

Nonetheless, Yi Hwang did not neglect to emphasize Heaven (the Mandate of Heaven, *sangje*). As stated earlier, „Six Article Memorial of 1568" and „The Ten Diagrams on Sage Learning", the laborious works of Yi Hwang, conclude themselves by emphasizing awe of Heaven (the Mandate of Heaven, *sangje*). If Yi Hwang had so wanted, he could have included Heaven (the Mandate of Heaven, *sangje*) in the system of *ligi* theory. The force of life that proudly flows through the universe and the laws of physics and the ethical standards applicable to all creation are *li*, and *li* is another name for Heaven, as Yi Hwang understood. However, there is the role of Heaven (the Mandate of Heaven, *sangje*) that cannot be replaced by that of *li* in that the role of Heaven (the Mandate of Heaven, *sangje*) is subject to respect and awe. *Li* that represents a principle, a law and standard is subject to rational understanding. However, Heaven (the Mandate of

Heaven, *sangje*) represents a principle, a law and standard and therefore the subject of respect and awe that watches whether the principle, the law and standard are practiced as supposed at all times. Seen from the perspective of *ligi* theory, such respect and awe can be irrational, but their 'role' and 'effect', which had been passed down through the ages, still exists.

Thus, the way Yi Hwang included Heaven in „Six Article Memorial of 1568" or „The Ten Diagrams on Sage Learning" does not identify *li* as Heaven. Here, Heaven was suggested as a 'means' that induces humans to constantly monitor their behavior. Although he could have tried to explain the basis of conformity by including Heaven in his *ligi* theory, he abridged such an explanatory process and concluded by emphasizing respect for and awe of Heaven. He must have thought that the practical effect of Heaven, if included within the system of *ligi* theory, would have been reduced. Heaven can exert much a stronger force that controls human desires when it exists as the subject of respect and awe transcending the system of *ligi* theory. Yi Hwang must have known by his own experience that there is a limit to drawing from humans an autonomous will aimed at a life of principle based only on reasoning and wisdom. The transcendental being that rises above or complements reasoning and wisdom, and respect and awe toward it, can be accepted, because the aim of 'inner sage and outer sovereign,' which has priority over rational conformity of *ligi* theory, is undeniably established. Academic traditions of Giho-namin that values Heaven originates from such a motivation.

References

Chung Yung 中庸 (The Doctrine of the Mean)

Jeong, Yak-yong 丁若鏞. 2002. *Yeoyudang-jeonseo* 與猶堂全書 (The Collected Works of Jeong Yak-yong). Vol. 1-6. Seoul: Minjok-munhwa-chujinhoi (Korean Classics Research Institute).

Yi, Hwang 李滉. 1988. *Toegyejip* 退溪集 (The Collected Works of Yi Hwang). Vol. 1-3. Seoul: Minjok-munhwa-chujinhoi (Korean Classics Research Institute).

Zhang, Zai 張載. *Zhangzaiji* 張載集 (The Collected Works of Zhang Zai).

Zhen, De-xiu 眞德秀. 1983. *Daxue Yanyi* 大學衍義 (Extended Meaning of the Great Learning). Jeongmun-sa.

___. 1975. *Xishan Dushuji* 西山讀書記 (Zhen Dexiu's Reflections on Reading Books). Taibei: Shangwu-yinshuguan.

Zhen, De-xiu 眞德秀, and Cheng, Min-zheng 程敏政. 2005. *Xijing fuzhu* 心經附註 (Selected Scriptures on the Mind-heart with Notes). Daejeon: Hakmin-munhwasa.

Zhou, Dun-yi 周惇頤. 1990. *Taijitu-xiangjie* 太極圖詳解 (A Detailed Explanation of Diagram of the Supreme Ultimate). Beijing: Xueyuan Publishing Company.

Zhu, Xi 朱熹. 1986. *Zhuzi Yulei* 朱子語類 (Classified Conversations of Master Shu). Vol. 1-10. Beijing: Zhonghwa Shuju.

Editorial Department for *A Study on the History of Chinese Philosophy*. 1988. *Brief Explanations of the Essential Categories and Concepts in the History of Chinese Philosophy* 中國哲學史主要範疇概念簡釋. Kangzhou: Zhejiang-renmin Publishing Company.

Ge, Ron-jin 葛榮晋. 1987. *A History of Categories in Chinese Philosophy* 中國哲學範疇史. Haerbin: Heilongjiang-renmin Publishing Company.

Han, Hyeong-jo. 2001. „Dasan-gwa Seo-hak: Joseon Juja-hak-ui Yeonsok-gwa Danjeol" (Dasan and the Western Learning). *Dasan-hak* (Journal of Dasan Studies) 2. Seoul: Dasan Cultural Foundation

___. 2004. „Juja Sinhak Nongo Siron" (A Study on Zhu Xi's Theology). *Hanguk shilhak yeongu* (Journal of the Study on Korean Shilhak) 8. The Research Society of Korean Shilhak.

Kim, Gi-hyeon. 2004. „Toegye-ui 'Li'-Cheolhak-e Naejae-doen Segyegwan-jeok Hamui" (The World View in Toegye's *Li* 理 Philosophy). *Toegye hakbo* (Journal of Toegye Studies) 116. Seoul: The Toegye Studies Institute.

Kim, Hyeon. 2002. „Joseon-hugi Mibal-ron-ui Simhak-jeok Jeongae" (Development of the Philosophy of the Mind-heart in the Late Joseon Dynasty). *Minjok-munhwa-yeongu* (Journal of Studies on National Culture) 27. Seoul: Minjok-munhwa-yeonguwon (Institute of Korean Culture in Korea University)

Kim, Hyoung-chan. 1996. „Ligiron-ui Irwonronhwa Yeongu" (A Study on the Monistic Tendency of the Li-Gi Theory). PhD. diss., Korea Univ.

___. 2005. „Wan-gyeol-doen Jilseo-roseoui Li-wa Miwanseong Segye-ui Sangje" (*Li* 理 as a Complete Order and Sangje 上帝 in an Incomplete World). *Cheolhak Yeongu* (Philosophical Studies) 30. Seoul: Institute of Philosophical Studies in Korea University.

___. 2007. „Toegye's Philosophy as Ethics for Practice: A System of Learning, Cultivation and Practice for Being Human". *Korea Journal* Vol.47 No.3. Seoul: Korean National Commission for Unesco.

Mun, Seok-yun. 2001. „Toegye-eseo Libal-gwa Lidong, Lido-ui Uimi-e Ddaehayeo" (A Study on the Meanings of 'the Issuance of Li', 'the Movement of Li', and 'Li Approaches of itself'". *Toegye hakbo* (Journal of Toegye Studies) 110. Seoul: The Toegye Studies Institute.

___. 2003. „Toegye-ui Mibal-lon" (Toegye's Non-issuance Theory). *Toegye hakbo* (Journal of Toegye Studies) 114. Seoul: The Toegye Studies Institute.

Peterson, Michael, William Hasker, Bruce Reichenbach, and David Basinger. 1998. *Reason & Religious Belief*. New York: Oxford University Press.

Yi, Bong-gyu. 1999. „Seong-li-hak-eseo Mibal-ui Cheolhak-jeok Munje-wa 17 Segi Giho-hak-ui Jeon-gae" (Philosophical Problems on Non-issuance in Neo-Confucianism and the Opinions of Giho 畿湖 School on Them in the 17th Century). *Hankuk Sasangsa-hak* (Journal of the Study on the History of Korean Thoughts) 13. Seoul: The Association for the Study on the History of Korean Thoughts.

Yi, Dong-hwan. 1990. „Dasan-sasang-e Itseoseo-ui 'Sangje' Doip-gyeongro-e Daehan Seoseoljeok Gochal" (An Introductive Study on the Import Route of 'Snagje' in Dasan's Thought). *Minjoksa-ui Jeongae-wa Geu Munhwa* (The Development of National History and the Culture) Vol. 2. Seoul: Tamgudang.

___. 1996. „Danan-sasang-e Itseoseo-ui 'Sangje' Munje" (Sangje in Dasan's Thougth). *Minjok-munhwa* (National Culture) 19. Seoul: Minjok-munhwa-chujinhoi (Korean Classics Research Institute).

Yi, Seung-hwan. 2004. „Toegye Mibal-seol Licheong" (A Clear Correction on Toegye's Non-issuance Theory). *Toegye hakbo* (Journal of Toegye Studies) 116. Seoul: The Toegye Studies Institute.

___. 2006. „Ju-ja Suyang-ron-eseo Mibal-ui Uimi" (The Meaning of Non-issuance in the Zhu Xi's Cultivation Theory).). *Toegye hakbo* (Journal of Toegye Studies) 119. Seoul: The Toegye Studies Institute.

Yi, Wu-seong. 1980. „Hanguk-yuhaksasang Toegye-hakpa-ui Hyeongseong-gwa Jeongae" (The Formation and Development in the History of Korean Confucianism). *Toegye hakbo* (Journal of Toegye Studies) 26. Seoul: The Toegye Studies Institute.

___. 1982. „Nok-am Gwon Cheol-shin-ui Sasang-gwa Geu Gyeongjeon Bipan" (Nok-am Gwon Cheol-shin's Thought and His Critique of the Confucian Scriptures). *Toegye hakbo* (Journal of Toegye Studies) 29. Seoul: The Toegye Studies Institute.

Yun, Sa-sun. 1986. „Jonjae-wa Dangwui-e Gwanhan Toegye-ui Ilchisi" (Toegye's View of the Unification of 'What is to be' and 'What should be'). *Hanguk-yuhak-sasang-ron* (Korean Confucian Ideology). Pusan: Yeol-eum-sa.

Yu, Gwon-jong. 2004. „Toegye-wa Dasan-ui Simseong-ron Bigyo" (A Comparative Study on the Mind-heart & Human Nature Theory of Toegye and Dasan). *Toegye-hakmaek-ui Jiyeokjeok Jeongae* (The Regional Development of Toegye School). Seoul: Bogosa.

Glossary (Ch.: Chinese, Kr.: Korean)

Cheng, Min-zheng (Ch.)	程敏政
chiljeong (Kr.)	七情
Chung Yung (Ch.)	中庸
do (Kr.)	道
Daxue Yanyi (Ch.)	大學衍義
Ge, Ron-jin (Ch.)	葛榮晉
gi (Kr.)	氣
Giho-namin (Kr.)	畿湖南人
Giho (Kr.)	畿湖
li (Kr.)	理
ligi (Kr.)	理氣
liil bunsu (Kr.)	理一分殊
Jeong, Yak-yong (Kr.)	丁若鏞
liil-bunsu (Kr.)	理一分殊
sadan (Kr.)	四端
Sanje (Kr.)	上帝
Seon-jo (Kr.)	宣祖
sim (Kr.)	心
simseong (Kr.)	心性
song (Ch.)	宋
Taijitu-xiangjie (Ch.)	太極圖詳解
tao (Ch.)	道
Toegyejip (Kr.)	退溪集
Xijing fuzhu (Ch.)	心經附註
Xishan Dushuji (Ch.)	西山讀書記
Yeoyudang-jeonseo (Kr.)	與猶堂全書
Yi, Hwang (Kr.)	李滉
Zhang, Zai (Ch.)	張載
Zhangzaiji (Ch.)	張載集
Zhen, De-xiu (Ch.)	眞德秀

Zhou, Dun-yi (Ch.)	周惇頤
Zhu, Xi (Ch.)	朱熹
Zhuzi Yulei (Ch.)	朱子語類

Byung-Seok Son

The Stoics' Theory of *apatheia*

as a Philosophical Therapy of Human Emotions

1. 1

A useful model for the wise treatment of emotions (*pathe*) is presented by the Stoic sage (*sophos, sapiens*) who is *apathes*, i.e., free from emotion or affection by means of the possession of perfect knowledge (*episteme*) and living in accord with nature (*to homologoumenos tei physei zen, secundum naturam vivere*). The Stoics believe that without the realization of *apatheia*, human beings cannot gain a happy life, since emotions are understood to be the major disruptive occurrence in a human being's life. Hence, for the Stoics the path to human happiness must follow the road paved by *apatheia*. Nevertheless, gaining an understanding of the meaning of the Stoic sage's *apatheia* (freedom from (*a-*) emotions (*pathe*)) is difficult due to the uncertainty regarding *apatheia's* definition as the extermination of emotion itself or merely as the moderation of excessive emotion. If the former, the Stoic sage could be criticized as inhuman, since this view denies the fact of the human being's corporeality. Furthermore, this view cannot be accepted because the Stoics recognized *eupatheiai*, i.e., good emotions, such as joy (*chara*), wish (*boulesis*), and caution (*eulabeia*). Thus, the Stoic sage is not apathetic in the sense of being unfeeling, and therefore does not aim to banish all emotions. Does this suggest that *apatheia* means moderate emotion? It is difficult to give a positive answer to this question as it invokes the problem that the Stoic doctrine of *apatheia* is not essentially different from the theory put forth by Plato and Aristotle claiming that the emotions could be moderated by reason. In other words, for Plato and Aristotle, there is the possibility of harmony between emotions and reason[1]. Then, how are we to understand the Stoic theory of *apatheia*? Did the Stoics explain the meaning of the conception of *apatheia* in a persuasive way? Did they show that the sage solved the problem of the conflict between emotion and reason? If the Stoic answer is not given on the basis of

---

[1] Cf. M. Frede, „The Stoic doctrine of the affections of the soul", in *The Norms of Nature*, M. Schofield and G. Striker (eds), Cambridge Univ. Press, Cambridge 1986, 93-97. J.M. Dillon, „Metriopatheia and Apatheia", in *Later Greek Ethics, Essays in Ancient Greek Philosophy*, vol. 2, ed J.P. Anton and Anthony Preus, Albany: Suny Press, 1983, 515.

theoretical evidence, we cannot confirm whether their argument that the wise man can reach *ataraxia* and attain happiness (*eudaimonia*) is true.

In this paper, I examine the Stoic theory of *apatheia* at the core of the Stoic philosophy by which the wise person can be distinguished from the fool (phaulos). I focus on the comparative views of two early Stoic philosophers, Chrysippus and Posidonius, by examining their views in relation to emotions, and then try to assess critically which philosopher's view presents a more persuasive account for the early orthodox Stoic conception of *apatheia*. I hope that this endeavor will provide valuable and useful guidance toward a philosophical therapy of human emotions, a topic that still interests contemporary philosophers today.

2.

The Stoic psychology is recognized as not being similar to the Platonic or Aristotelian psychologies. While Plato and Aristotle maintain that there is not only a rational part but also an irrational part of the soul, the Stoics maintain that the soul is unitary, i.e., it is only rational. Thus, there is no irrational part of the soul for the Stoics, who therefore don't recognize Plato's tripartite soul divided into rational, spiritual, and appetitive parts. For the Stoic, the irrational part of the soul is all activities of the dominant part of the soul, i.e., *hegemonikon*[2]. Therefore, the Stoics cannot say that human emotions are the result of the irrational part of our soul. However, if we consider the human existential condition, it seems to be counterintuitive that human beings can be free from all affections while the soul is in a state of equilibrium[3]. As regards this problem, it is important to examine the opposing views of the two early Stoic philosophers, Chrysippus and Posidonius, because an examination of this contrast increases our understanding of the theory of *apatheia*.

According to various sources, Chrysippus considered emotions as judgments (*krisis*) or the result of judgments. For him, the four generic emotions, that is, distress (*lype*), pleasure (*hedone*), fear (*phobos*) and appetite (*epithymia*), have to be movements of the rational part of the soul, i.e., *hegemonikon*[4]. According to Chrysippus, these four emotions involve two distinctive value judgments: there

---

[2] *Stoicorum Veterum Fragmenta* (from now on *SVF*) II. 823-33. cf. K.I. Boudouris, „He stoike ethike philosophia os therapeia", *He ethike philosophia ton hellenon*, Athena 1996, 180-193. A.A. Long, „Soul and body in Stoicism", *Stoic Studies*, Univ. of California Press, Berkeley and Los Angeles 1996, 242-244. R. Joyce, „Early Stoicism and Akrasia", *Phronesis* vol. 40/3 (1995), 317-318.

[3] A.A. Long (1996), 243-244.

[4] Cf. Diogenes Laertios (from now on *DL*) VII.110-14. Cicero, *Tusc*. IV.11-22. *SVF* III. 391,397, 409,414. Galen, *De placitis Hippocratis et Platonis* (from now on PHP), Corpvs Medicorvm Graecorvm, Phillip de Lacy (ed.), Berlin 1981, IV.1.16. IV.2.1-4.

is good or bad (benefit or harm) at hand, and it is appropriate to react. Therefore, distress is the judgment that there is bad at hand and that it is appropriate to feel a contraction, pleasure is the judgment that there is good at hand and that it is appropriate to feel an expansion, fear is the judgment that there is bad at hand and that it is appropriate to avoid it, and appetite is the judgment that there is good at hand and that it is appropriate to reach for it[5].

From this definition of the four emotions we can reasonably ask why Chrysippus thinks that the emotions are to be identified with the judgments or motions of the *logos*. The stoic epistemological account gives us a possible answer. According to the doctrine of the Stoics, the following three rational psychological developmental stages occur in sequence: an impression (*phantasia*) or appearance stage which is the reception of the exterior data through the senses, i.e., the process of concept formation, followed by the assent (*synkatathesis*) stage which is the interpretation of the information received and which is the first judgment on whether something is good or bad to me, and finally the impulse (*horme, voluntas*) stage which is the initiation of action in response to the goodness, badness, or indifference (*adiaphoron*) established in the assent stage[6]. In other words, an impulse is the second judgment that is the completion of the assent phase of the cognitive appraisal of the object given in the impression stage. It is the result of the judgment or assessment made in the impression. An impulse is stirred not by the first judgment that there is good or bad at hand, but rather by the second judgment of how it is appropriate (*kathekon*) to react.

Here it is important to note that for the Stoics this psychological course of processing is always an operation of *logos*, i.e., *hegemonikon*. Based this discussion, we can surmise two ways in which the emotions may go awry. One may perceive X to be good and desirable when it is not, or one may also anticipate pleasure from X when this will not be the result. The Stoic therefore defines the emotions as „irrational and unnatural movement of the psyche and an excessive impulse"[7]. Nevertheless, it must not be understood that Chrysippus defined emotion in contrast to judgment or reason. On the contrary, for Chrysippus, *pathe* are certain kinds of judgments and are rational impulses or conations. In order to clarify the definition of emotions for Chrysippus, it is best to examine his two examples: that of Medea killing her children as an illustration of what it means

---

[5] Cf. R. Sorabji, *Emotions and Peace of Mind*, Oxford Univ. Press, 2000, 29-33. A.Manos, *He eudaimonia hos euroia biou sten archaia stoike philosophia*, Athena 2002, 143-152.

[6] Cf. *SVF* III.169,171,173. D.N. Blakeley, „Stoic Therapy of the Passions", *Hellenistic Philosophy*, vol. 2, K.J. Boudouris (ed.), Athens 1994, 34-35.

[7] Cf. Galen, *PHP* IV.5.13, 2.8, 2.18. *DL* VII.110. *SVF* III. 386.

for an emotion to be irrational[8], and that of the difference between a man walking and a man running[9].

Medea, the woman who helped Jason steal the Golden Fleece, was betrayed by Jason and thus wanted to take revenge upon him in the most gruesome manner: by killing their children. Chrysippus used the example of Medea to illustrate a person with excessive impulse. In Chrysippus' view, Medea's actions were clearly 'irrational and unnatural' because they ran counter to what a reasonable human being and mother would naturally want to do. In other words, Medea's act of killing her children to get revenge on Jason was an action beyond her motherly nature and reason, i.e., her impulse was excessive and out of control.

Chrysippus' second example also brings out his conception of the emotions. According to him, the body of a walker is controlled by what the person desires. A walker is in control of his movements since he can stop if he wants to or he can abruptly change course. On the contrary, a runner does not have the same control that a walker does over his movements. „The movements of the runner's legs exceed the conation, so that they are carried away and do not obediently change their pace" [10]. Hence, Chrysippus thinks that the swift runner could not stop instantly even if he (or she) wanted to. These two examples show us that for Chrysippus, Medea and the runner are both victims of excessive emotions, i.e., they are not in control of their movements and are not able to do what they really want to. Like the runner, Medea's impulse for revenge is not amenable to the control of someone who recognizes its irrationality.

However, according to Galen's report in books 4 and 5 of *On the Doctrines of Hippocrates and Plato (De placitis Hippocratis et Platonis, PHP)*, Posidonius rejected Chrysippus' theory of the *pathe*[11]. Galen asserts that Posidonius makes several complaints against Chrysippus on the necessity or sufficiency of the judgments for emotion. First, Posidonius claims that the emotions can fade with time, although Chrysippus' two judgments remain intact. Thus, Posidonius had offered his own explanation of what happens when emotions fade. His account goes back to Plato's idea that there are two non-rational powers of the soul. In other words, Plato's wild and appetitive capacities for the soul become sated and wearied by their emotional movements like the charioteer-horses analogy of the *Phaedrus*[12], which explains why emotions fade, even when judgments have not changed. What Posidonius wants to ask here is: 'why do some people experience emotion, in thinking that it is appropriate to react and reject reason, when others do not' and 'why do some people reckon reason while others do not, though they

---

[8] Galen, *PHP* III.16-17.
[9] Galen, *PHP* IV.2.15-17.
[10] Galen, *PHP* IV.2.16.
[11] Galen, *PHP* IV.3.3.
[12] Platon, *Phaedrus* 246a-257b.

have the same judgments and the same weakness of the soul'[13]. We conclude that Posidonius is right that people still do not give up, even though they learn or are taught to realize that it is not appropriate to feel grief or fear.

Posidonius' second complaint is that Chrysippus cannot explain the effect of wordless music[14]. He argues that music expresses or arouses emotion without involving judgments based on reason. Besides, Posidonius questions the necessity of judgments, when he points out repeatedly that animals have emotions without judgments[15]. What Posidonius wants to emphasize in the aforementioned case is that Chrysippus' judgments are not sufficient or necessary for emotion. Therefore, based on the aforementioned cases, Posidonius concludes that the emotions should be explained effectively by the irrational forces of the soul. This raises the question, 'whose view should be considered the more persuasive account while still consistent with the orthodox theory of emotions?' It will be valuable, I think, to examine the useful contributions offered by Galen and Seneca on this issue.

3.

When discussing the Stoic theory of emotions, Galen, as a philosopher and as a physician, criticizes Chrysippus, while he agrees with Posidonius who modified Stoic doctrine in favor of Plato. Galen thinks Chrysippus is wrong in his understanding of human emotions and suggested that Posidonius, in recognizing this error, adopted the tripartite psychology of reason, spirit and appetite that is accepted by Plato and Aristotle. Galen argues that Posidonius rightly regarded each emotion as a function not of reason, but of the other irrational two parts of the soul. From the perspective of this psychology, in Galen's view, the example of Medea's action represents the struggle of reason (*logismos*) against anger (*thymos*). This is confirmed by Galen's following reference: „She [Medea] says that her anger overpowers her reason, and therefore she is forcibly led by anger to the deed, quite the opposite of Odysseus, who checked his anger with reason" [16].

Similarly, Galen supplements Chrysippus' example of a runner with the idea of someone who is running down a hill carried forward by momentum. The example states that because of his emotional momentum, a runner cannot retain control of his movements and cannot do what he really wants to. Galen supports these assertions with a rich series of verbatim quotations and paraphrases from Posidonius' treatise *On Emotions* (*peri pathon*) that indicate that human nature encompasses two other psychic powers besides that of reasoning. Thus, Galen

---

[13] Cf. Galen, *PHP* IV.7.7-44, V.5.29-35, 6.31-32.
[14] Galen, *PHP* V.6.21-22.
[15] Galen, *PHP* IV.7.33, 7.35, V.1.10, V.5.4-5, V.5.21, V.6.37-38.
[16] Galen, *PHP* III. 3. 17.

criticizes Chrysippus' definition of emotion because there is some difficulty in seeing how emotion can be in one sense rational and in another irrational[17].

On the other hand, Seneca, the late Stoic philosopher, tried to reconcile the two conceptions of emotion[18]. His compromise takes the form of treating the disobedience to reason as a chronologically later stage in emotion which follows the mistaken judgments. Seneca distinguishes three stages or movements in anger, the second and third of which are relevant here. In the second stage, the soul assents to the impression of injustice and there is an impulse to the effect that it is appropriate for one to be avenged, or for another to be punished. The third stage is introduced as one in which emotions are carried away (*efferantur*). Moreover, Seneca claims that in this third stage one applies (Ed- confirm this change; I didn't understand 'one wills to apply') that erroneous reason in obedience with that which comes from the second stage. For one goes on to decide, 'I must be avenged, come what may' *(utique)*, and omits the 'if it is appropriate' *(si oportet)*, which one's reason had recognized just a moment earlier. Seneca's description of this third stage as overcoming reason (*evicit rationem*) corresponds to Chrysippus' talk of disobeying reason and turning away from it. In other words, Seneca's third stage is applicable to Chrysippus' reference to lovers and angry people who want to be left alone 'whether it is better or not', and who say that they do what they are doing 'come what may, even if they are wrong and it is disadvantageous to them'. In order to free Chrysippus from contradiction by splitting the process up into a second and third stage, Seneca attempts to answer Galen's question 'how emotion can be without reason and judgment, if it consists of judgments of reason'. His answer is that in the third stage anger lacks the judgments which reason had earlier supplied with its reference to appropriateness.

Firstly, I think that Galen's assessment of Chrysippus' emotion can be accepted as a reasonable interpretation, due to his exposure of Chrysippus' obscure account of the cause of excessive emotion. Nevertheless, as presented below, Galen's view seems to show an inclination of overemphasizing the inconsistence of Chrysippus' view of emotion on the basis of his physiological perspective. On the other hand, Seneca's strategy of three stages of emotions seems to be too eclectic, so that his interpretation shows a limited power of explanation and has only partial validity. That is, Seneca's effort doesn't provide a fundamental solution to the problem 'how the emotions can take disobedience to reason, even if the appropriate judgments of Chrysippus is still fresh (*prosphaton*)' or working.

Posidonius' view is a more fundamental account of the cause of the occurrence of emotion because he attempts to explain the cause of excessive emotion, unlike Chrysippus' insufficient account. According to Galen's report, we can

---

[17] Galen, *PHP* 4.2.8, 4.2.18. cf. *SVF* I. 205-6.
[18] Seneca, *De ire*, 2.4.1.

confirm that Posidonius repeatedly pressed Chrysippus with these questions: 'What is the cause of an excessive impulse?', 'What invokes Medea to have excessive emotion?' and 'How could something produced simply by reason exceed reason's dictates?' We have seen that Chrysippus had said that when one's reason is perverted and disobedient to itself it generates such impulses. In other words, it is the perversity that sometimes a person's reason stubbornly holds to a false moral judgment, and that the result of its doing this is an excessive impulse.

Given that reason does turn and transform itself under certain conditions into the generation of excessive impulses, Posidonius doubts that reason is responsible for this transformation. In Posidonius' view, we could not find a satisfactory explanation in the nature of reason itself to explain why perversity causes excessive impulses. Accordingly, Posidonius thinks that the whole cause of the excessive emotional impulse must lie in an independent, non-rational power of the soul, i.e., another sort of psychic power, besides reason itself, must exist. Posidonius thus claims that we have to consider the extra element that can explain the cause of the excessiveness of emotional impulses.

In brief, Posidonius regards this special factor as affective or passive movements of the soul (*pathetikai kineseis*), which correspond with 'pre-emotion'. In other words, the passive movements function as an extra essential power that hinders Medea from acting maternally. Posidonius holds that it is fundamental to human nature that we experience such „affective movements"[19]. I think that Posidonius' affective movements correspond to Seneca's *protymia*, i.e., pre-emotion that is expressed as a first movement (*primus motus*), first shock *(ictus)* and first agitation (*agitatio*). Seneca illustrates some examples such as pallor, tears falling against the will, and a sudden flashing of the eyes. Importantly, for Posidonius and Seneca these natural affective movements are not yet emotions, since they come before the stage of assent or impulse. This means that according to Posidonius, we do not voluntarily control how much of them we feel, or when and for how long, since these pre-emotions are reason-independent.

It therefore seems to Posidonius that every excessive impulse is the result of such pre-existent and reason-independent movements, i.e., *pathetikai kineseis*. Posidonius regards the passive movements as an extra special factor that makes giving rational assent and impulses to impression very difficult for our mind, thereby causing the excessive emotions. Based on this consideration, following Plato, Posidonius declares that the best education for children is „the preparation of the affective aspect of the soul, so as to be most serviceable to the rule of reason, is making them listen to appropriate types of music that moderate and

---

[19] Cf. J.M. Cooper, „Posidonius on emotions", *The Emotions in Hellenistic Philosophy*, J. Sihvola and T. Engberg -Pederson, Dordrecht, Netherlands 1998, 82-90. D.E. Hahm, „he theoria tou poseidoniou gia ten praxe", *Ellenistike philosophia*, Athena 1993, 110-116.

soften the affective movements of those who are too high-spirited". He stresses that because these movements derive from a non-rational psychic power, it is habituation, not argument and instruction, that is effective in their training[20]. These considerations have supported the view that Posidonius' view of emotions has greater theoretical perfection than Chrysippus' view.

However, it is doubtful whether Posidonius' way of training for the moderation and control of emotions is as effective as the Stoic model of the sage due to the following objections. Firstly, Posidonius' claim for the moderation of emotions suffers the problem of restricting relatively excessively the role and function of reason, since for him what matters is the existence of emotions which are fully satisfied and constantly satiated. For Posidonius the most important thing is only the conformation of the emotions with the rational part. Additionally, Posidonius' view seems to show naive optimism regarding the nature of human emotions. However, the Stoics indicate that emotions such as anger, fear, and sexual desire by nature involve a superfluous tendency which cannot be easily controlled by themselves. These *aporiai* lead us to a re-examination of Chrysippus' view of emotions, since Posidonius seems to fail to see what the implicit meaning of Chrysippus' view really is. Thus, it is necessary to analyze Chrysippus' view of the emotions below.

4.

As we have examined above, Chrysippus identified the emotions with judgments, so that the realization of *apatheia* is possible by the right assent and adequate impulses by means of the right reason. That is, even when a given situation is bad or disadvantageous, the agent can prevent the occurrence of emotions in giving the appropriate judgments of assent and impulse by using the rational principle. Given this, how can the *akratic* or unrestrained action, such as the emotion's disobedience against reason, be explained by Chrysippus? As shown above through the examples of Medea and the runner, Chrysippus did not reject the phenomenon of *akrasia*. This is clearly certified by Chrysippus' definition that pathos is an irrational and unnatural movement of the psyche and an excessive impulse[21]. Then, does Chrysippus, unlike his intention, as Galen criticized, show the contradiction of his view of the emotions, i.e., that the emotions are the judgments and simultaneously the irrational feelings?

A positive answer cannot be given to this question because Chrysippus denies the validity of the Platonic tripartite theory of the psyche as an entity composed of distinct parts: the *logistikon*, *thumoeides* and *epithumetikon*. On the contrary,

---

[20] Galen, *PHP* V.5.24-29.
[21] Galen, *PHP* V.2.12.

he maintains that the human being functions in a unified way by means of the *hegemonikon* which is the central locus of reasoning, desire, and spirited feelings alike. Given this, what is Chrysippus' own way to explain Medea's *akratic* action, while supporting his thesis of the identification between emotions and reason, and accordingly proving his specific difference from the interpretations of Posidonius and Galen?

Fortunately, in Plutarch we can find an adequate answer to this question. According to Plutarch, emotion is no different from reason, and nor is there any dissension or strife between the two, but rather the turning of one reason in both directions. That is, the soul changes its mind from moment to moment as to what is best. In Plutarch's view, this oscillation is „ a conversion of one and the same reason to its two aspects; this escapes our notice by reason of the swiftness and suddenness of the change" [22]. Accordingly, as Gill said rightly, „in Chrysippus' Medea we see not so much the defeat of reason by passion but rather the deliberate rejection of reason" [23]. This means that Medea in a state of pathos is rational enough to be aware of what she is rejecting, i.e., she is not blind to reason but rather, deliberately, rejects it and disobeys it. Still as a rational human being, Medea was not unaware of how bad the result of her deed would be. In order to accomplish her revenge, she deliberately intensifies her own desire to proceed by arguments and exhortation. Accordingly, Medea was clearly not a brute irrational person who denied completely the rational intentionality in the given circumstances.

This discussion indicates that Chrysippus' interpretation of Medea's *akratic* action runs counter to the view of Galen and Posidonius because Chrysippus regards Medea's emotion not as the result of a conflict between two distinct elements, reason (*logismos*) and anger (*thumos*), but of two judgments, i.e., right impulse and excessive impulse. It is truer to say that in Medea's case the rationality presses her to assent to the impression that the situation demands unconditional vengeance and simultaneously forces her to assent when that situation calls for maternal love. In this case, the two judgments are not in conflict, but her deliberative powers lead her to decide that the best way to attain complete satisfaction of the demand for vendetta is to murder her children. This is clearly illustrated by Chrysippus' following statements: „ The cause of emotions lies in the conflict between two judgments" and „ the disease of the soul and passion occur when two judgments are in discord" [24]. These statements clearly justify Chrysippus' postulation that the emotions can be identified with judgments. It is also clear that there is no logical inconsistency between Medea's two opposing judg-

---

[22] Plutarchus, *de virtute morali*, 446f-447a. *SVF* III, 459.
[23] C. Gill, „Did Chrysippus understand Medea?", *Phronesis*, vol. 28 (1983), 142.
[24] Galen, *PHP* V.4.10, V.4.14.

ments, and, therefore, that Posidonius and Galen do not exactly understand the implicit view of Chrysippus.

In concluding this paper, it is valuable to compare the person Medea with the Stoic sage. From the above discussion, it is obvious that in Chrysippus' view, Medea is not a sage but merely a non-virtuous person who lacks the knowledge (*episteme*) that would enable a correct assessment of what is the best option in the face of reality from the perspective of a natural life[25]. As she lacks wisdom, in accordance with the will of Zeus, she cannot see that 'not killing her children' is the best option available to her. If she were a sage and thus could reflect on the reality of the providence of the cosmos, she would never come to think that „killing my children is the best option" and would not have the impulse of „ I want kill my children, whatever may come". This is because the Stoic sage believes that in certain circumstances, maternal love or forgiveness, not infanticide or hate, is „preferred indifference" (*proegmena adiaphora*) in accord with our nature. In other words, although it cannot be denied that the sage also has the affective movements from the betrayal of the lover, he can penetrate into the rational basis of these feelings and respond to them in ways that are not possible for the passion-driven ordinary, foolish person, e.g. Medea. The reason is based on the central tenant of being a Stoic sage: living in agreement with nature, which, in turn, enables the sage to attain his happiness and *apatheia*.

5.

It is generally accepted that the Stoic approach of *apatheia* provides some insight for human functioning, in addition to its diagnostic and therapeutic proposals. Furthermore, this type of approach to human emotions developed by the Stoics is by no means unique to the western tradition. Analogues to the apathetic life of the sage can be found in such non-western traditions as Buddhism, Hinduism, and Taoism. I will here only briefly consider the example of Buddhism as one which can be used to illustrate some important parallels to the Stoics. According to the Noble Truth of Buddhism, humans suffer (*dukkha*) because of thirst or craving *(tanha)* which can be eliminated by following the eightfold path, i.e., right views, thought, actions, speech, livelihood, intention, mindfulness, and meditation[26]. Unhappiness results from inappropriate identification and a value assessment of objects. As such, the passionate commitment to a course of action is based upon false judgments. According to Buddhism, this emotion is a rest-

---

[25] Cf. Galen, *PHP* IV.5.13-14, IV.6.13, IV. 6.15-16. also cf. R. Joyce (1995), *op.cit.,* 326. M.E. Reesor, „The Stoic Wise Man", *Proceedings of the Boston Area Colloquium in Ancient Philosophy,* vol. 5, J. Cleary and D.C. Shartin (eds.), 111.
[26] Cf. D.J. Kalupahana, *The Principles of Buddhist Psychology,* Albany: State Univ. of New York Press, NY, 1987, 78. D.N. Blakeley (1994), 37-38.

lessness, i.e., a stirred up but futile attempt to achieve satisfaction. Similar to the Stoic view, the Buddhists observe a distinction between natural, inevitable, and limited desires on one hand and excessive and unnecessary desires on the other. The Buddhist approach aims to abandon the latter by eliminating the disturbances of craving, which are *tanha* in their various forms. It is thus possible to transform the operation of the self by extinguishing egocentricity and the sense of substantiality.

However, regarding the significant structural parallels between Stoic and Buddhist analyses and appraisals of the emotions, more in depth perusals shall be left for future work.

Bibliography

Stoicorum Veterum Fragmenta, ed. Hans von Arnim, vols. 1-4, Stuttgart, 1903-1924.
The Hellenistic Philosophers, ed. A.A. Long and D.N. Sedley, 2 vols, Cambridge, 1987.
Galen, *De placitis Hippocratis et Platonis,* Corpus Medicorum Graecorum, Phillip de Lacy (ed.), Berlin 1981.
Diogenes Laertius, *Lives of Eminent Philosophers,* R.D. Hicks (trans.,), Loeb Classical Library, Harvard Univ. Press, 1972.
Seneca, *De ire,* Loeb Classical Library, Harvard Univ. Press, 1971.
Plutarchus, *de virtute morali,* Loeb Classical Library, Harvard Univ. Press, 1939.
Cicero, *Tusculan Disputations,.* Loeb Classical Library, Harvard Univ. Press, 1989.
Platon, *Phaedrus,* Oxford, 1907.

Blakeley, D.N., „Stoic Therapy of the Passions", *Hellenistic Philosophy,* vol. 2, K.J. Boudouris (ed.), Athens 1994, 30-41.
Boudouris, K.I., „He stoike ethike philosophia os therapeia", *He ethike philosophia ton hellenon,* Athena 1996, 180-193.
Cooper, J.M., „Posidonius on emotions", *The Emotions in Hellenistic Philosophy,* J. Sihvola and T. Engberg-Pederson, Dordrecht, Netherlands 1998, 71-111.
Dillon, J.M., „Metriopatheia and Apatheia", in *Later Greek Ethics, Essays in Ancient Greek Philosophy,* vol. 2, ed Jong p. Anton and Anthony Preus, Albany: Suny Press, 1983, 508-517.
Frede, M., „The Stoic doctrine of the affections of the Soul", *The Norms of Nature,* M. Schofield and G. Striker (eds), Cambridge Univ. Press, Cambridge 1986, 93-110.
Gill, C., „Did Chrysippus understand Medea?", *Phronesis,* vol. 28 (1983), 136-149.
Hahm, D.E., „he theoria tou poseidoniou gia ten praxe", *Ellenistike philosophia,* Athena 1993, pp.106-127.
Joyce,. R., „Early Stoicism and Akrasia", *Phronesis* vol. 40/3 (1995), 315-335.
Kalupahana, D.J., *The Principles of Buddhist Psychology,* Albany: State Univ. of New York Press, NY, 1987
Long, A.A., „Soul and body in Stoicism", *Stoic Studies,* Univ. of California Press, Berkeley and Los Angeles 1996, 224-249.
Manos, A., *He eudaimonia hos euroia biou sten archaia stoike philosophia,* Athena 2002.

Nussbaum, M.C., *The Therapy of Desire*, Princeton Univ. Press, 1994.
Reesor, M.E., „The Stoic Wise Man", *Proceedings of the Boston Area Colloquium in Ancient Philosophy,* vol. 5, J. Cleary and D.C. Shartin (eds.), 107-123.
Sorabji, R., *Emotion and Peace of Mind,* Oxford 2000.

Gerhard Pasternack

The Concept of 'Feeling' in Western and Eastern Thinking

1. Emotions in western thinking

1.1 The philosophical perspective

Not only the modern philosophy brought up for discussion the connections of body, spirit and emotions, but these topics have been already subject of the old Aristotelian-scholastic thinking.

The biological basis of the feelings is well-known in the philosophy of the ancient world, especially the fact that the emotional states are connected with physical-vegetative conditions. Affects and emotions are a product of body and soul and they are positioned in the lower part of the soul.[1]

But in the frame of the threeparted soul of the Aristotelian *De anima* there is a strict devaluation of the feelings in comparison with the reason.[2] In the frame of the hylomorphological theory in the Aristotelian tradition the soul is the form of the material substance.[3] Due to the psychological hylomorphism[4] the relationship between soul and body is determined on the one hand by the unity of soul and body, because the soul is just the form of the body, and this is an immediate connection, neither an analogical nor a parallel relationship. On the other hand in the platonic-augustinean tradition soul and body are of an absolute different quality[5] with respect to its possible separation and its immortality.[6]

The principle of the threefold soul is accepted by the scholastics, too. For Thomas Aquinas the emotions are part of the passions in a broad sense, because passions includes the perceptions, the sentiments and the emotions of the soul. And this is still accepted by Descartes.[7] In questions 22 to 48 of the *Summa the-*

---

[1] Aristoteles, (De anima) Über die Seele 403a, 1995, 7f.

[2] Vgl. zur Rangordnung der seelischen Vermögen: „Das Streben bedarf der Führung durch die Vernunft. Es tritt als niederes Streben (sinnlicher Trieb) auf und als höheres, vernünftiges, als Wille." Aristoteles, Über die Seele 433b 31 – 434a 21, (Seidl), 1995, 276.

[3] Thomas von Aquin, Summa contra gentes II, cap. 68, 1982, 287. Summa theologica Ia, qu.76, a.1, Paris1961, 49f.

[4] Mundhenk, Die Seele im System des Thomas von Aquin, 1980, 63.

[5] Thomas von Aquin, Summa theologica Ia, qu.76, a.7, ad 3, Paris 1961, 61.

[6] Mundhenk, Die Seele im System des Thomas von Aquin, 1980, 37.

[7] Descartes, Die Leidenschaften der Seele, I, Art. 27, 1984, 47.

ologica Thomas Aquinas deals with different status of the passions: first the concupiscibles passions, i.e. love, hate and desire; second the two principle passions, i.e. joy and mourning, and third the irascibles passions, i.e. hope and fear, boldness and anger.

Thomas Aquinas classifies the soul into two different orders, an epistemological order with the relationship to the world and an anthropological or psychological order with the relation of mind and body including the affects and emotions. And it is undoubted that there is a predominance of the knowledge, especially the reason inside the threefold soul and a normative regulation for the affects and emotions which are under the leadership or control of the reason to become moral subjects.[8] Even a rational inclination to the moral good is presupposed to the affects or emotions.[9] And this has serious consequences for the later philosophical conception of emotion and feeling, especially for their orientation towards rationality and morality. For the affections considered as such are the same to humans and animals but in so far as they are commanded by the reason they are specific for the human beings, „quia bonum hominis est 'secundum rationem esse' ".[10]

In the following development of the philosophical theories about affects, emotions and feelings until the 19th century we can find this inclination to the reason and the accentuation of the normative valuation.

In modern age Descartes's philosophical description starts with the dualistic separation of body and mind,[11] but on behalf of his theory of the two substances he refuses the Aristotelian theory of the threefold division of the soul. The Aristotelian dominance of the rational part of the soul now is transformed into the predominance of the mind which engraves or marks all emotional movements of the soul, because the sensitive soul is a reasonable one, too. The activities of the soul are divided into the acts of the will and the passions in a broad sense. All desires or appetites depends on the will.[12] The emotions are connected with the passions but they are not the same; they are like intellectual affections which are

---

[8] Thomas von Aquin, Summa theologica I-IIae, qu. 24, art 1, ad 1, Paris 1949, 45.

[9] „In passionibus autem irascibilis, praesupponitur quidem aptitudo vel inclinatio ad presequendum bonum vel fugiendum malum, ex concupiscibili, quae absolute respicit bonum vel malum." Thomas von Aquin, Summa theologica I-IIae, qu. 23, art. 4, Paris 1949, 40; cf. Summa theologica I-IIae, qu. 34, a. 4, Paris 1949, 93.

[10] Thomas von Aquin, Summa theologica I-IIae, qu. 24, a.1, ad 1, Paris 1949, 45.

[11] But for the evolutionary biologists and cognitive neuroscientists Descartes's dictum „I think, therefore I am" loses its force.

[12] Descartes, Die Leidenschaften der Seele, Art. 47, 1984, 76: "tous ses appetits sont des volontez".

used to stabilize or to suppress the passions, for instance the „joy intellectuelle".[13]

There are no influences or just indirect influences of the body to the will.[14] And on the other hand the will cannot move any physical operations, for there isn't a moral causality; the will can give rise only to the ideas, which are able to change the feelings.

This differentiation of the soul, the passions, and the will in the frame of a rigid dualism of body and mind are very serious on behalf of the normative orientation of the soul towards the virtue or towards values.

In this short lecture I can not give a review on Leibniz' or Humes thinking about feelings.[15] These theories have been mentioned already. But we have to summarize that it is remarkable for the philosophical thinking about the emotions and feelings that it always took place in a dualistic theoretical frame: the dualism of body and mind, the dualism of reason and feeling.

The starting point is the separation of body and mind. But the physical basis both of the operations of consciousness and of the moving of feelings are not brought up for discussion. And neither the boundaries to the human conditions for doing and social living nor for the linguistic conditions of human communication have been picked out as a central subject in the theories of emotions and feelings.

The philosophical examinations were focussed on the relationship or contrast between feeling and understanding with the previous normative orientation to-

---

[13] Descartes, Die Leidenschaften der Seele, Art. 147f., 1984, 229ff.

[14] Descartes, Die Leidenschaften der Seele, Art. 41, 1984, 67.

[15] Leibniz distinguishes himself expressively from the Stoic philosophers, who regarded the passions as opinions. He however wants to call the passions just as modifications of the *conatus*. They are due to the opinion or sensory feelings and are accompanied by desire. Leibniz also assumes that the passions affect the body and change the feelings. In a cognitive perspective feelings are counted to the *cognitio confusa*. By means of feelings nobody can achieve certain knowledge because feelings are difficult to seize and they could not be described precisely, because there aren't any strict discriminations. Leibniz emphasizes in this context that the language does not offer sufficient expressions to differentiate the feelings. Leibniz, Neue Abhandlungen über den menschlichen Verstand, Kap. XX, § 7, 1971, 158; Kap. XX, § 11, 1971, 159.

Hume gives a report on the controversy, whether the moral is to be deduced from the reason or from the feeling, whether we attain our knowledge by a chain of proofs or whether we become convinced by direct feeling and a finer internal sense. Hume, Ein Traktat über die menschliche Natur. Buch I, 1978, 9f.

For Hume both reason and feeling are necessary, in order to be able to make moral decisions. But he insists on the dualistic „demarcation of the authority of the understanding and the feeling". Hume, Eine Untersuchung über die Prinzipien der Moral, 1962, 137ff.

wards the reason with the consequence that the feelings are part of bodily passions and of lower rank. Philosophy did not trust the emotions and banished
them to a large extent into the neglectable ranges of the animal one."[16]

1.2   Emotions in the empirical research perspective

The new neurophysiological research moved the basis of the body-own processes in the centre of the description of the cognitive procedures and emotional
conditions. Damasio speaks of the „body input for the production of emotions
and feelings" and emphasizes the important role of the body for the emotions.
And also Roth mentions in his report about the research results the fundamental
relationship between the emotions, the consciousness and their physical basis.[17]

The neurobiological investigations differentiate between cognitive and affec-
tive-emotional conditions, but at the same time they consider the „unsolvable
connection of feeling and thinking", because emotions always have a cognitive
component." The topic of Damasio's book is the way in which „we step into the
light of consciousness". In particular he examines the biological conditions of
consciousness and feeling. Core consciousness is a simple, biological phenomenon, which equips the organism with a self sense; but Damasio looks into the
evolutional and historical determination of the emotions, too. [18]

The theory of evolution is used on the one hand to explain the dependence of
the feelings and of consciousness from the biological basis and on the other hand
to represent the upward development and hierarchical ascent from the basic emotions up to feelings and consciousness.

Two phases are differentiated in the transition from emotion to feelings and to
consciousness. First the consciousness has a crucial biological function, which
makes us possible to feel grief and joy, desire, mourning etc. Afterwards on a
second step the emotions are linked with interpretations, principles, values and
judgements. Only a special kind of emotions linked with complex ideas, values,
principles is somewhat specific human. In the long run consciousness has af-

---

[16] Damasio, Antonio R., Ich fühle, also bin ich, 1999, 52. For the social-historical development of the ‚Self' especially in the late 16th and the 17th century cf. Trilling, Mind in
the Modern World, 1973 and for the linguistic development cf. Kluge, Etymologisches
Wörterbuch, 1960, 702: Just since 1702 the ‚self' isn't no more a part of a word but an
independent term which stands for the inner core of a personality.

[17] Roth, Fühlen, Denken, Handeln. Wie unser Gehirn unser Verhalten steuert, 2001; Roth,
Die Vernunft spielt immer eine Nebenrolle, in: *Süddeutsche Zeitung* vom 11.04.2000, 5.

[18] The core consciousness with a self sense (proto-self) and the extended consciousness as
a complex biological phenomenon with many levels and gradations, and which assign to
the organism identity and locates it at a certain point in the individual historical time.

fected the human evolution in bringing out new abilities in moral, religion, political organizations, art, science and technology.

2.1 Primary or universal emotions and culture-specific fluctuations

The new neurophysiological research paid attention to the problem of universals and culture-specific developments, to the relationship of the „fundamental emotions" and its culture-specific fluctuations or developments.

Feelings are connected with specific corporal states, and the physical reactions are spontaneously understood also in different cultures, how Eibl-Eibesfeldt declares.[19] The psychologist Paul Ekman proceeds from altogether 15 „fundamental emotions". At least the 15 basic emotions are determined for all humans by a combination of outward and internal physical characteristics.[20]

In extensive intercultural investigations in 21 nations Ekman could prove that at least six emotional conditions are characterized by distinctive face expressions and sound expressions i.e. happiness, surprise, fear, contempt, mourning and annoyance, which are interpreted spontaneously correctly by the large majority of all humans.

And also Damasio puts out six „universal feelings", which are deduced from the six universal emotions: Joy, mourning, fear, annoyance, surprise and luck (disgust) proved as universal emotions. The empirical neurophysiological researches have been interested in the „body input for the production of emotions and feelings". But at the same time the reverse perspective has been introduced by the new evolution-development researches (evo-devo researches) and by the psychoneuronal and the psychosocial sciences, i.e. the perspective from the emotions to the physical basis.

The close relationship of feeling and body has been examined: fancy, suggestion, expectations, hopes and confidences lead to biochemical responses in different parts of the body.[21] For instance there have been discovered „the effects of psychological stress, and its potential to induce changes in the body" or the effects of relaxing feelings.[22] And there have been identified special brain areas for these effects.

---

[19] Eibl-Eibesfeld, Liebe und Haß. Zur Naturgeschichte elementarer Verhaltensweisen, 1970.

[20] Ekman, Basic emotions, 1999.

[21] Scientists are speaking of „the response of the whole body" or of „physical responses to social stressors". Cf. Schedlowski/ Tewes (eds.), Psychoneuroimmunology, New York et al. 1999, 264, 283.

[22] Memedy/ Miller, Effects of Psychosocial Interventions on the Immune System, 1999, 404.

In the frame of the new evo-devo-researches which underline the interactions between genetics and history different researchers have mentioned that the most important evolutionary events of the last 5000 years are cultural and that the genetic variants have become very common to a population but are not yet universal.

The evolution-development researches now study all human capacities once attributed to the mind or soul as processes involving the brain, the nervous and other bodily systems interacting with the socio-cultural world. The dictum 'I think, therefore I am' has lost its force (Conella Dean).

The secondary or social emotions are biologically imposed, too. They are not only a product of the culture. Damasio emphasizes that the society plays a larger role with the secondary emotions than with the primary emotions.

The culture-conditioned differences concern above all the releasing and handling of emotions. Though the emotions are extraordinarily stereotyped and automatic the culture plays a role with forming out the cause of emotions. Thus the range of attractions, which cause luck, fear or mourning, are rather alike at individuals, who have the same social and cultural background. However, in general we have to make differences between the secondary emotions, i.e. between embarrassment, jealousy, pride, shame and guilt; because some of them, for instance shame and guilt arise later in the development of humans when the self concept matures.[23]

2.2   Conceptual distinctions of emotions

The empirical research first proceeds from the conditions of the organism and the activities of the organism, which have to be represented afterwards on a second level.Therefore Damasio differentiates between emotion and feeling. The expression „feeling" is reserved for mental experiences of private emotions; emotions are outward arranged and public. One cannot observe a feeling in somebody else, only in oneself.[24] Damasio speaks of „background feelings" in contrast to the primary feelings, because these feelings do not take place in the foreground of our spirit.[25] And he deals with the close relationship between feeling and knowledge the wordless knowledge in the realization of feeling.[26]

---

[23] Neugeborene kennen weder Scham noch Schuld, aber bereits die Zweijährigen. Damasio, Ich fühle, also bin ich, 1999, 413.

[24] Damasio, Ich fühle, also bin ich, 1999, 57f.

[25] Distinction between primary emotions and background emotions: To differentiate between primary emotions such as joy, mourning, fear, annoyance, surprise, disgust and background emotions, which are released by the interactions of the organism with the environment. They manifest themselves variously in changes of the movement apparatus and approximately in inconspicuous characteristics of the body attitude.

It is assumed that in the long run human emotions and feelings concern the consciousness and that reasonable thinking without the influence of emotions does not seem possible. Roth even speaks of a „dominance of the emotion over the reason". Apparently it is useful for the organism in the evolutionary and historical development to know its emotions.[27] Damasio differentiates between three stages: an emotional condition, which can be released and implemented not-consciously, a feeling condition, which can be represented not-consciously, too and a conscious feeling condition, in which the organism knows that it has both emotions and feelings.

Within the requirements of conceptual precision the empirical research programs lead to distinct separations and demarcations and to dualistic classifications and cannot not describe at the same time the „flowing into each other" of all elements which are constantly in a state of flux.

In the eastern thinking we have to realize that body and mind form one reality which can not be separated. In the metaphorical description of eastern thinking the „river of the body" is intermingled with the „river of the feelings", and the river of perceptions flows alongside the rivers of body and feelings.

This is an important aspect, which has to be taken in consideration especially in the buddhistic teachings. More than two thousand years ago the feelings have been considered all together in close interrelationship with the physical and mental conditions as a flow of aggregates.

3.   The eastern thinking – Feeling in the buddhistic teachings

The buddhistic anthropology starts with the unit of body, feeling and consciousness: In Gautama Buddhas *Sāmaññaphala-Sutta* we can read: „Das ist mein Leib, der gestaltet, aus den vier Hauptstoffen entstanden, von Vater und Mutter

---

Frequent background feelings are: Fatigue, energy, excitement, tension, relaxation, energy, lethargy, stability, instability, equilibrium, imbalance, harmony, dissonance. According to Damasio, thus feelings are in a privileged relationship with consciousness. It concerns the distinction between „feeling" and knowing „that we have a feeling." The close relationship between feeling and knowledge comes first in the „recognizing feeling" to the expression. It is in the simplest form of feeling that happens when an organism is busy with the processing of an object. Only after conclusions and interpretations it can take place regarding the realization of the feeling.

[26] Damasio, Ich fühle, also bin ich, 1999, 40.

[27] Roth, Fühlen, Denken, Handel, 2001, 269: Aufgrund neurobiologischer Befunde ist es zwar berechtigt, zwischen kognitiven und affektiv-emotionalen Zuständen zu unterscheiden, zugleich muss aber der „enge unauflösbare Zusammenhang von Fühlen und Denken" berücksichtigt werden, weil Emotionen immer eine kognitive Komponente haben."

gezeugt, durch Speise und Trank entwickelt [...]; das hingegen ist mein Bewusstsein, daran gebunden, daran geknüpft."[28]

The Buddhism declares that „all things depend on all other things for their existence." And all beings, organic and inorganic, rely on the „law of dependent co-arising."[29] Thus the indivisible relationship between body and mind determines the aggregates of the different, physiological, psychological and mental conditions. In this processing monism vital and mental forces are united in the „dropping of body and spirit", particularly in meditation. The expression „dropping of body and spirit" suggests the exceeding of the dualistic view of body and mind, for life first of all is experienced directly and intuitively as a whole and not by means of theoretical reflection and conceptual dualisms.

In this framework the not-reflective and intuitive experience which Dogen describes as an „unintentional doing" is extended of the discursive thinking, the linguistic experience, and the verbalism of the knowledge. It is to emphasize, however, that this experience occurs in the daily life doing; it is not hidden on a metaphysical level „behind the things".

In the version of the Zen Buddhism, how it is represented by the Soto school, especially by Dogen (1200-1256), we have to proceed from an open state of the non-duality, in which the mental and the physical conditions form a unit, which covers both the bodily nervous system and the reflective consciousness, in which discursive thinking can be no more taken in a privileged position. This unit is manifested in the immediacy of present doing or of the „dwelling in the present moment".[30]

---

[28] [Gautama Buddha] *Sāmaññaphalaa-Sutta.* Die Reden des Buddha. Längere Sammlung Nr. 2, (Lohn der Asketenschaft), 2004, 51; Mylius, Die vier edlen Wahrheiten (Das Lehrgespräch über den Lohn des Bettelmönchdaseins) 1985, 84.

[29] Zum ‚Gesetz der ursaechlichen (bedingten) Entstehung' vgl. Buch II, 12 *Nidana-Samyutta* der Gruppierten Sammlung oder der Nidānakette, die das ‚Gesetz von der ursächlichen Entstehung' (*Paticcasamuppāda*) ausführlich behandeln. Vgl. Der Weg zur Reinheit.*Visuddhi -Magga,* 2002, 602ff.; vgl. Geiger, Einleitung. Die Reden des Buddha. Gruppierte Sammlung Buch II, 12, Sutta 1, 2003, 1f.; Sutta 20, 2003, 36; vgl. Rahula, Was der Buddha lehrt, 2005, 94f. Vgl. Thich Nhat Hanh, Old Path, White Clouds, 1991, 169; vgl.114, 409f.

[30] Dogen, Shobogenzo II, Nr. 22, 2003, 27 und 30; cf. Thich Nhat Hanh, Old Path, White Clouds, 1991, 453.

2.2   Buddhistic anthropology – nature of humans

The buddhistic anthropology proceeds always from the five „khandhas" (skand-has), the body, feeling, perception, mood (or mental formation),[31] and consciousness as a process of flowing complexity.[32]

The Buddhists don't think of body and mind as a personality. Among the five *khandhas* there is nothing that can be considered to be permanent and nothing that can be called 'self'. The fundamental qualification is neither production nor destruction, neither increasing nor decreasing but „the flowing", a transformation inside a continuity.[33] The *khandhas* are just functions within a process of endless dissolving and recombining the elements which do not found an autonomous 'self'. „They are continously changing rivers in which one cannot find even one permanent element."[34] Usually people think of the body as being the same as one's self. And they hold the same with the feelings, the perceptions, the mental formations, and especially with the consciousness. Three kinds of views of the 'self' are criticized, likewise the discussion about the universals in european scholastic philosophy: First, the body is the self, or the feelings, perceptions, mental formations, or consciousness are the self; second, the self is something that exists independently from the *khandhas* and the *khandhas* are its possessions; the third view consists in the belief that there is a presence of the self inside the *kkandhas*, and there is a presence of the *khandhas* inside the self; that means the presence of *khandhas* and self in each other.[35]

2.21   Khandha/Skandha theory

The philosophical (Indian) theories with the subject (*atma*) as starting point and the dualistic settings are explicitly rejected. In demarcation to the Brahmanism there isn't any *atma*, no separate and eternal self, just the five aggregates flowing into each other in the „five rivers". And there is „nothing in the five rivers (of

---

[31] Seidenstücker, Pali-Buddhismus, 1923, 62: „Gemütsregungen" (*sankhara*).

[32] The „Daseinsgruppen" are explained in: Die Reden des Buddha. Gruppierte Sammlung, Buch II, XXII, *Khandha-Samyutta,* § 3ff., 2003, 54ff. and in the Visuddhi-Magga, 2002, 493ff.

[33] Therefore nobody possesses a separate, permanent self. The buddhist teaching means that impermanence and emptiness of the self are the very conditions necessary for life. Hanh, Writings, 2001, 116, cf. 62.

[34] Die Reden des Buddha.Gruppierte Sammlung Buch V, 55 *Sotapatthi,* Nr. 16-17, 2003, 387. Cf. Thich Nhat Hanh, Old Path, White Clouds, 1991, 172, 288; Brück, Einführung in den Buddhismus, 2007, 259.

[35] Thich Nhat Hanh, Old Path, White Clouds, 1991, 331, 475; cf. Hanh, Essential Writings, 2001, 65.

form, feelings, perceptions, mental formations, and consciousness) that contains a separate self".[36] This is the impermanent nature of the five *khandhas*.

Therefore in the buddhistic teachings there are preferences for neither-nor-structures,[37] which avoid the conceptual dual classifications, the dominance of the „self" with the normative state of the *atma*.[38] With the impermanence and the non-self of the subject the buddhistic anthropology has to begin phenomenologically with the description of the impersonal procedures of the five *khandhas* or aggregates in the „here and now" in the flow of time as separated, single, independent but one on another following moments.[39]

The temporal body arises from the elements which dissolve only to recombine again.[40] This „five pieces of the personality" are not the ego or self, as Seidenstücker explains.[41] They are the „elements" of a whole combined within the continuity of the life, which is not to be placed under the term of an individual, because there is „neither the self nor the own". The individual exists only as a passing and in each moment changing gathering of states. Mylius emphasizes that there is neither an ego who in death is destroyed, nor an ego which arises after death. The ego or self is a bare conventional name for the becoming processes,[42] the incessantly changing psycho-physical forms of existence.[43]

No aggregate possesses its own identity, all depends of each other and has the state of an „interbeing".

This „staying with each other", Hanh has introduced for this relational whole the neologism „order of interbeing",[44]concerns the connection of consciousness

---

[36] [Buddha] *Cula-rahulovada Sutta.* Die Reden des Buddha. Mittlere Sammlung Nr. 147, 2006, 1062ff.; Seidenstücker, Pali-Buddhismus, 1923, 119f.; Mylius, Die vier edlen Wahrheiten *Das kurze Lehrgespräch mit Rahula*, 1985, 199.

[37] Die Lehrreden des Buddha. Angereihte Sammlung II.4, 38, 1993, 45; V.10, 20, 1993, 19; V.10. 96, 1993, 94. Die Reden des Buddha. Gruppierte Sammlung Buch III, XXIV *Ditthi-Samyutta*, Nr. 8, 2003, 201; Buch V, 56 *Sacca-Samyutta*, Nr. 41, 2003, 435.

[38] The concept of *atman* includes the concept of the separate and eternal self. Thich Nhat Hanh, Old Path, White Clouds, 1991, 171. Die Atman-Lehre bildet den Höhepunkt der Upanisad-Philosophie. Die Atman-Theorie tut die gesamte Erscheinungswelt als irreal ab. Schneider, Der Buddhismus, 1997, 66.

[39] The emphasis on the separated moments is the leading idea of the argumentations of Dogen, Shobogenzo, I, Nr. 11, 135ff. Life only takes place in the present moment. Hanh, Essential Writings, 2001, 19ff., 26; cf. Schneider, Der Buddhismus, 1997, 174f.

[40] Thich Nhat Hanh, Old Path, White Clouds, 1991, 288.

[41] Seidenstücker, Pali-Buddhismus, 1923, 80.

[42] Ajahn Sumedo, The Four Noble Truths, o.J. 63.

[43] Mylius, Die vier edlen Wahrheiten, 1985, 26.

[44] Thich Nhat Hanh, Old Path, 1991, 441, 443; cf. Hanh, Essential Writings, 2001, 60f., 149 ff.

and the subject of consciousness, too, generally speaking, the relation of subject and object; subject and object are only the „two faces of the reality" and we must cease to differentiate between someone who knows and the knowing itself.[45]

There is no consciousness without an object of consciousness, it cannot exist independently. Always the states of consciousness are at the same time the objects of consciousness, how it is declared by the Buddha in the *Mahāsatipatthāna Sutta.*[46]

Under this conditions Buddhism has to proceed from an interdependence of body and feelings as a „flowing into one another". But this movement don't lead to an ascent or to any ranking order of body, feeling and spirit. Observation and meditation are always connected with all aggregates. Thus the meditation extends all *khandhas* and therefore we have to take in consideration the contemplation of the body, the contemplation of feelings, the contemplation of mind, and the contemplation of the objects of mind.

Human beings have developed reason, logic and discriminative intelligence. But the purpose is to figure out how to use these capacities as tools for the realisation of life in the „here and now", rather than as personal acquisitions.[47] The admission in buddhistic thinking is not from a position of '*I am....*' but rather, '*There is ....*' because nobody should try to identify himself with the problem but simply acknowledge that there is one.[48]

Thus the buddhistic view of the whole of the *khandhas* comprises first that there is no distinct separation between feeling and consciousness and no hierarchy between reason and feeling; second that we have to start from the physical, perceptible, emotional, cognitive states and procedures, which do not presuppose a separated independent 'self'; and third there aren't any theoretical frames or conceptual criteria or standards for evaluation previous the phenomenological

---

[45] Dogen, Shobogenzo I, Nr.1, 2001, 40.

[46] [Buddha] *Mahāsatipatthāna Sutta.* Die Reden des Buddha. Laengere Sammlung Nr.22, 2004, 383ff.; Seidenstücker, Pali-Buddhismus, 1923, 286ff.; Mylius, Die vier edlen Wahrheiten 1985, 109ff.

[47] Ajahn Sumedho, The Four Noble Truths, o.J., 56.

[48] Buddhistic teachers (like Sumedho) say, that it is unskilful to think in terms of: „I am an angry person; I get angry": that triggers off all the underlying assumptions of a 'self' and it is very hard to get any other perspective on that. So people should not grasp this feeling as personal faults but keep contemplating these conditions (or states) as impermanent and non-self. Ajahn Sumedho, The Four Noble Truths, 17.

description in natural language, very often in narrative tales, for Buddha was teaching by examples and parables.[49]

The acceptance of the natural language was the probable cause of Buddha's rejection of the offer to transfer the teachings into the classical Vedi language (Sanskrit), because the Dharma is an alive reality, which lives in the everyday life and language.[50] And in the frame of the buddhism „as a way of life"[51] it was better for the Buddhists to remain silent than to answer to metaphysical questions of the Brahmans, i.e questions about the eternity of the world or about the identity of body and life in an abstract philosophical terminology.[52]

2.3   The Unit of emotion and reason

In buddhistic psychology are made only meagre remarks about the feelings. The most important we find in the *Dighā-Nikaya* 22, in the *Anguttara-Nikāya* and the *Manual of Abhidharma*.[53] About feelings repeatedly is said that they are of three kinds: pleasant, unpleasant, and neutral. Likewise over the close relationship of perceptions and feelings: If the perceptions are not correct, they may give us a lot of bad feelings.[54] But there are many comments about the connection of con-

---

[49] To eplain the meaning by parables cf. Die Reden des Buddha. Längere Sammlung Nr.23, *Pāyāsi,* 2004, 402, 410, 417; Die Reden des Buddha. Mittlere Sammlung Nr. 19, *Zweierlei Erwägungen,* 2006, 138; Nr. 24, *Die Eilpost,* 2006, 174; Nr. 25, *Das Futter,* 2006, 179; Nr. 76, *Sandako,* 2006, 561; Nr. 105, *Sunakkhatto,* 2006, 813; Nr. 127, *Anuruddho,* 2006, 945; Die Lehrreden des Buddha. Angereihte Sammlung IV.8, 8, 1993, 95; V.10, 95, 1993, 93. Die Reden des Buddha. Gruppierte Sammlung, Buch IV, 41 *Citta-Samyutta,* 2003, 153.

[50] Conze, A Short History of Buddhism, 2005, 29 declares the Buddha has teached in the Ardhamaghadi-language and so Thich Nhat Hanh, too; cf. Old Path, White Clouds, 1991, 461f. Schneider, Der Buddhismus, 1997, 170 opposes this meaning emphatically and he proposes the language Ujjayinī of the Western Indian province.

[51] Hanh, Writings, 2001, 119f.

[52] *Cula-Malunkyaputta Sutta.* Die Reden des Buddha. Mittlere Sammlung, Nr. 63, 2006, 467; Seidenstücker, Pali-Buddhismus, 1923, 188; *Das kleine Lehrgespräch mit dem Sohn der Malunkya,* in: Mylius, Die vier edlen Wahrheiten 1985, 145ff.

[53] About feelings cf. *A Manual of Abhidhamma* 1979, chap.3, 168ff. Die Lehrreden des Buddha. Angereihte Sammlung III.6, 63, 1993, 239; V.10, 27, 1992, 28; Die Reden des Buddha. Mittlere Sammlung Nr. 44, 2006, 336; Buch IV, 36; *Vedana-*Samyutta, Nr. 1-6, 120-125; Nr. 10, 128; Nr. 15-16, 132; Buch II, 12 *Nidana-Samyutta,* Nr. 32, 2003, 78; Die Reden des Buddha. Gruppierte Sammlung Buch V, 45 *Magga-Samyutta* Nr. 29, 2003, 235.

[54] Thich Nhat Hanh, Writings, 2001, 94.

sciousness and mental formations with the feeling, the flowing complexity of the five *khandhas*.

The old Indian philosophers maintained the division and gradation of the physical (*rūpa*) and psychological (*nāma*) conditions of a person,[55] and the antagonism of reason and emotion, too: Rational thought tends to despise the emotions. They are not precise, they are not neat and they can easily get out of control.[56] But the Buddhism doesn't use theoretical knowledge or wisdom to suppress sensitivity; it is looking for the „emotional balance".[57] The most basic work in Buddhism is to return to ourselves and create harmony among the elements within us – our feelings, our perceptions, our mental states. „Body and mind form one reality which could not be separated." The body, the emotional nature (the sensitivity of feeling), and the intelligence have to be brought all together into perfect harmony, supporting each other.

This concerns the rigid demarcation to western behaviours: Western thinking has used the rationality to dominate and suppress the emotions[58] with consequences for daily life and for moral theories which has been emphasized by Nietzsche who criticized the „theoretical man", named Socrates and the „Socratic culture".[59]

3.4   Non-conceptual knowledge: Direct, intuitive experience

The buddhistic teachings emphasize that understanding concerns a knowledge of the whole. But the senses only show some aspects of the reality. Humans can see just a part of it as it is told in the parable of the blind men, who have to describe an elephant.[60]

Therefore the buddhists introduced the intuitive understanding because „we are not able to push forward to the highest truth, we are bound into abstract conceptions for which we pursue as if they would be real."[61]

Without the distinction of subject and object and without the reference to a definable permanent self there are many restrictions for the conceptual description of the flowing of the different aggregates into one another. The Buddhism emphasizes that the essence of all *dharmas* cannot be grasped by conceptual knowl-

---

[55] Seidenstücker 1923, 18, 29, 33, 206. Anm.: Die passendste Übersetzung von *namarupa* dürfte „Geist-Leiblichkeit" oder der „lebende Organismus" sein. Vgl. Schneider, Der Buddhismus, 1997, 206.

[56] Ajahn Sumedo, The Four Noble Truths, o.J., 64.

[57] Ajahn Sumedo, The Four Noble Truths, o. J., 68.

[58] Aristoteles, (De anima) Über die Seele 433b 31 – 434a 21 (Seidl), 1995, 276.

[59] Nietzsche, Die Geburt der Tragödie, 1980, 117.

[60] Khuddakha Nikaya, Udana 6, 4; Seidenstücker, Pali-Buddhismus, 1923, 167.

[61] Dogen, Shobogenzo I, Nr.1, 2001, 33.

edge or by the categories of mental discrimination which are necessarily fragmentary. „The experience of the whole reality is not the result of thinking. It is the fruit of direct experience." On behalf of this scepticisms against the conceptual categories the non-conceptual knowledge called „insight", described as vision, wisdom, and light [62] had to be expressed in narrative forms, especially in parables and examples.

And this concerns the understanding and the description of the feeling, too. The connection or the coherence of the feelings, its „flowing" in the whole of the human abilities is not a subject for discursive explanations which have to begin with a stabilized self and with permanent discriminations. But the Buddhism has given up the dualistic discrimination of body and mind and the previous dominance of the consciousness over the other *kkandhas*, and the ranking which is aligned to the privileged position of the reason.

Therefore the starting point for the description of the feelings is the phenomenology of the „flowing into each other", of the interdependent physical, emotional and mental conditions, which are all of the same value. And the descriptions usually take place in a narrative manner and have to be understood without any privileged normative position of the reason because there doesn't exist any 'pure reason'.

Bibliography

Ajahn Sumedo, The Four Noble Truths, Amaravati Buddhist Centre, o.J.

Aristoteles, (De anima) Über die Seele, (Seidl), Hamburg 1995 (Phil.Bibl. 476).

Brück, Michael von 2007: Einführung in den Buddhismus, Frankfurt/M., Leipzig.

[Buddha] Die Lehrreden aus der Mittleren Sammlung. Majjhima Nikāya. Auf Initiative von Ayya Khema Bhikkhunī übersetzt aus dem Englischen und dem Pāli von Kay Zumwinkel, Bde 1-3, Uttenbühl, 2001.

[Buddha] Die Lehrreden des Buddha aus der Angereihten Sammlung. Anguttara-Nikāya. Aus dem Pali übersetzt von Nyanatiloka. Überarbeitet und herausgegeben von Nyanaponika, Bde. I-5, 5. Auflage 1993.

[Buddha] Die Reden des Buddha. Gruppierte Sammlung, Samyutta-Nikāya. Aus dem Pāli-Kanon übersetzt von Wilhelm Geiger, Nyānaponika Mahāthera, Hellmuth Hecker, 2. Gesamtauflage 2003.

[Buddha] Die Reden des Buddha. Längere Sammlung, Aus dem Pāli-Kanon übersetzt von Karl Eugen, Neumann, 2. Aufl. Stammbach 2004.

---

[62] Die Reden des Buddha. Längere Sammlung Nr. 14, *Offenbarung*, 2004, 205; Die Reden des Buddha. Gruppierte Sammlung Buch V, 56, *Sacca-Samyutta*, Nr. 11, 2003, 419.*Vimalakirti Sutra; Lotos-Sutra* 2007, 54. Thich Nhat Hanh, Old Path, White Clouds, 1991, 146.

[Buddha] Die Reden des Buddha. Mittlere Sammlung, Aus dem Pāli-Kanon übersetzt von Karl Eugen, Neumann, Stammbach 2006.

[Buddha] Lotus Sutra. Das Lotos-Sutrā. Übersetzt von Max Deeg. Mit einer Einleitung von Max Deeg und Helwig Schmitz-Glintzer, Darmstadt 2007.

[Buddha] Vimalakirti Sutra. Thurmann, Robert, tr.: The Holy Teaching of Vimalakirti: A Mahayana Scripture. University Park, Pa and London, Pennsylvania State University Press, 1981.

Buddhagosa 2002: Der Weg zur Reinheit. Visuddhi-Magga. Die grösste und älteste systematische Darstellung des Buddhismus. Aus dem Pali übersetzt von Nyanatiloka Mahathera, 8. Auflage, Uttenbühl.

Conze, E. 2005: A Short History of Buddhism, Ho-Chi-Minh-City.

Damasio, Antonio R. 1999: Ich fühle, also bin ich. Die Entschlüsselung des Bewusstseins, München.

Descartes, René 1984: Die Leidenschaften der Seele. Herausgegeben und übersetzt von Klaus Hammacher, Hamburg (Phil. Bibl. 345).

Eibl-Eibesfeld, I. 1970: Liebe und Haß. Zur Naturgeschichte elementarer Verhaltensweisen.

Ekman, Paul 1999: Basic emotions. In: T. Dagleich und M.J. Power (eds.), Handbook of Cognition and Emotion, Wiley, Chichester u.a. 45 – 60.

Hume, David 1978: Ein Traktat über die menschliche Natur. Buch I. Über den Verstand, Hamburg (Phil.Bibl. 283a).

Kluge, Fr. 1960: Etymologisches Wörterbuchder deutschen Sprache, Berlin.

Leibniz, G. W. 1971: Neue Abhandlung über den menschlichen Verstand, Hamburg.

Memedy/ Miller, G.E. 1999: Effects of Psychosocial Interventions on the Immune System.

Mundhenk, J. 1980: Die Seele im System des Thomas von Aquin. Ein Beitrag zur Klärung und Beurteilung der Grundbegriffe der thomistischen Psychologie, Hamburg.

Mylius, K. 1985: Gautama Buddha. Die vier edlen Wahrheiten. Texte des ursprünglichen Buddhismus.

Rahula. W. 2005: Was der Buddha lehrt. Vorwort von Paul Demiéville, Bangkok.

Roth, G. 2000: Die Vernunft spielt immer eine Nebenrolle. Die Dominanz der Emotionen sorgt dafür, dass wir tun, was sich in unserer gesamten Erfahrung bewährt hat. In: *Süddeutsche Zeitung* vom 11.04.2000, S. 5.

Roth, G. 2001: Fühlen, Denken, Handeln. Wie unser Gehirn unser Verhalten steuert, Frankfurt/a.M.

Schedlowski,M./ Tewes,U. (eds.) 1999: Psychoneuroimmunology: An interdisciplinary introduction, New York.

Schneider U. 1997: Der Buddhismus. Eine Einführung, 4. unveränderte Aufl., Darmstadt

Seidenstücker, K. 1923: Pāli-Buddhismus in Übersetzungen. Texte aus dem Pāli-Kanon und dem Kammavāca. Aus dem Pāli übersetzt nebst Erläuterungen und einer Tabelle von Karl Seidenstücker. Zweite vermehrte und verbesserte Auflage, München-Neubiberg.

Thich Nhat Hanh, Essential Wrigings. Ed.by Robert Ellsberg, Marykoll, New York 2001.

Thich Nhat Hanh, Old Path White Clouds. Walking in the Footsteps of the Buddha, Berkeley, Cal. 1991.

Thomas von Aquin 1958ff.: Somme théologique. Summa theologica, Paris.

Thomas von Aquin 1974-1996: Summe gegen die Heiden. Summa contra gentiles libri quattuor, Darmstadt.

Thomas von Aquin 1982: Vollständige, ungekürzte deutsch-lateinische Ausgabe der Summa Theologica. Übersetzt von Dominikanern und Benediktinern Deutschlands und Österreichs, Bd. 1, Graz, Wien, Köln.

Trilling, L. 1973: Mind in the Modern World. The 1972 Thomas Jefferson Lecture in the Humanities.

Carola von Villiez

On the very idea of a transcultural morality:
Adam Smith's contextualist approach to ethics:
double standard – naturally!

1. Introduction

Adam Smith's *Theory of Moral Sentiments*, while marking an important station on the way to the ethics of Immanuel Kant, is surpassed by the latter – so the conception prevalent within the German-speaking world. Yet to conceive of Smith merely as some kind of „Kant-Junior" means to misjudge the relevance of his theory. Although he does not himself reflect on this, by applying a procedural notion of the moral standpoint as one of detached impartiality to the concrete moral convictions of factual communities, he takes a middle-way between universalism and particularism. This early contextualist approach to ethics makes his theory an interesting resource for contemporary theories. For, as John Rawls has convincingly argued, such an approach is indispensable for a theory of justice (or morals by the same token), which is to successfully face the *fact of pluralism*. Smith's idea of *sympathy* as an anthropological constant and his thought-model of the *impartial spectator* are of special relevance in this respect. Thus to begin with, I will explain these two concepts as used by Smith, interpreting them with view to a model of three dimensions of moral judgement. Then I will try to establish in what sense Smith can be considered to advance a contextualist moral conception.

2. Adam Smith: sympathy as an anthropological constant

Adam Smith stands in the tradition of British-Enlightenment-Theorists who ascribe sentiments a significant function in moral judgements. The sentiment relevant for moral judgements in Smith is *sympathy*. Smith uses the term sympathy to denote concrete sentiments, which are yet not restricted to benevolent feelings of compassion or pity, as prevalent in contemporary usage. Rather, „sympathy" in Smith denotes our fellow-feeling with *any passion* whatever (cf. TMS I.i.1.5, 10). One could alternatively speak of *empathy*. Smith presents the mutual wish for sympathy as a nature-given force (cf. TMS III.2.6, 116 and I.i.2.1, 13). In an equally important, second sense, „sympathy" represents a general *affective receptivity* toward other humans, a faculty, that Ernst Tugendhat in his *Vorlesungen über Ethik* has aptly called a capacity of 'affective tuning in' or 'mutual vibrating' (cf. Tugendhat 1997: 15. Lecture, esp. 286ff.). The motivation for developing and applying our „sympathetic faculties" flows from the general *sociability* of human beings. It is this natural sociability, which occasions a desire for interacting with others not only on an intellectual but also an affective level – one might even say a desire for 'affective communication' (Tugendhat 1997: 295). For this reason, social or *altruistic affections*, according to Smith, play a substantial role in human motivation. The fundamental relevance of this assumption for his moral theory is evident from the very first words of TMS on:

However selfish man may be supposed, there are evidently some principles in his nature, which interest him in the fortune of others, and render their happiness necessary to him, though he derives nothing from it except the pleasure of seeing it (TMS I.i.1.1, 9).

Following his conviction that nature makes man fit for community by the very means of such altruistic inclinations, Smith assumes the capacity for sympathy to be an *anthropological constant*. Moreover, as a human disposition it is *universal in reach*. Smith speaks of *universal benevolence* induced by sympathy in this context. For instance (TMS VI.ii.3.1, 235): 'Though our effectual good offices can very seldom be extended to any wider society than that of our own country; our good-will is circumscribed by no such boundary, but may embrace the immensity of the universe.'

The concept of sympathy is the backbone of Smith's theory. It figures in his *analysis* of the processes commonly at work in reaching everyday moral judgements. And it also provides the basis for a *normative procedure* that can serve as a testing-device for everyday moral judgements. Sympathy, that is, plays a decisive role in the *justification* of moral judgements. Smiths' remarks on sympathy can be fitted into the following model of three dimensions of moral judgement.

3. Adam Smith: Three dimensions of moral judgement

The *first dimension* of moral judgement is characterised by a form of immediate sympathetic communication between actor and observer on the basis of sense-perception. It refers to the interaction between affect-manifestations – like joy or pain – and *benevolent reactions* thereby immediately induced in the observer (cf. TMS I.i.1.6, 11). Judgements owed to this form of immediate sympathetic communication are owed to *first-degree sympathetic feelings*. Induced by the mere perception of affections in the other, these do *not* suffice for purposes of justification. They do not satisfy the most basic criterion of justified judgements – a *comprehensive knowledge* of the factual situation at hand. One might say they contain an advance on benevolent feelings, which, at close sight, may prove unjustified. Man's general sociability, her natural desire for affection is exclusively decisive for first-dimension judgements.

The *second dimension* of moral judgement is no longer marked by this primary desire for affection, but by the desire for *approbation*. For human beings, so Smith, feel pleasure in the approval of their fellow humans, while their disapprobation is 'most mortifying and most offensive' to them (TMS III.2.6, 116). *Second-degree* sympathetic feelings are, accordingly, to be understood as feelings of approbation. As for judgements of approbation, individuals according to Smith initially only have their *own* respective standard at their disposal: 'Every faculty in one man is the measure by which he judges of the like faculty in another' (TMS I.i.3.10, 19). Judgements made solely with view to one's own subjective standard, however, have little chance at *intersubjective authority*. Smith does indeed demand to assess sentiments in relation to their *cause*. Yet, since he believes individuals' judgement-competency to vary (cf. TMS VI.iii.23–5, 247), one should expect their conclusions to differ even on one and the same situation. This is why in Smith, *second-order* moral judgements require *interpersonal communication* in addition to comprehensive knowledge of relevant situational features. [rational criteria for correct moral judgements] To this avail, Smith postulates a *reciprocal role-reversal*. By means of this reciprocal role reversal, moral actors try to gain as much information as possible on the (rational and emotive) interests of all those affected by an action, for the purpose of judgement. On the basis of this information, the propriety of the action in question is initially judged according to the standard of a domestic spectator, so that *factual spectators* mutually judging and commenting each other's behaviour play a decisive role in second-order moral judgements. One can assume their judgements to reflect the norms and intuitions of their moral community, so that second-order judgements might be understood as moral judgements justified *from within the context of a factual moral community*. This second dimension of moral judgements, then, would rest not so much on people perceiving each other as sentient beings, but *acknowledging* each other as *moral actors* belonging to a *common moral community* and acting according to what Smith calls the *standard of approximation* (s. b.).

Such judgements play an important role in a contextual conception of morals. Yet they cannot be considered finally justified *merely* on account of corresponding to the convictions prevalent in a moral community, for the latter may well rest on prejudice or factual mistakes. This is why Smith distinguishes between *judgements of approximation* well-founded from within the context of a moral community and *judgements of exact propriety and perfection* (or impartiality). For the *third dimension* of moral judgements thus opening up, it is no longer the „moral applause of society" – its approbation or disapprobation which is decisive, but rather the approval-worthiness of actions. Smith makes this distinction with the following words: 'Praise and blame express what actually are; praiseworthiness and blame-worthiness, what naturally ought to be the sentiments of other people with regard to our character and conduct' (TMS III.2.25, 126). For the *critical questioning* of judgements well-founded from within the context of a moral community, it is no longer the opinions of factual spectators which are decisive. Their place is rather taken by an *idealised spectator*: the „impartial spectator". The term „impartial spectator" – more precisely: well-informed and impartial spectator – denotes an imaginary judge within ourselves, our own *conscience*. Only actions this fictitious person can go along with can be considered ultimately justified. The sentiments relevant for this third dimension of moral judgement are *third-degree* sentiments of sympathetic impartiality. At this point, Smith leaves the descriptive level in order to develop *normative standards of procedure*, according to which ordinary moral practice must be judged. Let's have a closer look at this imaginary judge within...

4. Adam Smith: the impartial spectator

The impartial spectator serves as a heuristic aid for defining the approval-worthiness of actions and (in its simplest constellation) works according to the following pattern: I perform an action *H*. My performance of this action is the cause for approbation or disapprobation in a person *P* whose rational or emotive interests are affected by it. Yet, rather than simply accepting her judgement of approbation or disapprobation regarding my action as conclusive, I myself examine its approval-worthiness. In a first step, I enter the situation of Person *P* to this avail. The underlying intention in this is not a merely intellectual definition of her rational interests, but moreover the ascertainment of the sentiments – the *emotive interests* – connected with her situation. That is, I not only assume P's position mentally, but also emotively. Not only do I „think myself into" *P*, I *feel* myself into *P*, in order to gain the comprehensive information required for well-informed judgement. So the attainment of comprehensive information equally presupposes two efforts: an intellectual apprehension of the rational interests of a person affected by an action by means of a *rational operation* and the sensual apprehension of her affective interests by means of an *emotive operation*. This way, this first, *reciprocal role reversal* provides us with a richer notion of what is at stake for the parties involved as would be the case, if the interests imputed to others were only supported by our own situational and personal features and preferences. On this basis, we are then able to make second-dimension moral judgements by assessing first-dimension moral judgements with regard to the information ascertained in the first role-reversal. The standard complied with results from moral communication within our community. For this reason, second-dimension moral judgements may be considered well-founded from within the context of a particular moral community.

Yet for reasons named above, such judgements remain to be validated from the third-person perspective of the well-informed and *impartial* spectator. This requires a *second role reversal* which Smith describes as follows:

Before we can make any proper comparison of those opposite interests, we must change our position. We must view them, neither from our own place nor yet from his, neither with our own eyes nor yet with his, but from the place and with the eyes of a third person, who has no particular connection with either, and who judges with impartiality between us (TMS III.3.3, 135).

According to Smith, this *well-informed impartiality* is the precondition for moral judgements that may be considered justified in a sense superior to that of mere agreement with the prevailing convictions. An action is only then finally justified when it may be presented as result of the execution of an impartiality-procedure. The foregoing now allows us to examine Smith's approach from a meta-theoretical standpoint.

5. Adam Smith's contextualist approach to ethics

There are two features which characterize a contextualist conception of morality: it puts moral justification into the care of procedural operations, by means of which the quality of actions can be determined, and it ties back the results of these operations to the moral intuitions of individuals in social contexts of action. By uniting these two features on the methodical level, such a conception acknowledges morality to be a historically and culturally grown phenomenon, yet doesn't uncritically sign the whimsies of a moral community. It thus lays claim to a culture- and time-transcending justification of moral judgements and norms, which is yet not owed to an a-historical or a-cultural perspective. Thereby it takes an intermediary position between a universalist and a particularist stance on morality. In the following, Smith's remarks regarding the two standards deployed in the moral judgements of factual spectators and the impartial spectator will serve as evidence for the legitimacy of ascribing him a contextualist approach to ethics.

According to Smith, the standard determining the judgements of factual spectators is developed in the course of their moral communication: Moral actors within a common community mutually evaluate and comment on each others' conduct (cf. TMS III.i.3–5, 110ff.). Numerous references to the necessity of a mutual adjustment of the sentiments of actors and spectators (cf. TMS I.i.4.6–10, 21ff.) point into this direction. In this context, Smith speaks of an imperfect formulation of the ideal of impartiality, a *standard of approximation* as manifest in the moral conduct of the majority of society (cf. TMS I.i.5.8–10, 26 and VI.iii.23, 247). He contrasts this standard of approximation with a notion of *perfect impartiality* (cf. TMS I.i.5.8–10, 26 and VI.iii.23–5, 247). By characterising the latter as an *ideal* standard, Smith expresses his conviction that the perfect judgement of the well-informed impartial spectator – although ultimately inaccessible to human beings – must nevertheless always be *strived for* by means of the second role reversal. Our moral judgements always move in between these two standards (cf. TMS VI.iii.23, 247).

We form an idea of this ideal standard by observing our own character and conduct as well as that of others and entering our observations into an impartial-ity-procedure (cf. TMS VI.iii.25, 247). The latter can ultimately be conceived of as a process of *social-contextual interpretation* of our *moral culture*. Principles play an important role in this. Principles, which Smith considers to be a signifi-cant element of ethics, are developed in the course of the observation of our social moral practice, as evident in the conduct of others. It is our experience of certain actions exciting those very affective reactions in others which we natu-rally crave – 'the love, the gratitude, the admiration, of mankind' – which moti-vates us to 'lay down to ourselves a rule' to always act accordingly (TMS III.4.7, 159). So one might say that at first we judge the propriety of actions on the basis of the moral convictions of our surroundings. Significant for our intuitions and rules and the judgements built thereon, then, are first and second degree sympa-thetic sentiments (benevolence and approbation). Yet in Smith, it is not benevo-lence or factual approbation which are decisive for moral justification, but the *approval-worthiness* of actions. And the latter is determined exclusively by its being apt to excite the sympathetic sentiments of the well-informed impartial spectator reflecting upon these first and second degree sentiments and judge-ments.

Yet general principles, although in the above sense owed to our sympathetic sentiments, also have a function in *correcting* the latter in concrete situations (cf. TMS III.4.12, 160). So that in the interaction between *principles* and *moral intui-tions* neither party can lay claim to ultimate authority. The latter is reserved to the impartial spectator. In order to approximate the perfect judgement of the impartial spectator, we must go back and forth between intuitions and principles under conditions of impartiality. It is in this sense, that the procedure employed in the *Theory of Moral Sentiments* can be conceived of as a process of social-contextual interpretation of moral culture, aimed at bringing into accord our moral intuitions and principles under conditions of impartiality. Ultimately, justi-fied moral judgements in Smith are those that accord with the critical self-understanding of a moral community, which results from an execution of the procedure described above. The impartiality-ideal of a procedural conception of morality thus being related to the practice of a moral community on the methodi-cal level, one can ascribe to Smith a contextualist approach to ethics.

In Smith, moral judgements can not be considered ultimately justified merely because of their social acceptability, but only if they can moreover be presented as results of two role-reversals. Both of these are motivated by the fundamental sociability of human beings. Whereas the first, reciprocal role-reversal creates the preconditions for well-informed moral judgements according to the shared convictions of a moral community, the second role-reversal is constitutive for the critical questioning of these shared convictions from a perspective of detached impartiality.

6. Double standard – naturally!

At first sight, Smith seems to hopelessly waver between a normative approach and a moral-sociological approach to ethics. This impression is reinforced by his reference to *two* standards of judgement – that of approximation and the ideal standard of exact propriety. Yet his approach gains quite a bit of intelligibility when examined from a meta-theoretical perspective. From this viewpoint he neither aims at a purely formalistic moral conception nor at a mere description of a society's moral practices, but rather at a mediation of both. He (implicitly) takes a contextualist approach to ethics by critically recurring to the fundamental moral convictions of a community by means of an interpretation of its moral-culture. This requires assuming an external standpoint, which must yet not be a culture-external standpoint in the strict sense, for it must be developed from within the very confines of the moral context, for whose assessment it is to serve. The dual role-reversal Smith falls back upon for the purpose of operationalising his approach is rendered possible and motivated by the fundamental sympathetic constitution of human beings. With this model of a sympathy-induced dual role-reversal, Smith provides directives for reaching context-sensitive judgements which are yet impartial in a superior sense. He demonstrates that the notion of the moral point of view as one of detached impartiality does not require a complete abstraction from the judgement-contexts of moral communities and that feelings may be accorded a constitutive role in processes of moral justification, without thereby rejecting rational justification.

Bibliography

TMS   Smith, A. (1759) The Theory of Moral Sentiments, Indianapolis: Liberty Fund (1984) reprint of: The Glasgow Edition of the Works and Correspondence of Adam Smith, Oxford: Clarendon Press.

Andree, G. J. (2003) Sympathie und Unparteilichkeit. Adam Smiths System der natürlichen Moralität, Paderborn: Mentis.
Ballestrem, K. Graf (1977) 'Methodologische Probleme in Rawls' Theorie der Gerechtigkeit', in O. Höffe (ed.) *Über John Rawls' Theorie der Gerechtigkeit*, Frankfurt/M.: Suhrkamp.
Barry, B. (1989) *Theories of Justice*, Berkeley: University of California Press.
Barry, B. (1995) *Justice as Impartiality*, Oxford: Clarendon Press.
Brandt, R. (1979) *A Theory of the Good and the Right*, Oxford.

Daniels, N. (1979) 'Wide Reflective Equilibrium and Theory Acceptance in Ethics', *The Journal of Philosophy*, 76: 256–82.

Daniels, N. (1980) 'Reflective Equilibrium and Archimedean Points', *Canadian Journal Of Philosophy*, 10 (1): 83-103.

Darwall, S. (1995) The British Moralists and the Internal Ought. 1640–1740, Cambridge: Cambridge University Press.

Fleischacker, S. (1999) A Third Concept of Liberty. Judgment and Freedom in Kant and Adam Smith, Princeton: Princeton University Press.

Griswold, Ch. (1999) Adam Smith and the Virtues of the Enlightenment, Cambridge: Cambridge University Press.

Habermas, J. (1994; 4th edn 1998) Faktizität und Geltung. Beiträge zur Diskurstheorie des Rechts und des demokratischen Rechtsstaats, Frankfurt/M.: Suhrkamp.

Hoerster, N. (1977) 'John Rawls' Kohärenztheorie der Normenbegründung', in O. Höffe (ed.) *Über John Rawls' Theorie der Gerechtigkeit*, Frankfurt/M.: Suhrkamp.

Lohmann, G. (2001) 'Unparteilichkeit in der Moral', in L. Wingert and K. Günther (eds) *Die Öffentlichkeit der Vernunft und die Vernunft der Öffentlichkeit. Festschrift für Jürgen Habermas*, Frankfurt/M.: Suhrkamp.

Lyons, D. (1975) 'Nature and Soundness of the Contract and Coherence Arguments', in N. Daniels (ed.) *Reading Rawls. Critical Studies on Rawls' „A Theory of Justice"*, Oxford.

Mohr, G. (1997) 'Der Begriff der Rechtskultur als Grundbegriff einer pluralistischen Rechtsphilosophie', in B. Falkenburg and S. Hauser (eds) *Modelldenken in den Wissenschaften*, Hamburg: Meiner, 1997 (= Dialektik 1997/1).

Mohr, G. (1998) 'Zum Begriff der Rechtskultur', in W. Goldschmidt (ed.) *Kulturen des Rechts*, Hamburg: Meiner (=Dialektik 1998/3).

Mohr, G. (2003) 'Das Prinzip der Unparteilichkeit. Drei Modelle: Moralisch, gesellschaftlich, global', in H. J. Sandkühler and F. Triki (eds) *Der Fremde und die Gerechtigkeit. L'étranger et la justice*, Frankfurt/M.: Peter Lang.

Nagel, Th. (1970) *The Possibility of Altruism*, Princeton: Princeton University Press.

Raphael, D.D., Macfie, A.L., 'Introduction', in *Adam Smith. The Theory of Moral Sentiments*, Indianapolis: Liberty Fund, 1982.

Rawls, J. (1971) *A Theory of Justice* [TJ], Cambridge: Harvard University Press.

Rawls, J. (1993; 2nd edn 1996) *Political Liberalism* [PL], New York: Columbia University Press.

Rawls, J. (1999) *The Law of Peoples*, Cambridge: Harvard University Press.

Raz, J. (1982) 'The Claims of Reflective Equilibrium', *Inquiry: an interdisciplinary journal of philosophy and the social sciences*:307-330.

Raz, J. (1992) 'The Relevance of Coherence', Boston University Law Review, 72: 273–321.

Schrader, W. (1984) Ethik und Anthropologie in der Englischen Aufklärung. Der Wandel der moral-sense-theorie von Shaftesbury bis Hume, Hamburg: Meiner.

Tugendhat, E. (1997) *Vorlesungen über Ethik*, Frankfurt/M.: Suhrkamp.

Von Villiez, C. (2004) 'Cultural Integrity and Human Rights. A four-level-model of legal culture', in H. J. Sandkühler and H. B. Lim (eds) *Philosophies of Cultures*, Hamburg: Peter Lang.

Von Villiez, C. (2005) „Double standard naturally – Adam Smith als Vertreter einer kontextualistischen Moralauffassung". In: *Adam Smith als Moralphilosoph*, hg. Christel Fricke and Hans-Peter, Berlin: De Gruyter.

Hong-Bin Lim

Nature and Rationalization of Guilt Culture

1. Ontological guilt and individual guilt[1]

It seems to me that there could be multifarious relationships between self-image of mankind and their attitude toward nature. I would not claim in the following presentation that philosophical statements about normative understanding of our identity and interactive relations could give us a sufficient analysis of the much debated problem of ecological crisis, since the correlation of our self-identity, behavior and institutionalized activities is simply not identical with any causality statement among them. If we take up, for instance, the argument of Hans Jonas, who energetically emphasized our overall responsibility toward nature, we are not sure whether the moral principle of responsibility could have real, substantive power to reshape human behavior and Institutions. In spite of such methodological ambiguities I would say that a new way of natural philosophy in the wide sense of the word might be encouraged by the critical reflections on the genealogy of our normative attitudes, insofar as the rationalization of guilt consciousness represents the core of the emancipation process of humanity. Without cultural emancipation our scientific and technological civilization would have shown pretty different face. Given that the transition from ontological guilt to the individual guilt is, at least, one of the constitutive elements of modern world, what price should we have paid for?

Although the much criticized anthropocentrism will be highly prized under the perspective of mainstream modern thinkers, I will further maintain that the great achievement of modern legal systems could be realized at the price of nature and affective disharmony of mankind. Nobody would deny nowadays the normative value of human rights and personal autonomy, which should be protected by legal systems of each nation-state or even by the international laws. The idea of autonomous juridical and moral subject is considered to be one of the accomplishments of our modernity, which followed from the emancipation process of humanity from the nature. What is distinctive of pre-modern age is that the nature has been understood as the very condition of human identity. Human being is, in principle, accountable for the natural economy so that the

---

[1] These terms are coined by Stephan Grätzel, *Dasein ohne Schuld: Dimensionen menschlicher Schuld aus philosohischer Perspektive*, Göttingen 2004.

groundbreaking change of natural phenomenon has been interpreted as a sign of 'unjust' human conduct or even 'unjust political hegemony'.

In his "Retribution and Causality", Hans Kelsen, a famous philosopher of public law in last century has succeeded in describing the genealogy of juridical principle of causality.[2] According to his sociological study, "the genesis of causality law from the principle of retribution" should be traced to Greek natural philosophy.[3] Although we can be skeptical about his progressive stance of the transition of juristic discourse, his overall story of normative enlightenment sounds reasonable. The legal subject in modern juristic community as such should have the following characteristics: freedom of action, autonomous will and self-identity as person. In the light of sociological genealogy it is not surprising to assume that we need take account of the price of such emancipation of normative consciousness. The rationalization of juridical discourse, based on causality principle is, in fact, responsible for the pauperization of juridical and ethical narratives. Not only the nature but also the deceased and future generations were excluded from the normative discourses. The modern juridical principle of act-causality, for instance, cannot be imagined without the demise of primitive idea of nature. The radical change of normative system, which made the concept of ontological guilt obsolete, is one of the cultural backgrounds of modernity's emancipation from the nature. Contemporary discussions of ecological crisis have to deal with this stubborn logic of modern discourses. In order to change our attitude in every ecologically relevant occasion, the moral and legal concept of human guilt as debt consciousness should be reconsidered as an ontologically comprehensive category. In this context we could remain skeptical about feasibility of any ecological vision, unless we remain satisfied with the shallow concept of legal discourse of individual guilt, which is determined by the self-deceptive idea of individualistic autonomy.

If we forget about the other vulgar utilitarian or individualistic morals as a viable alternative, we cannot think about our own future without any comprehensive picture of nature, of which I will speak in the last part of my presentation. It should also be remembered that the modern reformulation of nature merely as a totality of material entities with its external relationships is nothing other than a fist-order description of folk psychology. It means simply that our world cannot afford the lack of well elaborated natural philosophy. And we could easily imagine that the ancient cultures could be characterized by their diverse natural philosophical imaginations. Ancestors, gods and all kinds of invisible or insensible beings belong to the same great economy of nature.

---

[2] Hans Kelsen, *Vergeltung und Kausalität, Eine soziologische Untersuchung*, The Hague 1941.
[3] Ibid.,, pp. 236-258.

Why do we have to remind us of this old fancy story? It is not about the anachronistic romanticism or obscurantism whatsoever. But it makes just sense, if the ancient idea of natural economy discloses the peculiarity of our modernity's ontological assumptions. Modern civilization with its own normative, moralistic presuppositions has been differentiated from the integrative understanding of being human in the ancient times. "As the Greeks understood, the responsibilities we have to recognize extend in many ways beyond our normal purposes and what we intentionally do."[4] We call this as 'ontological guilt', which meaning has been disappeared in the modern liberal societies. Ontological guilt has found its primitive form in the idea of blood guilt. "Magical beliefs in blood-guilt, or archaic notions of responsibility" in ancient Greek myth could have parallels in other ancient eastern cultures too.[5] I, however, do not try to define the Greek tradition as guilt or shame culture. In this I will go along with Bernard Williams, who has vigorously criticized any kind of simple minded interpretation of Greek culture. As the notion of shame- or guilt culture was designed by the modern anthropologists, the idea of the historical consciousness, progress of civilization and even mankind as historical subject are the late theoretical constructions, which come from monotheistic religion and occidental philosophy of history.

2. Myth and Tragedy: Its Relevance to juridical Discourse

The meaning of guilt in the archaic sense follows from the ontological fall, because of which the idea of individuation or moral autonomy itself should have been condemned. "The punishable emancipation from the eternal Being" explains the typical self-understanding of mankind in many traditional societies, as it is told by Anaximander.[6] The mythological texts exhibit a clearly non-anthropocentric view in that human being is in her sheer existence guilty. The ontological guilt concerns not the individual act with its causal effect, but the whole integrative relationships between man and nature. Or the word 'between' seems to me here out of place. As far as the deceased being, natural spirits and other gods belong to the same historical narratives, the pursuit of 'individual' utility is only allowed within the great economy of nature, in which not so much

---

[4] Bernard Williams, *Shame and necessity*, Berkeley, Los Angeles, London, 1993, p. 74. He paraphrases in this place "Heraclitus: 1247-1302."

[5] Ibid., p. 69.

[6] F. Nietzsche, *Die Philosophie im tragischen Zeitalter der Griechen 4 (Philosophy in tragic age)*, in: Kritische Studienausgabe, Bd. 1, Berlin/ New York, 1967ff. p. 819f.: „jetzt alles Werden wie eine strafwürdige Emancipation vom ewigen Sein anzusehen, als ein Unrecht, da mit dem Untergange zu büßen ist. .... Durch eure Schuld, merke ich, weilt ihr in dieser Existenz."

the distributive but the retributive and commutative justice would gain substantive meaning of axiomatic principle. The value of human action and character will be judged on the basis of narrative context.

In contrast to the ancient idea of integrative being in the world, the transition from the idea of retribution to causality as a rational interpretation of human world has been resulted in the concept of individual guilt, which was chanted also by Kelsen and Habermas as the clear sign of juridical progress. The rationalization of guilt discourse could not be successful without the altered attitude toward knowledge interest as essential anthropological trait. In this sense the dialectic of knowledge-drive is an integral part of ontological guilt. In contrast to Bacon and the other epigones such as the naïve followers of knowledge-based society the ancient texts insist on the possibility of perversion of human willingness to knowledge. Oedipus, for instance, who is resolute for the truth, will suffer beyond all measure. The intriguing question here is that not the knowledge in itself, but the will to knowledge is the real cause of tragic climax. The consequences of Oedipus' curiosity or Adam's willingness of knowledge in 'Genesis of Bible' are fatal for both of them. The chiasm of seeing and blindness represents the perversion of human will to knowledge. The knowledge of his own guilt brings Oedipus to the situation, where the real redemption could be realized. (see: *Oidipus epi Kolonoi*)

The more we focus on the tragic in the developmental context of ethical consciousness, the more we become aware of its specific difference in terms of the Greek enlightenment par excellence. In a word tragic reveals great potential of reflexive consciousness, insofar as it changes deeply the way of normative thinking. Tragic experience is, as we know well, based not merely on the suffering of innocent heroes, but on the guiltless suffering of them. The tragic in its ancient formation is possessed by the idea of human suffering and inevitable fate of life. The tragic figure is paradigmatic for the dilemma of 'guiltless guilt', since the fateful development of the tragic event is due to his or her 'blood-guilt'. The blood-guilt and the ancestor's deeds are not, without doubt, subjected to human willingness. The responsibility of tragic hero does not correspond with the principle of autonomy of the agent. The cotemporary modern principle of causal accountability principle between action and effect is in this context totally senseless. The tragic agent, in the case of Oedipus, does not know, what he is doing, or he has no idea of what he is trying to know. His pursuit of transparency in terms of his own history brings himself to the catastrophic truth of his doing and life.

What is relevant for our discussion is, however, the fact that dialectic of tragedy, which is based on the inevitable conflict between values, is accompanied by the prevalence of universalism and transcendentalism as well. Many interpretations of Greek tragedy since Hegel have been focused on the universalistic element of juridical justice, which abstract validity transcends the ethical particularity of each individual. But when the tragic demonstrates that juridical justice should presuppose the transcendental and universalistic stance, it manifests also emancipation of normative discourses from the ontological premises. From now on our rational discourses about human conflict should not have to be subjected to ontological commitments. Simply speaking, Nature does not come to direct social issues. The differentiation of narratives and theoretical discourses manifests the very creed of modernity.

3. Why Tragedy again?

The historical peculiarity of the modern legal system is so clear, that we are determined not to be accountable for our own failure in terms of ecological crisis. A modern moral philosopher or jurist should remain speechless, when it comes to the asymmetry between guilt and punishment in terms of ecological injustice. The ecological injustice between generations and generations is a scandalous event in our time so that we can even talk again of 'ontological blood guilt' of the future generations. The interest conflict among generations is nothing but a 'blood-guilt' in the tragic sense of the word. If we are well acquainted with the problems of natural resource, energy, climate change, and ecological implications of bio-technology as well, our normal moral and juridical discourse of cause and effect would be exploded or imploded. This is the reason why I am talking about the 'ontological guilt' in this so-called 'post-modern age'. We have since long ago tried to establish the normative system, which constituents are the principle of autonomy, freedom, and self-identity among others. It is believed that those moral and juridical concepts should help us to control the uncertainties of human world, from which the nature has been lost her voice

One of the alternatives to the dominant tendency of modernity might be the reawakening of our affective sensitivity in every corner, which comprises cognitive understanding of nature merely as a very selective one. The ecological problem, of which I talk to you, reveals the historical contingency of our normative understanding. It means that we need to ask of the ecological viability of the conventional, prevailing forms of normative discourses, if we want to cope with the ongoing crisis of mankind and nature. The modern juristic concept of guilt, which focuses only on the subject of autonomous will, should fail to cope with ecological crisis. We need to find more viable concept of guilt, in which our responsibility toward nature and future generations could be comprised. It means that the so called rationalization of guilt principle is nothing more than degenerative form of self-identity. But in order to be free from anachronistic statement, our criticism against the shallow concept of liberal self image should be understood just as an impulse to tackle the problem of reconciliation with nature. The idea of reconciliation is in fact a sort of historical project. Reconciliation with nature implies essentially our emancipation from our self-centered narcissism, which is coextensive with many kinds of transcendental or metaphysical hyperboles like eternal life or endless pursuit of desire. In this occasion I confess that the new ecological transition based on the great economy of nature, might require a tragic sense of life. The tragic sense of guiltless guilt in its own dialectic gives us the possibility of rethinking human finiteness.

In contrast to the religious or metaphysical beliefs in the immortality, our enlightened acceptance of the absolute everlasting process of life and death is an integral part of that economy. Our affective system is sensible enough to perceive truth that the earth is our great body, and human's embodied mind is the exciting moment of the great body's expression. Mapping the world only by our cognitive tools makes us difficult to apprehend the other perspectives of the nature as our own extended body. Considering the fallibility and the normative indifference of science and technology, the philosophy of nature under the perspective of great economy seems to have the meaning of 'regulative idea', which heuristic function one could hardly deny in and for the future.

4. Some remarks on "the Great Economy of Nature"?

Now I feel obliged to elaborate little more about idea of nature's great economy, which was already common among some natural scientists. At the very inception of this term we could aware of its ecological connotations. Carlos Linnaeus, a Swedish botanist, (1707-1778)[7] who has coined this term, had strong ecological interests, insofar the interaction of all living organisms is at the core of his theoretical project. But I would like to point out that we need careful about his theologizing argument towards natural order. In this sense I agree with the following comment on this term, which is told by Donald Worster: "*Nature's economy* has been defined by different people for different reasons in different ways."[8] In contrast to archaic myths or religious traditions the modern proponents of natural economy do not believe in supernatural being or extramundane transcendent power which needs to be posited as a premise of harmonious nature.

The patterns of human reactions against amorphous nature can give us a glimpse of our metaphysical interests. As the formless and enigmatic features of nature could have been brought and transformed into formalistic symbolic systems arguably with great success, realization of such a grand project was not free from pragmatic interest of human being. But if we try to understand the mythical concept of nature, we might reasonably ask of epistemological selectiveness of our prevailing symbolic systems, of which our affective understanding tends to

---

[7] Carlos Linnaeus, *Specimen academicum de Oeconomia Naturae, Amoenitates Academicae II*, 1751, pp. 1-58.
[8] Donald Worster, *Nature's Economy: A history of ecological ideas*, Cambridge University Press 1994, Preface X.

be excluded. In far-eastern culture too we observe the reservation against abstract formalistic symbolization of concepts based on the principle of transcendence and universality, while there are interesting cases of analogical thinking with abundant uses of metaphors. Certain far-eastern traditions have been shown clearly intense occupation with the relations between inorganic system and organic life. Furthermore the relationships between individual things have an essential impact on the internal structure of them. But such natural philosophy of immanent second-order ontology, which contrasts to the folk psychology about reality, does not make sense in our ordinary worldview. The notorious dichotomy of object-subject is nothing other than the degenerated form of substance-ontology. The ecological view of nature is, however, based on the immanence of relation and field in terms of essential moments of individual entities, which could not exist without a biome or even without geological settings. If we reflect the necessity of energy flow from the sun, and the photosynthesis, our biological interpretation of nature should extend over the cosmic dimension. The whole universe is a living system of continuum, which is the very real reality of individual things. What is more interesting for us is that the object-subject dichotomy as one of the late variation of substance-ontology has thrown a shadow over the moral and juridical discourse of guilt. Especially the perspective of the first order metaphysics, which understands nature comprised of lifeless totality of individuated entities and their external relations, is so powerful and natural that we find similar narrative formations in terms of individual guilt, as I have tried to explain its historical implications to you.

I will now conclude my presentation with an apology for the rehabilitation of natural philosophy. The ecological crisis in our time has revealed, in a sense, the unnoticed implications of the epistemological turn in the history of modern western philosophy. The prevalence of scientific and technological perspective, forcibly or willingly, had impact not only on our ways of perception, but also on philosopher's mind. It is still very common and safer for philosophers to develop a theory of natural science than to formulate their reflection on the nature itself. Modern philosophers are too modest to propound any philosophy of nature whatsoever. If the idea of substantive philosophy of nature is not an obsolete project, the natural philosophy under the ecological vision of nature's economy seems to me a meaningful project. Philosophy of Nature needs not to be satisfied with parasitic existence as an uninvited appendix to the scientific inquiry. The much said 'denigration of nature' is perhaps not the cause but the consequence of self restrictive asceticism. If we think of this theoretical asceticism, the experimental and even speculative statements of Hoelderlin, Hegel, Schelling, Whitehead and Irigaray in the 21st Century are the genuine outsiders of modernity. These philosophers agree with the fundamental duality of natural rhythms, which was also one of the main tenets of the ancient eastern natural philosophers. The fundamental duality of nature is just another face of her self-referential dimension as the key element of all living things. The instinctual premise of the fundamental duplicity explains at a same stroke the mystery of nature's amazing productivity. The enigmatic face of nature as infinite 'subject' was poetically paraphrased by Heraklitus (Fr. 123), in saying that nature is self-concealing (kryptesthai).

The material is a perverse expression of natural things, which should be considered as the never ending transformation of disclosing and revealing moments. In this perspective the substance-ontological description of the reality is not merely false, but a very poor ill-conceived idea, which is only useful for certain human interests. The speculative ontology has been designed to come up with the self-differentiation of biological cosmos as 'sexual subject'. The living subject without sexuality is unthinkable so that we find here one of the distinct expression of nature's essential duplicity. The omnipresence of this genuine phenomenon of sexual difference indicates that the body realizes the nature's duplicity in its own structure. Our inquiry into the self-generating and self-referential, disclosing and revealing nature makes us possible to overcome the nihilistic anthropocentrism and the materialistic reductionism as well. This might bring us in the forgotten insight that we are deeply indebted to nature for our whole existence.

Bärbel Frischmann

Zur Rolle des „Gefühls" in Richard Rortys Moralphilosophie

Für Richard Rorty besteht die wohl wichtigste Aufgabe von Philosophie darin, unsere Vorstellungskraft zu erweitern und uns Modelle einer besseren, schöneren, toleranteren Welt zu entwerfen. Solche Modelle sind diejenigen, in denen wir uns ausdenken, wie eine Welt aussehen könnte, die die Entwicklungen der letzten Jahrhunderte hin zu mehr Demokratie, Freiheit, Wohlstand, Toleranz, Bildung, Individualität weiterführt und in der die Menschen daran interessiert sind, das Leiden ihrer Mitmenschen immer weiter zu verringern. Es geht um eine Zukunftsvision, in der die Sicherung großer Spielräume individueller Selbstgestaltung, demokratische Institutionen und die moralische Einstellung der Leidensminimierung Hand in Hand gehen. Wenn Philosophen eine Funktion haben, dann ist es die Überredung der Menschen zur Freiheit. Dadurch sind die Philosophen „Diener der Demokratie".[1]

Rortys Bekenntnis zum Pragmatismus bedeutet nicht nur eine Identifizierung mit der pragmatistischen Wahrheitstheorie oder der neopragmatistischen Sprachtheorie, sondern ganz dezidiert auch eine praktische Philosophie insofern, als es darum geht, sich über die Verbesserung der Welt, über politischen und moralischen Fortschritt Gedanken zu machen. Eine solche bessere Welt ist aber nach Rorty vor allem eine solche, in der es weniger Leiden gibt, in der Menschen weniger grausam zueinander sind, in der sie offener und toleranter miteinander umgehen.

Die entscheidende Frage für Rorty ist nun, wie dies zu erreichen sein könnte. Wie sich zeigen wird, spielt für ihn in diesem Zusammenhang die Beförderung moralischer Gefühle eine vielleicht größere Rolle als das rationale Argumentieren. Ich werde mich deshalb in diesem Beitrag mit der Rolle des „Gefühls" in Rortys Moralphilosophie und Politischen Philosophie beschäftigen.

Ich werde dabei in folgenden Schritten vorgehen: 1. mache ich einige Bemerkungen zu Rortys Auffassung von Pragmatismus, 2. gehe ich der Frage nach, inwiefern es nach Rorty überhaupt eine „Begründbarkeit" normativer Auffassungen geben kann, 3. verfolge ich, was wir laut Rorty tun können, um „moralischer" zu werden und den „moralischen Fortschritt" zu fördern und dabei auf die Bedeutung der „Gefühle" eingehen, 4. formuliere ich einige kritische Überlegungen zu Rortys gefühlsorientierter Moralphilosophie.

---

[1] Rorty 2000a, 25.

1. Was heißt für Rorty „Pragmatismus"?

Richard Rorty bekennt sich dezidiert zum Pragmatismus. Pragmatismus ist für ihn eine Philosophie, die sich gegen jede Form essentialistischer oder metaphysischer Grundannahmen, Fragen und Theorien wendet. Der Pragmatismus fragt vielmehr nach dem „praktischen Nutzen" von Theorien, Vorstellungen und Überzeugungen. Deren Nützlichkeit, Wert oder auch Bedeutsamkeit kann so etwas sein wie ihr Wahrheitsanspruch, ihre Überzeugungskraft oder ihre normativen Verbindlichkeit. Für die Feststellung des Nutzens und der Relevanz von Überzeugungen untersucht der Pragmatismus nicht mehr die Begründungsstrategien, sondern er fragt danach, inwiefern über die jeweilige Frage Übereinstimmung erzielt wurde oder werden kann. Konsensbildung beruht dabei für den Pragmatismus nicht darauf, dass hier eine Annahme oder Überzeugung „die Realität" richtig wiedergibt, sondern Konsens stellt sich her, wenn Menschen zu derselben Überzeugung von einem Sachverhalt gekommen sind. Dies ist jedoch individuell gesehen kein willkürlicher Prozess, sondern eine aus der eigenen Lebenspraxis und den eigenen Erfahrungen heraus stets neu vorzunehmende Überprüfung und Bewährung der eigenen Überzeugungen. Diese Überzeugungen konstituieren in ihren relationalen Bezügen ein Überzeugungsnetz, das offen ist für Veränderungen.

> Wer Überzeugungen hat [...], wird stets imstande sein, die meisten seiner Überzeugungen zu rechtfertigen, und zwar unter Berufung auf Gründe, die den Forderungen dieser Gemeinschaft entsprechen. Es besteht jedoch weder ein Grund zur Annahme, daß die Überzeugungen, die der Betreffende am besten zu rechtfertigen vermag, höchstwahrscheinlich wahr sind, noch ein Grund zur Annahme, daß diejenigen, die er am wenigsten zu rechtfertigen vermag, höchstwahrscheinlich falsch sind. Daß die meisten Überzeugungen gerechtfertigt sind, ist ebenso wie die Tatsache, daß die meisten Überzeugungen wahr sind, lediglich eine weitere Konsequenz des holistischen Charakters der Überzeugungszuschreibung. Dieser holistische Charakter wiederum ist eine Folge des Umstands, daß sinnvolle Sätze notwendig in zahlreichen vorhersagbaren Folgerungszusammenhängen mit vielen anderen sinnvollen Sätzen stehen.[2]

Demnach gibt es keine Meta-Instanz, keinen „Gottesgesichtspunkt", von dem aus verschiedene Beschreibungsweisen auf ihre Richtigkeit oder Tragfähigkeit hin bewertet werden könnten. Es besteht somit auch keine Möglichkeit einer Letztbegründung bestimmter Werte, Normen oder generell normativer Aussagen. So wenig wie es „das Wahre" gibt, gibt es „das Gute" oder „das Richtige". Vielmehr geht der Pragmatist davon aus, dass wir im Laufe unseres Lebens

[2] Rorty 1994, 29.

Überzeugungen entwickeln, mit denen wir uns Phänomene unseres Lebens plausibel erklären zu können meinen. Wenn sich die Phänomene oder auch die Überzeugungen unserer Mitmenschen ändern, versuchen wir, unsere Überzeugungen entsprechend anzupassen.

Gibt es dann nach Rorty überhaupt die Möglichkeit einer allgemeinen Rechtfertigung oder Begründung unserer Überzeugungen?

2. Rorty über die Begründbarkeit normativer Überzeugungen

Im Sinne des Pragmatismus gibt es keinen sicheren Ausgangspunkt bzw. kein sicheres Fundament, von dem aus eine definitive und allgemeinverbindliche Begründung von normativen Auffassungen wie „wahr", „gut", „schön", vorgenommen werden könnte. Rorty bringt zwei Einwände gegen den Anspruch der philosophische Fundierung normativer Ziele vor:

1. Er geht im Sinne des Pragmatismus davon aus, dass die Dinge kein „Wesen" haben, dass sie als Gegenstände des Erkennens und Sprechens durch die Art der Beschreibung bestimmt sind. Diese Ablehnung des Essentialismus bedeutet aber auch, dass es kein Wesen des Menschen, der Gesellschaft, der Geschichte oder der Sprache gibt, auf das eine Fundierung gründen könnte.

2. Die Perspektive des Pragmatismus ist historistisch und kulturalistisch[3]. Dies bedeutet, dass jede Überzeugungsbildung abhängig ist von den historischen und soziokulturellen Bedingungen der jeweiligen Gemeinschaft. Alle Begründungsstrategien sind damit relativ und auf eine gewisse Weise auch zirkulär, weil sie zur Geltungsbegründung nur auf die Wertvorstellungen der eigenen Kultur zurückgreifen können. Da es keine Instanz gibt, die wertfrei und ahistorisch über den Kulturen steht, bzw. keine Kriterien, die für alle Diskurse und Vokabulare gelten, können auch keine allgemeingültigen normativen Begründungen für bestimmte Werte, Ideale oder sonstige Überzeugungen gegeben werden.

Wenn Philosophie nun keine letzte Begründung für unsere Werte und Einstellungen liefern kann, dann bleibt für sie nicht mehr zu tun als unsere soziokulturell bedingten Intuitionen zu überblicken und zusammenzufassen; sie soll „nicht fundieren, sondern resümieren".[4] Was Rorty hier zum Ausdruck bringen will, ist die Relativierung eines universalen Geltungs- und Begründungsanspruchs für normative Grundüberzeugungen auf die eigene Kultur hin. Denn der Pragmatist

---

[3] Rorty spricht in diesem Zusammenhang auch von Ethnozentrismus. Der Terminus ‚Ethnie' ist dabei nicht anthropologisch gemeint, sondern hat einen kulturell-praktischen Sinn: Er bezeichnet den Kreis derjenigen Personen, mit denen wir aufgrund ähnlicher Sozialisation gemeinsame Grundüberzeugungen haben und vor denen sich bestimmte Überzeugungen rechtfertigen lassen.

[4] Rorty 2000, 247.

hat „keinen ahistorischen Standpunkt, von dem er die Gewohn/heiten der modernen Demokratien, die er loben möchte, gutheißen kann".[5]

Wogegen sich Rorty insbesondere wendet ist die Indienstnahme immer schon kulturell relativer Wertauffassungen als Diskriminierungsmittel gegenüber denjenigen, die diese Wertauffassungen nicht teilen: der Christen gegenüber den Heiden, der Weißen gegenüber den Schwarzen, der Nazis gegenüber den Juden, der Serben gegenüber den Muslimen. Die angebliche Überlegenheit der eigenen Überzeugungen sei dabei immer zurückgeführt worden auf bestimmte Autoritäten oder Annahmen, die als unerschütterlich galten. Was diese Einstellungen kennzeichne, sei die Verabsolutierung der eigenen kulturellen Überzeugungen und Identität und die Ausgrenzung aller anderen aus dem Bereich des „Menschlichen", die diese Identität nicht besäßen.

Ausgehend von seiner pragmatistischen Philosophie weist Rorty die Möglichkeit einer Letztbegründung oder sonstigen Fundierung von normativen Überzeugungen zurück. Dies bedeutet jedoch nicht, dass alle normativen Orientierungen beliebig werden, dass alle tun und lassen können sollen, was sie wollen. Auch der Pragmatist kann normative Überzeugungen geltend machen und für sie einstehen. Nur versteht er diese Vorgehensweise so, dass es darum geht, seine eigenen Wertvorstellungen zu formulieren und sie im öffentlichen Diskurs geltend zu machen.

> Der Gedanke, bei moralischen und politischen Auseinandersetzungen sollte man stets ‚auf die Grundprinzipien zurückgehen', ist vernünftig, sofern er nichts weiter bedeutet, als daß wir eine gemeinsame Diskussionsgrundlage suchen sollten in der Hoffnung, Einigung zu erzielen.[6]

Aber wir haben nach Auffassung Rortys keine theoretischen Mittel in der Hand, um bestimmten Überzeugungen eine besondere normative Dignität zu verleihen. Es ist also strikt zu unterscheiden zwischen dem Begründungsanspruch, der eine „universelle Geltung" oder eine „transzendierende Unbedingtheit" annimmt, und dem Anliegen, allgemeine normative Ideale zu formulieren. Solche allgemeinen Ideale oder Werte (wie z.B. die Menschenrechte) sind für Rorty zwar lediglich kulturelle „Konstrukte", aber wichtig und notwendig, da sie zur Diskussion moralischer und politischer Ziele auffordern. Sie sind so etwas wie „praktische Empfehlungen, die angeben, worüber man reden sollte; es sind also Vorschläge hinsichtlich der geeignetsten Begriffe, mit deren Hilfe eine Auseinandersetzung über moralische Fragen geführt werden sollte".[7] Solche allgemeinen Orientierungspunkte können uns dazu verhelfen, moralische Verbindlichkeiten in einer sozialen Gemeinschaft zu stabilisieren. Entscheidend ist, dass der Anspruch auf

---

[5] Rorty 1988, 25f.
[6] Ebd., 102f.
[7] Rorty 1994, 84f.

normative Geltung von Überzeugungen nicht auf etwas anderes rekurrieren kann als die eigene Gemeinschaft.

Wenn also politische Überzeugungen und moralische Normen zwar letztlich nicht durch theoretische Anstrengungen begründbar sind, dennoch aber in ihrem „Geltungsstatus" in unserer Lebenspraxis generiert werden, besteht ihre normative Rechtfertigung in der Rückbindung an die kulturellen Gepflogenheiten der eigenen Kultur. Je hermetischer Kulturen verfasst sind, um so größer ist dann die Gefahr, dass mangelnde Anpassung zum Ausschluss oder zur Vernichtung von Einzelnen oder ganzen Gruppen führen kann.

Seinen Pragmatismus verbindet Rorty mit einer Art „Darwinismus", der darin besteht, auch für die kulturelle Entwicklung von einem offenen, nichtteleologischen und von Zufällen geprägten Geschehen zu sprechen. Analog zur biologischen Evolution geht Rorty aus von einem moralischen und kulturellen Fortschritt, der sich ergibt sich aus dem kulturellen „Kampf" verschiedener sozialer Gruppen. Pragmatistisch gesehen haben letztlich diejenigen „Recht", die in diesem kulturellen Kampf siegen, die sich im Prozess der kulturellen Evolution durchsetzen. Etwas zugespitzt formuliert, bedeutet dieser „Darwinismus",

daß politische Institutionen, wissenschaftliche Theorien, künstlerische Gestaltungsformen und dergleichen womöglich einen Kampf austragen müssen, um zu sehen, wer am Leben bleibt – und daß womöglich die Bösewichter überleben, während die Guten untergehen.[8]

Nach Rorty könnten wir nur hoffen, dass die Guten siegten, denn die Bösen ließen sich wohl nur in geringem Umfang durch rationale Argumente zu einer Änderung ihrer Gesinnung bewegen. Zwar hält Rorty „rationale Argumentationen" nicht für generell wirkungslos, nur seien sie nicht die einzige Form des Überzeugens. „Manchmal klappt es, manchmal klappt es nicht".[9]

Ein höherer Grad an Rationalität bedeutet also nicht automatisch mehr Moralität. Oder anders gesagt: Rorty zweifelt daran, dass Rechtfertigung ausschließlich ein theoretisches Manöver ist, bei dem kraft argumentativer Stringenz so auf die Rationalität der Menschen eingewirkt wird, dass dies zu Änderungen ihrer Einstellungen und ihres Handelns führen kann. Er hält deshalb die Chancen für begrenzt, die Ressentiments der Menschen dadurch abzubauen, dass sie von anderen Werten oder Einstellungen „überzeugt" würden. Rorty glaubt nicht, dass „Nazis und Mafiosi zu guten Menschen unseres Schlages würden, *wenn sie nur intensiv genug nachdächten*"[10] oder sie von einer anderen moralischen Position durch rationale Argumente „überzeugt" würden.

---

[8] Rorty, Erwiderung auf Thomas Schäfer. In: 2001, 200.
[9] Ebd., 198.
[10] Rorty, Erwiderung auf Matthias Kettner. In: 2001, 233.

Hier nun setzen seine pragmatistischen Überlegungen an. Seiner Meinung nach spielt es keine Rolle, ob wir moralisch handeln, weil wir uns über die Begründung unserer Überzeugungen und das moralisch Richtige Gedanken gemacht haben oder weil wir Geschichten gelesen haben, die uns tief berührten. Für Pragmatisten ist es, so wie Rorty es sieht, entscheidend, *wie* man handelt, nicht *warum* man so handelt.

3. Wie sollte man handeln?

Rortys Interesse richtet sich nicht mehr auf die *Begründung* von Werten und Normen im Rahmen einer Moralphilosophie, sondern um das praktische Problem, wie es möglich ist, bei Menschen „einen Sinneswandel herbeizuführen".[11] In welcher Richtung aber sollte dieser Sinneswandel vorangetrieben werden?

Natürlich kann Rorty hier nur von seinen eigenen kulturellen Voraussetzungen ausgehen und als „moralisch" oder „richtig" das ansehen, was die meisten Menschen der westlichen Welt aufgrund ihrer Grundintuitionen teilen würden. Die Palette der befürworteten Wertvorstellungen reicht hier von der Sicherung der liberalen Freiheiten, über die Bedingungen für eine autonome Lebensgestaltung bis hin zu den Menschenrechten. Darüber hinaus gibt es einige Wertorientierungen, auf die Rorty immer wieder zu sprechen kommt. An erster Stelle stehen hierbei die Sensibilisierung für die Leiden anderer Menschen, die Vermeidung von Grausamkeit anderen gegenüber und weitergehend dann auch die Bereitschaft zur Solidarität. Vor allem müsse es bei der Orientierung auf diese moralischen Ziele darum gehen, unser moralisches Augenmerk nicht nur auf die kleine Gruppe der uns nahe stehenden und vertrauten Menschen zu richten, sondern auf möglichst viele oder am besten alle Menschen.

Solidarität „ist zu denken als die Fähigkeit, immer mehr zu sehen, daß traditionelle Unterschiede (zwischen Stämmen, Religionen, Rassen, Gebräuchen und dergleichen Unterschiede) vernachlässigbar sind im Vergleich zu den Ähnlichkeiten im Hinblick auf Schmerz und Demütigung".[12]

Wie soll beispielsweise eine Gesellschaft motiviert werden, Solidarität als einen hohen Wert anzusehen? Ein solches Ziel könne vielleicht erreicht werden durch Förderung der Einbildungskraft und der „Fähigkeit, fremde Menschen als Leidensgenossen zu sehen", dadurch,

daß wir unsere Sensibilität für die besonderen Einzelheiten des Schmerzes und der Demütigung anderer, uns nicht vertrauter Arten von Menschen stei-

---

[11] Rorty, Erwiderung auf Udo Tietz, ebd., 107.
[12] Rorty 1995, 310.

gern. Diese gesteigerte Sensibilität macht es schwieriger, Menschen, die von uns verschieden sind, an den Rand unseres Bewußtseins zu drängen.[13]

Für Rorty sind die Vermeidung von Grausamkeit, die Verringerung von Schmerz und Demütigung, die Ausweitung der Solidariät entscheidende Bestimmungsmerkmale für Liberalismus überhaupt. Er bezieht sich mit diesem Verständnis von „liberal" auf Judith Shklar, für die Liberale dadurch gekennzeichnet sind, dass sie Grausamkeit für das Schlimmste hielten, das sie tun könnten.[14] Und er wendet sich damit gegen die liberalistische Tradition eines auf rationales Eigeninteresse und Besitzindividualismus hin ausgelegten Verständnisses von Liberalismus.

In *Kontingenz, Ironie und Solidarität* gilt Rortys Augenmerk unter anderem solchen Autoren in der Philosophie und in der Literatur, „die uns helfen, weniger grausam zu sein", und unterscheidet diese von anderen, ebenfalls wichtigen Autoren, deren Bücher „unsere Autonomie fördern"[15] Erstere betreffen unser Verhältnis zu anderen Menschen, letztere unser Verhältnis zu uns selbst. Rorty lehnt jedoch die Zuordnung dieser beiden Literaturtypen zu der traditionellen Unterscheidung moralisch-ästhetisch ab, weil diese Unterscheidung in der metaphysischen Tradition ein Konzept von „Selbst" oder „Subjekt" voraussetzt, dem verschiedene „Teile" oder Wesenseigenschaften zugesprochen werden. Wird das „Selbst" hingegen eher als „Bündel" von Überzeugungen, Wünschen, Vorstellungen angesehen, lässt sich die klassische Einteilung nicht mehr aufrecht erhalten.[16] Dann werden aber auch die traditionellen Werthierarchien problematisch, denn dann gibt es kein im Wesen des Menschen angesiedeltes Kriterium mehr, das für die Bewertung der Relevanz und Normativität verschiedener Lebensvorstellungen und Wertorientierungen verwendbar wäre. Damit können pragmatischere, lebensnähere Fragen in den Vordergrund treten: Wie kann ich Leiden verhindern? Was ist mir wichtig? Wem kann ich Hilfe zuteil werden lassen? Welche Menschen oder Bücher haben eine große Wirkung bei mir hinterlassen?

Moralität ist für Rorty also etwas, das nicht in erster Linie auf Rationalität beruht, sondern vor allem mit Sozialisierung, kulturellem Umfeld, Gruppenzugehörigkeit zu tun hat. Für den Pragmatismus, wie Rorty ihn versteht, ist deshalb mit Blick auf Moralität nicht die rationale Ausstattung der Begründungsstrategie interessant, sondern die praktische Frage, wie man Leute dazu bringt, immer mehr Menschen als ihresgleichen anzusehen, d.h. zu der Gruppe zu zählen, der sie sich moralisch verbunden fühlen. Rorty hat hier kein Argument parat, sondern lediglich die pragmatische Überlegung, dass bisher rationale Überzeu-

---

[13] Rorty 1995, 15f.
[14] Ebd., 14.
[15] Ebd., 229.
[16] Ebd., 231.

gungsarbeit nicht viel gebracht habe, also nun versucht werden sollte, es (auch) auf einem anderen Weg zu probieren. Wir sollten versuchen, unseren Idealen auch dadurch mehr Einfluss zu verschaffen, dass die Überzeugungen der Menschen nicht nur auf der Ebene der Rationalität, sondern auch der Gefühle angesprochen würden.

4. Wie können wir moralischer werden? Rortys Antwort: Gefühlspädagogik

Rorty plädiert also hinsichtlich normativer Fragen dafür, nicht mehr nach universalen oder letzten Begründungen für „das Gute", für bestimmte „Werte" oder moralische Einstellungen zu suchen, sondern im besten pragmatistischen Sinn alles dafür zu tun, dass Menschen in ihrem alltäglichen Leben mehr Mitgefühl, Solidarität und Verantwortung für andere Menschen zeigen. Er weist die Frage als unbeantwortbar zurück, wie sich bestimmte moralische Überzeugungen begründen lassen, und fragt stattdessen, wie wir praktisch eine größere Sensibilisierung der Menschen für das Leiden anderer bewerkstelligen können. Pragmatisten im Sinne Rortys setzen an die Stelle der Kantischen Idee des guten Willens und des moralischen Gesetzes die „Vorstellung von einem maximal gütigen, sensiblen und mitfühlenden Menschen".[17] Dementsprechend wird moralischer Fortschritt nicht an der Zunahme der Vernünftigkeit gemessen, sondern daran, „daß die Reichweite des Mitgefühls immer umfassender wird".[18]

Diese Umorientierung der Moralphilosophie, die Rorty vornimmt, ist verbunden mit seiner antiessentialistischen Grundorientierung, die auch das Menschenbild betrifft. Demnach können wir nicht von bestimmten Wesenseigenschaften des Menschen oder einer feststehenden Hierarchie der Fähigkeiten ausgehen, an deren oberste Stelle die Aufklärung „die Vernunft" gesetzt hat. Wenn jedoch unser „Selbst" gar nicht mehr als eine fest strukturierte Entität aufgefasst wird, sondern als ein Produkt kontingenter Einflüsse und Prägungen, ist auch die Verankerung von Moralität in einem bestimmten Vermögen wie der Vernunft, einem bestimmten moralischen Gefühl oder einer anthropologischen Wesensbestimmung wie Selbsterhaltungstrieb oder Egoismus (Eigeninteresse) nicht möglich. Zu einer solchen Auffassung haben in der Sicht Rortys Autoren wie Nietzsche und Freud viel beigetragen. Freud „macht die Allgemeinheit des Moralgefühls rückgängig, lässt es so idiosynkratisch sein wie die Erfindungen der Dichter." Übrig bleibe für Freud „ein Selbst, das ein Netzwerk von Kontingenzen statt ein wenigstens potentiell wohlgeordnetes System von Vermögen ist".[19] Freud führe uns weg vom Allgemeinen und hin zum Konkreten, „zu den idiosynkratischen

---

[17] Rorty 1994, 81.
[18] Ebd.
[19] Rorty 1995, 66.

Kontingenzen unserer je individuellen Vergangenheit, zu der zufallsblinden Prägung, die sich zeigt in allem, was wir tun".[20]

Stellt man diese Kontingenz der jeweiligen Individualgenese in Rechnung, ist es gar nicht möglich, Moralität begründungsstrategisch in einem allen Menschen gemeinsamen Grundvermögen zu verankern. Denn wenn die Humanevolution etwas gezeigt habe, so Rorty, dann dass wir Menschen enorm wandlungsfähig seien, „daß wir nicht das vernünftige oder das grausame Tier sind, sondern das anpassungsfähige, das proteische, das sich selbst formende Tier".[21]

Für Rorty spricht eine solche Sicht auf den Menschen dafür, dass Moralität eher mit den im Laufe des Lebens aufgrund der im Rahmen von Sozialisationsprozessen erworbenen Moralvorstellungen, weniger mit rationaler *Einsicht* in moralische Verpflichtungen und Gebote zu tun hat. Als Alternative zu Aufkärung und dem rationalen Begründungsdiskurs der Moralphilosophie empfiehlt Rorty deshalb eine andere Strategie, um die Menschen „moralischer" zu machen. Wenn man darüber nachdenke, wie die liberale demokratische Utopie am besten zu verwirklichen sei, müsse man auch eine Veränderung intuitiver Moralvorstellungen intendieren. Diese Veränderung geschehe „nicht durch Wissenszuwachs [...], sondern durch die Manipulation von Gefühlen"[22] und eine „Schule der Empfindsamkeit"[23].

Mit Annette Baier votiert Rorty dann auch dafür, dass „nicht die Gesetze erkennende Vernunft das moralische Grundvermögen sei, sondern das berichtigte (und mitunter nach Regeln berichtigte) Mitgefühl".[24] Mit Baier schlägt Rorty vor, anstelle eines Sittengesetzes in uns auf einen „Fortschritt der Empfindungen" zu vertrauen.

Die entscheidende Frage ist nun, wie ein solcher Fortschritt der Empfindungen, eine Erhöhung unserer Sensibilität für das Leiden anderer, zu erreichen ist. Wie sieht die Erziehung zur Empfindsamkeit aus? Rorty setzt hier wieder bei seinem offenen Menschenbild an. Angesichts der Heterogenität der Selbstformung und Identitätsbildung reicht ein Appell an die Vernunft nicht aus, sondern alle Ebenen des menschlichen Selbst müssen angesprochen werden, und dies ist eine Aufgabe der gesamten Kultur, vor allem aber der Bereiche, in denen Einfluss auf Menschen ausgeübt wird: Schulen, Fernsehen, Kino, Literatur. Rorty optiert für eine „Wendung gegen die Theorie und zur Erzählung".

---

[20] Ebd., 69.
[21] Rorty 2000, 245.
[22] Ebd., 248.
[23] Ebd., 254.
[24] Ebd., 261.

Eine solche Wendung wäre das Zeichen dafür, daß wir den Versuch aufgegeben haben, alle Seiten unseres Lebens in einer einzigen Vision zusammenzu-
sehen, sie mit einem einzigen Vokabular zu beschreiben.[25]

Diese Auffassung ist gebunden an Rortys Antiessentialismus, insbesondere hinsichtlich des Menschenbildes. So schließt er sich Nietzsche, Freud oder Dennett
an, die die Kontingenz des Selbst betont haben. Dieses „Selbst" ist nichts anderes als ein „Netzwerk von Kontingenzen statt ein wenigstens potentiell wohlgeordnetes System von Vermögen"[26]. Als ein solches Netzwerk ist der Mensch
formbar, sein Intellekt, seine Gefühle, sein Charakter, auch seine Ich-Identität.
Rortys Gefühlserziehung setzt genau hier an, an der Formung des Selbst.

Diese Gefühlserziehung und Selbstformung ist aber eingebunden in die soziokulturellen Bedingungen der Gemeinschaft. So betont Rorty ja immer wieder,
dass die seit der Aufklärung sich etablierten politisch-rechtlichen Bedingungen
der modernen liberalen Demokratien auch einen entscheidenden moralischen
Fortschritt bedeuten. Was bedeutet dies aber für solche politischen Situationen,
in denen unsere demokratischen Institutionen versagen, z.B. während des Natio-
nalsozialismus. Dann, so Rorty, könnten wir nur noch auf etwas, „das jenseits
von aller Geschichte und allen Institutionen steht", und dies könne nichts anderes
sein „als Solidarität unter den Menschen".[27] Die Vorstellung, dass ausgerechnet
Solidarität dann noch funktionieren soll, wenn die rechtsstaatlichen Grundlagen
außer Kraft gesetzt sind, ist nicht besonders überzeugend. Rortys Pragmatismus
läuft hier darauf hinaus, dass wir zwar unsere Überzeugungen von einer gerechten, guten und lebenswerten Gesellschaft immer wieder in den öffentlichen Diskurs einbringen müssen, dass wir dann aber nur abwarten können, ob wir
Gleichgesinnnte treffen, die unsere Überzeugungen teilen und an der gleichen
Art von Institutionen und Werten interessiert sind. Dies hießt aber auch, dass er
nicht mehr anzubieten hat als die Hoffnung, dass

die Starken den Blick ihrer Schweinsäuglein auf das Leiden der Schwachen
richten, damit sie ihren verschrumpelten Herzen allmählich einen Stoß geben.[28]

Wenn wir aber darüber hinaus hoffen, „es möge etwas Stärkeres und Mächtige-
res geben, was den Starken weh tut, falls sie nicht entsprechend handeln: wenn
schon kein rachgieriger Gott, dann doch ein rachgieriges, aufgebrachtes Proletariat oder wenigstens ein rachgieriges Über-Ich oder zuallermindest die gekränkte

---

[25] Rorty 1995, 16.
[26] Rorty 1995, 66.
[27] Ebd., 306.
[28] Rorty 2000, 263.

Majestät von Kants Gerichtshof der reinen praktischen Vernunft"[29], dann binden wir unsere Hoffnung eben an Instanzen, die unserer Restmetaphysik entstammen.

Rorty erwägt: Wenn wir die Hoffnung auf das Proletariat oder die Vernunft aufgegeben haben, warum sollten wir dann nicht den Reichen, Starken und Mächtigen ansinnen, einen Teil ihres Reichtums in Sozialprojekte zu investieren? Dem steht als Rückfrage gegenüber: Warum aber sollte jemand, der vielleicht deshalb reich und mächtig geworden ist, gerade weil er rücksichtslos, skrupellos und von wenig Mitgefühl mit anderen geplagt wird, dazu bewegt werden können, plötzlich sensibel, mitfühlend und solidarisch mit seinen Mitmenschen zu sein?

Rorty sieht auch hier keine rationale Entscheidungsmöglichkeit. Er hält beides für möglich: *entweder* dass die Reichen einen Großteil ihres Vermögens in Sozialprogramme stecken, *oder* dass die ohnehin Privilegierten die bürgerlichen Institutionen in besonderem Maße nutzen, um ihren Status zu erhalten und gegenüber den Benachteiligten zu stärken. Wir können nur darauf hoffen und uns selbst aktiv dafür einsetzen, dass die liberalen Gesellschaften stets in ausreichendem Maße humanes Potential aktivieren, um sich selbst immer weiter zu verbessern. Dies könne aber nicht (nur) durch rationale Argumente erreicht werden, sondern es sollte darüber hinaus versucht werden, alle kulturellen Möglichkeiten auszuschöpfen, um eine Sensibilisierung für mehr Mitgefühl und Solidarität zu bewirken. Wenn es uns gelänge, den empfindsamen Menschen in seiner Empfindsamkeit zu erreichen, könnte damit ein wichtiger Weg beschritten werden, um dem moralischen Fortschritt zu dienen. Moralischer Fortschritt heißt für Rorty die immer stärkere Ausprägung von Einstellungen, nach denen „der Hunger und die Leiden *jedes* Menschen (und vielleicht jedes anderen Tiers) äußerst weh tun".[30]

4. Kritische Bewertung

Rortys „Gefühlsmoral" birgt verschiedene Probleme, von denen ich abschließend auf die folgenden hinweisen möchte:

1. Rorty koppelt Empfindsamkeit von Rationalität ab, als ob Moralität (die Art unseres Umgangs mit anderen Menschen) nur pure Empfindsamkeit sei und nichts mit bewussten, abwägenden Wertungen zu tun habe. Im Zuge seiner generellen Abweisung des kantianischen Begründungsmodells nimmt Rorty die insbesondere von Kant aufgezeigten Defizite einer von Vernunft isolierten Empfindsamkeitsmoral nicht ernst genug. Ohne rationale Vermögen lassen sich Emp-

---

[29] Ebd.
[30] Rorty 1994, 76.

findungen nicht reflektieren und bewerten, ist kein Verhältnis zu diesen Empfindungen möglich. Allein den Empfindungen die Handlungssteuerung zu überlassen, würde bedeuten, Handlungen jeglicher moralischen Beurteilbarkeit zu entziehen.

2. Rorty lehnt die Bestimmung des Menschen als Vernunftwesen als essentialistisch ab. Es ist aber nicht einzusehen, warum unter Rortys antiessentialistisches Eigenschafts-Verdikt zwar die Vernunft, nicht aber die Empfindung fallen soll. Der Rückzug auf den Bereich der Gefühle ist die bloße Umkehrung des aufklärerischen Rationalitätspathos in ein Empfindsamkeitspathos.

3. Rorty geht davon aus, „daß es tatsächlich etwas wie moralischen Fortschritt gibt und daß dieser Fortschritt wirklich in Richtung auf mehr Solidarität geht".[31] Die Solidarität gründe darin, dass es bei allen kulturellen Unterschieden „Ähnlichkeiten im Hinblick auf Schmerz und Demütigung" zwischen den Menschen gebe. Diese unvorsichtige Formulierung legt einen quasi-anthropologischen Essentialismus nahe, den Rorty eigentlich pragmatistisch abwehren wollte.

4. Rorty lässt die Frage unbeantwortet, wer in einer demokratischen, pluralen Gesellschaft die Rolle eines Gefühlserziehers und Empfindungsmanipulators beanspruchen dürfte.

5. Zudem hat die Empfindsamkeitspädagogik eine soziale Grenze, da sie, wie Rorty selbst zugesteht, eigentlich nur die Leute erreicht, „die es sich lange genug bequem machen können, um zuzuhören"[32], die also keinen tagtäglichen Kampf ums nackte Überleben führen müssen. Seiner Moralphilosophie des „Gefühls" fehlt die Rückbindung an die staatlich-rechtlichen Institutionen und kulturellen Bedingungen, die die Grundlagen absichern, damit sich für alle die Möglichkeiten eröffnen, Mitgefühl und Solidarität mit den Mitmenschen als moralische Einstellungen zu entwickeln und zu verfolgen.

Diese Kritikpunkte sind vielleicht solche, die Rortys Pragmatismus überhaupt betreffen. Der Pragmatismus hat aber auch eine Stärke darin, dass er immer wieder auf die Verankerung unserer Weltsicht und Wertmaßstäbe in unserer soziokulturellen Lebenspraxis hinweist, was nicht heißt, diese kritiklos zu übernehmen. Die kulturellen Auseinandersetzungen sind jedoch in ihrem Ergebnis offen. Es lasse sich, so Rorty, keine rationale Begründung dafür anführen, dass bestimmte politische Auffassungen oder soziale Vorstellungen ‚objektiv' besser seien als andere. Jede/r könne nur die von ihm/ihr favorisierten Vorstellungen in die gesellschaftliche Diskussion einbringen und hoffen, dass andere sie teilen oder plausibel finden. Doch sollte dieser Prozess begleitet sein von Selbst-Ironie bzw. Selbst-Zweifel.

---

[31] Rorty 1995, 310.
[32] Rorty 2000, 260.

Jeder, der nach Erkenntnis strebt, wird sich – so wie jede Bürgerin einer Demokratie – stets mit der schwierigen Tatsache herumschlagen müssen, daß das, was sie selbst überzeugt, nicht jeden anderen überzeugt. Daher wird man sich mit der Möglichkeit herumquälen müssen, daß die eigenen Überzeugungen und die zu ihrer Rechtfertigung in Anspruch genommenen Prämissen womöglich allesamt verfehlt sind. Einen Wahrheitsanspruch vertreten heißt nichts anderes, als daß man bereit ist, Gründe für eine Behauptung anzubieten. Ein fallibilistisches Bewußtsein haben heißt nichts anderes als einsehen, daß die eigenen Gründe eventuell nicht stichhaltig sind.[33]

Rortys pragmatistisches Ideal wird verkörpert in der Figur der „liberalen Ironikerin. Sie würde versuchen, in dem Spektrum zwischen „Gründe anbieten" und skeptisch-fallibilistischem Bewusstsein ihren Platz zu finden und dort für die eigenen Ziele einzutreten. Rortys Idealbild sind Menschen, „die Engagement mit dem Sinn für die Kontingenz ihres Engagements verbänden".[34] Er hofft, dass wir mit dem habituellen Spagat leben lernen zwischen der Annahme, dass es niemals allgemein verbindliche rationale Entscheidungskriterien geben wird für die Übernahme eines neuen Vokabulars oder einer anderen Meinung; dass aber auch niemals auf die Rückbindung unserer Auffassungen an unsere eigene Kultur verzichtet werden kann. Oder anders ausgedrückt: Aus Sicht des Pragmatismus sollte jeder seine politischen und moralischen Überzeugungen dezidiert vertreten, wohl wissend, dass die eigene Stellungnahme kontingent ist. Ironie erweist sich in der Anerkennung dieser Kontingenz. Ein solcher Ironismus ist nach Meinung Rortys die angemessene Haltung angesichts der pluralen Gegebenheiten der modernen, multikulturellen Welt. Moralischer Fortschritt wäre dabei danach zu bemessen, inwieweit Menschen und Kulturen bereit sind, andere Wertmuster als ihre eigenen zuzulassen und sich möglichst vielen Menschen gegenüber mitfühlend und solidarisch zu verhalten.

Liberale Ironiker sind Menschen, die zu diesen nicht auf tiefste Gründe rückführbaren Bedürfnissen auch ihre eigenen Hoffnungen rechnen, die Hoffnungen, daß Leiden geringer wird, daß die Demütigung von Menschen durch Menschen vielleicht aufhört.[35]

Um eine solche Haltung zu erreichen, empfiehlt Rorty eher die Kultivierung unseres Einfühlungsvermögens als die weitere Verfeinerung unserer Rationalität, ist ihm Literatur wichtiger als Theorie. Welche Kultur, welche Moralauffassung, welche Art von menschlichem Verhalten sich weiterhin bewähren und durchset-

---

[33] Rorty, Erwiderung auf Thomas Schäfer. In: 2001, 199.
[34] Rorty 1995, 111.
[35] Ebd., 14.

zen wird, dafür können wir Heutigen keine Maßstäbe haben, sondern kann erst die Zukunft zeigen.

Literatur

Rorty, Richard:
1988, *Solidarität oder Objektivität. Drei philosophische Essays*, Stuttgart.
1993, *Eine Kultur ohne Zentrum. Vier philosophische Essays*, übers. von Joachim Schulte, Stuttgart.
1994, *Hoffnung statt Erkenntnis. Eine Einführung in die pragmatische Philosophie*, übers. von Joachim Schulte, Wien.
1995, *Kontingenz, Ironie und Solidarität*, übers. von Christa Krüger, Frankfurt/M. (3. Auflage).
2000, *Wahrheit und Fortschritt*, übers. von Joachim Schulte, Frankfurt/M.
2000a, *Philosophie und die Zukunft*, Frankfurt/M.

2001, Schäfer, Thomas / Tietz, Udo/ Zill, Rüdiger (Hg.), *Hinter den Spiegeln. Beiträge zur Philosophie Richard Rortys*, Frankfurt/M.

Politik, Recht und Staat

Byung-Seok Son

Polis and Cosmopolis[1]

1.

Today, the worldwide tendency is toward globalization. As globalization is linked, especially, to new liberalism, its effect on economic strength is very powerful. This tendency can be applied to the European Community (EC), as the EC is considered to need its own solidarity or bond to enhance its economic strength, particularly against America's economic hegemony, despite the many historical conflicts among the EC members. However, are economic factors the only sufficient condition for the birth of the EC? Given that the economic factors are considered as important, why isn't China able to become a member of the EC? In addition to economic necessity, geographical approximation is also an important factor for a unitary community. Nevertheless, geographical advantage is not the decisive factor in determining one common organization, as the special relationship between the United States and Britain shows.

I think that the cultural perspective is an important viewpoint to understand, not only the appearance of the EC, but also globalization in general. Accordingly, I postulate that the organization of the EC would be impossible in the absence of cultural and intellectual common foundations. That is the reason why I will specifically examine ancient Greek cosmopolitanism from the perspective of culture.

For this purpose, this paper discusses three main topics. First, I investigate the theory of the Stoics' cosmopolitanism and the theoretical nature on which the term cosmopolis can be ascribed by comparing it with Aristotle's polis-centrism. Second, I examine the consistency between the theory of the Stoics' cosmopolitanism and its practice. Third, I stress a desirable model of cosmopolitanism for the global society, briefly in relation to the growing EC. This study is based on my belief that the Greeks can still teach us something, and thus that Stoics' philosophical manner about cosmopolitanism is still useful, though some of their concepts may indeed be outdated.

---

[1] This paper was originally published in the Korean journal, *CHULHAK-RONCHONG* (Journal of the New Korean Philosophical Association) vol. 39, no.1, 2005, 199-215.

2.

Before we proceed to examine Stoic cosmopolitanism, it is useful to examine Aristotle's polis-centered culture, since the former can be characterized in comparison with the latter. Among Aristotle's many assertions, the thesis that „human beings are by nature *politikon zōon*"[2], i.e., a polis-animal that is capable of dwelling in a polis, is considered the main stress on the centrality of the polis. Because, according to him, human beings can achieve „happiness" (eudaimonia) or „living well" (eu zēn) only in polis. In other words, the natural impulse (hormē) of human beings for happiness is only achievable by polis, and not by villages or households. Therefore, Aristotle emphasizes that the polis is the final community in the development process of all the communities. Of course, human beings can exist in separation from the polis, even on an island such as Robinson Crusoe. However, without polis, human beings cannot realize their natural ends, i.e., self-sufficiency and the good life[3].

For precisely this reason, Aristotle denounced, „A man who is by nature and not by mere fortune without polis" and a man „Who is unable to live in society or has no need because he is so self-sufficient for himself" as either a beast or a god.[4] Such a man is no part of polis and is like the „ tribeless, lawless, heartless one reviled by Homer[5]. Hence, it is obvious that for Aristotle, polis is an essential axis by which human beings as *politikon zōon* can achieve their self-sufficiency and moral happiness. For this reason, Aristotle assured that „Polis is by nature prior to the individual," and „Polis is a natural entity." [6] The above-mentioned passage confirms Aristotle to be a remarkable advocate for polis-centrism.

It is still not obvious what kind of human beings are political animals. Obviously, this question is concerned with the search for the definition of citizenship, because, according to Aristotle, polis is a composition or collection of citizens[7]. Therefore, we must inquire into the essential nature of a citizen (politēs). It must not, however, be ignored that for Aristotle, the definition of a citizen is not simply related to the physical location, it is essentially related to the citizen's political functioning. In other words, in the philosophy of Aristotle, citizens are those

---

[2] *Pol.*, I2,1253a2-3.

[3] For a more detailed explanation of Aristotle's view of polis, see, Son, Byung-Seok, „Is the polis a Natural Entity?, *Chol Hak Yon Gu*, vol. 44 (1999), 167-191, and also „Is the Polis prior by Nature to the Individual?", *Philosophical Studies*, Institute of Philosophical Studies, Korea University, vol. 22 (1999), 41-75.

[4] *Pol.*, I2, 1253a3-4. 1253a28-29.

[5] Aristotle, *Pol.*, I2, 1253a4-5. Homer, *Iliad*, IX.63.

[6] *Pol.*, I2, 1253a25. 1252b30.

[7] *Pol.*, III1, 1274b41-1275a1.

who have the right to share in deliberative and judicial office[8]. Consequently, for Aristotle, somebody could be called a complete citizen, when he participates in, and has rights to make a decision about the political or public issues in a political organization, such as an assembly or judicial court. This is more evident when we consider Aristotle's question about citizen virtue, i.e., 'is the goodness of a good man the same as that of a good citizen?' It is not easy to answer this question. As Aristotle said himself, since the goodness of a good man is one, whereas the goodness of a good citizen is relative to the constitution, „It is manifestly possible to be a good citizen without possessing the goodness that constitutes a good man."[9] However, Aristotle mentions the possible sameness between a good man and good citizen, which is as follows: „Although the goodness of a ruler and that of a subject are different, the good citizen must have the knowledge and the ability to be ruled and to rule, and the merit of the good citizen consists of having a knowledge of the government of free men on both sides. And therefore, both these virtues are characteristic of a good man."[10]

These views expressed by Aristotle exhibit that the entitlement to citizenship necessitates the possession of a virtue whether it is „practical wisdom" (phronēsis) or the „right opinion" (orthē doxa)[11]. This means that for Aristotle, only free and equal adult men could be true citizens. Thus, women, aliens, foreigners, the working classes, and slaves were excluded from citizenship in Aristotle's polis-centered community because they didn't possess political virtue such as political *phronēsis*, and therefore didn't have the right to participate in political organizations. Therefore, Aristotle recognized that political friendship exists only among the free and equal citizens who can display their political virtue[12]. Based on these findings, we can say that in the circumstances of polis, the number of *politikon zōon* is relatively limited only to virtuous citizens.

3.

Contrary to polis-centrism, the Stoics' cosmopolitanism stressed all the people's equality by means of „rational capacity" (logos, ratio), regardless of their class, gender, status, national origins and location. In other words, for the Stoics, while such things as nationality and race are regarded as mere accidents, *logos* is the very essence of humanity. In this sense, the Stoics are universal humanists be-

---

[8] *Pol.*, III1, 1275a22-23. 1275b18-20. III5, 1286a26-1286b1.

[9] *Pol.*, III4, 1276b34-35.

[10] Pol., III4, 1277b13-18.

[11] *Pol.*, III4, 1277b25-9.

[12] As stressed in the *politics* of Aristotle, friendship (philia) between citizens is regarded as the central aspect of a state, as it enables human beings to form close bonds, and stops them from making revolutions (*Ethica Nicom.*, VIII1, 1155a24-28. IX6, 1167a22-30).

cause they believe that whether humans are male or female, free or slave, king or peasant, they are all alike with unlimited moral value, and also that the dignity of reason is worthy of respect wherever it is found. They insist that the worth of reason in each and every human being is the basis for human community, i.e., reason is the only necessary qualifying factor to become citizens of the world[13]. On the other hand, all other aspects of human nature are treated as secondary and morally irrelevant or relatively inconsequential attributes. Therefore, they hold that reason is a portion of the divine in each of us, and that each and every human being has boundless worth.

With regard to the mentality of cosmopolitanism, it is valuable to mention a famous Cynic philosopher, Diogenes of Sinoppe who appears to have been the first to introduce discussion about cosmopolitanism. According to Diogenes Laertius, when Diogenes was asked where he came from, he answered, „I am a citizen of the world" (kosmopolitēs) [14]. That is, „The only true nation was that which is in the cosmos," [15] i.e., cosmopolis, where all human beings were fellow citizens and could attain their freedom and happiness. Diogenes, recognizing the world as his fatherland, and himself living in exile and without polis, by claiming world-citizenship, severely criticized and vigorously rejected the polis-centrism and its institutions, which he regarded as „contrary to nature" (para tēn physin).

In supplying more positive parts of Cynic cosmopolitanism, the Stoics explained and expanded Diogenes' idea of *kosmopolis* or *megapolis*, as clearly described in the following reference from Plutarch:

> The much admired Republic of Zeno is aimed at this one main point, that we should not organize our daily lives around the city or the *deme*, divided from one another by local schemes of justice, but we should regard all human beings as our fellow demesmen and fellow citizens, and there should be one way of life and one order, just like that of a herd grazing together and nurtured by a common law. Zeno wrote this, picturing as it were a dream or image of a philosopher's well-ordered community.[16]

This passage shows that Zeno of Cintium, a founder of Stoic philosophy, did not intend to allow differences of nationality, class, ethnic membership or even gender to erect barriers between human beings. On the contrary, he recognized humanity wherever it occurred, and gave its fundamental ingredient, reason,

---

[13] Cf. M. Nussbaum, *The Therapy of Desire : Theory and Practice in Hellenistic Ethics*, Princeton Univ. Press, 1994, chap. 9.

[14] „ἐρωτηθεὶς πόθεν εἴη, 'κοσμοπολίτης' ἔφη" (Diogenes Laertius, *Lives of Eminent Philosophers*, Book VI. 63.)

[15] „μόνην τε ὀρθὴν πολιτείαν εἶναι τὴν ἐν κόσμῳ" (DL.6.72.)

[16] Plutarch, *On the Fortunes of Alexander*, 329A-B. Long-Sedley, *The Hellenistic philosophers*, Cambridge Univ. Press, 1987, vol.1, 429.

through our first allegiance and respect[17]. Later Stoic philosophers almost entirely supported Zeno's cosmopolitanism, as we will see below.

In the *De officiis,* Cicero holds that *natura* ordains that every human being should promote the good of every other human being, whoever he may be, just because he is human (quod is homo sit). Therefore, in accordance with the same nature, it follows that there are interests that all men have in common. Cicero continues by stating, „If this is so, we are all subject to one and the same law of nature, and if this also is true, we are certainly forbidden by nature's law to harm anyone." [18] From the perspective of the cosmopolis, Cicero also argues that „For the universe is as it were the common home of gods and men or a city that belongs to both. For they alone have the use of reason and live by justice and by law." [19] Marcus Aurelius developed this idea further:

> If the mind is common to us all, then so is reason that enables us to understand and tells us how to treat one another. If this is so, then we hold the law in common as well. We are fellow citizens, subject to one unwritten constitution, and the world is, as it were, a city. Indeed, what other citizenship is shared by the whole human race? [20]

In the views of Marcus, as we know well in the above passage, „it makes no difference whether a person lives here or there, provided that, wherever he lives, he lives as a citizen of the world[21]. Because, where one is born is just an accident, that is, any human being might have been born in any nation. This is expressed vividly by the following reference from Marcus: „As Antoninus, my city and my country is Rome; as a human being, the world is my home." [22] Now we can clearly say that the Stoics (or Cynics) viewed rationality as the foundation for the existence and the moral obligations of the cosmic citizen, and recognized the same equal rights of all human beings.

The above examination highlights the clear contrast between the Stoics' cosmopolitanism stands and the Aristotelian conception of the 'political animal.' As already noted above, it is remarkable that Aristotle expressed his distrust in the cityless man and the outsider who may be characterized as a beast and a god-like man. Nevertheless, we may recall that Diogenes wanted to be a beast, i.e., a dog. He tried to be one without polis, without a house and a fatherland, i.e., a beggar or a wanderer with a single day's bread.

---

[17] Cf. J. Annas, *The Morality of Happiness,* Oxford Univ. Press, 1993, 262-76.

[18] *De officiis,* III, 27.

[19] Cicero, *De natura deorum,* II.154. „Est enim mundus quasi communis deorum atque hominum domus, aut urbs utrorumque; soli enim ratione utentes iure ac lege vivunt".

[20] *Meditations,* IV.4.

[21] *Meditations,* X.15.

[22] *Meditations,* VI. 44.

The critically denial of slavery by the Stoics is admirable. However, Aristotle, in order to defend slavery, relied upon the natural distinction between man and animal, which ran parallel to the distinction between soul and body. He said that the rule of a master over a slave is contrary to nature, and therefore unjust, since it is only an agreement on the basis of force[23]. He nevertheless recognized that since it was clear that the rule of the soul over the body, and of the mind and its rational element over the passionate, is natural and expedient, the domination of master over „natural slave" (physei doulos) is just and advantageous to both sides[24]. However, the validity of slavery was dramatically rejected by the dog philosopher, Diogenes, who challenged the self-righteous and false values of the dominant slavery culture[25]. A well-known episode is related that when Diogenes himself was captured by pirates, and had been put up for sale as a slave and for-bidden to sit down, he shouted that „It makes no difference, for in whatever position fish lie, they still find purchasers."[26]

This was a knockdown blow aimed against the then current realities of slavery and against Aristotle's defense of slavery. Similarly, the Stoics, whose concep-tion of *philanthropia* (love of one's fellow men) was actually formed by the contribution of Cynic's cosmopolitanism, rejected slavery in terms of their cos-mopolitan mentality that all mankind's kinship transcends the conventional bar-riers between master and slave, men and women, and the races, so that they rec-ognized „friendship" and „affinity" as the common humanity.

However, one problem remains, 'Is it possible to be a world citizen without belonging to a certain polis?' Asking this question is reasonable because every citizen is unavoidably a certain citizen in a specific polis, and hence the Stoics' cosmopolitanism is inconsistent with local belonging. This doubt about the rela-tionship between the world citizen and the local citizen forces an examination of the theoretical foundation of Stoics' cosmopolitanism. To summarize in advance, the Stoics stressed that to be a world citizen, one does not need to give up local identifications and affiliations, which can frequently be a great source of richness in life. It will be better understood, if we firstly examine the Stoics' key concep-tion, *oikeiōsis*, i.e., the appropriation of something as belonging to one.

In regard to the *oikeiōsis*, 'Hierocles, a first and second century AD stoic, ar-gued that we should regard ourselves not as devoid of local affiliations, but

---

[23] *Pol.*, I3, 1253b20-22.

[24] *Pol.*, I5, 1254b4-1255a2.

[25] Cf. J. L. Moles, „Cynic Cosmopolitanism", R. Bracht Branham and Marie-Odeile Gou-let-Caze (eds.), *The Cynics, the Cynic Movement in Antiquity and Its Legacy*, Univ. of California Press, 1996, 118-119. also cf. J. L. Moles, „The Cynics and Politics", Andre Laka and M. Schofield (ed.), *Justice and Generosity*, Cambridge Univ. Press, 1995, 423-434.

[26] DL. 6.74, 6.29.

rather as surrounded by a series of concentric circles: the first drawn around the self, the next taking in one's immediate family, followed by the extended family, such as uncles and aunts, and then, in order, one's neighbors or local group, one's city-dwellers, one's neighboring city fellow men, and, finally, the largest, humanity as a whole. Our task as citizens of the world is to draw the circles somehow toward the center, making all human beings more like our fellow polis-dwellers, and so forth'[27]. As Hierocles shows us, as the natural impulse of men, *oikeiōsis* bridges the gap between the polis-citizen and the world-citizen and impels us to overcome the narrow frontiers of polis, to live together and to build the one world community, cosmopolis.

Hence, there is a radical and enormous difference between the declarations by Aristotle and the Stoics that human beings are *politikon zōon*. For while the former only recognized virtuous free limited citizens as *politikon zōon*, the latter treated all human beings as, if I may invent the term, *kosmopoltikon zoon*, and acknowledged their natural panhuman equality on the basis of the criterion of reason by which the *oikeiosis* can develop that which is proper to human beings. In opposition to Aristotle's polis-centrism, „the Stoics insist strongly on a process of empathetic understanding whereby we come to respect the humanity of our political enemies, thinking of ourselves as born to work together and inspired by a common purpose"[28].

We can confirm the Stoics' idea of universal brotherhood in the following concise reference from Cicero: „I am a human being. I think nothing human alien to me" (homo sum: humani nihil a me alienum puto)[29]. Marcus Aurelius also knew well this cosmopolitan conception, when he said that we should „enter into the mind" of the other, as far as is possible and interpret the other's action with understanding.[30]

Of course, the Stoics are well aware that the cosmopolitan's life and its concern with goals of world cooperation and respect for personhood may be difficult to offer to citizens who are hooked on local group loyalties, with their colorful slogans and inherent psychological security. For the life of the *kosmopolites* (the world citizen) is a kind of exile, as already noted by Diogenes, the Cynic. This means that in cosmopolis, „one sometimes feels a boundless loneliness"[31].

---

[27] M. Nussbaum, „Kant and Stoic Cosmopolitanism", *The Journal of Political Philosophy*, vol. 5/1 (1997), 9. Long and Sedley, *op.cit.*, 349, *De officiis* I.50. *De fin.* 3.16-21.
[28] M.Nussbaum, *op.cit.*, 9-10.
[29] *De officiis* I. 30.
[30] *Meditations*, VI.53, XI.18. Also, in the *Meditations*, Marcus gives himself the following cosmopolitan advice: „for we were born into this world to work together like the feet, hands, eyelids, and upper and lower rows of teeth. To work against one another is contrary to nature" (II.1).
[31] M.Nussbaum, *op.cit.*, 11.

Hence, as Nussbaum stated, „cosmopolitanism, by contrast, requires a world of adults, who do not need a childlike dependence upon omnipotent parental figures" [32]. The above discussion has demonstrated that cosmopolitanism for the Stoics is the source of our most fundamental moral and social obligations, and thus our most fundamental *officium* (duty) is to do what is human.

4.

For the next part of my discussion, I posit the question, 'to what extent could the Stoics' cosmopolitanism be realized in the Greek-Roman world?' In other words, is the theory of the Stoics' cosmopolitanism in accord with practice?

According to Plutarch, Alexander's cosmopolitan action was a realization of a „dream" or „a shadowy picture of a well-ordered and philosophic commonwealth," which Zeno of Citium depicted in his Republic. Hence, Plutarch said that, „He (Alexander) is sent by the gods. Like the Cynic, he is a governor of all men – and he is a reconciler, not only of men, but also ton holon; that is to say, of everything that exists-the whole earth, the cosmos, men, and gods"[33]. By appealing to Plutarch's above quote, Moles thus insists that Alexander's cosmopolitanism is Zeno's cosmopolitanism in action. Therefore, Alexander's cosmopolitanism can be regarded as the legitimate successor of the Dog philosopher's cosmopolitan thought[34]. Is this interpretation acceptable? In my opinion, although partially acceptable, the basic answer is 'no'. It is positive, because it is undeniable that Alexander was the first man in history who pulled down the fence of polis-centrism, and opened the new cosmopolitan world in action. However, it is negative because Alexander's cosmopolitanism appeared to be utterly authoritative and self-righteous. In this regard, the Stoics (or the Cynics)' cosmopolitanism should be clearly distinguished from Alexander's cosmopolitanism „in arms" (en hoplois)[35].

With regards to the difference between the Stoics and Alexander's cosmopolitanism, Plutarch reported Alexander as saying: „And I also, like Diogenes, must alter the standard of coinage and stamp foreign states with the impress of Greek government." [36] Alexander's above phrase, „...stamp foreign states with the impress of Greek government" shows us that he is intolerably bellicose and des-

---

[32] M. C. Nussbaum, *Ibid.*, 11.

[33] *On the fortune of Alexander*, 6, in Plutarch's *Moralia* IV, Loeb. Classical Library, 397.

[34] J.L. Moles, „Cynic Cosmopolitanism", R. Bracht Branham and Marie-Odeile Goulet-Caze (eds.), *The Cynics, the Cynic Movement in Antiquity and Its Legacy*, Univ. of California Press, 1996, 118-119. H.Yamakawa, „SOKRATES MAINOMENOS", *Polis and Cosmopolis*, K.Boudouris (ed.), Athens 2003, 189-190.

[35] According to Onesicritus (FGH 134. 17a36-7), Alexander was a „Philosopher in arms".

[36] *On the fortune of Alexander*, 6, in Plutarch's *Moralia* IV, 33b-c.

potic. Alexander, who would have liked to be Diogenes, had he not been Alexander, organized the Hellenic empire by means of autocratic rule and military enforcement, and thus betrays Diogenes' cultural cosmopolitan attitude. Alexander's self-righteous audacities are well evidenced by the following justification from Plutarch about Alexander's conquest:

> Those who were vanquished by Alexander are happier than those who escaped his hand, for these had no one to put an end to the wretchedness of their existence, while the victor compelled those others to lead a happy life...Thus Alexander's new subjects would not have been civilized, had they not been vanquished.[37]

In lurking behind the above passage, Alexander's view discloses his evildoer's extremely self-righteous logic to „those who were vanquished". Contrary to the hidden dimension of Macedonian conqueror's cosmopolitanism, as we had already examined, Diogenes' and Zeno's cosmopolitanism is not authoritative and anti-democratic[38]. Furthermore, we should remember that Roman Stoics' cosmopolitanism is not the same as that of the *imperium Romanum*. It is a fact that the Roman empire tried to reflect the Stoics' cosmopolitanism and realize it practically to a certain degree. However, it didn't fully extend a benign cultural relativity to all possible people. The Romans had proved the world to be a common *patria*. But this *communis patria* (common fatherland) was the empire of the Roman people, rather than the Roman empire on the basis of universal justice. It is just Roman universalism, not literally a Stoics' cosmopolitanism[39]. Thus, the cosmopolitanism of the Roman empire was particularly well suited to the spread of the empire. The main reason that the Roman empire didn't fully actualize the Stoics' cosmopolitanism is because the Roman empire imposed its domination with weapons of war rather than by using Stoics' philosophy. This examination shows that the Stoics' democratic and anti-authoritative cosmopolitanism should not be identified with Greek-Roman authoritative and military cosmopolitanism.

This discrepancy between the theory and practice is pitiable. Of course, the cause of the inconsistency between theory and practice cannot be attributed totally to the practice itself, i.e., the problem is also inherent in the Stoics' theory itself. Since the Stoics themselves admitted as much in dividing men into two classes, i.e., wise men and fools, and as some of them adhered to the philosophy

---

[37] *On the fortune of Alexander*, 6, in Plutarch's *Moralia* IV, 328e-f.
[38] Cf. H. Yamakawa, „SOKRATES MAINOMENOS", in *Polis and Cosmopolis*, K. Boudouris (ed.), Athens 2003, 190.
[39] Cf. A. Pagden, „Stoicism, Cosmopolitanism, and the Legacy of European Imperialism", *Constellations*, vol. 7/1 (2000), 3-9.

of the wise, it is true that this division is in conflict with their teaching about the kinship of all men with logos.

In addition to arguing that the „indifferents" (adiaphora) such as wealth and power are not as important as virtues for our happiness, the Stoics said that those 'indifferents' are simultaneously „preferred" (proegmena). This renders the Stoics teaching vulnerable because the people confidentially took those categories, i.e., wealth and power, by the back door. In addition, it can be assumed that Cicero, Seneca and Marcus Aurelius wrote for Roman gentlemen, Nero and the Roman Empire. Russell's comment on Hellenistic philosophy may not be irrelevant in the reflection on those days, when he said that, „Philosophy is no longer the pillar of fire going before a few intrepid seekers after the truth. It is rather an ambulance following in the wake of the struggle for existence and picking up the weak and wounded"[40].

Despite all the criticism of the Stoics' theory, it should not be concluded that this can be advanced as an argument for the view that Stoic philosophers stressed only a few elite or gentlemen philosophies, and hence served the interest of the ruling classes. For the theoretical core of the Stoics' teaching for cosmopolitanism is that all men have reason, which is the most comprehensive bond that unites man to man and men to men, and due to the communion of men with logos, nature, and the whole universe, we are equal members of the world we live in[41]. This Stoic doctrine that all the individual-men are equal, and hence must not act as if he were the centre of the earth was a priceless gift in an age in which many men conducted themselves in accordance with the saying, „When I myself am dead, be earth consumed by fire"[42]

In retaining this point in the next chapter, I will examine the practical or positive significance of Stoic cosmopolitan thought in order to illuminate the problems that have resulted from the progress of contemporary globalization.

5.

As mentioned above, globalization is a general trend followed by most nations, especially as it is driven by economic necessity. Moreover, it gradually affects our customs, beliefs, and values. However, the unequal process of globalization

---

[40] B. Russell, _A History of Western Philosophy_, George Allen & Unwin Pub. London 1979, 228.

[41] DL. VII, 87.

[42] „ἐμοῦ θανόντος γαῖα μιχθήτω πυρί" (cf. Suetonius, Nero, XXXVIII). Cf. also Cicero, _De finibus_, III, 64: „Quoniamque illa vox inhumana et scelerata ducitur eorum qui negant se recusare quo minus ipsis mortuis terrarum omnium deflagratio consequatur". see, N. Chronis, „Post-Classical Philosophers' Concept of man as a Social Animal", _Diotima_, vol. 12 (1984), 66.

introduces a deception. In the economic dimension, which we can generally observe, globalization, which can be designated as a contemporary new version of cosmopolitanism creates exclusion. In other words, some states are leading, some try to adapt, and others are far from its reaches. This renders the idea of the unity of humanity, which lies at the heart of the idea of global cosmopolitanism, difficult to realize, despite its theoretical appeals. Therefore, globalization is insufficient to serve as the foundation of the future global world (cosmopolis). The realities cannot be ignored, especially in relation to the facts of political or military domination and the competing world religions. In other words, while certain factors and trends support the movement toward today's cosmopolitanism, other considerations militate against its realization and even against its desirability.

A fundamental question that should be asked now is what is the way to insert cosmopolitan mentality in this global era? In order to cope with these various potential difficulties, I think it is important to consider the human nature, specifically, the nature of human beings as related to culture (*natura hominis culti*), which is exactly the point that is stressed in the Stoics' cosmopolitanism. This means that human beings do not live by bread alone, as the saying goes. To state it more plainly, each country must possess knowledge of other countries' culture, just as the Stoics' cosmopolitanism succeeded where the polis-centered culture failed.

If so, can multiculturalism be compatible with the idea of global cosmopolitanism? Will the present global world (*cosmopolis)* overcome the existing cultural differences among nations, and accommodate the tension between the stronger and weaker cultures? It cannot be denied that there is competition between multiculturalism, from which the stronger culture receives more benefit. That is why it is the right time to consider the ancient Greek mentality, the Stoics' cosmopolitanism, in order to steer the equality of all multiculturalism[43].

Let me try to apply this to friendship (philia) between nations, friendship that is an important Greek philosophical term. Two nations have difficulty being friends if they have no common interests. Korea and Samoa have very few common interests. On the other hand, the United States and England have many common interests, such as sharing a language and having a long history of interactions with each other. Hence, they have mutual familiarity with each other. However, common interests and familiarity can be true of enemies as well as of friends. However, we do not trust our enemies, enjoy their company or respect them. In order for two countries to share trust and enjoy each other's companionship, they must know and understand each other's culture. For example, many Koreans see the best in German culture, i.e., philosophy, art, literature, even if

---

[43] Cf. J. P. Anton, „The Reality of the polis and the Deception of the cosmopolis", *Polis and Cosmopolis: Problems of a Global Era*, vol. 1, Athens, 2003, 11-19.

we also know the worst, such as Hitler's Nazism. Due to this cultural inheritance of Germany, we feel a common friendship. However, it is not presumably true that Germans know as much about Korean culture as Koreans know about German culture. The obvious remedy for this on the side of the Germans is to learn more about Korea.

Then, is it realistic to hope that one day all nations will be friendly with all other nations through a universal, common culture? Perhaps it is not, first because human beings are not only rational, but also greedy and emotional, thereby supporting the existence of some aggressive nations or governments that prohibit global cosmopolitanism. Secondly, because there cannot be a *una culta oecumene* (one cultural world), just as all the culture of the Greek *poleis* could not be reduced to Athenian culture. As the Stoics hold that „the part" (to meros), no matter how small, is possibly the best, and contributes to „the whole" (to holon), all national cultures deserve recognition for their own values. Thus, a possible alternative is that on the basis of the same ousia held by all human beings, i.e., being by nature rational animals, we are willing to recognize a different way of life and culture, and try to surmount the accidental fluctuations and caprices of the passions, and closely share friendship with each other. If we intend to do this with an open mind and courage, I think, this is not impossible and I therefore believe that even though I did not refer substantially to the effects on the EC in this article, the EU could be a possible first step to realize human cosmopolitanism, which was one of the major Greek discoveries that we inherited and that which forms the foundation for human civilization.

Bibliography

Annas, J., *The Morality of Happiness*, Oxford Univ. Press, 1993.
Anton, J.P. „The Reality of the polis and the Deception of the cosmopolis", *Polis and Cosmopolis: Problems of a Global Era*, vol. 1, Athens, 2003, 11-19.
Aristoteles, *Politica*, W.D. Ross (ed.), Oxford 1957.
Aurelius, M., *Meditations, The Emperor's Handbook*, S. Hicks and V. Hicks, New York 2002.
Chronis, N., „Post- Classical Philosophers' Concept of man as a Social Animal", *Diotima*, vol.12 (1984), 57-70.
Cicero, M. T., *De officiis*, W. Miller, Loeb Classical Library, Harvard Univ. Press, 1975.
____, *De finibus bonorum et malorum*, Loeb Classical Library, 1971.
____, *De natura deorum*, Loeb Classical Library, 1994.
Laertius, Diogenes, *Lives of Eminent Philosophers*, R.D. Hicks (trans.), Loeb Classical Library, Harvard Univ. Press, 1970.
Long, A- Sedley, D.N., *The Hellenistic philosophers*, Cambridge Univ. Press, 1987, vol.1.

Moles, J. L., „Cynic Cosmopolitanism", R. Bracht Branham and Marie-Odeile Goulet-Caze (eds.), *The Cynics, the Cynic Movement in Antiquity and Its Legacy*, Univ. of California Press, 1996, 118-123.

_____ „The Cynics and Politics", Andre Laka and M. Schofield (ed.), *Justice and Generosity*, Cambridge Univ. Press, 1995, 423-434.

Nussbaum, M.C., „Kant and Stoic Cosmopolitanism", *The Journal of Political Philosophy*, vol.5/1 (1997), pp.1-25.

_____ *The Therapy of Desire : Theory and Practice in Hellenistic Ethics*, Princeton Univ. Press, 1994

Pagden, A., „Stoicism, Cosmopolitanism, and the Legacy of European Imperialism", *Constellations*, vol. 7/1 (2000), 3-22.

Plutarch, *On the Fortune of virtue of Alexander, Moralia*, vol. 4, Loeb Classical Library, 1970.

Russell, B., *A History of Western Philosophy*, George Allen & Unwin Pub. London 1979.

Seung-Hwan Lee

The Concept of the 'Public' in Traditional Korea
and its Modern Variation

1.   Posing a question: Do we Koreans really have no clear distinction between public and private?

Korean people are often said to have no clear distinction between public and private and Korean politicians are frequently blamed for their failure to distinguish between the two, as well as for their habit of privatizing public matters. Recent studies often trace the reason back to the Confucian & Neo-Confucian culture which prevailed in Korean society for more than five hundred years until the dawn of the modern period.[1]

However, a close examination of Confucian tradition reveals various mentions by Confucian scholars emphasizing the rigorous distinction between public and private, including „One must be greatly public-minded without any privatism" (大公無私), „One must be greatly public-minded like an open sky (廓然大公), and „Serve the public, diminish the privatism" (奉公滅私). In addition, Neo-Confucian thought itself was based on the sharp distinction between *Heavenly Principle* (天理) and *Human Desire* (人欲), which was functionally identical with the distinction between public (*gong* 公) and private (*sa* 私). Therefore, Confucian tradition alone cannot be blamed for the blurred position between public and private. In fact, and as will be covered in more detail later, a clear distinction existed between public and private in the Confucian system of thought, as well as in Confucian society. Furthermore, it would have been almost impossible for traditional Korean society to have maintained its politico-social stability for more than five hundred years in the absence of such distinction.

With this question in mind, in this paper, I will examine the concept of *gong* in Confucian tradition as well as its modern variation, which can be understood as *public* in English. I thereby aim to develop a better answer to the question „Do we Koreans really have no clear distinction between public and private?"

---

[1] Regarding this point, please see, Song Bok, „The Public and Private in Korean Society," in *Emerge Sae-ch'on-nyun*, (June, 2000).

2. Three Dimensions of gong in Confucian Tradition

Gong is a heavily loaded term with a particular cultural context that has gone through a unique process of historical change. As the concept of public has done in the West, the concept of *gong* has experienced annexation and diversification in its process of meaning-change. The *gong* in Korean context shows slight but significant differences from the *gung,* the Chinese equivalent, and *ko,* the Japanese equivalent.[2]

The concept of *gong* in general entails at least three different but interrelated meanings: the sphere of political dominion and ruling institution, the universal ethical principle of impartiality/fairness/justice, and common interests and commonality. Among these, the first is the most original meaning. The Confucian Classics present numerous cases in which the concept of *gong* meant mostly the sphere of *political dominion.* For instance, all of the six uses of the term *gong* in the *Book of Change (I Ching)* clearly indicate the meaning of political rulers such as duke and marquis. All of the 75 uses of the term *gong* in *the Book of Documents (Shang Shu)* are addressing political leaders and rulers. However, in the 95 uses of the term *gong* in *the Book of Poetry (Shih Ching),* the meaning of *gong* is expanded and diversified as it is used to refer not only to *the political dominion* and *ruling institution,* but also to 'the sphere where administrative works are practiced', 'the sphere where the ruler conducts,' and 'those public figures directly related with the ruling institution.' Along with the process of historical change, the concept of *gong* as *the sphere of political dominion* has gradually formed a conceptual polarity with *sa,* which means 'private,' 'personal,' 'selfish,' and even 'illegal.'

While the concept of *gong* primarily indicates *the sphere of political dominion,* it also indicates the meaning of the *universal ethical principle,* which incorporates impartiality and fairness and which later became a significant characteristic in Korean concept of *gong.* In the earliest Chinese dictionary of the 1st century, *Shuo-wen Jie-tzu* (說文解字), the concept of *gong* is explained in terms of 'fair distribution.' In *Xun Tzu* (荀子), the virtue of *gong* is recommended for the rulers in dealing with political matters.[3] In this context, the *gong* meant such virtues as fairness and impartiality. What is interesting in this regard is that the conceptual polarity of *gong* (public)/*sa* (private) is frequently identified with the polarity of right/wrong or fair/unfair in *Lu-ssi Ch'un-ch'iu* (呂氏春秋). This indi-

---

[2] Regarding this point, please see Misoguchi Yuzo, *The Chinese Concept of Public and Private* (Tokyo: Kenbun Press, 1995), 91-132.

[3] *Xunzi: A Translation and Study of the Complete Works,* tr. by John Knoblock (Stanford, California: Stanford University Press, 1990), Vol. II, Book 11, 161. „I say that it is due to the fact that the lords of men have not been fair-minded (*gong*) and their servants have not been loyal."

cates that the concept of *gong* incorporates not just *the sphere of political dominion*, but also *the universal ethical principle of fairness and impartiality.*

It is not quite clear how the concept of *gong,* which primarily meant *the sphere of political dominion,* shifted into *the universal ethical principle.* How did these two different clusters of meaning came to be included in the one word *gong?* We can only speculate that in a monarchical society where the political power was monopolized by one person, the ruler's decision and conduct were regarded as public (*gong*) and were expected to fulfill a certain level of ethical principle. In this way, some politico-moral virtues such as impartiality, fairness, and justice came to be recommended for the ruler to meet the polity's expectation. This is the probable answer to explain how the two different clusters of meaning merged into the word *gong.*

The Taoist notion of *the Way of Heaven (T'ien-tao* 天道) has played an important role in this process of meaning-change. *T'ien-tao* in Taoism is the cosmic order which is totally *aimless and purposeless (wu-wei* 無爲). *T'ien-tao* signifies not only the Way of Heaven, but also the Way of Human Beings. In this isomorphic structure, the *aimlessness and purposelessness* of the Way of Heaven are naturally expanded to the meaning of *impartiality and fairness* of human beings. We also find in *Chuang Tzu* (莊子) that *the Way of Heaven* is characterized by the virtues of *indiscriminate fairness, undifferentiated equality, and magnanimous candor.* According to Taoism, humans must live in accordance with the Way of Heaven and, therefore, take the goal of following *the Way of Heaven,* whose nature is essentially impartial and fair.

The Taoist view of *the Way of Heaven* exerted a great influence on Neo-Confucianism. In Neo-Confucianism, the world is composed of two components: *li* (理 Principle) and *ch'i* (氣 material force). *Li* is the principle of existence immanent in the movement of *ch'i,* which is not only the material component of things but also human desire and animalistic instinct. Under the influence of Taoist philosophy, Neo-Confucianism admitted that *li* was impartial with no discrimination, as well as fair with no favoritism. In Neo-Confucian political thought, rulers and ministers were required to realize the *Principle of Heaven (T'ien-li* 天理) through the practice of self-conquest and self-cultivation. Confucian philosophers considered self-cultivation to be the prerequisite for the 'benevolent government (仁政)' and 'rule by virtue (德治)' in which virtues of impartiality and fairness are fully realized. In this way, in Neo-Confucian thought, the *Principle of Heaven* is identified with the universal virtue of *gong,* impartiality and fairness.

The concept of *gong* also has a third cluster of meanings, such as *common opinion, common interest,* and *common good,* which can be termed *commonality.* The third dimension of *gong,* which is closely related with the previous two meanings (i.e. *gong* as the sphere of political dominion and *gong* as universal ethical principle) and which evolved relatively later, seems to have been derived from the primitive communal society in which people work together, share the harvest, and celebrate a festival together. The third meaning of *gong* as *commonality* first appears in *the Book of Rites (Li Chi 禮記)*, in which it is stated that „When the Grand course was pursued, a public and common spirit (*gong*) ruled all under the sky."[4] Zheng xuan (鄭玄), the famous commentator in the Han dynasty, noted that „the meaning of *gong* (公) here is '*common* (共)'. Thus, the passage in *the Book of Rites* means „to give way to sages and wise men the throne." According to Zheng xuan's interpretation, the third dimension of *gong* stated in *the Book of Rites* is concerned with throwing open the capacity of political participation to every competent persons. In this sense, the third dimension of *gong* as commonality made a great contribution to the further evolution of the concept of *gong*.

There are many other cases in which *gong* is used as *commonality*. For example, in *Zhuang Tzu*, it is stated that „Since fame and wealth are common vessels *(gong-ch'i 公器)*, one should not possess them abundantly."[5] It is also stated in the *Old History of T'ang* (舊唐書) that „offices and titles are common properties *(gong-ch'i 公器)*".[6] However, the ideal of *commonality* was hardly fully realized in the actual world until the unfolding of modern democracy. At the dawn of modernity, many radical philosophers in East Asia (for example, K'ang Yu-wei 康有爲 and Sun Wen 孫文) fiercely criticized the old monarchical regime, and asserted the importance of *gong* to achieve the ideal society. The *gong* they asserted meant the publicness of political power, equal capacity of political participation, equality of men/women, respect for public opinion, common ownership of land, and caring of social weak.

As shown above, the concept of *gong* in premodern East Asia entails three different but interrelated meanings: *the sphere of political dominion, universal ethical principle,* and *commonality.* The concept of *gong,* which originally meant *the sphere of political dominion,* acquired the extra notions of *impartiality/fairness/justice* and *commonality,* in addition to its original meaning category, through the evolutionary process of meaning-change. The *gong* is a complex idea that includes both 'socio-political sphere' and 'ethical prescription.' In other words, the concept of *gong* indicates *the moral ideal of impartiality/fairness* and *commonality,* as well as *the sphere of political dominion.*

---

[4] *The Li Ki or Collection of Treatises on the Rules of Propriety or Ceremonial Usages,* tr. by James Legge (Oxford: The Clarendon Press, 1885), Vol. I, Book VII, P. 364.

[5] *Zhuang Tzu (莊子), T'ien Win (天運).*

[6] *The Old History of T'ang (舊唐書), Zhang-jiu-ling-chuan (張九齡傳).*

3. Distinctiveness of the Korean concept of gong

3.1 Emphasis on publicness and impartiality of the ruling power and political conduct

Among the three dimensions of *gong*, especially the moral demand of impartiality/fairness and commonality was extremely emphasized in Korean Neo-Confucianism which dominated Korean society for over five hundred years. After the Confucian literati, called *sarim* (士林), came to power in the 15th century, the moral purity of the party in power was rigorously emphasized. The *sarim*-politics introduced a political system in which the Confucian literati with Confucian scholarship and moral purity took the reins of government. In this *sarim* political system, the power of the Confucian literati was much stronger than that of the ruler. While the ruler could enjoy only a symbolic position and courtesy status, actual power of the state was in the hands of the Confucian literati. This power was institutionally activated through three offices (*samsa* 三司): Ministry of Inspection (*sahonbu* 司憲府); Ministry of Remonstrance (*saganwon* 司諫院); and Ministry of Consultation (*hongmungwan* 弘文館). These three offices performed political functions of collecting public opinion, restraining monarchical power, and purifying government officials and administrative offices. The Ministers of *samsa* often held sit-in demonstrations to rectify the arbitrary decisions made by the king, in pursuance of the moral ideals of impartiality and commonality. Unlike modern liberal democracy, the Neo-Confucian political system was very moral-oriented. The realm of politics was regarded as the extension of individual morality. The literati-politicians, and even political power itself, were strongly expected to satisfy the moral standard of impartiality and fairness (*gong*) without any privatism (*sa*).

3.2 Relativity and Continuity of gong (public) and sa (private)

The distinctive characteristic of the Korean concept of *gong* lies in its nature of relativity and continuity. The public (*gong*) is decided in relation to the inclusiveness of boundary surrounding the individual. In traditional Korean society, an individual is located at the center of a water ring, while the manifold water rings surrounding the self are composed of, respectively, family clan, friends, local society, and the state. In parallel with the distance from the center, human relationship and degree of human concern vary: the farther the distance, the less the human feeling; the closer the distance, the more the human feeling. In this concentric view of human relationship, the distinction between *gong* (public)/*sa* (private) is understood in the same manner as relational and continuative. Viewed from the center of the circle, what is outside is recognized as *gong* (public) and what is inside is recognized as *sa* (private); what is remote from the center is *gong*, what is closer to the center is *sa*. In this sense, the Korean recognition of *gong/sa* is very much relational and continuative.

In this scheme of thinking, what is *gong* (public) is nothing but the inclusive boundary surrounding the smaller sphere; what is *sa* (private) is nothing but the inner sphere surrounded by a larger boundary. From this kind of concentrical social relation, it is difficult to find a clear-cut dichotomy of *public/private* or *sphere of politics (polis)/sphere of economics (family)* as we see in ancient Greek tradition. It is very interesting to examine the several socio-institutional terminologies frequently used in the *Chosun* dynasty. For instance, the term *sajin* (私賑 private relief) indicates a relief activity provided by local government. In contemporary Korean society, relief activities carried out by local government are properly regarded as public service. However, in the *Chosun* dynasty, such relief activities performed by local government were regarded as *sa* because local government was regarded as *sa* (private) in contrast to the state, the larger boundary which was recognized as *gong* (public). Another term *sa-dohoe* (私都會 private state-examination) is also noteworthy. *Dohoe* (都會) originally meant a civil examination for the governmental service held by the state, while the preliminary examination held by local government was called *sa-dohoe* (private state-examination), for the same reason as above. An examination of some traditional terminologies reconfirms that the uniqueness of the Korean concept of *gong* is in its nature of relativity and continuity.

3.3   Ambivalence between gong-ui (公義 public justice) and sa-ui (私義 private justice)

It is interesting to note that, in the Confucian way of thinking, a latent bud of conflict has permanently existed between the public and private. From the Confucian point of view, public morality is nothing but the extension of private morality as loyalty to the outer sphere grows from the inner group. For Confucianism, these two realms were always regarded not as separated but as continuative, as stated in the *Great Learning* (Da Xue 大學):

> Their knowledge being complete, their thoughts were sincere. Their thoughts being sincere, their hearts were then rectified. Their hearts being rectified, their persons were cultivated. Their persons being cultivated, their families were regulated. Their families being regulated, their States were rightly gov-

erned. Their States being rightly governed, the whole kingdom was made tranquil and happy.[7]

For Confucianism, each of the concentric circles includes the morality proper to each. However, all of the moralities are finally the same in their spirit. In other words, every morality proper to the sphere of each can finally be reduced to the center of the circle, that is the *correct mind* (正心) and *sincerity* (誠意) of the individual.

However, in the actual world, those manifold moralities often brought about a serious conflict. One famous example of such conflict was found in the „controversy of *sa-ui* (private justice)/*gong-ui* (public justice)" during the reign of King *Hyunjong* (顯宗) in the *Chosun* dynasty (1643). When a royal envoy was sent from the Emperor of *Ch'ing* (淸), the king of *Chosun* was supposed to go out to greet him at a place called *Mohwagwan* (慕華館). King *Hyunjong* asked one historiographer called Kim Mankyun to be a member of the retinue. However, Kim Mankyun resigned from the post under the pretext of his grudge against *Ch'ing*. (In fact, his grandmother had been killed by *Ch'ing* soldiers in the war between *Chosun* and *Ch'ing* called *byung-ja ho-ran* 丙子胡亂). Confronted with the situation, one ceremonial officer called S Pilwon accused him on the charge of insubordination to the king. Meanwhile, Song Si-yol, the head of the *Noron* (老論) school, then the ruling party, defended Kim Man-kyun for his filial piety. The controversy over loyalty (duty to the state) and filial piety (duty to the parents) evoked a serious debate among Confucian scholars.[8]

From the liberal point of view, filial piety, a devotion to parents and ancestors, adequately belongs to private morality, while loyalty, a duty to the state, belongs to public morality. However, from a Confucian point of view, it was not easy to distinguish between the two realms with one stroke of the sword. For Confucian philosophers, filial piety belongs to the public realm, even if it was practiced in the private realm because the parent-child relationship was defined in terms of the *Principle of the Heaven (T'ien-li)* which was apparently *gong*. The *gong* in this vein indicates the *universal ethical principle* common to every human.

Filial piety in Confucianism belongs to the realm of public morality while it is practiced in the private sphere. In other words, filial piety, viewed from a social-territorial standpoint, is regarded as private (*sa*), while it can be regarded as pub-

---

[7] *The Great Learning, in The Chinese Classics with a translation, critical exegetical notes, prolegomena, and copious indexes,* by James Legge (Taipei: reprinted by Southern Materials Center, INC, 1983), Vol. I, 358.

[8] Regarding this point, please see Lee Won Taek, „*Debate on Retributive Justice and Public/Private during the Reign of King Hyun Chong,"*paper presented to the conference held by The Korean Society for Political Thought (2001, summer).

lic (*gong*) when viewed from a moral standpoint. This kind of complexity and subtlety inherent in Confucian tradition created a serious ambivalence. The controversy over *gong-ui* (public justice)/*sa-ui* (private justice) was finally settled with the conclusion that „When filial piety conflicts with loyalty, filial piety should take the priority," indicating that the standpoint championed by Song Si-yol gained the final victory. After this, the *Noron* school of Song Si-yol became the dominant political power.

It is interesting, in this vein, to note that when public morality conflicted with private morality, the mainstream Korean Neo-Confucian scholars in the 17th century gave priority to the private morality, while Japanese Neo-Confucian scholars at the same period gave priority to the public morality. For example, Yamazaki Ansai (山崎闇齋: 1618-1682), in his *Yamato Shogaku* (大和小學), insisted that a son has a duty to prosecute his father when his father framed a plot against the ruler. For Yamazaki, duty to the ruler took precedence over duty to the parents, i.e., public morality was prior to private morality.[9]

3.4 Minimization of the Private Sphere and Maximization of the Public

The last characteristics of the Korean concept of the public (*gong*) may be explained in terms of „minimization of private sphere (*sa*) and maximization of the public (*gong*)." As we have seen in chapter 2, the concept of *gong* implies 1. the political dominion and ruling institution, 2. universal ethical principle of impartiality and fairness, and 3. mass' opinion and commonality, while the concept of *sa* implies 1.' „what is illegal" or „without authorization," 2.' partiality and unfairness, and 3.' selfishness and privatism.

As a matter of course, some other usages of the concept of *sa* imply morally neutral social relations such as *sa-jeon* (私田 personally owned land), *sa-dong* (私僮 personally owned male servant, *sa-ch'o* (私處 private residence or private sexual organs), and *sa-sup* (私習 individual or personal learning without teacher), etc. However, other than these few cases, the concept of *sa* was usually accompanied by a somewhat negative and pejorative nuance. In the traditional ordinary language of Korea, which has been deeply influenced by Confucian moral thought, the word *sa* was regarded as something one must avoid. Moreover, individuals, situated in the center of concentric circles of human relations, have been required to regard themselves as the sprout of morality, which starts from purifying the inner self and reaches the highest goal of „Oneness of Heaven and Human." In this pan-moralistic system of thought, the individual, even if he/she

---

[9] See Lee Jong-eun, „Individual in the Western and Confucian Culture,"*Proceedings of International Colloquium on Political Thoughts*, Seoul National University and Institute of Future Generation in Japan (Feb. 20th-22nd, 1999), 262.

is located in a private citadel from a societal-territorial point of view, has been required to think of him/herself as „morally public." The *Great Learning* states, „There is nothing more than what is secret, and nothing more manifest than what is minute. Therefore the superior man is watchful over himself, when he is alone."[10] As a result, in the Confucian moral scheme, a free moral space in which the individual could enjoy his/her private desire cannot exist. To summarize, every stratum of concentric circles in the Confucian moral scheme was regarded as public (*gong*) despite its varying degree.

4. Modern Variation of Traditional Concept of the Gong

As we have seen in the above, the Korean concept of *gong* implies 1. the political dominion and ruling institution, 2. universal ethical principle of impartiality and fairness, and 3. mass' opinion and commonality. These three phases of *gong* indicate three possible ways of Korean society when she enters into the threshold of modernity: namely 1.' a strong state-center-ism in which the nation-state grasps all the power over the mass, 2.' a democratic society in which impartiality and fairness prevails, and 3.' an egalitarian society in which the majority's interests and opinion are equally respected.

Among these three possibilities, Korea was doomed to head in the direction of „strong state-center-ism." Among the many factors explaining the historical fate of modern Korea, the most important factor was the fact that the modernization project in Korea had been carried forward „*from outside in*" and „*from upside down.*" A series of international political intricacies such as the colonial rule under the Japanese imperialism (1910-1945), the military rule by US occupation forces (1945-1948), the Korean War involving the two world powers during the Cold War period (1950-1953), the military coup of Park Jung-hee (1961) supported by the rightist government of the USA controlled the fate of modern Korea and led it unavoidably toward the direction of strong state-center-ism.

Under the military dictatorship (1961-1992), the discourse of *gong* (public) was loudly manipulated by the totalitarian government. The *gong* was identified with 'the state.' What the state decided what was regarded as *gong*. The totalitarian government demanded people's loyalty in the name of *gong*, while the laborers' sacrifice was beautified in the name of *gong*. Voices of resistant from intellectuals were pressed down in the name of *gong* and their struggle was condemned as „*against the gong.*" In this dark period, the term *gong* meant barely

---

[10] *The Doctrine of the Mean, in The Chinese Classics with a translation, critical exegetical notes, prolegomena, and copious indexes,* by James Legge (Taipei: reprinted by Southern Materials Center, INC, 1983), Vol. I, 384.

the 'state power.' The concept of *gong* has been totally distorted in service of the state's ideological apparatus.

On the other hand, the moral confusion in the transition stage has also greatly influenced Korean people's behavior and consciousness. The inherited moral consciousness of „ maximization of *gong* and minimization of *sa,*" when it confronted a free market economy which approves of self-interests and selfish desire, could only lead to mental disorder. Between the crevice of „minimization of the private (*sa*)" and „maximization of profit," modern Koreans couldn't but become moral schizophrenias.

The cozy relation between politics and economy under the developmental dictatorship amplified the moral confusion. The inherited concept of the concentric relativity of *gong* has deteriorated into nepotism, favoritism, and family-ism. People became opportunists by disguising their pursuance of family-interests under the deception of the pursuance of small *gong*. Meanwhile, some resistant intellectuals devoted themselves to achieve the inherited social ideal of '*gong* as *impartiality and fairness*' and '*gong* as *commonality*.' Their devoted longing for democracy clearly inherited from the very Confucian ideal of „*public-mindedness without privatism.*"

5.   Toward a Reconstruction of Authentic Gong: Necessity of Communicative Rationality and Participatory Democracy

From a Korean moral point of view, the public (*gong*) designates not only the political dominion and ruling institution, but also normative legitimacy and ethical appropriateness. Moreover, the concept of *gong* implies respect for the majority's opinion and interests, and communal concern for the weak. In this sense, the concept of *gong* designates, on one hand, a social-territory in which state power and public law operates, and on the other hand, the social ideal of impartiality, fairness, and commonality. While Western concept of the public barely focuses on the former, the Korean concept of *gong* includes both. Herein lies the distinctiveness of the Korean concept of the public (*gong*).

Contemporary society is very complicated. Sometimes discourse on 'public' is manipulated by the state in order to mobilize people's loyalty, while on other occasions various civil associations advocate their interests with the plea of 'public.' Even as each voice asserts that it properly represents the 'public', it is getting harder to decide which is true. In the absence of any *a priori* criterion to decide what is public, the decision should be made through democratic conversation and rational dialogue. Therefore, the important aspect is that the notion of public that lacks both ethical legitimacy and the majority's consent cannot be regarded as public *per se*. This point raises the traditional Korean concept of „*gong* as *impartiality and fairness*" and „*gong* as *commonality in which the ma-*

jority's opinion and interests are equally respected". In this sense, the inherited ideal of *gong* continues to await our recognition and realization.

Georg Mohr

„Der Mensch wird nur unter Menschen ein Mensch"

Fichte über interpersonale Anerkennung und Urrecht
als Beitrag zur philosophischen Begründung von Menschenrechten

Für Georg Lohmann zum 60. Geburtstag

1. Zur Begründung und Konzeptualisierung der Menschenrechtsidee

Auf der Ebene der *grundlagentheoretischen* Aufgaben einer Philosophie der Menschenrechte haben sich *drei Erkenntnisinteressen* als zentral herauskristallisiert:

1. die Frage nach der kategorialen Qualifizierung der als „Menschenrechte" verstandenen Normen: Gehören Menschenrechte zur *Moral* oder zum *Recht*? Sind Menschenrechte moralische oder juridische Rechte?
2. die Frage nach einem normativ aufgeladenen *Begriff vom Menschen*, der seinerseits als Fundament der Menschenrechtsidee dienen soll; im deutschen Kontext wird hierfür der Begriff der Menschenwürde bemüht;
3. die Frage nach der Art der Begründung der Menschenrechte; gegenwärtig wird vielfach eine *anerkennungstheoretisch* fundierte „Moral der gleichen Achtung" beansprucht.

Während die explizite, kontroverse Erörterung der moralischen oder rechtlichen Qualität von Menschenrechten (1) eher neueren Datums ist, werden mit Bezug auf die beiden anderen Punkte immer wieder philosophiegeschichtliche Vorbilder zitiert: (zu 2) *Kant* dominiert bei der Begründung der Menschenrechte, insbesondere wenn es um deren Verankerung in einem Begriff von *Menschenwürde* geht; (zu 3) *Hegel* dominiert in der Theorie der *Anerkennung*.

Ein weiterer Autor dieser Epoche, der sich selbst als Verfechter der Menschenrechtsidee verstand, der aber in der gegenwärtigen Philosophie der Menschenrechte so gut wie nie herangezogen wird, ist Johann Gottlieb *Fichte*.

Zu allen drei genannten Erkenntnisinteressen der gegenwärtigen Menschenrechtsphilosophie hat Fichte bedenkenswerte Beiträge geliefert.

Seine *Anerkennungstheorie*, um mit dem letztgenannten Punkt (3) zu beginnen, ist von Philosophiehistorikern gelegentlich, in letzter Zeit wiederholt bearbeitet worden. Auffallend ist aber, dass Autoren, die mit einem systematischen Anspruch den Anerkennungsbegriff aufnehmen und sich dabei an den derzeitigen Zitier-Usancen orientieren, als begriffsgeschichtlich relevante Quelle meistens Hegel, nicht aber Fichte nennen. Nun ist, sobald man die Texte Fichtes nur zur Kenntnis nimmt, sofort klar, dass der Begriff der Anerkennung eine terminologisch eindeutig lokalisierbare zentrale Stelle in seiner Philosophie einnimmt. Es reicht, in die Texte zu schauen, um festzustellen, dass Fichte eine Theorie der Anerkennung hat.

Etwas weniger offensichtlich ist die Sachlage beim zweiten Punkt (2). Dass Kant mit Bezug auf einen die Menschenrechtsidee tragenden *Begriff vom Menschen* als philosophiehistorische Referenz dominiert, liegt sicher im wesentlichen daran, dass er bereits bei der Ausformulierung des Grundgesetzes der praktischen Vernunft in einer seiner Formeln den Begriff vom Menschen als *Zweck an sich* einführt. Die intuitive Kraft dieser Formel hat dazu geführt, dass Kants Moral- und Rechtsphilosophie mit dieser Formel geradezu identifiziert wird. Dass der Mensch „Würde" hat, wie Kant in textlicher und sachlicher Nachbarschaft zu jener Formel ausführt, wird von vielen als *das* Kantische Prinzip gesehen.

Will man aber genauer zusehen, was für einen Begriff vom Menschen Kant verwendet, worauf er sich gründet und was durch ihn normativ begründet werden kann, gerät man schnell in Schwierigkeiten. Ich will auf sie heute nicht eingehen. Sie vermehren und verkomplizieren sich noch, wenn wir präzisieren wollen, ob Menschenrechte mit Kant als moralische oder juridische Rechte zu verstehen sind.

Verstehen wir Kants kategorischen Imperativ der *Selbstzweckhaftigkeit des Menschen* als ein *moralisches* Gebot, so *präjudizierten* wir, wenn wir mit Kant eine Philosophie der Menschenrechte begründen wollten, eine bestimmte *Moral*. Dadurch wird der Vorbehalt geweckt, dass, wenn eine auf Kant gebaute Menschenrechtspolitik der Minimalstandard der Weltgesellschaft sein soll, aller Welt zugemutet werden muss, ethische Kantianer zu werden. Allein, nicht alle wollen das.

Wie auch immer es um den Vorwurf bestellt sein mag, dass die deklarierten Menschenrechte partikulare abendländische Weltanschauung artikulieren und von den westlichen Mächten imperialistisch eingesetzt werden - philosophisch ist eine Menschenrechtsbegründung stärker, sprich universalisierungstauglicher, die nicht an bestimmten ethischen Grundsätzen, sondern *elementarer* ansetzt. Aber was kann „elementarer" hier heißen?

Als Voraussetzung halten wir zunächst nur fest, dass wir unter „Menschenrechten", egal wie wir sie kategorial qualifizieren, *fundamentale* und *unhintergehbare* Normen verstehen. Dies ist der mit der Kennzeichnung als „Menschenrechte" semantisch unmittelbar verknüpfte intendierte normlogische Rang dieser Rechte.

Eine „elementare" Begründung solcher fundamentalen Rechte dürfte dann lediglich auf den Umstand abheben, dass (a) Menschen sich als Handelnde verstehen, (b) Menschen von den Handlungen anderer in ihrer Handlungsfreiheit tangiert werden, (c) Menschen in ihrem Handeln darum wissen, dass die Freiheit anderer davon tangiert wird.

Nebenbei sei noch ergänzt, dass für eine Abkopplung der Menschenrechts-Begründung von Moral auch noch drei weitere Punkte sprechen:

1. Moral ist nicht *wesentlich* auf soziale Beziehungen angelegt.
2. Moral ist nicht *wesentlich* Inbegriff von Rechten, sondern von Pflichten.
3. Primärer Adressat von Menschenrechten sind politisch-rechtlich verfasste Institutionen. Diese wiederum sind keine Adressaten moralischer Pflichten, sondern von Rechtspflichten – nicht nur darum, weil es müßig ist, an Institutionen moralische Appelle zu richten, dafür sind bestenfalls Personen geeignet, sondern vor allem, weil es dem Rechtsstaatlichkeits-Prinzip widerspräche.

Auf diese drei Punkte will ich hier aber nicht weiter eingehen.

Fichte ist hier deswegen von Interesse, weil er im Ansatz seiner Rechtsphilosophie von genau dem Ziel geleitet wird, Recht unabhängig von jeglicher Moral bzw. Ethik zu begründen. Seine Theorie entwickelt aus elementarsten Voraussetzungen eine Explikation dessen, *was es heißt, dass Menschen überhaupt Rechte haben.*

Fichte stellt die Rechtsbegründung in den Zusammenhang einer Theorie vom Menschen hinsichtlich seiner elementarsten *Beziehungen als Mensch zu Menschen.*

Ausgehend von Fichtes Rechtsbegründung lassen sich daher meines Erachtens einige bedenkenswerte Anhaltspunkte für eine Charakterisierung des *Normtyps* „*Menschenrecht*" gewinnen.

In Bezug auf die Frage, ob Menschenrechte *moralische* oder *juridische* Rechte sind, hat *Georg Lohmann* schon vor zehn Jahren einen wichtigen Aufsatz publiziert.[1] Georg Lohmanns These lautet dort: Menschenrechte liegen „*zwischen*" Moral und Recht.

Mit seinen Ausführungen hat er die Diskussion wesentlich vorangebracht. Ich möchte dem Jubilar meinen Respekt erweisen, indem ich für eine von seiner Auffassung nur leicht abweichende These argumentiere. Meine These hat vier Teile und lautet:

1. Menschenrechte sind *nicht* als *moralische* Rechte zu verstehen.
2. Menschenrechte sind Grundnormen (Fundamentalnormen) des *Rechts*, welche als Legitimitätsbedingungen des positivierten Rechts gelten.
3. Sie sind damit aber *nicht* (zumindest nicht nur und nicht primär) als *juridische* Rechte zu verstehen. Sie stecken den *Bereich* der *primären*, unver-

[1] Lohmann 1998.

letzlichen *Rechtsgüter* ab. Sie sagen, was überhaupt die *Aufgabe* und der *normative Sinn von Recht* ist.

4. Menschenrechte sind ein Normtyp, der der Differenzierung in *Moral* und *Recht vorgelagert* ist. Sie sind *fundamental* in dem Sinne, dass sie den normativen Orientierungsrahmen dafür abstecken, was es überhaupt heißen soll, eine *Kultur menschlichen Zusammenlebens mit den Mitteln des Rechts*, d. h. eine „Rechtskultur", zu entwickeln.[2]

Diese These lässt sich mit Hilfe von *Fichtes* Theorie des *Urrechts* erläutern und stützen.

Ich möchte im Folgenden in der gebotenen Kürze einige Grundlinien der Fichteschen Rechtsauffassung nachzeichnen. Dabei beschränke ich mich auf: Fichtes Theorie *interpersonaler Anerkennung* und Fichtes Begriff des *Urrechts*.

2. Fichtes Theorie interpersonaler Anerkennung

Der bis heute interessante Grundgedanke der Fichteschen Rechtsphilosophie in seiner *Grundlage des Naturrechts nach Prinzipien der Wissenschaftslehre* von 1796 lässt sich vorweg etwa so resümieren: Das im Staat gesicherte *Recht* ist die Sphäre der *Institutionalisierung wechselseitiger Anerkennung von Personen*. Diese vereinbaren in freiwilliger Übereinkunft *zwangsbewehrte* wechselseitige Rechtsansprüche auf *äußere Freiheitssphären*.

Bei der „Deduktion" dieses Rechtsbegriffs geht Fichte nun nicht etwa von einer normativ gehaltvollen Moralphilosophie aus, sondern von einer formalen Minimalbeschreibung dessen, was es für eine menschliche Person heißt, sich als ein der Vernunft und der Freiheit fähiges Wesen zu verstehen.[3]

Eine Person ist nach Fichte ein endliches Vernunftwesen, das sich als 'selbsttätig' versteht. Es muss „sich eine Tätigkeit zuschreiben, deren letzter Grund schlechthin in ihm selbst liege".[4] Diese Selbstzuschreibung von Handlungs-Autorschaft – von „*freier Wirksamkeit*", wie Fichte sagt – impliziert Voraussetzungen, die in der „Deduktion" schrittweise entwickelt werden. Die Fichtesche Rechtslehre nimmt ihren Ausgang bei der Frage, welches die Bedingungen sind, unter denen ein endliches Vernunftwesen sich seiner selbst als tätiges und freies bewusst ist.

Die Selbstzuschreibung einer freien Wirksamkeit impliziert, wie es im „Folgesatz" in § 2[5] heißt, die Annahme (das „Setzen") einer *äußeren Sinnenwelt*. Das

---

[2] Zur Charakterisierung des normativen Status von Menschenrechten im Kontext einer Theorie der Rechtskultur vgl. Mohr 2000.

[3] Zum Folgenden vgl. auch Mohr 2001 und Mohr 2005.

[4] Fichte, *Grundlage des Naturrechts* (1796/97; im Folgenden *GN*), § 1, SW III, 17.

[5] Vgl. ebd., 23.

sich als frei wirksam setzende Vernunftwesen zweckt darauf ab, daß „aus dem Denken seiner Tätigkeit etwas in der Welt außer ihm erfolge".[6]

Eine weitere Bedingung dafür, daß ein endliches Vernunftwesen sich als frei erfährt, ist die Annahme *anderer endlicher Vernunftwesen außer sich.* Es muss, so Fichte im „zweiten Lehrsatz" in § 3[7], die freie Wirksamkeit in der Sinnenwelt, die es sich selbst zuschreibt, auch anderen zuschreiben. *Intersubjektivität* ist die Bedingung für die Erfahrung der eigenen Freiheit. *Einer allein kann sich nicht als frei erfahren.*[8]

> *Der Mensch* (so alle endlichen Wesen überhaupt) *wird nur unter Menschen ein Mensch*; und da er nichts anderes sein kann, denn ein Mensch, und gar nicht sein würde, wenn er dies nicht wäre – *sollen überhaupt Menschen sein, so müssen mehrere sein.*[9]

Als weitere Implikationen des Personbegriffs entwickelt Fichte die Selbstzuschreibung eines *Leibes* und die Erfahrung, unter der möglichen Einwirkung *anderer Personen* zu stehen.

Der einzige Modus, in dem Personen sich wechselseitig als freie endliche Vernunftwesen anerkennen, ist nach Fichte nun das *Rechtsverhältnis.* Das Rechtsverhältnis ist ein

> Verhältnis zwischen vernünftigen Wesen [derart], daß jedes seine Freiheit durch den Begriff der Möglichkeit der Freiheit des anderen beschränke, unter der Bedingung, daß das erstere die seinige gleichfalls durch die des anderen beschränke.[10]

Der für das Recht grundlegende „*Rechtssatz*" lautet:

> Ich muß das freie Wesen außer mir in allen Fällen anerkennen als ein solches, d.h. meine Freiheit durch den Begriff der Möglichkeit seiner Freiheit beschränken.[11]

Das „Rechtsverhältnis zwischen bestimmten Personen" ist also „*bedingt* durch ihre wechselseitige Anerkennung durcheinander, durch dieselbe aber auch vollkommen *bestimmt.*"[12] Die *wechselseitige* Beschränkung der Freiheit besteht in der jeweiligen *Selbstzuschreibung* einer Freiheitssphäre, von der jeder den (die)

---

[6] Ebd., Einleitung II, 8.
[7] Vgl. ebd., 30.
[8] Vgl. Rohs 1991, 81; Mohr 1995, 39ff.
[9] Ebd., § 3, 39.
[10] Ebd., § 4, 52.
[11] Ebd.
[12] Ebd., § 12, 123.

jeweils anderen ausschließt, sowie damit unmittelbar verbunden in der *Fremdzuschreibung* einer Freiheitssphäre, von der sich jeder selbst ausschließt.

Der Rechtsbegriff ist somit als Ergebnis einer Analyse der Bedingungen des Selbstbewusstseins endlicher vernünftiger Wesen, von Personen, „aus der reinen Form der Vernunft, aus dem Ich deduziert".[13] Das Recht wird aus dem „*bloßen Begriffe der Person, als einer solchen*" deduziert. Recht ist der Inbegriff dessen, was dazugehört, „daß jemand überhaupt frei, oder Person sei".[14] Der Rechtsbegriff wird also an den Grundgedanken geknüpft: „Jeder soll überhaupt nur auch frei, eine Person sein können".[15]

Fichte formuliert diesen Grundgedanken etwas ausführlicher wie folgt:

> Personen, als solche, sollen absolut frei, und lediglich von ihrem Willen abhängig sein. Personen sollen, so gewiß sie das sind, in gegenseitigem Einflusse stehen, und demnach nicht lediglich von sich selbst abhängig sein. Wie beides beisammen bestehen könne, dieses zu beantworten, ist die Aufgabe der Rechtswissenschaft: und die ihr zum Grunde liegende Frage ist die: *wie ist eine Gemeinschaft freier Wesen, als solcher, möglich?*[16]

Dieser Grundgedanke enthält zwei Momente: (i) die Idee der Kompatibilität von gegenseitig einzuräumenden Sphären freier Handlungen, sowie (ii) die Idee *fundamentaler Rechte der Person als solcher*.

Das zweite Moment ist der zentrale Gedanke der Theorie des *Urrechts*.

3. Fichtes Theorie des Urrechts

(a) Ein Recht, das unmittelbar Bedingung der Möglichkeit des Personseins ist, nennt Fichte ein „Urrecht".[17] Ein Urrecht ist ein Recht, „das jeder Person, als einer solchen, absolut zukommen soll."[18] Nun bezieht sich das Recht, anders als die Moral, ausschließlich auf das, „was in der Sinnenwelt sich äußert".[19] Daher sind die Bedingungen der Persönlichkeit genau insofern als Rechte zu denken, als sie „in der Sinnenwelt erscheinen, und durch andere freie Wesen, als Kräfte in der Sinnenwelt, gestört werden könnten".[20] Die Frage der Gewährleistung personaler Freiheitssphären betrifft die Regelung von Freiheitsäußerungen in der Sinnenwelt, denn nur in der Sinnenwelt kann „die Freiheit durch die Freiheit ein-

---

[13] Ebd., § 4, 52 f.
[14] *GN*, § 8, SW III 94.
[15] *GN*, § 8, SW III 93.
[16] *GN*, § 7, SW III 85.
[17] *GN*, § 8, SW III 94.
[18] *GN*, § 10, SW III 112f.
[19] *GN*, § 4, SW III 55.
[20] *GN*, § 10, SW III 112.

geschränkt werden".[21] In Bezug auf jede Person für sich betrachtet ist das Urrecht das „absolute Recht der Person, in der Sinnenwelt *nur Ursache* zu sein. (Schlechthin nie Bewirktes.)"[22] Das Urrecht ist das Recht auf eine „fortdauernde, lediglich vom Willen der Person abhängige, Wechselwirkung derselben mit der Sinnenwelt außer ihr".[23]

(b) Neben der Idee eines Urrechts der Person, das „durch die bloße Analyse des Begriffes der Persönlichkeit"[24] zu gewinnen ist, steht die Idee der interpersonalen Kompatibilität der Freiheitssphären. Da es nach Fichtes Interpersonalitätsprinzip eine Bedingung personalen Selbstbewusstseins ist, dass die Person auch anderen vernünftigen Wesen Personalität zuerkennt, müssen interpersonale Beziehungen die Bedingungen der Möglichkeit des „Beisammenseins freier Wesen"[25] erfüllen. Daher fordert das allgemeine Rechtsgesetz, dass jede Person als freies vernünftiges Wesen ihre Freiheit, als Umfang ihrer freien Handlungen, „durch den Begriff der Freiheit aller übrigen einschränke".[26] Im Ergebnis dem Grundgedanken von Kants Rechtsphilosophie[27] folgend, ist für Fichte die „Freiheit und Persönlichkeit eines anderen" die Grenze meiner Freiheit.[28] Daher ist das „Rechtsverhältnis zwischen bestimmten Personen" durch deren „wechselseitige Anerkennung" bedingt und bestimmt.[29]

(c) Dies bedeutet, dass das für sich betrachtet „absolute" und „unendliche" Urrecht der Person durch die Bedingung der interpersonalen Kompatibilität der Freiheitssphären eingeschränkt werden muss. Das Urrecht erhält durch das allgemeine Rechtsgesetz eine „bestimmte Quantität"; es legt die „Quantität der Freiheit" eines jeden fest.[30] Realisiert wird dies dadurch, dass der „Umfang der

---

[21] *GN*, § 10, SW III 113.

[22] *GN*, § 10, SW III 113.

[23] *GN*, § 18, SW III 210.

[24] *GN*, § 8, SW III 94.

[25] *GN*, § 8, SW III 94. Vgl. § 8, SW III 92: „Beisammenstehen der Freiheit mehrerer".

[26] *GN*, § 8, SW III 92. Vgl. den „Rechtssatz" in § 4, SW III 52: „Ich muß das freie Wesen außer mir in allen Fällen anerkennen als ein solches, d. h. meine Freiheit durch den Begriff der Möglichkeit seiner Freiheit beschränken." Nach § 10, SW III 112, lautet der „Grundsatz aller Rechtsbeurteilung": „Jeder beschränke seine Freiheit, den Umfang seiner freien Handlungen durch den Begriff der Freiheit des anderen (so daß auch der andere, als überhaupt frei, dabei bestehen könne)".

[27] Vgl. Kant, *Metaphysik der Sitten*, Rechtslehre, Einleitung, § C: „Also ist das allgemeine Rechtsgesetz: handle äußerlich so, daß der freie Gebrauch deiner Willkür mit der Freiheit von jedermann nach einem allgemeinen Gesetze zusammen bestehen könne" (AA VI 231).

[28] *GN*, § 8, SW III 94.

[29] *GN*, § 12, SW III 123.

[30] *GN*, § 12, SW III 120.

Urrechte sich in den der Rechte in einem gemeinen Wesen verwandle."[31] Dieses
gemeine Wesen ist der Staat, der sich in einem „Staatsbürgervertrag" konstituiert. Im „Eigentumsvertrag", als dem ersten Teil des Staatsbürgervertrags, wird
jedem Einzelnen als Verwirklichung der Kompatibilität der Freiheitssphären ein
„bestimmter Teil der Sinnenwelt, als Sphäre dieser seiner Wechselwirkung aus-
schließend zugeeignet".[32]

Die Begründung des Rechts aus dem anerkennungstheoretischen Personbeg-
riff führt Fichte konsequent in der Staatstheorie fort. „Der *Inbegriff aller Rechte*
ist die *Persönlichkeit*; und es ist die erste und höchste Pflicht des Staats, diese an
seinen Bürgern zu schützen."[33] *Zwei fundamentale*, aus dem Urrecht resultieren-
de Rechte leibhafter Personen sind das Recht auf *Unantastbarkeit des menschlichen Körpers* und das *Recht auf Selbsterhaltung durch eigene Tätigkeit*. Die
„Erhaltung unseres gegenwärtigen Leibes, welches auf dem Gebiete des Naturrechts soviel heißt, als die *Selbsterhaltung*, ist Bedingung alles unseren Handelns, und aller Äußerung der Freiheit."[34]

Für Fichte haben daher Personen an den Staat einen *Rechtsanspruch auf Arbeit* und gesichertes Existenzminimum. „Es ist Grundsatz jeder vernünftigen
Staatsverfassung: Jedermann soll von seiner Arbeit leben können."[35] Für den
Fall, wo dies nicht mehr gewährleistet ist, „müssen Alle von Rechtswegen [...]
abgeben von dem Ihrigen, bis er leben kann".[36]

Es ist eine besondere Pointe, dass Fichte mit der Idee reziproker Anerkennung
auch dahin gehend Ernst macht, dass er aus der Theorie des Urrechts einen
Rechtsanspruch von Personen auf die Sicherung der Bedingungen einer selbstbestimmten Existenz als Staatsbürger aus eigener Tätigkeit (Arbeit) ableitet.[37] Für
eine Theorie der Menschenwürde sind solche Überlegungen, die Fichte 1796
publiziert hat, von verblüffender Aktualität.

4.   *Fichtes Begriff des Urrechts und die normkategoriale Qualifizierung der Menschenrechte: diesseits der Dichotomie von Moral und Recht*

Urrechte im Fichteschen Sinne sind nicht zu denken als Rechte in einem vor-
staatlichen Zustand. Es gibt nach Fichte keinen „Stand der Urrechte" und es gibt
keine „Urrechte des Menschen" als Einzelnen. Rechte haben Menschen nur in
der Gemeinschaft mit anderen. Dies folgt nach Fichte schon aus dem Interperso-

---

[31] *GN*, § 9, SW III 111.
[32] *GN*, § 18, SW III 210. Vgl. § 12, SW III 126: „ein *endliches Quantum* der Sinnenwelt".
[33] *GN*, Anhang I, § 10, SW III 318.
[34] *GN*, § 11, SW III 118.
[35] *GN*, § 18, SW III 212.
[36] *GN*, § 18, SW III 213.
[37] Vgl. dazu Frischmann 2006.

nalitätsprinzip, wonach der Mensch nur unter Menschen überhaupt Mensch ist. Daher bezeichnet Fichte das Urrecht als eine „bloße Fiktion [...] zum Behuf der Wissenschaft". [38] Es ist eine heuristische Konstruktion, die eine moralunabhängige Begründung des Rechts und seiner wichtigsten Institutionen ermöglichen soll. Urrechte müssen in „Rechte in einem gemeinen Wesen" erst „verwandelt" werden.[39]

Man kann Fichtes Theorie des Urrechts lesen als eine Explikation, *warum Recht wichtig ist* und worin seine Bedeutung besteht: *inwiefern sich Menschen nur als Menschen begegnen, wenn sie sich als Rechtssubjekte anerkennen.*

Mit Bezug auf den Begriff des Menschenrechts bzw. die Menschenrechtsidee wird mit Fichtes Theoriekonzeption deutlich, dass und inwiefern Menschenrechte basale Rechte sind bzw. als basale Rechte konzipiert werden müssen: weil Recht für Menschen essentiell ist und weil die essentiellen Rechte nichts anderes sein können als die Sicherung dessen, was für das Menschsein als solches essentiell ist.

Für Fichte ist dies aus den Bedingungen der Möglichkeit des Selbstbewusstseins von Personen als Handelnden zu „deduzieren".

Nicht diese oder jene *Moral*, sondern die Idee des *Rechts als wechselseitige Anerkennung von Personalität* und damit von Sphären der Manifestation von selbstbestimmter Freiheit ist ein geeigneter Ausgangspunkt für die Begründung von Menschenrechten. Diese sind zu verstehen als grundlegendste Rechte derart, dass nur unter ihrer Voraussetzung überhaupt Menschen als Rechtssubjekte und damit als Menschen betrachtet werden.

Man kann hier durchaus an das heute prominentere Diktum *Hannah Arendts* denken, wonach *das* Menschenrecht das basale *Recht* des Menschen ist, *Rechte zu haben.*[40]

Das ist in der Tat Fichtes These, die er mit dem Begriff des Urrechts und dessen Implikationen verbindet: Es ist essentiell für Menschen, das Recht zu haben, Rechte zu haben.

Urrecht ist dasjenige, ohne welches kein Recht, und kein Mensch ist.

Aber: Der Begriff des Urrechts bezeichnet kein Set von Normen, die dem Menschen naturrechtlich als vorstaatliche normative Eigenschaften prädiziert würden.

Das Urrecht ist bei Fichte per definitionem ein auf die Beziehung von Menschen in der Sinnenwelt bezogener Begriff. Er ist ein relationaler Begriff, keine dem Recht präjudizierte essentialistische Wertzuschreibung.

---

[38] *GN*, § 9, SW III, 112.

[39] Ebd., 111. Zu Fichtes Theorie des Urrechts vgl. Verweyen 1979, 101-123, Zaczyk 1981, 40-46, Horstmann 2001.

[40] Siehe dazu die Ergänzung am Schluss dieses Beitrags mit dem Hinweis auf § 22 im Kapitel über das „Weltbürgerrecht" in Fichtes *Grundlage des Naturrechts.*

Wir haben es bei Fichte insofern mit einem nicht-essentialistischen Begriff vom Rechtssubjekt Mensch zu tun, denn „das Wesentliche" des Menschen ist nichts dem Recht normativ Vorgelagertes, sondern lediglich das durch das Recht selbst ermöglichte Selbstbewusstsein von sich als Person.[41]

Auf die in der aktuellen philosophischen Menschenrechts-Debatte grundlegende Frage nach der kategorialen Qualifizierung von Menschenrechten als moralischen oder juridischen Rechten ist mit Fichte – oder im Ausgang vom Fichteschen Theorietypus – zu antworten:

Menschenrechte sind ein besonderer Normtyp, der tatsächlich ein Typ von *Rechts*-bezogenen Normen ist, ohne dass eine Moral präjudiziert würde. Es geht von vornherein um die Koordination von freien Handlungen, nicht um Gesinnungen.

Der hohe Rang solcher Normen wird klar dadurch, dass das „Urrecht" diejenige essentielle Forderung (Notwendigkeit) als Recht formuliert, die die Erfahrung einer Person von sich als Person überhaupt erst möglich macht.

Menschenrechte sind eine *Normkultur fundamentaler Art*, die der Differenzierung in *Moral* und *Recht* vorgelagert ist. Es ist somit nicht, wie heute so oft, die Moral gleicher Achtung als Grundlage der Menschenrechte und die Menschenrechte als auf diese Moral „aufsattelnde" Rechte zu verstehen. Vielmehr, so kann man mit Fichte sagen, hat das Recht selbst eine implizite normative Fundamentalstruktur, die im Begriff der reziproken Anerkennung wechselbestimmter Freiheitssphären gefasst wird, die ihrerseits das Artikulationsmedium – hegelsch: das Dasein – freier vernünftiger Selbstbestimmung sind.

Indem Fichte die Rechtsbegründung ganz von der Moral abkoppelt (anders als Kant, der ein Moral und Recht übergeordnetes Prinzip praktischer Geltung voraussetzt), beschreibt er das Recht und die elementaren Normen nicht als Kodifizierungen moralischer Gebote, sondern als (moralisch indifferente) Bedingungen des Selbstverständnisses von Menschen als freien vernünftigen selbstbestimmten Personen.

Recht ist der Inbegriff der Artikulationsbedingungen von Personalität, nicht die Kodifizierung einer bestimmten Moral.

Ergänzung

In den vorstehenden Ausführungen, in denen es um die Identifizierung von Ressourcen für eine Theorie der Begründung von Menschenrechten in Fichtes *Grundlage des Naturrechts* geht, habe ich mich ausschließlich auf Fichtes allge-

---

[41] Im übrigen operiert Fichte auch mit einem nicht-reduktionistischen Begriff vom Menschen, indem er dem *Leib* eine konstitutive Rolle in seiner Rechtsbegründung einräumt – worauf ich hier nicht mehr eingehe.

meine Theorie des Rechts als Anerkennungsbeziehung und die daraus entwickelte Theorie des Urrechts gestützt, obwohl Fichte selbst den Terminus „Menschenrecht" dort nicht explizit verwendet. Es geht hier nicht um Fichte-Interpretation, sondern um die Herausarbeitung eines bestimmten Grundgedankens, dessen Berücksichtigung mir für die gegenwärtige Philosophie der Menschenrechte wichtig zu sein scheint. Für eine Fichte-Interpretation wären die Ausführungen zu ergänzen um eine Beschäftigung mit denjenigen Stellen im weiteren Fortgang der *Grundlage des Naturrechts*, an denen Fichte den Terminus „Menschenrecht" selbst wörtlich verwendet. Das ist insbes. in § 22 des Kapitels über das „Weltbürgerrecht" im „Zweiten Anhang des Naturrechts" der Fall. Dort heißt es: Der Mensch (im Kontext von Fichtes Ausführungen der als „fremder Ankömmling" einen Staat, dessen Staatsbürger er nicht ist, Besuchende)

hat das ursprüngliche Menschenrecht, das allen Rechtsverträgen vorausgeht, und allein sie möglich macht: *das Recht auf die Voraussetzung aller Menschen, dass sie mit ihm durch Verträge in ein rechtliches Verhältniss kommen können.* Dies allein ist das eigentliche Menschenrecht, das dem Menschen, als Menschen, zukommt: die Möglichkeit, sich Rechte zu erwerben. Diese, aber auch nur sie, muss jedem zugestanden werden, der sie nicht ausdrücklich durch seine Handlungen verwirkt hat.[42]

Literatur

Arendt, Hannah, 1986, *Elemente und Ursprünge totaler Herrschaft. Antisemitismus, Imperialismus, Totalitarismus*, München: Piper, Kap. 9, insbes. dritter Abschnitt: „Die Aporien der Menschenrechte"; amer. Orig.: *The Origins of Totalitarianism*, New York 1951; vgl. auch: „The Rights of Man. What Are They?". In: *Modern Review*, Vol. 3, Heft 1, 1949, 24-37; dt.: „Es gibt nur ein einziges Menschenrecht". In: Dolf Sternberger (Hg.), *Die Wandlung* IV, Heidelberg 1949, 754-770; wieder in: Höffe, Otfried, u.a. (Hg.), *Praktische Philosophie / Ethik*. Reader, Bd. 2, Frankfurt/M. 1981, 152-167. [Dazu u.a.: Stefan Gosepath, „Hannah Arendts Kritik der Menschenrechte und ihr ‚Recht, Rechte zu haben'". In: *Hannah Arendt: Verborgene Tradition – Unzeitgemäße Aktualität?*, hg. v. d. Heinrich-Böll-Stiftung, Berlin: Akademie Verlag, 2007 (= *Deutsche Zeitschrift für Philosophie*, Sonderband 16), 279-287].
Fichte, Johann Gottlieb, 1796/97, *Grundlage des Naturrechts nach Prinzipien der Wissenschaftslehre*. In: *Sämtliche Werke*, Bd. 3, hg. v. I. H. Fichte, Berlin 1845/46, Neudruck Berlin, 1971.
Frischmann, Bärbel, 2006, „Fichte über den Rechtsstaat als Sozialstaat". In: *Fichte-Studien* 29, 45-55.

---

[42] *GN*, § 22, SW III, 384. Vgl. auch Fichtes späte Vorlesung *Das System der Rechtslehre* von 1812, Kap. III.1.10 und III.2.3.

Horstmann, Rolf-Peter, 2001, „Die Theorie des Urrechts". In: Merle, Jean-Christophe (Hg.), *Johann Gottlieb Fichte. Grundlage des Naturrechts*, Berlin: Akademie Verlag, 113-124.

Lohmann, Georg, 1998, „Menschenrechte zwischen Recht und Moral". In: Gosepath, Stefan/ Lohmann, Georg (Hg.), *Philosophie der Menschenrechte*, Frankfurt/M.: Suhrkamp, 62-95.

Mohr, Georg, 1995, „Freedom and the Self. From Introspection to Intersubjectivity: Wolff, Kant, Fichte". In: Karl Ameriks, Dieter Sturma (Hg.), *The Modern Subject. Conceptions of the Self in Classical German Philosophy*, Albany: SUNY Press, 1995, 31–45.

Mohr, Georg, 2000, „Menschenrechte, demokratische Rechtskultur und Pluralismus". In: Plümacher, Martina / Schürmann, Volker / Freudenberger, Silja (Hg.), *Herausforderung Pluralismus*, Frankfurt/M: Lang, 2000, 315–326.

Mohr, Georg, 2001, „Der Begriff der Person bei Kant, Fichte und Hegel". In: Dieter Sturma (Hg.), *Person. Philosophiegeschichte – Theoretische Philosophie – Praktische Philosophie*, Paderborn: Schöningh, 103-141.

Mohr, Georg, 2005, „Recht und Staat bei Fichte". In: *Handbuch Deutscher Idealismus*, hg. v. Hans Jörg Sandkühler, Stuttgart/Weimar: Metzler, 2005, 187-194.

Rohs, Peter, 1991, *Johann Gottlieb Fichte*, München: Beck.

Siep, Ludwig, 1992, *Praktische Philosophie im Deutschen Idealismus*, Frankfurt/M.: Suhrkamp.

Verweyen, Hansjürgen, 1975, *Recht und Sittlichkeit in J. G. Fichtes Gesellschaftslehre*, Freiburg i. Br./ München: Alber.

Zaczyk, Rainer, 1981, *Das Strafrecht in der Rechtslehre J. G. Fichtes*, Berlin: Duncker & Humblot.

Georg Mohr

Punishing Systemic Violations of Human Rights. Or: Punishment as an Instrument of Historical Justice – Retribution or Prevention?

The question I am dealing with is: Is the institution of legal punishment a legitimate and appropriate instrument of historical justice?

In this paper I shall not, of course, treat the whole question but concentrate on government criminality, particularly to the question whether the punishment of government leaders having committed serious crimes against their own people, against minorities in their own country, or against other peoples, is a legitimate and appropriate instrument of historical justice.

To begin with, I take "legitimate" in the wide sense that *good reasons* can be brought forth. Of what kind these good reasons have to be in order to count as justifications will become clearer at the end of my account.

The question of the legitimacy of legal punishment has been treated mainly by three theories. Before refering to them briefly I begin with a general definition of the concept of punishment.

Part One

1. The concept of punishment: a definition

Punishment is a politically legitimate and legally institutionalized measure reacting to and demonstrating disapproval of norm violation. It sanctions the enforcement of norms and usually takes the form of compulsorily inflicted harm. While *revenge* aims at *satisfaction*, making the *subjective sentiment* of the wronged person or his relatives the standard of manner and severity of the infliction of harm, *punishment* is a *reprimand* [Zurechtweisung], its standard the idea of *justice*.[1] Philosophers have been raising the question of the justification (legitimation) of punishment as a legal institution since the antiquity.[2]

---

[1] Aristotle, Rhet. I, 10, 1369b; EN V, 7f.
[2] Cf. Mohr 2000b.

1.1 Three theories of punishment

In the philosophy of punishment, from antiquity to contemporary philosophy, we distinguish mainly two conceptions. A third conception which consists of a kind of synthesis of the two traditional conceptions has been added. It is actually the most influential conception.

The two traditional main-types for the justification of legal punishment are *retribution* and *prevention*.

(a) *Retribution*

The oldest one[3] of the traditional main types of justification of legal punishment is *retribution*. According to this theory, the main objective of punishment is a retrospective reply to a (past) wrong. Punishment is the expression of the *Unwert* (unworthiness? negative value?) of an action. The principle of such "absolute" or "retribution-theories" is: it is punished, *because* wrong *has been* committed (*punitur, quia peccatum est*).

To proponents of retribution-theory, the justification of punishment exclusively lies in the *justice* of the penalty. The demand for justice is decisive in every case of offense, independent of the assessment of the consequences regarding the effect of the execution of the sentence on society as a whole or on the offender in regard to her or his future behavior. The crime in itself demands, as a matter of justice, the execution of punishment. What matters is not the consequences, but that injustice occurred is replied to and thus valid law and justice restored, their existence thereby emphasized. Two famous proponents of retribution-theory are Kant[4] and Hegel.[5]

Retributivism can be differenciated into several versions. *Negative* retributivism holds that those who are not guilty must not be punished. *Positive* retributivism claims that the guilty ought to be punished.[6]

General and special retribution: General retribution theory defines retribution as the limiting principle of accusation and punishment:

(a) Only someone who is guilty may be punished.

(b) Anyone may only be punished to the extent of his guilt.

Special retribution theory defines retribution as principle of the sentence-allotment (incl. manner, scope and measure of punishment):

– *ius talionis*: An eye for an eye, a tooth for a tooth.

That is the proportion between crime and punishment.

---

[3] Cf. Kelsen 1982.
[4] Cf. Mohr 2009.
[5] Cf. Mohr 1997.
[6] Cf. Ten 1990, 195, referring to John L. Mackie.

(b) *Prevention*

According to prevention-theory, punishment is justified by its behavior regulating effect in the sense of legal conformity. Already Protagoras opposes this theory declaring future *prevention* of wrong the sole reasonable purpose of punishment. His main argument is the following: the gone cannot be made undone.[7] The principle of this "relative" or "prevention-theory" is: it is punished, *so that* no wrong *will be* committed (*punitur, ne peccetur*).

Prevention is the general term for two different preventive effects that punishment can realise. Each of them can be differenciated further more in two aspects.

By means of the threat of punishment, leading to the expectation of the actual persecution of the crime and actual execution of the punishment, potential offenders (everybody in a given society) are to be *deterred* by the threat of punishment. This is called *negative general* prevention.

In so far as punishment expresses the validity of the broken law against the offense and consequently demonstrates the validity of the law in the name of and for the whole society, we speak of a *positive general* prevention.

In modern times the idea of special prevention became more and more important. Today it is often considered to be the most important justification of punishment. The idea is that offenders guilty of a crime are to be *reformed* by the execution of the punishment. During the execution of punishment,the disposition of the offender changes into an acceptance of the law. This is called *positive special prevention*.

When the offender is thus kept from recidivism, this is called *negative special* prevention.

It is common to prevention-theories that they wish to *justify* the institution of punishment by refering to its ability to contribute to the stabilizing of a social condition deemed desirable by psychologically influencing the behavioral disposition of citizens, and its being required *as such*. Nobody questions the relevance of these considerations nowadays concerning the sentence (neither did Hegel, by the way). The question is what significance they have and to what question they contribute. There is a wide consensus that they are to be taken into consideration in the allocation of the sentence.

(c) *Unification theory*

One classical proposal for a unification of both, retribution and prevention aspects of punishment, maintains that punishment, according to its very *concept*, is the infliction of harm for retributive reasons. The *end* of punishment, however, is

---

[7] Plato, Prot. 324a.

general prevention, i.e. protection of the citizens by preventing crimes.[8] I will not discuss in detail these theories here.

I said that I concentrate on a certain kind of crime: government crimes. According to the current planning stage of an International Criminal Court and an international criminal law there are four types of "core-crimes":

- genocide
- crimes against humanity
- war crimes (incl. Mass execution of political opponents, ethnic "cleansing", rape as a means of war-strategy)
- Crime of first strike (aggression).[9]

1.2 The application of these theories to government criminality

In how far the exposed theories of punishment apply to these kinds of crimes resp. to the offenders given their specific political function and status. Let us begin with (1) *special prevention.*

You can only subject someone to trial, that you have gotten a hold of. That means a government criminal can only be tried as a defeated. Not, however, as long as he is in office and handling official business.

To arrest and try a government criminal actually implies that this same person will not hold this office anymore. The situation is factually cleared by the person has been removed from office. He will no longer (be able to) conduct politics, that is the incriminated politics in an official position.

Government criminality (at least in the prevailing number of cases and for the time being) factually comes to an end on account of the arrest and the associated change of government. The person accused is no longer able to commit official crime for the sole reason that he does not hold office anymore (and presumably will not do so in the long term or at all). Trying to restrain this person from repeating his offense is thus obsolete. The matter is thus settled by the change of government.

Result: Neither negative special prevention nor positive special prevention can be accepted as an adequate objective of punishment.

(2) *Negative general prevention* is equally inapplicable. The motives for grave crimes committed by chiefs of government (especially political-ideological fanatism) and the requisite dispositions (gross immorality) are such that they cannot be neutralized by threat of punishment. The decisive function of an international criminal law is exactly not that a potential government criminal must be aware of committing a crime and, since humanity agrees on the criminal charac-

---

[8] Cf. E. Schmidhäuser [2]1984, 17-21 and 455.
[9] Cf. Becker 1996, Höffe 1999, 12.

ter, must reckon with prosecution, trial and punishment (so Höffe 1999, S 109f.). It was already said in the context of penal theories that neither negative general prevention nor special prevention grab hold with government criminality. They are missing the point of the criminals psychology his motivation. A potential government criminal is neither prevented from committing his deeds by the threat of punishment in the sense of negative general prevention, nor will he be prevented by a criminal trial and -execution from further crimes. He will reject the legitimacy of such proceedings – at least in his own case (Milosevic).

(3) *Positive general prevention* does apply. Punishment can function as an index of the importance of violated fundamental norms (rights). It expresses a confirmation of the validity of the violated law.

(4) *Retribution* does apply. According to the retribution theory it is a demand of justice that injustice is to be answered with punishment by law.

The topic of historical justice is often characterized as the question of "claims arising from historical injustice". The organizers of our conference put the question in the following way: "what normative consequences arise today for which persons, groups and institutions from injustice done to previously living persons". Evidently a crucial question. And, of course, the notion of claims apply in almost all cases that figure under the heading of "historical (in)justice". But in the present case of government criminality I doubt. For a theory of retribution, personal (incl. collective) claims do not matter.

Personal claims do not matter for a theory of retribution. It exclusively takes off on injustice being followed by punishment.

In retribution theory, punishment of a criminal is not founded on the claim of victims. If talking about claims is appropriate in retribution theory at all, it is so only (a) in an *abstract* sense, (b) in an *indirect* sense and (c) in the sense of a *political performance* claim.

(a) With a legal order a legal community imposes on itself the claim to settle its social relations by means of just institutions.

(b) The claim incorporated by the legal order as a whole transfers to the members of the legal order *as members of the legal order*. They have each and everyone of them an indirect claim on a just legal order.

(c) The members of the legal community have a claim on their representatives to provide for just law and just application of law.

All of this, however, is not sufficient to found a claim to *punishment as legal implication* (Rechtsfolge) of the violation of these claims.

In the following second part I'll introduce four arguments as elements of a defence of punishment as an instrument of historical justice. These four arguments are the following:

(1) the *representative function* argument,
(2) the argument concerning the *historical* dimension of the *normative integration of a legal culture* (die normative Integrität einer Rechtskultur),
(3) the *coherence* argument,
(4) the *transitional legal culture* argument.

Part Two

2.1 The representative function argument

It is well known that numerous objections against legal punishment concerne the presuppositions of the criminal law which are about the offender. In every single case, there are many (mainly psychological and sociological) reasons why it is highly questionable if it is sufficiently justified to presuppose the accountability, responsibility and guilt of the offender. The ascription of an offense in the legal sense and the accusation that the offender has committed it in the strict sense of a deliberate and free action can often be criticized as not being well founded. These problems don't arise in the case of government criminals. (That's why a great deal of the arguments in Günther 1997 are not adequat). Because of political authorization procedures there is more to it than to an individual crime. Committing crimes in the name of a society (nation, people) is more serious than on one's own. It is clearly not dependent only on the individual, psychological conditions. It is in each case a deliberate abuse of office. The more the need for intervention and prevention.

2.2   The argument concerning the historical dimension of the normative integration of a legal culture

One essential element of the integration of a society (or nation, people) is its historical self-interpretation. This is a crucial reason why procedures permitting them to evaluate historical entanglements in fundamental violations of law from the perspective of their own legal culture are indispensable.[10] It is essential for the normative (moral-legal) self-regard of the society with regard to the further existence of the legal community. It is the aim of law and legal institutions to define the social relations between persons within societies, between societies and as a limiting value between all members of humanity as relations of mutual recognition between free and equal persons. Law is a medium of coordinating the actions of mutually recognizing persons. Thus, it is important that injustice be legally reacted to. This is not saying that *criminal law* is necessary, but it is

---

[10] Concerning the notion of a legal culture and the idea of its integrity, cf. Mohr 1998a, 1998b, 2008.

saying that *law* is necessary. Law after all is the medium in which officially, by rational procedure and on the basis of shared value and norm codes actions are coordinated and the consequences for further communication between the parties involved are defined.

Law as a whole is an important area of social practice in which coming to terms with one's past (Vergangenheitsbewältigung) is formulated and concretized. One is only to look at the constitution ("Grundgesetz") of the Federal Republic of Germany and observe the proceedings of the parliamentary counsel having lead to this constitution. That reflected historical experience of self-caused injustice has entered into the normative foundations the value-constitution as well as the institutional constitution contains is an unmistakable and uncontested fact.

Criminal law as a domain of law is an instrument of coming to terms with one's past (Vergangenheitsbewältigung) for that reason also. It being that domain of law that safeguards particularly weighty norms and values, it signals the *ultima ratio* of political, legal institutions. And it is the institution that not only emphasizes the public nature of a conflict, but first of all creates the publicity. It is the public opposition to publicly relevant law violating deed and public reinforcement of norms by the legal community.[11]

Historical justice

Historical justice isn't its own category of justice. It will certainly not engender a sufficiently defined directive for the generation and application of legal norms. Historical justice is not a sharply defined legal term, that could direct a precise application in an area such as criminal law, which on the whole is under the reservation of subsidiary (*ultima ratio*) and is subject to strict principles (i.e. Bestimmtheitsgebot, prohibition of analogy and retroaction). Criminal law has reached a high standard of restrictive rules safeguarding against misuse in modern constitutional society.

"Historical justice" is rather an appeal to the responsibility of all political actors to all future generations of all nations; is an appeal to the consciousness of the peoples of the world being members of a *legal culture* idealiter, a legal culture being the genuinely human way of coordinating actions on the basis of shared principles of justification of institutions and, correspondingly, condemning and opposing violations of action-coordinating regulations.

(The concept of historical justice is rather to be understood as a sort of "regulative idea" imposing an obligation on peoples in their dealings with their own history and the other members of the global society of peoples.)

---

[11] Cf. Jakobs.

Historical justice should not be *restricted* to the notion of the appropriate set-
tlement of justified claims arising from injustice done to passed persons. It seems
essential to the notion of historical justice that the attribute "historical" indicate
that we should conduct the evaluation of the past and our dealings with the same
in the light of our contemporary normative identity and our notions of a responsible behavior in sight of the anticipatable justified claims of future generations.
(We are inevitably doing this anyway. The question of historical justice points us
to this and causes us to realize the normative implications of this fact).

2.3 The coherence argument

Every legal culture marks grades of the importance of norms and the gravity of
violations against the same by means of the differentiation and grading of manner and measure of the legal consequences. Contract law, for instance, reparation
rule and compensation on the one side is opposed by criminal law, which implies
judgments of unworthiness and imposes forcecible harm. Punishment as an institution of a legal order signals what is judged as a grave violation of fundamental
notions of justice and humanity. The most important, most fundamental norms
are subject to criminal prosecution. With its criminal law, a society marks its
normative weightings.

A comparison of different legal cultures shows, that there is a basic stock of
legally protected rights, which legal cultures qua legal cultures deem fundamental and essential to safeguard. Even though such a stock of intercultural basic
criminal law[12] only covers a minimal norm-corpus. However, it seems possible,
as the conception of a world-penal-code by the United Nations indicates, to identify at least four "core-crimes", for the enforcement of which a future *International Crime Court* (ICC) will be responsible:

- genocide
- crimes against humanity
- war crimes (incl. Mass execution of political opponents, ethnic "cleansing", rape as a means of war-strategy)
- Crime of first strike (aggression).[13]

In the past decades, general norm-consciousness has increasingly focused on
government criminality. The four core-crimes mentioned above are a provisional
result of this development. It s noticeable that all four of them are usually cases
of government criminality or stand in close connection therewith. It is audible
nowadays, more clearly than ever before, that government criminality is to be

---

[12] See Hassemer's criticism. In: Höffe 1999.
[13] Cf. Becker 1996, Höffe 1999, 12.

judged a grave injustice. With this development of increasing public sentencing the relevant legal institute must now take hold: criminal law. This is inherent in the logic of the correlation between the weighting of norm-violations and the employment of criminal law drafted above. Although punishment is a "subsidiary safeguarding of legally protected rights"[14], which is only to be used as *ultima ratio*.[15] However, as the youngest developments, briefly mentioned, show, government criminality is considered such a grave violation of legally protected rights, that the *ultima ratio*-provision is fulfilled.

Criminal law is the relevant legal institute for grave crimes in all legal cultures. It is relevant for the safeguarding of such legally protected right and values, as are deemed especially worthy of safety. Here, the steadfastness of the legal order and its laws is to be especially manifest. Crimes connected to the core-crimes mentioned above, such as murder, killing, assault, robbery, are therefore prosecuted. Since this probably holds for all legal cultures, and since it factually holds at least for all of those legal communities, having ratified the UN Charta, it is a demand of elementary *legal-normative coherence* that the institution of legal punishment is instituted in cases of government criminality.

This also illuminates from the idea of a lawful state. Rule of law implies the coherent application of the fundamental legal institutes of a legal culture to the public power as well. If punishment is a fundamental institution of in principle all regional legal cultures, then it must be a fundamental institution in a transregional, transnational legal culture as well. In the same measure as we deem criminal law an indispensable instrument of judging unworthiness in a domestic context, we are bound to a project of *transnational* criminal law. It is a requirement of *coherence* on a legal culture that it advocate its normative and evaluative weightings to the inside as well as to the outside and tends to be willing to subject them to the test of its fitness for general transnational legislation.

2.4 The transitional legal culture argument

International law is factually a product of contracts between states. The international legal community constitutes itself as a contractual community. Its association as legal community consists of the contracts that generate codified law. Violations of right in this context are concrete breaches of contract. And they are thus violations of the legal community. The right-violating member of the international community actually places itself without the legal community. (Here Fichte's model is more appropriate than in regard to domestic law.[16]

---

[14] Roxin 1992, 17f.

[15] Cf. Roxin 1966/1973, 13f.

[16] On Fichte's theory of punishment see Mohr 2004.

The deliverance of a government criminal to an international court of justice signals that the society, that the offender politically represented, deems the "maxims" that inhere in his crimes not valid parts of its norm-culture. It hereby signals the maxims of the offender, though he may have been its representative, to be in opposition to its normative practice.

The penal coming to terms with and reacting to government criminality is an essential and indispensable factor of the performative reaffirmation of the moral-legal integrity of the community concerned as well as of the continuance of international legal community. International criminal law, particularly with regard to government criminality, is (in connection with the basic thought of Fichtean and Hegelian penal theories) so to be understood as an institution in which is manifested the mutual recognition of peoples as subjects of political-legal responsibility advocating fundamentally the same law and thus as parties to a common legal culture.

A criminal trial for government crime before an ICC can be interpreted as a two planes procedure. On a *first* plane there is a classical standard conflict between an offender and one or several offended. It is treated according to valid legal norms. That legal implication (Rechtsfolge) is imposed that is defined by positive law.

On a *second* plane the jurisdiction of this international court manifests the fundamental status of the violated legal norms. In addition, it signals the international legal community's *consensus* on the *importance* and *worth* of the violated norms, i.e. that they must be protected. On this second plane, the international legal community articulates, by the comdemnation of the crime, its consensus on the fundamental norms of a trans-national legal culture.

Part Three

3. Alternatives to punishment?

The penal-theoretical discussion of the past thirty years has brought to the fore too many serious and differentiated arguments against the current practice of punishment and in favor of a search for alternative methods for regulating behavior in the sense of law, than allow a general answer to the question of alternative methods of reacting to government criminality. The presented reflections make one thing clear, however: Should it be possible to concretize alternatives for the reaction to government criminality, then these will once more be *legal* procedures. The management of the past must *also* proceed according to valid legal principles. Law, especially modern, constitutional law, is procedurally designed to verification and democratic legitimized evaluation. Public ascription and public sentencing on the basis of transnationally established standards of right and justice are an important procedure particularly for dealing with grave injustice through government criminality. Trial and sentencing are the essential elements of criminal procedure[17], that must be brought to full public effectiveness. If the legal implication will then be actual punishment or something else, might be secondary in comparison.

Are there good reasons for amnesty?

The question about the institution of legal punishment as an instrument of historical justice also concerns *transitional justice*. In my exemplary cases criminal justice only takes hold *after* the political *defeat* of the defendant. Which is why talk of "judiciary of the victors" ("Siegerjustiz") presents itself (but is not already for that reason justified). In this way, justice intervenes in a process of transition from a dictatorial or totalitarian regime to democracy. Politically the main goal in those phases is to manage the transition to a postdictatorial society in such a way as to aid the development of a politically stable and economically viable constitutional democracy. This goal has political priority. In this context, some authors doubt that criminal trials in such transitional periods are at all desirable, even though they might comply with generally accepted claims of justice and highest legal standards. Do criminal trials not rather provoke a polarization of society that stands in the way of stability? At this point considerations come into play that can reach the epistemic bounds of socio-psychological forecastability of the probable effects of legal procedures on political attitudes and behavior. However, the fundamental demand posed on law, that the effect of official measures are to be projectable and verifiable is to be posed on transnational criminal law as well.

So far, pointing to the fact that juridical measures in reaction to injustice stand in need of political legitimation as well, is justified. But an installment of legal institutions based solely on prognoses on transitional results is also misleading. This is already obvious within the framework of the arguments used in the reservation. *Should* socio-psychological hypotheses play a role (and this they should on principle and in a methodologically serious sense by all means), then one has to see that particularly in previous "strategic" installment of the legal institute of punishment there is a danger of misinterpreting the function of law in general. This gives rise to the impression of law being a mere instrument of political strategy. This impression is misleading.

---

[17] Lüderssen 1995, 112.

392   *Georg Mohr*

Bibliography

Aristoteles, Nikomachische Ethik.

Aristoteles, Rhetorik.

Becker, Astrid, 1996, Der Tatbestand des Verbrechens gegen die Menschlichkeit. Überlegungen zur Problematik eines völkerrechtlichen Strafrechts, Berlin.

Günther, Klaus, 1997, „Der strafrechtliche Schuldbegriff als Gegenstand einer Politik der Erinnerung in der Demokratie". In: Amnestie oder Die Politik der Erinnerung in der Demokratie, ed. Gary Smith and Avishai Margalit, Frankfurt/M, 48-89.

Hassemer, Winfried, 1999, „Vielfalt und Wandel. Offene Horizonte eines interkulturellen Strafrechts‴ in: Höffe 1999, 157-180.

Höffe, Otfried, 1999, Gibt es ein interkulturelles Strafrecht? Ein philosophischer Versuch, Frankfurt/M.

Jakobs, Günther, ²1991, Strafrecht. Allgemeiner Teil. Die Grundlagen und die Zurechnungslehre. Lehrbuch, Berlin/ New York.

Kelsen, Hans, 1982, Vergeltung und Kausalität, Wien, Köln, Graz.

Lüderssen, Klaus, 1995, Abschaffen des Strafens?, Frankfurt/M.

Mohr, Georg, 1997, "Unrecht und Strafe (§§ 82–104, 214, 218–220)". In: Ludwig Siep (Hg.), G. W. F. Hegel: Grundlinien der Philosophie des Rechts, Berlin 1997, 95–124

Mohr, Georg, 1998a, „Die Idee der Integrität einer Rechtskultur". In: Geschichtsphilosophie und Ethik (= Dialektische Philosophie, Bd. 10), ed. Domenico Losurdo, Frankfurt/M. 1998, 411-425.

Mohr, Georg, 1998b, „Zum Begriff der Rechtskultur". In: Werner Goldschmidt (Hg.), Kulturen des Rechts, Hamburg 1998 (= Dialektik 1998/3), 9-29.

Mohr, Georg, 2000b, Artikel „Strafe, I. Philosophisch-anthropologisch". In: Lexikon für Theologie und Kirche, 3rd edition, vol. 9, Freiburg/Br., Sp. 1022-1023.

Mohr, Georg, 2004, "Recht als Anerkennung und Strafe als ‚Abbüßung'. Trifft Hegels Kritik der Präventionstheorie Fichtes Begründung der ‚peinlichen Gesetzgebung'?". In: Subjektivität und Anerkennung, ed. Barbara Merker, Georg Mohr and Michael Quante, Paderborn 2004 pp. 243–270.

Mohr, Georg, 2008, „Rechtskultur". In: Handbuch der Politischen Philosophie und Sozialphilosophie, ed. Stefan Gosepath, Wilfried Hinsch and Beate Rössler, Berlin: de Gruyter, 2008, vol. 2, 1074–1078.

Mohr, Georg, 2009, „‚nur weil er verbrochen hat'. Menschenwürde und Vergeltung in Kants Strafrechtsphilosophie". In: Klemme, Heiner F. (ed.), Kant und die Zukunft der europäischen Aufklärung, Berlin and New York: de Gruyter, 2009, 469–499.

Platon, Protagoras.

Roxin, Claus, 1966/1973, „Sinn und Grenzen staatlicher Strafe". In: Claus Roxin, Strafrechtliche Grundlagenprobleme, Berlin/ New York, 1-31.

Roxin, Claus, 1992, Strafrecht. Allgemeiner Teil, Band 1: Grundlagen. Der Aufbau der Verbrechenslehre, München.

Schmidhäuser, Eberhard, ²1984, Strafrecht. Allgemeiner Teil, Tübingen.

Ten, C. L., 1990, „Positive Retributivism". In: Crime, Culpability, and Remedy, ed. Ellen Frankel Paul, Fred D. Miller Jr., Jeffrey Paul, Oxford, 194-208.

Autorinnen und Autoren

Choi, Jun-Ho, Professor of Philosophy and Humanities at Soon Chun Hyang University, Chungnam, Korea. His research interests are aesthetic experience in general and modern European aesthetics. E-mail: jhchoi@sch.ac.kr

Frischmann, Bärbel, Prof. für Philosophie an der Universität Erfurt. Gastprofessuren am Department of Philosophy der Korea University in Seoul (Wintersemester 2004/05), Philosophisches Seminar der Universität Tübingen (Wintersemester 2007/08). E-mail: baerbel.frischmann@uni-erfurt.de

Hwang, Sul-Joong, Lecturer of Philosophy at Korea University, Seoul. His research interests are the history of western philosophy and the relation between scepticism and antiscepticism in modern philosophy.
E-mail: hegelian@hanmail.net

Kim, Chang-Rae, Professor of Department of Philosophy of Korea University in Seoul. Research Interests: Ontology, Anthropology, Hermeneutics.
E-mail: kcrae@korea.ac.kr

Kim, Hyoung-chan, Professor of Korean Philosophy at Korea University, Seoul. His research interests are the natural philosophical foundations of moral principles and the relation between learning and practice in Confucianism.
E-mail: kphil@korea.ac.kr.

Lee, Seung-Hwan, Professor of Neo-Confucian Philosophy at Korea University, Seoul. His research interests are concerned with self-cultivation theory and ethics of disposition in neo-Confucianism. E-mail: Kulee@korea.ac.kr

Lim, Hong-Bin, Professor of Philosophy at Korea University, Seoul. He has been published widely in the areas of practical philosophy and intercultural philosophy. E-mail: limhb@korea.ac.kr

Mohr, Georg, Prof. für Philosophie an der Universität Bremen. 2004 Gastprofessor an der Université Paris 1 – Panthéon-Sorbonne, 2005 an den Facultés Catholiques de Kinshasa (DR Kongo). Forschungsschwerpunkte: Praktische Philosophie, Musikphilosophie, Immanuel Kant.
E-mail: gmohr@uni-bremen.de

Oh, Sangmu, Professor of Philosophy at Korea University in Seoul. He studied at Korea University(B.A., 1986/ M.A.,1991), Beijing University(Ph.D., 1996) and Kyoto University (Post-doc,1997-98). His specialty is Taoism.
E-mail: ohsangmu@korea.ac.kr

Pasternack, Gerhard, Professor für Literaturwissenschaft und Philosophie an der Universität Bremen mit den Schwerpunkten Literaturtheorie und Ästhetik, philosophische Hermeneutik, interkulturelle Kommunikation. Mehrere Gastprofessuren an der Tongji-Universität Shanghai/China.
E-mail: gerhardpasternack@web.de

Sandkühler, Hans Jörg, 1971-1974 Prof. an der Universität Giessen, 1974-2005 an der Uniersität Bremen. 2003-2010 Leiter der Deutschen Abt.»Menschenrechte und Kulturen« des europäischen UNESCO-Lehrstuhls für Philosophie (Paris).
E-mail: hsandk@uni-bremen.de

Son, Byung-Seok, Professor of the Department of Philosophy at Korea University, Seoul. His Major is Ancient Greek Philosophy. His recent research interests are the theory of Anger (orge, orge) of Ancient Greek and Roman Philosophers, and the views of western philosophers on justice. E-mail: sonbs@korea.ac.kr

Villiez, Carola Freiin von, seit 2007 Prof. für Philosophie an der Universität Duisburg-Essen; 2007 Gastprofessorin am Centre for the Study of Mind in Nature (CSMN) of Universitetet i Oslo; derzeit Direktorin des Norwegischen Ethikprogramms an der Universitæt Oslo.
E-mail: carola.freiin-von-villiez@uni-duisburg-essen.de

Personenverzeichnis

PHILOSOPHIE UND TRANSKULTURALITÄT
PHILOSOPHIE ET TRANSCULTURALITÉ

Herausgegeben von
Sous la direction de
Jacques Poulain (Paris), Hans Jörg Sandkühler (Bremen/Brême), Fathi Triki (Tunis)

Im Mittelpunkt der von den *UNESCO-Lehrstühlen für Philosophie* an den Universitäten Tunis (Fathi Triki) und Paris (Jacques Poulain) sowie der Deutschen Abteilung «Menschenrechte und Kulturen» des Pariser Lehrstuhls (Hans Jörg Sandkühler) herausgegebenen Reihe stehen Fragen der Praktischen Philosophie, des transkulturellen Dialogs und des humanen Zusammen-Lebens sowie epistemologische Beiträge zur Reflexion über die Wissenschaften, über Ethik, Politik und Recht und über Ästhetik in dem durch die UNESCO definierten Rahmen. Die philosophische Arbeit des Begriffs, die Erneuerung der Ideen und das Infragestellen der Weltbilder tragen zur besseren Meisterung der Weltprobleme bei. Die Philosophie leistet durch die Analyse der Lebensweisen und durch die Begründung eines neuen Universalismus, der die Differenzen und Unterschiede ernst nimmt, ihren Beitrag zur Stiftung einer pluralen, für das heutige menschliche Leben offenen Identität.

Au centre de la série, publiée par les *Chaires UNESCO de Philosophie* aux Universités de Tunis I (Fathi Triki) et de Paris (Jacques Poulain) et de la Section allemande «Droits de l´Homme et cultures» de la chaire parisienne (Hans Jörg Sandkühler), figurent les questions de la philosophie pratique qui concernent, d'un côté, le dialogue interculturel et le vivre-ensemble transculturel et, de l'autre, les contributions épistémologiques au développement de la réflexion sur les sciences, la politique et les droits, l'éthique et l'esthétique dans le cadre défini par l'UNESCO. Le travail des notions et des concepts philosophiques, le renouvellement de notre glossaire d'idées et la mise en question de nos visions du monde, nous aident à mieux maîtriser notre monde. Par l'examen attentif des modes de vie, par la fondation d'un nouvel universalisme qui prend au sérieux les différences et les diversités, la philosophie participe à édifier une identité plurielle ouverte à l'homme contemporain.

Bd.   12 Hong-Bin Lim / Georg Mohr (Hrsg./eds.): Menschsein. On Being Human. Deutsche und koreanische Studien zu Epistemologie, Anthropologie, Ethik und Politischer Philosophie. German and Korean Studies in Epistemology, Anthropology, Ethics and Political Philosophy. 2011.

www.peterlang.de

Peter Lang · Internationaler Verlag der Wissenschaften

Jacques Poulain / Hans Jörg Sandkühler / Fathi Triki (Hrsg.)

Menschheit – Humanität – Menschlichkeit

Transkulturelle Perspektiven

Frankfurt am Main, Berlin, Bern, Bruxelles, New York, Oxford, Wien, 2009.
206 S.
Philosophie und Transkulturalität. Herausgegeben von Jacques Poulain,
Hans Jörg Sandkühler und Fathi Triki. Bd. 4
ISBN 978-3-631-59330-1 · geb. € 39.80*

Gibt es sie noch, die eine Menschheit? Oder hat der Prozess der Globalisierung
eines ‚westlichen' Politikmodells und kapitalistischer Ökonomie eine Trennung
in privilegierte und marginalisierte ‚Menschheiten' zur Folge? Diese Fragen
werden in diesem Band kontrovers erörtert – in der transkulturellen Perspektive
eines arabisch-deutschen Dialogs, der im Rahmen der UNESCO stattfindet und
an dem sich Vertreterinnen und Vertreter der theoretischen und politischen
Philosophie, der Philosophiegeschichte sowie der Religionswissenschaft und
Ästhetik beteiligen.

Aus dem Inhalt: Gestalten der Menschheit: Philosophische Begriffe der
Humanität in der Kritik · Menschheit, menschliche Gattung, Menschlichkeit:
Faktizität und Normativität · Humanität und Menschenrechte · Die Zukunft
des Menschen in philosophischer Perspektive · Universale Menschheit
und ‚Überzivilisation' · Humanismus im postmodernen Zeitalter · Kunst
und Humanität · Humanität, Spiritualität und Religion · Humanismus und
Antihumanismus im Islam, Sufismus und Maraboutismus · Säkularisierung und
Humanismus · Menschheitsbegriffe in der Geschichte der Philosophie: Leibniz,
Herder, Schelling

Frankfurt am Main · Berlin · Bern · Bruxelles · New York · Oxford · Wien
Auslieferung: Verlag Peter Lang AG
Moosstr. 1, CH-2542 Pieterlen
Telefax 00 41 (0) 32 / 376 17 27

*inklusive der in Deutschland gültigen Mehrwertsteuer
Preisänderungen vorbehalten
Homepage http://www.peterlang.de